Jörg R. Bergmann
Klatsch

Qualitative Soziologie

Herausgegeben von
Jörg R. Bergmann
Stefan Hirschauer
Herbert Kalthoff

Band 27

Jörg R. Bergmann

Klatsch

Zur Sozialform der diskreten Indiskretion

2. Auflage

DE GRUYTER
OLDENBOURG

ISBN 978-3-11-075805-4
e-ISBN (PDF) 978-3-11-075809-2
e-ISBN (EPUB) 978-3-11-075814-6
ISSN 1617-0164

Library of Congress Control Number: 2021949508

Bibliografische Information der Deutschen Nationalbibliothek
Die Deutsche Nationalbibliothek verzeichnet diese Publikation in der Deutschen Nationalbibliografie;
detaillierte bibliografische Daten sind im Internet über http://dnb.dnb.de abrufbar.

www.degruyter.com

Inhaltsübersicht

Vorwort zur 2. Auflage

Der Text zur 1. Auflage dieses Buches, das seit langem vergriffen ist, entstand vor beinahe 40 Jahren. Für die Möglichkeit, es in einer 2. Auflage herauszubringen, bin ich dem Verlag de Gruyter außerordentlich dankbar. Allerdings erwies sich das Vorhaben einer Neuauflage als durchaus ambivalent.

In den vergangenen Jahrzehnten sind, angestoßen auch durch die vorliegende, ursprünglich 1987 publizierte Arbeit, zahlreiche soziologische, anthropologische, sprach- und medienwissenschaftliche Studien zu Gattungen der alltäglichen Kommunikation entstanden, darunter nicht wenige zum Phänomen Klatsch. Auch ich konnte in den Jahren nach der Publikation dieser Arbeit das Thema Klatsch in Forschungsarbeiten zur kommunikativen Konstruktion von Moral weiterverfolgen. Sowohl bei den empirischen Forschungsprojekten als auch bei den daraus resultierenden Veröffentlichungen – etwa den beiden, zuerst 1999 publizierten Bänden „Kommunikative Konstruktion von Moral" – habe ich eng mit Thomas Luckmann kooperiert. Die MitarbeiterInnen des damaligen Projekts – Ruth Ayaß, Verena Blöcher, Gabriela Christmann, Michaela Goll, Susanne Günthner, Hubert Knoblauch, Kirsten Nazarkiewicz – haben zahlreiche eigene Beiträge zu den Praktiken der moralischen Kommunikation im Alltag publiziert.

Das Buch über Klatsch aus dem Jahr 1987 steht also rückblickend am Anfang einer Forschungsrichtung, die auch heute noch lebendig ist und in vielen disziplinären Teilbereichen weiterverfolgt wird. In dieser Situation hätte ein einfacher Wiederabdruck den ursprünglichen Text zu einem unantastbaren und nur mehr archivarisch interessanten Dokument gemacht. So unerwünscht eine Musealisierung des ursprünglichen Textes war, so unmöglich war es, die nicht mehr überschaubare Zahl an Arbeiten zu Klatsch, Moral und kommunikativen Gattungen, die seit dieser Zeit publiziert wurden, in die 2. Auflage einzuarbeiten. Dies erschien auch deshalb nicht sinnvoll, weil Anlage und Argumentation der ursprünglichen Arbeit nach meiner Überzeugung weiterhin ihre Gültigkeit besitzen und nicht revisionsbedürftig sind.

Die vorliegende 2. Ausgabe der ursprünglichen Studie über Klatsch ist daher ein Kompromiss. Rahmung, Aufbau, empirische Analyse und theoretische Synthese sind weitgehend identisch geblieben, doch wurden einige Teile gründlich überarbeitet und durch Zusätze ergänzt. Dabei fand so weit wie möglich auch neuere Literatur Berücksichtigung. Im Endeffekt wurden praktisch in allen Kapiteln Änderungen und Ergänzungen vorgenommen, die jedoch gegenüber der Erstauflage nicht prinzipieller Natur sind.

Am sichtbarsten hat sich das 1. Kapitel durch die Überarbeitung verändert. In ihm wurde ursprünglich ein nicht geringer methodologischer Aufwand betrieben, der dem Text wie die Reste von Eierschalen anhaftete. Als die Arbeit entstand, waren in der Soziologie die methodologischen Voraussetzungen für eine qualitative empirische Untersuchung über ein derartig marginales, kleinformatiges – und anrüchiges – Phänomen wie Klatsch alles andere als gesichert. Das hat zu einem Übermaß an

https://doi.org/10.1515/9783110758092-001

Rechtfertigungsprosa geführt, die gestelzt wirkt und – wie ich hoffe – heute nicht mehr erforderlich ist.

Die Überarbeitung des 2. Kapitels profitierte davon, dass sich in der Zwischenzeit das Gattungskonzept und die Analyse kommunikativer Gattungen als eigene Forschungstradition in der (Mikro-)Soziologie, der interaktionalen Linguistik und der qualitativen Sozialforschung etabliert haben und als wichtige Erweiterung der aus der Ethnomethodologie hervorgegangenen Konversationsanalyse gelten. Wert wurde in der Überarbeitung darauf gelegt, herauszustellen, dass Gattungen keine formalen Schemata sind, sondern mehr oder weniger institutionalisierte Formvorgaben, in und mit denen interaktive Prozesse ablaufen und „Gesellschaft" funktioniert.

Die Beschreibung des genuinen Beziehungsnetzwerks von Klatsch in Kapitel 3 wurde durch zwei Exkurse zu Themen erweitert, die im ursprünglichen Text genannt, aber nicht ausgearbeitet worden waren. Zum einen wurde genauer nachgezeichnet, worin sich der Klatsch unter Kollegen oder Nachbarn vom Prominentenklatsch unterscheiden. Zum anderen erschien es mir notwendig, Klatsch und Gerücht deutlicher zu differenzieren, da beide Begriffe in der Literatur häufig synonym verwendet werden.

In Kapitel 4, das die empirische Analyse der kommunikativen Praktiken von Klatsch enthält und das weitgehend unverändert blieb, wurde ein Exkurs über den Klatsch und seine moralischen Verwandten eingefügt. Auch dieser Zusatz soll dazu beitragen, die spezifischen Konturen von Klatsch noch deutlicher gegenüber vergleichbaren Formen der moralischen Kommunikation zum Vorschein zu bringen.

Im abschließenden Kapitel 5 wurde die theoretische Diskussion von Klatsch in allen Abschnitten erweitert, und es wurde ein Exkurs über Klatsch in Organisationen, illustriert durch eine Fallvignette über akademischen Klatsch, hinzugefügt.

Die auffälligste Veränderung gegenüber der ursprünglichen Arbeit besteht darin, dass die strikte Trennung von Text- und Anmerkungsteil aufgehoben wurde und sämtliche Endnoten, die ursprünglich als kompakter Anmerkungsapparat separat hinter dem Text standen, in den laufenden Text integriert wurden. Damit verbindet sich die Hoffnung, dass erkennbar wird, wie sehr sich in der wissenschaftlichen Beschäftigung mit dem Phänomen Klatsch unterschiedliche disziplinäre Perspektiven überschneiden und ergänzen.

Aufgrund des damaligen Stands der technologischen Entwicklung mussten in der Arbeit von 1987 zwei Themenfelder unberücksichtigt bleiben, an der keine Studie vorbeikäme, die heute damit beginnen würde, Klatsch zu untersuchen. Das betrifft zum einen den Bereich der gestisch-mimischen Kommunikation, die für Klatsch sicher bedeutsam ist, aber aufgrund der zu Beginn der 1980er Jahre verfügbaren Videotechnologie nicht zum Untersuchungsgegenstand gemacht werden konnte. (Ob sich die Teilnehmer an einem Klatschgespräch im Alltag tatsächlich filmen lassen würden, ist eine andere Frage.) Zum anderen müssen hier die neuen sozialen Medien genannt werden, die offensichtlich – ich bin damit nur wenig vertraut – dem Klatsch ein eigenes neues Universum eröffnen. Für die multimodale Analyse von Klatsch wie für die Analyse von Klatsch in den digitalen Medien, für die es einige Hinweise im Text gibt, kann die hier aktualisierte Untersuchung von Alltagsklatsch der Ausgangspunkt – und vielleicht auch ein Modell – sein.

Dankbar bin ich Ska, die wie schon bei der Abfassung der ursprünglichen Arbeit auch bei deren Überarbeitung wieder an meiner Seite war – zu meinem Glück nicht nur da.

Lollar-Odenhausen,
im Herbst 2021   Jörg R. Bergmann

Vorwort zur 1. Auflage

Befragt, was sie denn die ganze Zeit über getan und geredet hätten, antworten die, die eben einen Nachmittag damit verbrachten, ihre gemeinsamen Bekannten und Freunde der Reihe nach im Hinblick auf pikante Neuigkeiten durchzuhecheln, in der Regel mit einem einfachen: „Nichts". Von diesem „Nichts" – von dem, was es bezeichnet und dem, was es verbirgt – handelt die folgende Studie. Sie beschäftigt sich mit Klatsch als einem besonderen Typus der mündlichen Kommunikation, dem Millionen von Menschen tag-täglich – sei's von Angesicht zu Angesicht oder sei's am Telefon – einen beträchtlichen Anteil ihrer Zeit und Aufmerksamkeit widmen. Dagegen wird der Prominentenklatsch in den Massenmedien: die Klatschkolumne in der Tageszeitung oder das V.I.P-Magazin im Fernsehen, im Folgenden nur am Rande gestreift. Die Arbeit konzentriert sich ganz auf den alltäglichen, freundlichen oder gehässigen Klatsch, der für sich – noch vor allen technischen Reproduktionsmitteln – als ein originäres Medium der Massenkommunikation betrachtet werden kann.

   Ziel der folgenden Untersuchung ist es, Klatsch als eine eigenständige Gattung der alltäglichen Kommunikation zu bestimmen. Ihrer fachlichen Orientierung nach bewegt sich die Arbeit zwischen Kultur-, Sprach- und Wissenssoziologie. Dieser Hinweis auf den soziologischen Charakter des nachfolgenden Textes ist aber nicht als Warnung zu verstehen. Die Arbeit ist jedenfalls nicht von dem Ehrgeiz geprägt, ihren Gegenstand rasch und ohne Rücksicht auf Verluste in eine vorgegebene Theoriesprache zu übersetzen und dann virtuos durchzudeklinieren. Gefragt wird stattdessen im Detail nach den Erscheinungsformen, den inneren Strukturen und der äußeren sozialen Einbettung von Klatsch. Der Untersuchung liegen Aufzeichnungen von realen Klatschgesprächen zugrunde, die im Text ausschnittweise in transkribierter Form wiedergegeben sind. Bei der Analyse dieses Materials schwebte mir als – von Georg Christoph Lichtenberg formuliertes – Ideal vor: „einen Gedanken, den jedermann für einfach hält, in sieben andere spalten wie das Prisma das Sonnenlicht, wovon einer immer schöner ist, als der andere, und dann einmal eine Menge anderer sammeln und Sonnenweiße hervorbringen, wo andere nichts als bunte Verwirrung sehen."

   Die Arbeit entstand in den Jahren 1984–86; sie hat in einer leicht modifizierten Fassung der Sozialwissenschaftlichen Fakultät der Universität Konstanz als Habilitationsschrift vorgelegen. Zu danken für Gespräche, Hinweise und Kritik habe ich Prof. H. Baier, Prof. Th. Luckmann und Prof. H.-G. Soeffner, die die Arbeit begutachtet haben. Prof. Th. Luckmann bin ich zudem in Dankbarkeit verbunden für sein unbestechliches Urteil und seine engagierte Förderung während der vergangenen Jahre unseres gemeinsamen Lehrens und Forschens. Unser gemeinsames DFG-Projekt „Strukturen und Funktionen von rekonstruktiven Gattungen der alltäglichen Kommunikation" steht thematisch und methodisch in einem engen Zusammenhang mit der hier vorgelegten Untersuchung; den Mitarbeitern dieses Projekts – Angela Keppler, Hubert Knoblauch, Ute Lacher und Bernd Ulmer – möchte ich für Hinweise, für Datenmaterial und für den ’Geist’ während unserer datenanalytischen Sitzungen

https://doi.org/10.1515/9783110758092-002

danken. Schließlich bin ich noch Gerhard Riemann (Kassel) für die selbstlose Überlassung eines Gesprächstranskripts zu außerordentlichem Dank verpflichtet. – Im Übrigen hätte meine Beschäftigung mit Klatsch, diesem obskuren Objekt der Begierde, ohne Ska Wiltschek zu keinem greifbaren Resultat geführt, – doch was ich ihr verdanke, entzieht sich seiner Formulierung in einer öffentlichen Dankessprache.

Uhldingen-Mühlhofen, im Sommer 1987

1 Vom Klatsch als Alltagspraxis zum Klatsch als Forschungsobjekt

1.1 Klatsch und „Klatsch"

Natürlich gibt es Wichtigeres als Klatsch. Doch manchmal ist Klatsch eben wichtiger als alles andere:

> Nur Kaffeeklatsch ist schöner
> (Reykjavik) Beim gemütlichen Kaffeetrinken in der Flughafenlounge vergaßen Stewardessen der „Icelandair" am Dienstag glatt ihren Einsatz: Das Flugzeug hob ohne sie ab. Das Fehlen der Kabinen-Crew fiel erst zehn Minuten nach dem Start auf, als sich ein Passagier nach dem Service erkundigte. Das Flugzeug kehrte daraufhin zum Flughafen Reykjavik zurück, wo der Kapitän die Damen ins Gespräch vertieft vorfand. Die Belustigung der Passagiere über den Vorfall konnte die Flughafenverwaltung allerdings nicht teilen. Sie erklärte die Panne zu „einem ernsten Bruch der Sicherheitsbestimmungen" und kündigte Maßnahmen an, um ähnliches in Zukunft zu verhindern. (dpa, 23.1.1986)

Eine Gruppe von Frauen sitzt in Island auf einem Flughafen bei einem Gespräch zusammen. Weshalb ist dieses Ereignis eine Zeitungsmeldung wert? Wie kommt es zur „Belustigung der Passagiere" – und vermutlich zum Schmunzeln der Zeitungsleser[1] bei der Lektüre dieser Notiz? Die Antwort auf diese Fragen findet sich in der Überschrift: sie spielt mit dem Vorwissen der Leser über Klatsch. In der Überschrift wird das Gespräch der Frauen als „Kaffeeklatsch" typisiert, und mit dieser Typisierung werden augenzwinkernd Konnotationen transportiert, die die Notizwürdigkeit der abgedruckten Meldung generieren. In Kombination mit der Abwandlung des Spruchs „Nur Fliegen ist schöner" wird der „Kaffeeklatsch" zu einem kleinen Rätsel, das geeignet ist, die Aufmerksamkeit der Leser zu auf sich zu ziehen. Schlagzeilen und Nachrichtenüberschriften spielen ja, weil sie unter dem Zwang zur Ökonomie stehen, häufig mit dem Alltagswissen der Leser und irritieren Erwartungen – so auch hier: Als Leser „wissen" wir, dass Klatsch eine ganz und gar gewöhnliche, verbreitete und von uns allen praktizierte Beschäftigung ist, und dieses „Wissen" um die Banalität des Klatschs steht im Widerspruch zu der Tatsache, dass ein Kaffeeklatsch in Reykjavik einer Zeitungsmeldung für wert befunden wurde. Würden wir als Leser aus der nachfolgenden Meldung nur erfahren, dass einige Stewardessen im Flughafen in Reykjavik beim Klatsch zusammensaßen, würden wir uns verblüfft die Augen reiben; das wäre eine Nachricht mit keinerlei Nachrichtenwert. Die Überschrift erzeugt also die Erwartung, dass sich hinter dem „Kaffeeklatsch" selbst noch etwas anderes – eine merkwürdige oder jedenfalls mitteilungswürdige Begebenheit – verbirgt. Tatsächlich

---

[1] Trotz einiger Bedenken wird im gesamten folgenden Text das generische Maskulinum verwendet. Wo immer es möglich war, wurden Personen und Akteure mit neutralisierenden Formen bezeichnet. Auf den Einsatz von Binnen-I und Gender-Stern wurde jedoch verzichtet.

https://doi.org/10.1515/9783110758092-003

setzt die Zeitungsmeldung mit der Information ein, dass die Stewardessen beim „gemütlichen Kaffeetrinken" ihren Einsatz verpassten. Während die Überschrift unser Alltagswissen über „Klatsch" irritiert (cf. Lee, 1984, als exemplarische Analyse der Funktionsweise einer Schlagzeile), bedient die Nachricht selbst unser Wissen über Klatsch auf vielfältige Weise: wir wissen, dass es beim Klatsch um eigentlich unwichtige Dinge geht; wir wissen, dass das Interesse an Klatsch gegenüber beruflichen Verpflichtungen von absolut nachrangiger Bedeutung zu sein hat; wir wissen, dass Klatschgespräche häufig unter Kollegen und Kolleginnen entstehen; wir wissen von dem Stereotyp, dass insbesondere Frauen zum Klatsch neigen, und wir wissen, dass man, vertieft in Klatsch, leicht die Zeit vergisst ...

Wie diese Zeitungsnotiz zeigt, ist Klatsch, längst ehe die Soziologie auf den Plan tritt und ihn zum Gegenstand wissenschaftlicher Erkenntnis macht, eine soziale Erscheinung des alltäglichen Lebens, über die die Handelnden selbst sich ihre Gedanken machen und ihre Urteile bilden. Wir wissen im Alltag, was gemeint ist, wenn ein Gespräch als „Kaffeeklatsch" bezeichnet wird (auch wenn uns unklar ist, wie der Klatsch zum Kaffee kam); wir brauchen nicht das Lexikon zu bemühen, wenn eine Person als „klatschhaft" charakterisiert wird (und wir vielleicht ins Grübeln kommen, was diese Person antreibt); wir ahnen, was uns als Leser erwartet, wenn wir im Wartezimmer einer Arztpraxis beim Blättern in einer Zeitschrift auf eine „Klatschkolumne" stoßen (und dort sogar eine Zeitlang verweilen).

Vor allem aber: jeder von uns hat, was Klatsch betrifft, nicht nur eine Meinung, sondern auch Erfahrungen aus erster Hand. Ebenso wie die Stewardessen haben wir, die Leser dieser Zeitungsnotiz, schon unzählige Male mit Kollegen und Kolleginnen, mit Freunden und Freundinnen zusammengesessen und uns dem gewidmet, was Gegenstand dieser Studie ist und was „Klatsch" – minimal definiert – bezeichnet: den angeregten Austausch über nicht-anwesende Dritte.

Es wird sich zeigen, dass diese Umschreibung in vielfacher Hinsicht ungenügend und unpräzis ist und der Spezifizierung bedarf. Alltagsbegriffe wie Klatsch sind generell vage und oft mehrdeutig und bilden für die Sozialwissenschaften von jeher ein methodologisches Problem – womit die Analyse von Klatsch, noch ehe sie richtig begonnen hat, sogleich wieder ausgebremst wird. Emile Durkheim (1961: 128 ff) hatte dieses Problem frühzeitig erkannt und in seinen „Regeln der soziologischen Methode" (1895) ausführlich behandelt. Für ihn sind diese alltagssprachlichen Vorbegriffe ein großes Ärgernis, sie stehen einer Begründung der Soziologie als Wissenschaft im Weg und müssen daher radikal eliminiert, d.h. durch „strenge Definitionen" ersetzt werden. Alltagsbegriffe sind gefühlsbeladen, zweideutig und subjektiv gefärbt, weshalb es die erste und vordringlichste Aufgabe des wissenschaftlichen Soziologen ist, „ein für allemal das Joch dieser empirischen Kategorien ab[zu]schütteln" (Durkheim 1961: 129). Von dem Geist dieses Programms, eine von den Verunreinigungen der Alltagssprache gereinigte Fachterminologie zu entwickeln, ist auch noch Max Webers (1972) Vorgehen bestimmt, durch die maßlose Aneinanderreihung von einer Definition an die andere der Soziologie ein tragfähiges begriffliches Fundament zu schaffen und sie damit als Wissenschaft zu ermöglichen.

Die folgende Studie geht einen anderen Weg. Anstatt in einem ersten Schritt Klatsch durch eine präzise Definition („Klatsch soll heißen...") als wissenschaftliches Objekt zu isolieren, wird Klatsch als ein in seinen Bedeutungsgrenzen unscharfes Alltagskonstrukt verstanden, das vor jeder wissenschaftlichen Beschreibung gerade in seiner Diffusität und Widersprüchlichkeit ernst genommen und adäquat erfasst werden muss. Die Studie folgt hier Alfred Schütz, der argumentiert hatte, dass die Sozialwissenschaften ihre Begriffssprache nicht wie die Naturwissenschaften autonom entwerfen und setzen können, sondern auf die Erfahrungen der Handelnden beziehen müssen. Die Konstruktionen, die in der alltäglichen Erfahrung auftreten, sind „Konstruktionen erster Stufe, auf denen die Konstruktionen zweiter Stufe der Sozialwissenschaften aufgebaut werden müssen" (Schütz 1971: 71). Zwar wurde das Postulat von Schütz zu einem Herzstück der qualitativen Sozialforschung, doch noch immer besteht eine ziemliche Unsicherheit darüber, wie die Metapher vom „Aufbauen" der „second order constructs" auf den „first order constructs" methodologisch übersetzt und methodisch umgesetzt werden soll. Wie gelangt man *vom alltäglichen Klatsch zum „Klatsch" als wissenschaftliches Konzept?*

Eine erste Problematik besteht darin, dass das Postulat zuweilen verengt so verstanden wird, als ginge es dabei um die Bezeichnungen und Begriffe, die die Akteure selbst – sei es in Interviewäußerungen oder während ihrer Handlungen – verwenden. Gerade am Beispiel Klatsch aber zeigt sich, dass in der Klatschkommunikation der Vorgang des Klatschens alltagssprachlich gar nicht benannt oder formuliert wird. Der Sinn des Postulats reicht also weiter. In seiner generalisierten Fassung besagt es, dass die Sozialwissenschaftler mit ihren interpretativen Praktiken immer auf die interpretativen Praktiken der Akteure treffen. Ihre Beobachtungen sind deshalb immer Beobachtungen von Beobachtungen, sie stellen Beschreibungen von Beschreibungen her, liefern Interpretationen von Interpretationen. Und Klatsch ist hierfür ein besonders instruktives Beispiel: In der folgenden Studie werden die Verhaltensweisen von Akteuren beobachtet und interpretiert, die im Klatsch das von ihnen beobachtete Verhalten nicht-anwesender anderer beschreiben und interpretieren.

Ein anderes, damit verwandtes Problem ist darin zu sehen, dass die „first order constructs" nicht als klar umrissene Konzepte verstanden werden dürfen. Alltagskonstrukte sind immer diffus und vage, sie müssen im Gespräch vage bleiben und dürfen nur moderat präzisiert werden; wer im Alltag bei einem Gesprächspartner auf allzu strenger Präzision beharrt, gefährdet die Kommunikation. Gerade aufgrund ihrer unscharfen Bedeutungsgrenzen ermöglichen Alltagskonstrukte Verständigung, wobei Vorwissen und Hintergrundannahmen eine wichtige Rolle spielen.[2] Damit aber löst

---

2 Die Überlegung, dass Alltagssprache „essentially vague" ist, hat in erster Linie Harold Garfinkel (1967: 10) in ihrer Bedeutung für die Soziologie deutlich gemacht. Das Argument ist jedoch ein Grundmotiv in den Arbeiten Ludwig Wittgensteins (1967: 63): „Wo Sinn ist, muß vollkommene Ordnung sein.– Also muß die vollkommene Ordnung auch im vagsten Satz stecken." Und bereits Georg Christoph Lichtenberg (1983: 450) hatte in seinen Sudelbüchern vermerkt: „Was würde das für ein

sich die Vorstellung auf, die „first order constructs" seien letztlich auf sprachliche Zeichen zurückzuführen. „Die Bedeutung eines Wortes ist sein Gebrauch in der Sprache" hatte Ludwig Wittgenstein (1967: 35) pointiert festgestellt, und dementsprechend müssen auch implizite Sinnfiguren von Handlungen, die selbst nicht sprachlich benannt werden, als „first order constructs" verstanden werden.

Klatsch ist, wie andere Aktivitäten auch, eine routinierte kommunikative Praxis, die sich von selbst versteht; sie muss nicht geplant werden, wird in der Ausführung selten benannt und zumeist ohne weitere Überlegung vollzogen. Da aber nun „gerade das 'Selbstverständliche' (weil anschaulich Eingelebte) am wenigsten 'gedacht' zu werden pflegt" (Max Weber 1972: 23), ist es unvermeidlich, dass die wissenschaftliche Bestimmung von Klatsch – wie von anderen Alltagsphänomenen – ihr Objekt so verfremdet und entstellt, dass es für das Alltagsverständnis kaum mehr wiederzuerkennen ist. Versuche, zu erklären, was an einem Witz das Lustige ist, münden sozial regelmäßig in Enttäuschung, mögen sie analytisch noch so stimmig und plausibel sein. Wissenschaftler ähneln – nicht nur in dieser Hinsicht – kleinen Kindern, die ihre Puppen oder Autos zerlegen, um hinter das Geheimnis der Stimme oder Bewegung zu kommen. In diesem Sinn produziert Wissenschaft, zumal dort, wo sie sich mit Alltagsphänomenen befasst, immer Ent-Täuschung. Jedem Erkennen ist, indem es über Bekanntes hinausgeht, ein destruktives Element eigen. Das meint Hegels (1970: 80) trockene Bemerkung: „Das Vernünftigste aber, was die Kinder mit ihrem Spielzeug machen können, ist, dass sie dasselbe zerbrechen." In der folgenden Studie wird Klatsch bis zur Unkenntlichkeit in seine Bestandteile zerlegt werden. Und selbst wenn dieses Objekt dann am Ende wieder zusammengesetzt wird, so hat sich sein Charakter doch grundlegend geändert: Aus einer Praxis, die sich von selbst versteht, wurde ein Objekt, das nun von seiner wissenschaftlichen Erklärung lebt. Ob und wie diese Transformation vom alltäglichen Klatsch zum „Klatsch" als wissenschaftliches Objekt in der bisherigen sozialwissenschaftlichen Literatur realisiert wurde, soll im folgenden Abschnitt untersucht werden.

1.2 Klatsch im Feld

Klatsch ist in der sozialwissenschaftlichen Literatur keine Unbekannte. In zahlreichen Arbeiten aus so unterschiedlichen Bereichen wie der Stadt- und Gemeindesoziologie, der Familiensoziologie, der Gruppensoziologie, der Organisationssoziologie, der Berufssoziologie, der Rechtssoziologie und -anthropologie, der Sozialpsychologie, der Psychopathologie und natürlich der Sprachsoziologie – eine Liste, die zu verlängern wäre – lassen sich Aussagen über Klatsch auffinden, oder besser gesagt: aufspüren. Denn viele dieser Arbeiten kommen auf Klatsch nur en passant zu sprechen. Klatsch

---

Gerede in der Welt geben, wenn man durchaus die Namen der Dinge in Definitionen verwandeln wollte!"

ist in der sozialwissenschaftlichen Literatur über weite Strecken ein Randphänomen geblieben; es wird zwar zur Kenntnis genommen, aber große Aufmerksamkeit wird ihm nicht geschenkt. Schon möglich, dass in dieser Marginalisierung zum Ausdruck kommt, in welch hohem Maße unser alltägliches Vorverständnis von Klatsch dessen sozialwissenschaftliche Behandlung bestimmt. Denn der Topos, dass es Wichtigeres gibt als Klatsch, ist ein fester Bestandteil unseres Alltagswissens über Klatsch.

Klatsch, so die erste Beobachtung, wird also in der sozialwissenschaftlichen Literatur nur in wenigen Fällen als ein eigenständiges, für sich relevantes Forschungsobjekt thematisiert, oftmals dagegen als ein Phänomen, das bei der Bearbeitung einer soziologisch „etablierten" Problemstellung am Rande anfällt. Für diesen Modus der Thematisierung von Klatsch findet sich ein instruktives Beispiel überraschenderweise in der sozialwissenschaftlichen Methodenlehre.

Es gibt heute kein Lehrbuch zur Sozialforschung, das nicht auch ein Kapitel über die Möglichkeit enthält, eine empirische Fragestellung durch die Sammlung von Informationen und Daten „vor Ort", also mittels der Methoden der Feldforschung zu bearbeiten. Ob diese Vorgehensweise nun eher in der Tradition der Kultur- und Sozialanthropologie als „Ethnografie" oder in soziologischer Manier als „teilnehmende Beobachtung" konzipiert wird (cf. Platt 1983), ihr wesentliches Kennzeichen liegt in dem Bemühen, durch die über einen längeren Zeitraum sich erstreckende Teilnahme am sozialen Leben in einer Gruppe, einer Institution oder einem Milieu ein authentisches Bild von den beobachteten sozialen Handlungsabläufen und den Sichtweisen der Handelnden zu erhalten. Eine der Hauptschwierigkeiten, die dieses Vorgehen mit sich bringt, kreist seit jeher um die Fragen, wie der Sozialforscher Zugang zu seinem „Feld" gewinnen, wie er sich im „Feld" etablieren und in ihm bewegen soll. Und genau an dieser Stelle findet sich in der Literatur häufig ein Hinweis auf Klatsch. Malinowski etwa, der hier schon deshalb als Kronzeuge genannt werden darf, weil er mit seinen Forschungsarbeiten über die Trobriander in der Zeit des Ersten Weltkriegs den neuen Typus der wissenschaftlichen Ethnografie begründet hat (Kaberry 1957; F. Kramer 1977: 82–92), unterstreicht in seinen methodologischen Erörterungen immer wieder die Notwendigkeit für den Ethnografen, nicht nur sporadisch in die Welt der Eingeborenen einzutauchen, sondern in möglichst engem Kontakt mit ihnen zu leben. Und er verweist, dieses Postulat illustrierend, auf seine eigene Vorgehensweise: „Bald schon, nachdem ich mich in Omarakana (Trobriandinseln) niedergelassen hatte, begann ich, in gewisser Weise am Dorfleben teilzunehmen, den wichtigen und festlichen Ereignissen entgegenzusehen, persönlichen Anteil am Klatsch und an der Entwicklung der kleinen Dorfbegebenheiten zu nehmen und jeden Morgen zu einem Tag zu erwachen, der sich mehr oder weniger so darstellte wie den Eingeborenen" (Malinowski 1979a: 29)

Obwohl Malinowski sich an keiner Stelle zu der Frage äußert, welchen Sinn es für einen Feldforscher haben kann, Anteil zu nehmen am Klatsch der Leute, die er beobachtet, fällt eine Antwort auf diese Frage nicht schwer. Zunächst ist aus dem Kontext seiner Äußerung zu erkennen, dass der Feldforscher, indem er sich am Klatsch beteiligt, seine Absicht bekunden und dokumentieren kann, sich „wie die

Eingeborenen" selbst am Leben der Gemeinschaft zu beteiligen. Sich vom Klatsch fernzuhalten, würde für ihn ja bedeuten, dass sein Leben als Ethnograf gerade nicht „in Harmonie mit seiner Umgebung einen ganz natürlichen Lauf nimmt" (Malinowski 1979a: 29).

Neben diesem Integrationseffekt hat die Teilnahme des Ethnografen am Klatsch für Malinowski noch eine andere Bedeutung. Malinowski stand nämlich der Methode des Interviews, mit der üblicherweise Informationen im Feld gesammelt wurden, mit großer Skepsis gegenüber. Er schreibt: „Ein eiliger Sozialforscher, der sich ganz auf die Frage-Antwort-Methode verlässt, bringt bestenfalls ein lebloses Gerippe von Gesetzen, Vorschriften, Sitten und Bräuchen zusammen, denen zwar gehorcht werden sollte, die aber in Wirklichkeit oft umgangen werden. [...] Die meiste moderne wissenschaftliche Feldforschung ist mit Hilfe jener raschen und präzisen, manchmal überpräzisen Methoden geleistet worden, die sich auf der Frage-und-Antwort-Technik aufbauen" (Malinowski 1979b: 392). Diese Einschätzung Malinowskis dürfte, da das Interview nicht zuletzt aufgrund des mit ihm verbundenen Zeit- und Informationsgewinns nach wie vor das beliebteste Instrument der empirischen Sozialforschung ist, bis heute zutreffen. Malinowskis Kritik am Interview ist aber nicht nur von prinzipieller methodologischer Bedeutung, sondern auch spezifisch im Hinblick auf die Untersuchung von Klatsch relevant. Diese Kritik zielt ja darauf ab, dass die im Interview elizitierten Antworten stark von der Tendenz zur „sozialen Erwünschtheit" geprägt sind und darunter leiden, „dass die rechtlichen und gesetzlichen Einrichtungen der Eingeborenenkultur übermäßig vereinfacht und übermäßig gleichförmig dargestellt werden. Derartiges Material hat unglücklicherweise in der Anthropologie die Anschauung aufkommen lassen, dass bei den Eingeborenen Gesetzesüberschreitungen und Verfehlungen nicht vorkämen, und dass Brauch und Sitte unfehlbar und automatisch befolgt würden" (Malinowski 1979b: 392). Da auch im Klatsch, wie im folgenden Kapitel gezeigt werden wird, Normen und Regeln des sozialen Zusammenlebens missachtet und verletzt werden, würde auch eine Interviewstudie zum Klatschverhalten vor dem Problem stehen, dass die Antworten systematisch verzerrt wären und normkonformer als der Realität entsprechend ausfallen würden. Gegenüber den Nachteilen des Interviews verweist Malinowski darauf, dass der Feldforscher über die Teilnahme am Klatsch auf natürlichem Weg Informationen erhält, ohne sich dazu der herkömmlichen Frage-Antwort-Methode bedienen zu müssen. Dem Feldforscher, der an Klatsch partizipiert, fällt das, worüber die Leute klatschen, als Informationsgewinn wie von selbst in den Schoß.

Was bei Malinowskis Empfehlung ins Auge fällt, ist, dass er weder die methodischen Funktionen, die Klatsch im Rahmen der Feldforschung erfüllen kann, explizit reflektiert, noch eine inhaltliche Bestimmung von Klatsch auch nur ansatzweise versucht. *Klatsch ist für ihn eine Ressource der Datenerhebung*, er rechnet mit dem Alltagswissen von uns Lesern über Klatsch – und übergeht dabei sogar die Frage, ob der Klatsch der Trobriand-Insulaner dem entspricht, was seine Leser unter Klatsch verstehen. Diese Instrumentalisierung des Alltagswissens im Zug der empirischen Sozialforschung findet sich auch beim Einsatz anderer Forschungsmethoden, so etwa beim Interview, dessen Funktionsweise ganz selbstverständlich auf dem Alltagswissen beruht: dass Interviewer und Interviewter eine situierte soziale Beziehung eingehen und auf eine Frage eine Antwort zu erfolgen hat (cf. Cicourel 1970: 110 ff). Und obwohl Generationen von Feldforschern nach Malinowski – seiner Anregung folgend – am Klatsch der von ihnen Untersuchten Anteil nahmen, ist bislang niemand auf die Idee verfallen, im Rahmen der universitären Methodenausbildung in den Fächern Anthropologie oder Soziologie auch Klatsch zum Unterrichtsgegenstand zu machen. Offensichtlich ist die Fähigkeit, zu klatschen und am Klatsch teilzunehmen, von so elementarer Art, dass sie bei jedem kompetenten Gesellschaftsmitglied unterstellt werden kann und weder Problematisierung noch Pädagogisierung erfordert (oder verträgt).[3]

Vor dem Hintergrund dieser unproblematischen Inanspruchnahme von Klatsch ist nun aber aufschlussreich, dass einige Sozialwissenschaftler bei ihrem Versuch, Klatsch als Mittel der Feldforschung einzusetzen, auf gewisse Schwierigkeiten stießen. So berichtet etwa der Anthropologe M.N. Srinivas in seiner Studie über Rampura, einem Mehr-Kasten-Dorf in dem südindischen Distrikt Mysore, dass er des Öfteren den brahmanischen Teeladen des Dorfes besuchte, denn, so Srinivas (1976: 23): „Es war Teil meiner Arbeit, Klatsch aufzuschnappen." Ihm wurde jedoch recht bald bedeutet, dass der Dorfvorsteher, der ihm bei der Realisierung seines Forschungsvorhabens sehr behilflich gewesen war, diese Besuche missbilligte, denn ehrbare Leute würden den Teeladen gerade wegen des dort zirkulierenden Klatsches meiden. Durch seine Besuche würde er allen möglichen Klatsch mitbekommen, „den er nicht zu wissen brauche". Über eine andere Schwierigkeit berichtet die Entwicklungssoziologin Karola Elwert-Kretschmer. Sie hatte sich im Rahmen ihrer Feldforschung in einem westmalaiischen Dorf ausdrücklich um Klatsch als genuine Informationsquelle bemüht, musste jedoch die Erfahrung machen, dass sie nicht überall Zugang zu Klatsch erhielt. „Die Bauersfrauen waren diejenigen, die nicht mit mir tratschten. Ich wurde weder über Dritte ausgefragt, noch wurde in meiner Gegenwart über Dritte gesprochen." In Klatsch einbezogen wurde sie nur von denen, die – wie sie selbst – sowohl aus der Sicht der Bauern wie aus eigener Sicht Außenseiter im Dorf waren (Elwert-Kretschmer 1984: 25). Auf eine andere Weise musste Ronald Frankenberg in seiner Studie über ein nordwalisisches Dorf erfahren, dass es dem Feldforscher in seiner Außenseiterposition kaum möglich ist, sich wie ein etabliertes Mitglied der Gemeinschaft am Klatsch zu beteiligen. Frankenberg hatte beobachtet, dass die Dorfbewohner nicht zögerten, sich im Klatsch über ihre Freunde und Angehörigen zu beschweren und lustig zu machen; ihm selbst wurde jedoch verwehrt, sich in dieser Weise an den Gesprächen

---

3 In dieser Hinsicht unterscheiden sich Sozialwissenschaftler im Übrigen wenig von anderen Berufsgruppen, die in der gleichen selbstverständlichen Manier bei ihrer Arbeit den Integrationseffekt und Informationsgewinn von Klatsch in Anspruch nehmen und zu schätzen wissen; cf. etwa Jonathan Rubinstein (1973: 200 ff) und Egon Bittner (1967) über die Bedeutung von privaten Informationen für Streifenpolizisten, oder Robert Rohr (1979: 79 ff) über die Praxis der „Kontaktpflege" von Lokaljournalisten.

zu beteiligen. Selbst vorsichtig kritische Äußerungen wurden abgeblockt durch Bemerkungen wie: „Das ist mein Vetter, über den Sie da reden." Und er schildert eine Situation, in der er eine kritische Bemerkung über das Whist-Spielen eines älteren weiblichen Mitglieds der Gemeinde machte und daraufhin von seinem Gesprächspartner zurechtgewiesen wurde mit dem Hinweis, dass es sich bei dieser Person um die Großmutter seines zukünftigen Schwiegersohns handele (Frankenberg 1957: 21). Schließlich sind hier noch die Erfahrungen von Colin Bell relevant, der im Rahmen seiner Studie über die soziale Mobilität von Mittelschichtfamilien in zwei Wohnsiedlungen im westlichen Swansea (England) frühzeitig mit Klatsch konfrontiert wurde. Bell konnte, wie er selbst schreibt, der „Versuchung" nicht widerstehen, sich an diesem Klatsch zu beteiligen und Informationen, die er über eine Familie erhielt, bei Gelegenheit in andere Familien weiterzutragen. Obwohl diese aktive Klatschpartizipation kurzfristig den Informationsfluss stark anschwellen ließ, entschloss sich Bell nach einiger Zeit, dieses Verhalten einzustellen, denn die Mitteilsamkeit meiner Informanten begann zu versiegen, „als sie realisierten, dass ich bei anderen Leuten durchaus über sie selbst klatschen würde" (Bell 2006: 103).

Wie die hier berichteten Erfahrungen zeigen, ist Klatsch keineswegs das praktische, leicht verfügbare und harmlose Instrument, das in der Feldforschung risikolos zur Datenerhebung eingesetzt werden kann. Diese Lehre hat auch Fritz Schütze (1977: 21) aus seinen Erfahrungen in einer Studie über kommunale Machtstrukturen gezogen und zu einer deutlichen Warnung an künftige Ethnografen komprimiert: „Auf keinen Fall sollte der Feldforscher, um seine Chancen des Zugangs zu den Informationsquellen zu erhöhen, auf dem Markt inoffizieller Kommunikation mitzumischen versuchen, indem er von in der Feldforschung bereits erhobenen Inhalten berichtet, die bisher nur auf dem inoffiziellen Informationsmarkt gehandelt wurden. Das würde nämlich seine Rolle als neutrale Instanz gefährden und ihm in Zukunft weite Informationsbereiche verschließen." Eine ähnliche Warnung formuliert auch Michael Murphy (1985), der vorschlägt, den über den Feldforscher kursierenden Klatsch selbst als aufschlussreiche ethnografische Information zu sammeln und zu interpretieren.

Dass der Informationsfluss versiegt, ist jedoch nicht das einzige Risiko, mit dem der Sozialforscher konfrontiert ist, wenn er sich im Feld auf Klatsch einlässt. Wie jüngere Arbeiten zeigen, wird der Forscher oft selbst zum Gegenstand von Klatsch im Feld, und mehr noch: Er kann etwa innerhalb von Organisationen durch das gezielte Zuspielen bzw. Verweigern von Klatschinformationen manipuliert und zu einer Schachfigur in einer Intrige oder personalpolitischen Entscheidung werden, ohne dass ihm das bewusst ist.

Kaum einer der Feldforscher hat die Probleme, auf die sie beim Umgang mit Klatsch im Rahmen ihrer Forschungstätigkeiten stießen, inhaltlich oder methodologisch weiterverfolgt. Das ist nicht als Kritik zu verstehen; Klatsch war für sie kein Untersuchungsthema, sondern ein Mittel, um Daten zu gewinnen und die Einbindung des Forschers in sein Untersuchungsfeld zu fördern. Die Schwierigkeiten der methodischen Instrumentalisierung von Klatsch sind für sie nur insofern von Relevanz, als dieses Mittel von begrenzter Tauglichkeit ist. Für die vorliegende Studie sind diese

Schwierigkeiten jedoch deshalb von Interesse, weil sie zusätzliches Licht auf das Phänomen Klatsch werfen und zum ersten Mal dessen facettenreiche Struktur aufblitzen lassen. So ist – gegen Malinowskis implizite Funktionszuschreibung – zu erkennen, dass Klatsch auch als Mittel der sozialen Segregation und Distanzierung fungieren kann, was für die Ausgeschlossenen eben nicht einen Gewinn, sondern eine Verweigerung von Information zur Folge hat. Außerdem machen die Erfahrungen der Feldforscher deutlich, dass Klatsch keine rein deskriptive Kategorie ist, sondern eine stark evaluative Komponente enthält. Allerdings gehen auch diese Feststellungen zunächst kaum über das hinaus, was uns aufgrund unseres Alltagswissens über Klatsch immer schon bekannt ist. Wenn wir im Gespräch eine Klatschgeschichte „vertraulich" weitererzählen oder eine Information als „bloßen Klatsch" abtun, dann beziehen wir uns dabei ganz selbstverständlich auf jene segregierende und evaluierende Bedeutung von Klatsch, an welcher sich die Feldforscher ihre Köpfe stießen. In der methodischen Instrumentalisierung von Klatsch und in den Erfahrungen der Feldforscher im Umgang mit Klatsch manifestiert sich nur dessen sozial vorkonstruierte Qualität, ohne dass diese genauer analytisch-rekonstruktiv bestimmt würde.

In seiner Ethnografie eines Vororts in New Jersey, „The Levittowners", berichtet Herbert J. Gans (1967: XXXVI) folgende Episode: „Ich habe [bei der Feldforschung] immer darauf geachtet, nicht zu viele oder der nachbarschaftlichen Rolle unangemessene Fragen zu stellen. Ich erinnere mich, dass mich das bei einem geselligen Beisammensein ziemlich frustriert hat, als ich plötzlich hörte, wie eine Nachbarin genau die Fragen stellte, von denen ich dachte, dass ich sie nicht stellen darf. Das brachte mich dazu, über die Ähnlichkeit zwischen Soziologie und Klatsch nachzudenken". Es hat also einen guten Grund, weshalb Simon Carmel (2011) sich und seiner Zunft in einem Aufsatz die Frage stellte: „Are ethnographers gossip?" und in dem Text über die Balance zwischen Nähe (durch Klatsch) und Distanz (durch Klatschabstinenz) während einer Feldforschung reflektiert. Doch für die Vermutung, dass die Anthropologen Leute sind, die selbst gern dem Klatsch frönen, ist sehr viel älter. In der deutschen Übersetzung (2017) der Nikomachischen Ethik von Aristoteles liest man, der „anthropologos", sei einer, der es liebt, über Menschen zu reden. Die englische Übersetzung (2009) ist an dieser Stelle direkter: in ihr ist der „anthropologos" schlicht ein „gossip".

1.3 Klatsch im Text

Ein weites Feld von Arbeiten, in denen sich Aussagen über Klatsch finden lassen, bilden all jene Texte, welche sich mit einem gewissen Anspruch auf Vollständigkeit darum bemühen, das tägliche Leben einer sozialen Gruppe – einer Stammesgemeinschaft, eines Dorfes, einer urbanen Nachbarschaft – in ethnografischer Weise zu beschreiben. Natürlich taucht in diesen ethnografischen Studien Klatsch immer nur als ein thematischer Aspekt unter vielen auf. Deren Zielsetzung ist in der Regel ja sehr viel breiter und besteht darin, das soziale Leben einer lokal begrenzten Gruppe in seiner Buntheit, Vielschichtigkeit und Komplexität zur Darstellung zu bringen. Dennoch erscheint es lohnend, die verstreuten Bemerkungen zu Klatsch aus diesen Texten wie Splitter und Bruchstücke unterschiedlicher Größe zusammenzutragen und aus ihnen Rückschlüsse zu ziehen auf die Art der Behandlung, die dem Klatsch in diesen Arbeiten widerfährt. Ethnografische Darstellungen sind charakteristischerweise bestrebt, die von ihnen erfassten Phänomene nicht sogleich einem aggressiven theoretischen Säurebad zu unterziehen, sondern in ihrer ungeglätteten Erscheinungsform zu bewahren. Diese Grundeinstellung, sich für Einzelheiten zunächst um ihrer selbst willen zu interessieren, lässt erwarten, dass selbst ethnografische Randnotizen und Nebenbemerkungen zu Klatsch einen in der Summe beträchtlichen Aussagewert haben.

Weil die ethnografischen Studien auch später eine wichtige Grundlage der vorliegenden Untersuchung bilden, erscheint zunächst eine kurze Vorklärung angebracht. Denn die ethnografische Literatur, in der Klatsch zwar kein zentrales, aber doch auch kein unbekanntes Thema ist, bietet ein recht buntscheckiges Erscheinungsbild. Nach ihrer fachlichen Herkunft lassen sich folgende Typen von Ethnografien unterscheiden:

Die *anthropologischen Ethnografien* bilden die mit Abstand größte Gruppe; zusammen liefern sie einen Einblick in eine große Vielfalt von sozial und politisch unterschiedlich organisierten Gesellschaften von kleinen akephalen Gemeinschaften ohne staatlichen Apparat über Ethnien mit einer komplexen Organisation von Abstammungsregeln und sozialen Institutionen bis zu staatlich organisierten Gesellschaften mit zentralisierter Gewalt. Obwohl derartige Unterscheidungen an dieser Stelle zunächst keine Rolle spielen, ist doch bemerkenswert, dass es keine einzige Ethnografie gibt, die für eine Gesellschaft explizit das Fehlen von Klatsch feststellt. Dass in diesen Ethnografien so häufig auf Klatsch Bezug genommen wird, hat seinen besonderen Grund in der bis heute in der anthropologischen Literatur vertretenen These, dass Klatsch gerade in evolutionär frühen Gesellschaften eine außerordentlich verbreitete und mit Hingabe betriebene Aktivität ist. Es war der aus Österreich stammende amerikanische Ethnologe Paul Radin (1957: 77), der in seinem bekannten, 1927 erschienenen Buch „Primitive Man as Philosopher" die Feststellung traf: „Primitive people are indeed among the most persistent and inveterate of gossips." Andere Autoren haben diese These immer wieder bestätigt, so etwa Munro S. Edmonson (1967: 191) in einem Übersichtsartikel: „Middle American Indians [...] are inveterate and vivacious gossips." – Was es mit dieser These von der besonderen Klatschhaftigkeit „primitiver" Völker auf sich hat, wird an späterer Stelle diskutiert werden.

Einen zweiten Typus von ethnografischen Untersuchungen, die dem Phänomen Klatsch zumindest passagere Aufmerksamkeit schenken, bilden die *soziologischen Ethnografien*. Vor allem in gemeindesoziologischen Untersuchungen, auf deren methodische Orientierung die Kulturanthropologie seit den 1920er Jahren einen starken Einfluss ausübte, ist Klatsch als Kommunikationsform zwischen Dorfbewohnern oder städtischen Nachbarn ein vertrautes Thema. Aber auch in familiensoziologischen Ethnografien, die sich mit Verwandtschaftsnetzwerken in ländlichen und städtischen

Kontexten befassen, sowie in organisationssoziologischen Ethnografien, die unter mikrosoziologischen Gesichtspunkten nach den Formen kommunikativen Verhaltens innerhalb formaler Organisationen fragen, finden sich Beobachtungen und Anmerkungen zu Klatsch.

Historische Ethnografien bilden einen weiteren Typus von ethnografischen Untersuchungen, in denen man auf Klatsch stößt. Hier sind es nicht die eigenen Beobachtungen, die dem Forscher als Datengrundlage für seine Beschreibung dienen, sondern hier sind es Korrespondenzen, Tagebücher, Gerichtsakten, Inquisitionsprotokolle und anderes Quellenmaterial, mittels derer ein detailliertes Bild vom Alltagsleben – und vom Klatsch – einer Familie oder eines Dorfes rekonstruiert wird. „Montaillou ist nur ein Tropfen aus dem Meer", schreibt Emmanuelle LeRoy Ladurie (1983: 298) in seiner Studie über ein Pyrenäendorf zu Beginn des 14. Jahrhunderts. „Die mikroskopische Untersuchung aber, die wir, dank der in jeder Hinsicht erschöpfenden Wissbegier des Inquisitors aus Pamiers, diesen Tropfen unterziehen können, zeigt uns im Treiben der darin gedeihenden Infusorien einen Abriss der Weltgeschichte." Eine Reihe von Studien haben sich in den vergangenen Jahren explizit mit den Formen, Praktiken und Funktionen von Klatsch in vergangenen Epochen befasst, so etwa Susan E. Phillips (2007), Emily Butterworth (2016) oder der Sammelband von Heather Kerr & Claire Walker (2016). In diesen Arbeiten geht es etwa um die Rolle von Klatsch für die Inquisition, oder um die Frage, inwiefern Klatsch als unbotmäßige Rede die Selbstermächtigung von Frauen und die Entwicklung eines Raums der öffentlichen Meinungsbildung befördert hat. Edith Gelles (1989) hat auf der Basis brieflicher Korrespondenzen in einer Fallstudie untersucht, welche Rolle Klatsch im Prozess der Partnerwahl und Eheanbahnung im England des 18. Jahrhunderts gespielt hat. Originell auch die Studie von Alexander Cowan (2011) über Klatsch im frühmodernen Venedig am Beispiel von Balkonen, die in der liminalen Position zwischen dem Drinnen der Wohnung und dem Draußen der Straße vor allem für Frauen als „moralische Orte" des sich Zeigens oder Versteckens galten.

Wenn man das Material, das die Ethnografen zusammengetragen haben, unter der Fragestellung durchgeht, wie in diesen Arbeiten auf die Selbstverständlichkeit „Klatsch" Bezug genommen wird, wird man eine erstaunliche Feststellung machen. Obwohl gerade der ethnografische Blick geeignet erscheint, allzu vertraute Dinge unserer Alltagswelt in eine Distanz zu rücken, in der sie ihre Selbstverständlichkeit – und Unsichtbarkeit – verlieren und analysierbar werden, wird man zu dem Urteil gedrängt, dass ethnografische Studien keinen rechten Zugang zur sozial vorkonstruierten Qualität von Klatsch finden. Das heißt keineswegs, dass aus ihnen nichts über Klatsch zu erfahren ist, sondern heißt, dass sie es notorisch versäumen, Klatsch als eine Praxis, die auf ein spezifisches Alltagswissen verweist, zum Gegenstand der Analyse zu machen. Man kann dieses Defizit sehr gut an den beiden typischen Textpraktiken erkennen, mittels derer in diesen Ethnografien häufig auf Klatsch Bezug genommen wird.

Ein in der ethnografischen Literatur weit verbreitetes Prinzip des Umgangs mit Klatsch besteht darin, Klatschgespräche in dokumentarischer Absicht und Manier zu reproduzieren und für sich selbst sprechen zu lassen. Ein eindrucksvolles Beispiel enthält die folgende Passage aus Laurence Wylies (1969: 274–277) Studie über ein „Dorf in der Vaucluse":[4]

> Die Frauen im Dorf sind während ihrer Hausarbeit allein, aber einige Arbeiten können sie in Gesellschaft anderer Frauen verrichten. Bleiben die Frauen zu Hause, um zu nähen oder zu stricken, dann laden sie oft eine oder zwei Freundinnen zum Kaffee ein. Die Freundinnen bringen ihr Näh- oder Strickzeug mit und machen, wenn sie Kaffee getrunken haben, ihre Handarbeit. Ist es warm und sonnig, tragen sie ihre Stühle vor das Haus und schwätzen und arbeiten im Freien. Manchmal kommt noch eine oder die andere Frau dazu. Auch viele der Vorübergehenden bleiben stehen und schwätzen. Diese Gruppen sind klein und beständig. Weil die Unterhaltungen in diesen Gruppen sich oft um die Ereignisse im Dorf und vor allem um die Leute des Dorfes drehen und dabei meistens Kritik geübt wird, beklagen sich die Männer über den schlechten Einfluß dieser Klatschgruppen. Diese Klage ist gerechtfertigt, obwohl auch die Männer üble Nachrede führen. Im allgemeinen sind die Männer mehr an Sport und Politik interessiert als an Dorfklatsch, wogegen den Frauen ihre Schwätzereien am wichtigsten sind.
>
> Die Gruppe von Frauen, die ich am besten beobachten konnte, war die vor Madame Pleindouxs Haus. An sonnigen Tagen sitzt diese Gruppe in einer Ecke des Rathausplatzes gegenüber dem Café. Dies ist ein strategischer Punkt, weil jeder dort vorübergehen muß. Eines Morgens saß ich bei der Gruppe. Es war langweilig. Die Frauen strickten und hatten sich nicht viel zu erzählen. Madame Peyroux erzählte, dass das Knäuel Garn wieder 10 Francs teurer geworden sei. Dies rief bei allen Frauen Protest gegen die mysteriösen Mächte hervor, die sie anscheinend ruinieren wollten. Über dieses Thema hätten sie sich, wie schon oft, noch den ganzen Vormittag unterhalten, wenn nicht Madame Fraysee mit Neuigkeiten über Paul Jouvauds letzten Streich dazugekommen wäre.
>
> Paul, den schwachsinnigen Jungen von Simon Jouvaud, fürchteten alle im Dorf, besonders die Frauen. Er war stark wie ein Stier, und man behauptete, er habe ein unnormal großes Geschlechtsorgan. Madame Fraysee berichtete, ihr Mann sei vor wenigen Minuten an einem verlassenen Hof oben auf dem Hügel vorbeigegangen. Er hörte Schreie, und als er nachschaute, fand er Paul, der die zwölfjährige Suzanne Canazzi ins Haus gezerrt hatte und sie nicht mehr loslassen wollte. Fraysee gab ihm eine Ohrfeige und hoffte, ihm damit eine Lektion erteilt zu haben.
>
> Alle waren empört. Die erwartete Katastrophe war beinahe eingetreten. Die Frauen hatten Mitleid mit den Jouvauds, aber sie sagten: „Was kann man schon von solchen Leuten erwarten?" Simon und Marcelle waren Vetter und Cousine ersten Grades. Sie waren immer ineinander verliebt gewesen, aber ihre Eltern wollten sie nicht heiraten lassen. Angesichts der Bedrohung durch Paul Jouvaud waren sich die Frauen darin einig, dass die Gemeinde die Angelegenheit in die Hand nehmen müsse, wenn die Familie Jouvaud nichts unternahm. Dies rief Kritik an Bürgermeister und Ratsschreiber hervor. Der Bürgermeister wohnte nicht einmal in der Gemeinde, und es interessierte ihn nicht, was in ihr vorging. Früher, als „der arme Monsieur Prullière" Bürgermeister war, war das anders. Er würde nie diese skandalöse Situation – Paul Jouvaud frei im Dorf herumlaufen zu lassen – geduldet haben. Die Jouvaud-Affaire blieb noch für mehrere Tage Gesprächsstoff der Frauen, aber an diesem Morgen brach die Unterhaltung ab, als die Turmuhr zwölf schlug. Die Frauen ergriffen ihr Nähzeug und ihre Stricksachen und erklärten, sie hätten nicht gemerkt, wie spät es schon sei. Madame Favre eilte nach Hause, und Madame Pleindoux folgte ihr langsam mit Dédou an der Hand.

---

4 Der Text wurde an mehreren Stellen ohne Auslassungszeichen gekürzt.

Wylies Beschreibung ist präzis und anschaulich und evoziert beim Leser nicht nur ein plastisches Bild von den handarbeitenden und klatschenden Frauen in der Ecke des Rathausplatzes, sondern leicht auch spontane Erinnerungen an ähnliche, selbst erlebte Situationen. Doch Wylie ist erkennbar nicht an dem Phänomen Klatsch selbst interessiert; die Klatschgruppe und ihre Gespräche sind für ihn nur ein Vehikel, um uns einen Einblick in den Mikrokosmos des Dorflebens zu verschaffen. Dabei bezieht seine Schilderung ihre Kraft gerade daraus, dass er sie nicht mit analytischen und theoretischen Konstruktionen durchsetzt. Wylie schreibt so, als hätte er die von Walter Benjamin (1977: 445) formulierte Maxime vor Augen, wonach es „schon die halbe Kunst des Erzählens <ist>, eine Geschichte, indem man sie wiedergibt, von Erklärungen freizuhalten". Die Darstellung Wylies vertraut auf unser Alltagswissen über Klatsch. Zugunsten einer narrativen Vermittlung dörflicher Lebensformen verzichtet sie darauf, Klatsch als Träger dieser narrativen Vermittlung analytisch aufzulösen.

In der gleichen Weise wie Wylie haben auch andere Ethnografen in ihren Texten Klatsch nicht analysiert, sondern reproduziert. Paradigmatisch hierfür kann Edward E. Evans-Pritchard stehen, der in seinem letzten, posthum erschienenen Buch selbstkritisch anmerkte: „Ich habe den Eindruck gewonnen, dass Anthropologen (rechnen Sie mich dazu, wenn Sie wollen) in ihren Schriften über afrikanische Gesellschaften die Afrikaner in Systeme und Strukturen enthumanisiert und dabei das Fleisch und Blut vergessen haben" (Evans-Pritchard 1974: 9). Zur Korrektur dieses Darstellungsmangels und als Mittel zum besseren Verständnis einer fremden Kultur hat Evans-Pritchard die Wiedergabe von Klatschkommunikation eingesetzt. Er hatte während seiner Feldstudien bei den Azande im Sudan die Entdeckung gemacht, „dass das Niederschreiben von imaginierten Gesprächsepisoden eine große Hilfe war, um das Denken und Verhalten der Zande zu verstehen". Unter diesen „Zande Conversation Pieces" (so der Titel seiner Arbeit) findet sich auch ein längeres Stück „Two Women Gossiping" (Evans-Pritchard 1970: 29, 49), dem der folgende Ausschnitt entnommen ist:

> A: Oh Schwester, ist das, was du sagst, wahr?

> B: Lauf ich etwa herum, meine Liebe! Ich sitze bei mir zuhause und höre alle meine Neuigkeiten. Hast du nicht gehört, dass Baiwos Frau sich gegen ihn aufgelehnt hat?

> A: Lass hören, Schwester! Hat sie sich wieder mit einem anderen getroffen? Oh dieses Mädchen, sie ist schon immer gern von einem Mann zum andern gewandert!

> B: Meine Liebe, lauf ich etwa herum! Die Leute erzählen, dass Baimeyo sich mit ihr gezeigt hat und sich prächtig mit ihr vergnügt.

Anders als Wylie erzählt Evans-Pritchard keine Geschichte über ein Klatschgespräch, sondern läßt die Klatschenden szenisch – wenn auch nur in einem imaginierten Dialog – selbst zu Wort kommen. Doch ebenso wie Wylie verfolgt auch Evans-Pritchard nicht die Absicht, Klatsch in den Stand eines Analyseobjekts zu erheben. Beiden ist die Schilderung von Klatsch ein Mittel zum Zweck; und beide vertrauen auf Leser, die von ihrem Alltagswissen über Klatsch Gebrauch machen.

Ins Extrem wird dieser dokumentarisch-abbildende Umgang mit Klatsch von der Anthropologin Elsie C. Parsons in ihrer im Jahr 1936 erschienenen Ethnografie „Mitla: Town of the Souls" über Zapoteco sprechende Pueblos in Oaxaca (Mexiko) getrieben. Diese umfangreiche Monografie enthält ein beinahe einhundert Seiten umfassendes Kapitel (S. 386–478) „Town Gossip", in dem die Autorin nichts anderes tut, als zahlreiche Klatschgeschichten, die ihr zu Ohren kamen, sowie den Hintergrund zu diesen Geschichten in erzählerischer Form auszubreiten. Interessant ist an dieser Stelle in erster Linie die Begründung, die Parsons (1936: 386) für ihr Vorgehen gibt. „In jeder systematischen Stadtübersicht", schreibt sie zu Beginn dieses Klatschkapitels, „werden zwangsläufig viele Details übergangen, und das Leben erscheint viel standardisierter, als es in Wirklichkeit ist; es gibt keinen Raum für Widersprüche oder Ausnahmen oder geringfügige Abweichungen; die Klassifikationen verhindern mehr oder weniger Bilder von Menschen, die zusammenleben und arbeiten. Bei meinem letzten Aufenthalt in Mitla verbrachte ich viel Zeit damit, Besuche zu machen und mich an Klatsch zu beteiligen, bereits mit der Absicht, mir dann diese Szenen und einige andere aus früheren Jahren in Erinnerung zu rufen, um persönliche Aspekte der Stadtbewohner und einige ihrer verschiedenartigen Lebensumstände darzustellen und zu vermitteln." Klatsch ist – darauf stellt Parsons' Begründung ab – bedingungslos an konkrete Vorfälle, unbedeutend scheinende Einzelheiten und persönliche Angelegenheiten gebunden. Klatsch ist seinem Wesen nach idiografisch, und dieses Strukturmerkmal prädestiniert Klatsch in hohem Maße dazu, in Ethnografien als literarisches Kompensationsmittel gegen die unerwünschten Folgen wissenschaftlicher Systematisierung: gegen die Entlebendigung eines ethnografisch erfassten Lebenszusammenhangs eingesetzt zu werden.

Allerdings hat diese detaillierte Dokumentation von Klatsch nah am realen Geschehen ihre Tücken für die Ethnografen, deren Ziel es ja ist, die Ergebnisse ihrer Feldforschung in wissenschaftlichen Aufsätzen und Monografien zu veröffentlichen. Da sie auch intime Details aufschnappen und Informationen erhalten, die das Ansehen der beobachteten Akteure beschädigen könnten, müssen sie in ihren Publikationen entsprechende Maßnahmen ergreifen, um diese Akteure und evtl. auch das gesamte Feld ihrer Untersuchung durch Decknamen u. Ä. zu schützen. Wylie hatte noch in der 1. Auflage seiner Gemeindestudie dem von ihm untersuchten Dorf ein Pseudonym gegeben (Peyrane) und es auf der im Buch abgedruckten Landkarte auf leicht irreführende Weise geografisch lokalisiert (Wylie 1969: 2); erst die 2. Auflage enthielt den Klarnamen des Dorfes (Roussillon) und Fotografien der Dorfbewohner. Auch für den Ethnografen William Lancaster waren Beobachtung und informelle Gespräche die primären Informationsquellen bei seiner Gemeindestudie in Norfolk (East Anglia). Doch in seinem Fall genügte die Verwendung von Pseudonymen für alle Personen- und Ortsnamen nicht als Schutzmaßnahme. In einem Leserbrief an eine anthropologische Fachzeitschrift berichtet er: „Als ich an meiner Studie 'Hennage: A social system in miniature' arbeitete, musste ich extrem auf die Privatheit der Dorfbewohner achten, und das ist der Grund, dass es unter dem Pseudonym Clement Harris publiziert wurde" (Lancaster 1974: 626). Klatsch ist, wie sich hier noch einmal zeigt – und später ausführlich behandelt werden wird – alles andere als ein neutrales, ungefährliches Medium der Informationsgewinnung. Klatsch verursacht Kosten, nur: wer diese Kosten jeweils zu tragen hat, kann von Fall zu Fall verschieden sein.

1.4 Klatsch im Umriss

Eine andere textuelle Praktik im Umgang mit Klatsch, die sich in der ethnografischen Literatur findet, besteht darin, den Klatschvorgang selbst aus der Darstellung weit-gehend auszuklammern, d. h. als bekannt vorauszusetzen, und dafür einzelne Fak-toren, die die Umstände der Realisierung von Klatsch kennzeichnen, zu beschreiben. Dieses Vorgehen findet sich etwa, um auch hier zunächst ein Beispiel zu geben, in einer Ethnografie über das Leben auf Truk, einer zu Mikronesien gehörenden Insel im westlichen Pazifik. Die Autoren dieser Ethnografie, Thomas Gladwin & Seymour Sa-rason (1953: 148 f.), beschäftigen sich in dem Kapitel „Non-violent aggression" auch mit Klatsch:

> Ein verbreitetes und weniger explosives Mittel, um – sowohl innerhalb als auch außerhalb der Abstammungsfamilie – Aggression auszudrücken, ist Klatsch, den die Truks als „Vielrederei" bezeichnen und als Bedrohung sowie als sehr effektives Sanktionsmittel betrachten. Die Muster des Klatsches würden jedem Amerikaner vertraut sein. Da gibt es die unverbesserlichen Klatschmäuler, vor allem Frauen, die einen Großteil ihrer wachen Zeit damit verbringen, die realen oder imaginierten kleinen Sünden anderer zu skandalisieren und jedermanns Schritte mit scharfem Auge zu verfolgen in der Hoffnung, ein Paar bei einem Rendezvous aufzustöbern und zu entlarven. Diese Gruppe ist ein Extrem, doch alle Truks, Männer ebenso wie Frauen, klatschen, – vor allem, wenn etwas besonders Schockierendes aus dem näheren Umkreis ans Tageslicht kommt. Es wurde etwa beinahe eine Selbstverständlichkeit, dass jede Woche, wenn das Boot nach Moen übersetzte, eine neue Geschichte über die drei oder vier jungen Männer und Frauen, die in unserem Haus lebten und uns bei der Hausarbeit halfen, berichtet wurde und in Romonum die Runde machte. In der Regel ist es möglich, von jedermann auf der Insel innerhalb einer Stunde des Geschehens einen ziemlich vollständigen Bericht über einen Mann zu erhalten, der seine Frau verprügelt hat. Es scheint, dass die meisten Truks bereit sind, ohne weitere Prüfung das Schlechteste über ihre Mitmenschen zu glauben. Gleichzeitig scheinen die Opfer des Klatsches nicht fähig zu sein, sich achselzuckend darüber hinwegzusetzen; wie grotesk auch immer eine Geschichte sein mag, sie sind darüber beunruhigt und sorgen sich, dass jedermann sie glauben wird.

Diese Beschreibung von Klatsch ist ihrer Struktur nach charakteristisch für eine Vielzahl von Ethnografien. Der Klatschvorgang als kommunikative Tätigkeit wird nur umschrieben oder skizziert, manchmal, wie in dem obigen Beispiel, mit dem aus-drücklichen Hinweis auf das Vorwissen des Lesers („Die Muster des Klatsches würden jedem Amerikaner vertraut sein"). Die Darstellung konzentriert sich ganz auf die näheren und weiteren Umstände der Entstehung und Wirkung von Klatsch. Das ge-schieht zwar in keinem Fall nach einem vorgegebenen Beschreibungsschema, und doch ergibt sich aus den Beschreibungen ein Bild von Merkmalen, die den Klatsch wie ein Kreis umspannen, ihn selbst aber in der Mitte aussparen. Fasst man diese Hinweise zusammen, lässt sich Klatsch folgendermaßen konturieren:

Orte und Gelegenheiten für Klatsch sind überall dort gegeben, wo Bekannte sich begegnen, sich ungestört unterhalten oder besser noch: die Unterhaltung mit einer anderen Tätigkeit kombinieren können. Beispiele hierfür aus der ethnografischen Literatur sind etwa das bereits erwähnte gemeinsame Stricken französischer Dorfbewohnerinnen (Wylie 1969: 274 ff) ebenso wie die von Frankenberg (1957: 20) beschriebenen Nähzirkel englischer Ladies, das gemeinsame Gemüseputzen chinesischer Dorffrauen (M. Wolf 1972: 146 f.) oder die Arbeit in der Maniok-Hütte bei den Mundurucú-Indianern am brasilianischen Amazonas (Murphy & Murphy 1974: 135). In ihrer Ethnografie eines Dorfes im Nordosten Spaniens berichtet Susan Harding (1975: 300), dass in früheren Zeiten das gemeinsame Brotbacken und Nähen Gelegenheiten waren, zu denen sich Gruppen von Frauen beim Klatsch trafen, doch mit der Eröffnung einer Dorfbäckerei vor 20 Jahren und der Möglichkeit, fertige Kleider zu kaufen, verschwanden diese Treffen; nur noch das dörfliche Waschhaus war ein Treffpunkt für die Frauen. Doch, so fährt Harding fort, „auch das Waschhaus ist ein Ort, an dem mehr schmutzige Wäsche im wörtlichen Sinn als im übertragenen Sinn gewaschen wird. Selbst das Waschhaus steht als Ort, an dem Frauen sich in Gruppen treffen können, in Frage, seit die Familien damit begonnen haben, Waschmaschinen zu kaufen." – Neben den Orten, an denen gemeinsames Arbeiten mit Gesprächen kombiniert werden kann, fungieren auch Einrichtungen, an denen die Mitglieder einer Gemeinde sich mehr oder weniger zufällig über den Weg laufen, als Klatschzentren. Das kann ein dörfliches Tofu-Geschäft in Japan sein (Embree 1939: 53), ein Einkaufsladen in Neufundland (Faris 1966: 239) oder Bars und Friseurläden in einem spanischen Dorf, die vor allem den Männern Gelegenheit zum Klatsch bieten (Gilmore 1978: 91). Dabei wird allerdings auch berichtet, dass diese Einrichtungen gerade deshalb gemieden werden, weil sie als Klatschnester bekannt sind und weil jeder, der sich dort zeigt, beäugt wird und befürchten muss, nach Verlassen der Einrichtung selbst zum Thema von Klatsch zu werden. – Eine besondere und auch in unserer Gesellschaft beobachtbare Konstellation, in der Klatsch blüht, sind Wartezeiten, bei denen man mit anderen die „Zeit totschlägt" – sei es in einer Warteschlange vor einer Wasserstelle in einem nepalesischen Dorf (Bennett 1983: 3) oder vor einer Mühle in einem griechischen Dorf, bei der die Männer und Frauen stundenlang darauf warten, dass ihr Weizen gedroschen wurde und sie ihr Mehl abholen können (Du Boulay 1974: 208).

Als *Teilnehmer* am Klatsch kommen im Prinzip alle Mitglieder einer Gesellschaft in Frage; doch es gibt feste Gesprächszirkel, in denen Klatsch besonders hemmungslos gepflegt wird. Der Gemeindesoziologie James West (1945: 99 ff) hat in seiner Studie über die amerikanische Kleinstadt Plainville solche intimen Kleingruppen, die einen Großteil ihrer Freizeit mit Klatsch verbringen, studiert und als „gossip cells" bezeichnet.[5] Frauen und insbesondere alte Menschen gelten fast überall als besonders

---

5 Auch „James West" und „Plainville" sind im Übrigen Pseudonyme, die der Anthropologe Carl Wi-

klatschhaft, doch Margaret Mead (1958: 79) berichtet, dass es bei den Tchambuli, einer kleinen pazifischen Stammeskultur, die Männer sind, die als „klatschsüchtig" gelten.
– *Zielobjekt* von Klatsch kann im Prinzip natürlich jede Person werden, doch oft lassen sich auch bestimmte Kategorien von Personen ausmachen, an denen sich Klatsch besonders leicht entzündet. Das sind zum einen neue Mitglieder in einer Gemeinde, wie etwa Zugezogene, Neuankömmlinge, Eingeheiratete oder „displaced persons". Margery Wolf (1972: 48,146) berichtet, dass die Frauen in einem taiwanesischen Dorf extensiv über jede einheiratende Schwiegertochter klatschen und diese erst nach einer gewissen Zeit selbst in den Klatschzirkel aufnehmen.[6] Eine weitere Personenkategorie, deren Mitglieder vulnerabel für Klatsch sind, umfasst Alleinstehende, Junggesellen, Strohwitwer, Künstler und andere Akteure, die – ob freiwillig oder erzwungen – ihr Leben an der Peripherie der sozialen Ordnung einer Gemeinschaft führen. Beispielhaft ist hier auf die Studie von Juliet du Boulay (1974: 122) zu verweisen: in der von ihr untersuchten griechischen Gemeinde wird von Witwen erwartet, dass sie sich schwarz kleiden, keinen Schmuck tragen, nicht tanzen oder singen, und dennoch sind sie, insbesondere wenn sie noch jüngeren Alters sind, „ein ständiges Ziel von Klatsch und Tratsch, bösartigen Witzen und Skandal".

Im Kapitel „Gossip" seines Buches „Means of social control" bemerkt Frederick Lumley (1925: 223), dass es eigentlich nichts Menschliches gibt, das nicht im Klatsch verarbeitet werden könnte. Zwar schränkt Lumley seine Feststellung ein, indem er vor allem Abweichungen von sexuellen, religiösen und politischen Codes und allgemein von den jeweils gültigen ethischen Codes als *Gegenstand von Klatsch* identifiziert. Doch auch damit bleibt das, worüber im Klatsch geredet wird noch zu unspezifisch, da häufig gar kein Code verletzt, sondern einfach über kleine Marotten oder Missgeschicke geklatscht wird. „Manchmal löst die kleinste Unregelmäßigkeit bei einer Hochzeitszeremonie den boshaftesten Klatsch aus und zieht die wunderlichsten Interpretationen nach sich" (Thomas & Znaniecki 1919a: 466). Es ist daher ratsam, zunächst nur das Panoptikum der Themen auszuleuchten, die im Klatsch verhandelt werden: Im Klatsch geht es immer um beobachtete, übermittelte oder vermutete Geschichten über persönliche Eigenarten und Idiosynkrasien, Verhaltensauffälligkeiten und -inkonsistenzen, Charakterfehler, Diskrepanzen zwischen realem Verhalten und moralischem Anspruch, Unarten, Frechheiten, sozial nicht akzeptierte Verhaltens-

---

thers bei der Publikation seiner Studie benutzte (Jablow 1972: 765). Als Art Gallaher (1961: 136 ff) fünfzehn Jahre später ein Nachfolgestudie in derselben Kleinstadt Plainville durchführte, begegnete er erneut den von James West beschriebenen Klatschcliquen.

6 In ihrer gemeindesoziologischen Studie „The established and the outsiders" befassen sich Norbert Elias und John Scotson (1965: 89 – 105) in einem separaten Kapitel mit Klatsch, wobei sie unter „Klatsch" auch das abqualifizierende und gehässige Reden der Einheimischen über die in einem neuen Stadtviertel Zugezogenen subsumieren. Wenn aber ganze Gruppen und Kollektive zu Zielobjekten von Klatsch erklärt werden, werden auch rassistische, antisemitische und generell fremden- oder gruppenfeindliche Äußerungen zu Erscheinungsformen von Klatsch erklärt. Damit aber wird der Bedeutungsraum von Klatsch in einem solchen Maß ausgeweitet, dass der Begriff unbrauchbar wird.

weisen, Verfehlungen, Ungehörigkeiten, Unterlassungen, Anmaßungen, blamable Fehltritte, Niederlagen – vorzugsweise aus dem thematischen Bereich der Beziehung der Geschlechter.

Auch über die *Effekte* von Klatsch finden sich Aussagen in den Ethnografien. Diskutiert werden insbesondere zwei Wirkmechanismen. Für die Teilnehmer selbst ist Klatsch unterhaltend und, sofern er ihre Neugier stillt, befriedigend. Auf die – abwesenden – Opfer dagegen übt Klatsch eine bedrohliche Wirkung aus. Sie ängstigen sich vor dem Gerede der anderen Leute und befürchten, dass dadurch ihre Reputation und ihr gesellschaftlicher Status unterhöhlt werden. Darüber hinaus liegt, wie mehrere Studien zeigen, in vorindustriellen Gesellschaften die Angst vor Klatsch auch darin begründet, dass „Klatsch [...] eng mit Zauberei assoziiert ist" (Cohen 1971: 421). Clyde Kluckhohn (1967: 92, 101) spricht von „witchcraft gossip", der sich hauptsächlich gegen „distant witches" richte, was von Ely Devons & Max Gluckman (1964: 247 ff) und Louise Lamphere (1971) kritisiert wird, die im Gegensatz zu Kluckhohns psychologischer Erklärung betont, dass der Klatsch, in dem andere der Zauberei beschuldigt werden, vorrangig darauf abzielt, unkooperatives Verhalten zu unterbinden. In seiner Fallstudie über Hexerei und Klatsch bei den Kwahu in Ghana hat Wolf Bleek (1976: 526) beobachtet, dass die Bezichtigung der Hexerei „zumeist im Geheimen und in der Form von Klatsch erfolgt". Doch die enorme Bedeutung, die der Klatsch auch in modernen Gesellschaften für das Klatschopfer hat, könnte wie William Thomas & Florian Znaniecki (1919b: 534) vermuten, „in dem magischen Glauben an den realen Einfluss von Wörtern" begründet sein. In der Tat werden in der Literatur beide Möglichkeiten berichtet: Einerseits ist Klatsch – wie Beatrice Whiting (1950: 64 ff) in ihrer Ethnografie über Hexerei beim Stamm der Paiute in Oregon beobachtet hat – ein wichtiger Faktor dafür, dass ein Stammesmitglied in den Ruf der Hexerei gerät, andererseits aber zieht derjenige, der viel klatscht, selbst den Verdacht der Hexerei auf sich.

Mit den aus verschiedenen Ethnografien destillierten Aussagen ist das, was Klatsch bedeutet, im Umriss deutlich geworden. Allerdings hinterlassen diese Beschreibungen eine erstaunliche Leerstelle: der Klatsch als ein kommunikativer Vorgang bleibt weitgehend ausgespart. Wie aus lauter geraden Linien, minimal gegeneinander verschoben, als Tangenten ein Kreis entstehen kann, ohne dass sie einen Kreis zeichnen, so evozieren diese Beschreibungen eine Vorstellung von Klatsch, ohne dieses Objekt selbst inhaltlich zu bestimmen. Zu dieser negativen Konstitution von Klatsch findet sich eine aufschlussreiche Parallele bei der für die Massenmedienforschung grundlegenden Formel von Harold Lasswell: „Wer sagt was in welchem Kanal zu wem mit welcher Wirkung?" Bei dieser Formel ist das einzige Satzglied, das nicht in eine Frage transformiert wurde, das Prädikat („sagen"), das aber gerade den eigentlichen Vorgang der Kommunikation bezeichnet. Während die Formel nach Sender und Empfänger, Inhalt und Wirkung der Kommunikation fragt, bleibt der Akt des Kommunizierens selbst eine unbefragte Selbstverständlichkeit, die der Sozialforscher als Ressource zur Formulierung seines Analyseschemas benutzt. Im Fall der ethnografischen Inventarisierung einzelner Klatschfaktoren stellt sich die Situation nicht anders dar. So viel auch aus den Ethnografien über Klatsch zu erfahren ist, die Tätigkeit des Klatschens und die hierfür erforderlichen Fähigkeiten bleiben im Dunkel. Durch welche spezifischen Verhaltensweisen der Handelnden eine Interaktion zu dem wird, was von ihnen selbst oder einem beobachtenden Dritten als „Klatsch" wahrgenommen wird, wird als Fragestellung nicht einmal formulierbar.

Eine andere Parallele zwischen der umrisshaften Beschreibung von Klatsch in den ethnografischen Texten und Lasswells berühmter Formel besteht darin, dass in beiden Fällen die Ausprägung eines gestalthaften sozialen Objekts – eines Films, einer Rundfunksendung, eines Zeitungsartikels, einer politischen Rede oder eben Klatsch – in einzelnen Dimension erfasst und vergleichbar gemacht wird. Mittels dieser inventarisierenden Technik wird das Untersuchungsobjekt in kleine und kleinste Einheiten zerlegt, aus denen dann wieder – nach dem Modell eines gerasterten Zeitungsfotos – ein repräsentatives Abbild hergestellt werden soll. Doch so, wie aus den Tausenden von Einzelpunkten eines Zeitungsfotos erst durch das Vorwissen des Betrachters ein Bild entsteht, so setzen sich auch die in den Ethnografien erfassten und mehr oder weniger ausführlich beschriebenen Klatschmerkmale erst mit dem Vorwissen des Lesers zu einem Bild des Klatsches zusammen.

1.5 Klatsch als Ressource – Klatsch als Thema

Die methodische Funktionalisierung von Klatsch im Rahmen der Feldforschung blieb im Prinzip noch ganz verstrickt in das „naive" Wissen, das unsere alltägliche Klatschpraxis bestimmt. In den ethnografischen Studien wurde diese bloß praktische Indienstnahme von Klatsch zum Zweck der Informationsgewinnung bereits überschritten. Die narrative oder szenische Dokumentation vermittelt ein differenziertes Bild von einzelnen Klatschgesprächen und -situationen; die deskriptive Erfassung einzelner Faktoren der Realisierung von Klatsch lässt nicht nur dessen ubiquitäre Verbreitung erkennen, sondern ansatzweise auch einige der Komponenten, die die innere Struktur von Klatsch kennzeichnen. Doch auch hier wurde der Klatsch instrumentalisiert, insofern seine Darstellung in erster Linie der Verlebendigung und Authentisierung der wissenschaftlichen Beschreibung diente. Vor der Frage, wie ein Gespräch im kommunikativen Hin und Her der Akteure die Sinnstruktur des Klatsches erhält, blieben die ethnografischen Beschreibungen wie vor einer unsichtbaren Schranke stehen. Offensichtlich konnte diese Frage die Ethnografen ebenso wenig interessieren wie etwa einen Koch die genauen chemischen Prozesse, die beim Backen oder Garen ablaufen. Doch genau für diese innere Logik von Klatsch interessiert sich die folgende Untersuchung. Sie fragt nach dem, was bislang in den Arbeiten über Klatsch als bekannt vorausgesetzt und hingenommen wurde. Diese Wendung hin zum fraglos Gegebenen und zu der Frage, was Klatsch zum Klatsch macht, verweist auf den Untersuchungsrahmen der vorliegenden Studie.

In Fortführung der Überlegungen von Alfred Schütz hatte Harold Garfinkel in den 1960er Jahren kritisiert, dass in den Sozialwissenschaften bei der Erhebung und

Analyse von Daten unreflektiert Bestände des Alltagswissens einfließen. Daraus leitete er die für die Ethnomethodologie programmatische These ab: Die Soziologie dürfe in ihrem wissenschaftlichen Vorgehen das Alltagswissen (common sense knowledge) nicht einfach als implizite Ressource benutzen, sondern muss es stattdessen – als „topic" (Garfinkel 1967a: 31) – zu ihrem primären Gegenstand machen. Dieses Begriffspaar „topic/resource" wurde zu einem wichtigen Eckpfeiler in der Begründung der Ethnomethodologie; es wurde bereits früh von Harvey Sacks (1963: 14 f.) formuliert und später von verschiedenen Autoren erläutert und kommentiert (Zimmerman & Pollner 1970: 81 ff; Wieder 1988). Dadurch, dass soziologische Untersuchungen sich auf das Alltagswissen über ein soziales Phänomen verlassen, ist es ihnen unmöglich, die soziale Konstitution dieses Phänomens überhaupt in den Blick zu nehmen. Unter Bezug auf David Sudnow – selbst ein Ethnomethodologe und Jazzmusiker – hat Garfinkel dieses systematische Versäumnis einmal als das „Howard Becker-Phänomen" bezeichnet.[7] Howard Becker hatte zahlreiche Studien über Tanzkapellenmusiker publiziert, aus denen man viel über das Leben von Jazzmusikern erfährt, über ihre Kleidervorlieben, ihre Familien, ihre Beschäftigungsmöglichkeiten, ihre Karriereverläufe, ihren Drogenkonsum, ihre Einstellung zum Publikum – eigentlich über alles, nur nicht über das, was die Musiker zusammenbringt und was sie gemeinsam tun: das Musizieren. Und eben dieses Howard-Becker-Phänomen konnte auch für die ethnografischen Studien über Klatsch beobachtet werden.

Wie aber lässt sich aus der Ressource „Klatsch" ein Thema machen? Wie lassen sich Praktiken und Prozesse untersuchen, in und mit denen ein Gespräch zu Klatsch wird? Und lässt sich bei dieser Analyse das Alltagswissen tatsächlich völlig ausschalten?

Garfinkels scharfe Unterscheidung von „topic" und „resource" suggeriert die Möglichkeit, dass Wissenschaftler bei der Analyse der Gegenstandskonstitution eines sozialen Phänomens ihr Alltagswissen vollkommen ausblenden. Eine solche puristische Trennung ist jedoch prinzipiell gar nicht möglich – sie würde den Verzicht auf Sprache bedeuten. Es kommt also, wie Roy Turner (1970: 187) erläutert, gar nicht darauf an, dass Forscher bei der Analyse eines sozialen Phänomens ihre Alltagskompetenz als Verstehensressource leugnen, die es ihnen ermöglicht, den Sinn einer Aktivität oder eines Geschehens zu erfassen. Entscheidend ist vielmehr, dass Analytiker diese Kompetenz und ihr intuitives Verstehen zulassen, es dann aber so expli-

---

7 Zitiert nach Peter Tolmie, Steven Benford und Mark Rouncefield (2013: 228). Eine ähnlich instruktive Anekdote, bekannt geworden unter der Bezeichnung „Shils' complaint", hat Garfinkel einmal aus seinem frühen Forscherleben erzählt (Garfinkel, Lynch & Livingston 1981: 133): Im Jahr 1954 sollte er in einem Projekt mit einem Kollegen die auf Tonband aufgezeichneten Beratungen von Geschworenen analysieren. Gegen den Vorschlag, für diese Analyse die von Bales entwickelten Kategorien der Interaction Process Analysis anzuwenden, wandte der Projektleiter Edward Shils ein: „Wenn wir Bales' Interaction Process Analysis verwenden, werden wir sicher eine Menge darüber herausfinden, was an ihren Beratungen die Geschworenen zu einer Kleingruppe macht. Wir möchten aber wissen, was an ihren Beratungen die Geschworenen zu Geschworenen macht."

zieren, dass die Verfahren und Praktiken, die diese Kompetenz ausmachen, sichtbar und identifizierbar werden. Die klassische Studie, in der dieses selbstreflexive Vorgehen exemplarisch vorgeführt wird, ist Harvey Sacks' (1972) Analyse der kurzen Geschichte „The baby cried. The mommy picked it up", die ein nicht ganz drei Jahre altes Mädchen erzählte. Sacks beschreibt zunächst, dass es nach seinem Verständnis in dieser Geschichte nicht irgendeine Mutter ist, die das weinende Baby aufnimmt, sondern die Mutter eben dieses Babys. Sacks fragt sich, wie er – und vermutlich alle Rezipienten dieser Geschichte – zu diesem Verstehen kommt, obwohl doch kein Personalpronomen – „die Mutter nimmt ihr Baby auf" o.Ä. – eine Verbindung zwischen der Mutter und dem Kleinkind indiziert. Um die Genese dieses Verstehens zu rekonstruieren, entwickelt Sacks dann ein sehr ausgeklügeltes System aus Regeln und Mechanismen zur Kategorisierung von sozialen Akteuren (*membership categorization device*) und Aktivitäten (*category-bound activities*), dessen Anwendung bei jedem Rezipienten dieser Geschichte das von Sacks beschriebene Verstehen generiert. (Dazu mehr in Kap. 3.2.) Wie elementar die von Sacks identifizierten Kategorisierungsverfahren und Inferenzpraktiken unser intuitives Verstehen steuern, zeigt sich im Übrigen bereits an der Verschriftlichung der mündlichen Erzählung des Mädchens. Statt „The baby cried. The mommy picked it up" wäre ja auch „'The baby', cried the mommy, 'picked it up'" oder „The baby cried: 'The mommy picked it up'" möglich gewesen, doch diese oder ähnliche Versionen der Erzählung müssen kontra-intuitiv erfunden werden und sind nicht mit unseren üblichen Wirklichkeitsvorstellungen vereinbar. Sacks demonstriert also mit dieser Fallanalyse, wie Alltagswissen und -verstehen, das er zunächst als Ressource nutzt, zum Thema gemacht und analytisch dekonstruiert werden kann, so dass am Ende der Analyse ein Ensemble von alltagspraktischen Verfahren und Mechanismen steht.

Ein anderer Weg, um aus Klatsch als einem fraglos gegebenen Phänomen des Alltags ein Thema der Analyse zu machen, führt nicht über die Selbstreflexion des intuitiven Verstehens, sondern über die Beobachtung der Reflexivität aller sinnhafter sozialer Handlungen. Eine für die Ethnomethodologie zentrale Einsicht Garfinkels war, dass die faktisch erscheinende Gegebenheit eines sozialen Phänomens immer das Ergebnis eines Herstellungsprozesses (*accomplishment*) ist und im Vollzug von Handlungen deren Wahrnehmbarkeit und Erkennbarkeit (*accountability*) als laufender Index mitproduziert wird. In seiner berühmt gewordenen Studie über Agnes, eine junge Frau, die als Mann aufwuchs und im Alter von siebzehn Jahren die Identität einer Frau annahm, konnte Garfinkel (1967b) zeigen, mittels welcher Techniken und Maßnahmen Agnes sich für ihre Mitmenschen als normale, natürliche Frau erkennbar machte. Einen einfachen Kunstgriff, um dieses Moment der Reflexivität plausibel und methodisch zugänglich zu machen, hat Harvey Sacks (1992c [1970]) entwickelt: Um die Aufmerksamkeit des Analytikers auf die impliziten Techniken zu lenken, mittels derer ein faktisch erscheinender Sachverhalt im Vollzug einer Handlung als wirklich erzeugt wird, setzt er ein „doing" oder „doing being" vor die Beschreibung. So wird aus der Beobachtung, dass sich jemand unauffällig und normal verhält ein „doing 'being ordinary'", aus Agnes wird jemand, die nicht einfach eine Frau „ist", sondern deren

„doing 'being a woman'" sichtbar wird, aus einem Stehen in der Warteschlange wird ein „doing 'waiting'" – und aus Klatsch wird durch die Umformulierung in „doing 'gossip'" ein Objekt, das die Akteure füreinander – und damit auch für den Beobachter – sichtbar machen und dessen Herstellung in den folgenden Kapiteln im Detail untersucht wird.

2 Klatsch als Gattung der alltäglichen Kommunikation

2.1 Reden über Klatsch – Praxis des Klatschens

Dass wir im Alltag etwas als „Klatsch" bezeichnen, ist eine Sache; eine andere Sache ist es, dass wir im Alltag Klatsch praktizieren. Häufig hat das eine mit dem anderen gar nichts zu tun. In den allermeisten Fällen, in denen die Akteure klatschen, taucht die Bezeichnung „Klatsch" überhaupt nicht auftaucht. Natürlich kann es in manchen Situationen geschehen, dass einer der Beteiligten ausdrücklich von „Klatsch" spricht, um z. B. sein Interesse an dieser Art von Unterhaltung zu bekunden. Doris Lessing (1978: 25) etwa lässt ihren Roman „Das goldene Notizbuch" auf diese Weise beginnen:

> Die beiden Frauen waren allein in der Londoner Wohnung.
>
> „Soweit ich sehe", sagte Anna, als ihre Freundin vom Telefon im Flur zurückkam, „soweit ich sehen kann, ist alles am Zusammenklappen."
>
> Molly war eine Frau, die viel telefonierte. Als es klingelte, hatte sie gerade gefragt: „Also, was gibt's für Klatsch?" Jetzt sagte sie: „Das war Richard, er kommt rüber. Anscheinend ist das sein einziger freier Moment heute für den nächsten Monat. Jedenfalls behauptet er das."

Aber um Klatschgespräche zu initiieren und zu führen, sind Äußerungen in der Art von Mollys „Also, was gibt's für Klatsch?", die als metakommunikative Klammern (Schiffrin 1980) einen neuen Diskursabschnitt markieren, weder erforderlich noch üblich. Nicht zufällig ist das Zitat, in dem eine Sprecherin explizit nach Klatsch fragt, einem fiktiven Text entnommen; in der Realität ist eine solche direkte Formulierung des Verlangens nach Klatsch äußerst selten. Wie für andere kommunikative Handlungen gilt auch für Klatsch, dass wir sie vollziehen können, ohne sie dazu explizit beim Namen nennen zu müssen. Das verweist darauf, dass wir über ein praktisches Wissen verfügen, mittels dessen wir im Alltag Klatsch erkennen und an Klatsch teilnehmen können. Wenn man von der Annahme ausgeht, dass nicht jedes Gespräch ein Klatschgespräch ist, dann muss man den Gesprächsteilnehmern die Fähigkeit zuschreiben, Klatsch als eigenständige, intersubjektiv geteilte Kommunikationsform hervorzubringen, was die Fähigkeit impliziert, anhand einzelner Indikatoren zu entscheiden, wann ein Gespräch ein Klatschgespräch ist oder zu einem solchen wird. Auch diese Fähigkeit, Klatsch zu erkennen und an Klatsch teilzunehmen, ist eine Art Alltagswissen, allerdings eine Art von verkörpertem Wissen, das sich nicht einfach abfragen ließe. Es entspricht dem, was Gilbert Ryle (1969: Kap. 2) – im Unterschied zum „knowing that" – als „knowing how", und was Alfred Schütz & Thomas Luckmann (1979: 139 ff), diese starre Kontrastierung in ein Spektrum von Wissenstypen auflösend, als „Gewohnheitswissen" bezeichnet haben.

Das propositionale Alltagswissen, das sich in unserem Reden über Klatsch manifestiert, und das prozedurale Alltagswissen, das unsere Fähigkeit zu klatschen

https://doi.org/10.1515/9783110758092-004

ausmacht, umfassen natürlich nicht zwei völlig getrennte Wissensinhalte. Aber auch wenn zwischen diesen beiden Wissenstypen Überschneidungen und fließende Übergänge bestehen, bleibt deren Unterscheidung selbst doch sinnvoll und notwendig. Das zeigt sich im Fall von Klatsch schlagend in einem Sachverhalt, der in der Literatur zwar registriert, dessen Bedeutung aber bislang nicht auch nur ansatzweise geklärt wurde. Dieser Sachverhalt betrifft eine zwar offensichtliche, aber dennoch merkwürdige Diskrepanz, die zwischen dem Reden über Klatsch und der Praxis von Klatsch besteht – die *Diskrepanz zwischen der kollektiven öffentlichen Ächtung und der kollektiven privaten Praktizierung von Klatsch.*

Dass Klatsch eine weltweit verbreitete kommunikative Praxis ist, haben bereits die zahlreichen ethnografischen Arbeiten hinreichend deutlich gemacht. Wie aber steht es mit der „öffentlichen Ächtung" von Klatsch? Was ist darunter zu verstehen? Und ist dies wirklich mehr als ein historisch spezifisches, möglicherweise gar zufälliges Merkmal von Klatsch? Um diese Fragen beantworten zu können, ist es erforderlich, Zugang zu finden zu Aussagen und Texten, in denen ein öffentlicher Diskurs über Klatsch geführt wird. Auf die Spur eines Typus derartiger Texte führt eine Bemerkung des Sprachphilosophen Karl Vossler, der in einem Aufsatz, der im Jahr 1923 in einer „Erinnerungsgabe an Max Weber" erschienen ist, die Empfehlung ausgesprochen hat, „die Lehrbücher der Beredsamkeit, die alten Rhetoriken als erste Versuche soziologischer Sprachbetrachtung gelten <zu> lassen" (Vossler 1923: 239). Folgt man dieser Anregung, so offenbart sich rasch, dass bereits zu der Zeit, als die ersten Abhandlungen über menschliche Umgangsformen und Konversationsregeln verfasst wurden, auch Klatsch Gegenstand des Diskurses war und ostinat als Verstoß gegen die guten Sitten, als Unhöflichkeit und Taktlosigkeit diskreditiert wurde.

So beschreibt etwa, um einige der zahlreichen Beispiele zu nennen, Theophrast, Schüler von Aristoteles, in seinen berühmten „Charakterskizzen" neben dem Schwätzer (Nr. 3), dem Plauderer (Nr. 7) und dem Großsprecher (Nr. 23) auch den Typus Nr. 28, den Verleumder (kakológos), der in der Darstellung von Theophrast gleichgesetzt wird mit dem, der Klatsch verbreitet: „Findet sich bey einer Gesellschaft einer, welcher von einer abwesenden Person übel spricht, so macht er sogleich die Unterredung lebendiger; Ich bin vollkommer eurer Meinung, sagt er, dieser Mensch ist mir zuwider, ich kann ihn nicht ausstehen. [...] Steht alsdenn einer von denen die ihm zuhörten, auf, und gehet nach Hause, so redet er von ihm, fast auf eben die Art, er schonet selbst seiner genauesten Bekannten nicht; so gar die Todten, finden in ihren Gräbern keine FreyStatt wieder seine boshaffte Zunge" (Theophrast 1754: 86). Im „Buch Jesus Sirach", in dem die ethischen Vorstellungen des Alten Testaments zu einem Lehrbuch der Sittenlehre zusammengefasst sind und das später auch „Ecclasiasticus" genannt wurde, findet sich der Spruch: „Wer über eine Schlechtigkeit sich freut, wird getadelt werden, und wer einen Klatsch wiederholt, dem fehlt es an Einsicht" (Jesus Sirach 1979: 92).[8] Der italienische Bischof Giovanni della Casa beschäftigt

---

8 Die hier zitierten Auszüge sind der vorzüglichen Sammlung von Texten zur Theoriegeschichte des

sich in seinem Mitte des 16. Jahrhunderts erschienenen und in ganz Europa sehr einflussreichen „Galeatus", einem Traktat über die „Formen, die man beim Umgang mit andern wahren oder meiden muss", in einem eigenen Kapitel mit der Frage, „wie man seine Zunge bezwingen soll, wenn man von andern redet" (della Casa 1979: 124). Kaum überraschend ist, dass auch der Stifter der pietistischen Sekte der Herrnhuter Brüdergemeine, Nikolaus Ludwig Graf Zinzendorf (1979: 193), in seinen „Gedanken vom Reden und Gebrauch der Worte" (1723), die auf eine radikale Reglementierung des Gesprächs und allgemein des geselligen Umgangs hinauslaufen, sich vehement gegen die Unsitte des Klatschens ausspricht.

Die Moralischen Wochenschriften der Aufklärungszeit sind voll von Milieuzeichnungen und Charakterschilderungen, in denen auf der einen Seite der Hofklatsch, das leere Komplimentierwesen und höfische Intrigantentum und auf der anderen Seite die Klatschsucht der ungebildeten Stände kritisiert werden. In einer rechtschaffenen bürgerlichen Familie wird bei gemeinsamen Handarbeiten vorgelesen; „beim Einmachen von Früchten studiert man Fontenelle" (Martens 1968: 536). 1804 wurde in einem wöchentlichen Anzeiger ein Preisausschreiben ausgelobt zum Thema „Welches sind die zweckmäßigsten Mittel, Klätschereien in kleinen Städten abzustellen?". Von den 64 eingegangenen Bewerbungsschriften schlägt einer der späteren, von der „Academie nützlicher Wissenschaften" (Erfurt) bestimmten Preisträger vor, durch Räuspern den Gesprächspartner daran zu hindern, dass ein Gespräch in Klatsch auszuarten droht. Und in einer ironischen Glosse wird im „Journal des Luxus und der Moden" (1806) das Thema dieses Wettbewerbs zum Anlass genommen, „die Milalimatik oder die Kunst nicht zu klatschen" ins Leben zu rufen.

Die Ächtung und Verurteilung von Klatsch ziehen sich von der Antike bis ins 19. Jahrhundert wie ein roter Faden durch die verschiedenen Konversationsbücher, Verhaltenslehren und Traktate, in denen der für eine Epoche oder soziale Gruppe verbindliche Kodex von Pflichten und Regeln des richtigen sozialen Umgangs formuliert wurde. Im 19. Jahrhundert spaltet sich diese Linie auf, wobei es zur Trennung der rein normativen von den deskriptiv-analytischen Aspekten kommt. Eine wichtige Rolle in diesem Prozess spielte in Deutschland Adolph von Knigge mit seiner Abhandlung „Über den Umgang mit Menschen" (1788). Knigge (1966: 6) selbst trat zwar einer normativ-reduktionistischen Lektüre seiner Schrift entgegen: „Wenn die Regeln des Umgangs nicht bloß Vorschriften einer konversationellen Höflichkeit oder gar einer gefährlichen Politik sein sollen, so müssen sie auf den Lehren von den Pflichten gegründet sein, die wir allen Arten von Menschen schuldig sind, und wiederum von ihnen fordern können. Das heißt: ein System, dessen Grundpfeiler Moral und Weltklugheit sind, muss dabei zum Grunde liegen". Doch auch seine Schrift bleibt noch einem normativen Duktus verhaftet, etwa wenn er davor warnt, „von einem Haus in

---

Gesprächs von Claudia Schmölders (1979) entnommen. Spezifisch für das 18. Jahrhundert cf. Markus Fausers (1991: 358 ff) differenzierte Diskussion von Plauderei, Geschwätzigkeit und Klatsch in den moralischen Schriften dieser Zeit.

das andere Nachrichten zu tragen, vertrauliche Tischreden, Familiengespräche, Bemerkungen, die du über das häusliche Leben von Leuten, mit welchen du viel umgehst, gemacht hast, und dergleichen auszuplaudern" (Knigge 1966: 28).

Knigges Schrift bleibt der fortwährende Bezugspunkt in der Flut der Benimmbücher und Anstandslehren, die ab dem 19. Jahrhundert erscheinen, bis heute hohe Auflagen erzielen und sich in der Verurteilung von Klatsch einig sind.[9] So heißt es etwa in einem dieser Bücher, das sich selbst nicht unbescheiden als „Knigge des 20. Jahrhunderts" bezeichnet: „Du sollst nicht schlecht über deinen Nächsten reden und nicht Tratsch verbreiten. Das zeugt nicht nur von einem schlechten Charakter, sondern ist auch unklug. Das nächste Opfer bist du selbst!" (Schäfer-Elmayer 1969: 56). Eine kleine Auswahl entsprechender Passagen aus einigen weiteren Benimm-Ratgebern kann deutlich machen, mit welchem Furor und mit welcher pädagogischen Penetranz sie gegen den Klatsch in Stellung gehen. Da finden sich etwa eindringliche Warnungen:

> Klatsch! Hast du schon gehört? Wissen Sie schon? Fräulein X und Herr Y haben sich getrennt. Und dabei hat sie sich solche Mühe gegeben! Ah, ist ihm doch noch ein Licht aufgegangen? Aber nein, gerade umgekehrt, er ist einfach abgeblitzt, die Eltern haben es endlich verboten. Aber da muss doch etwas passiert sein? Natürlich, und dabei sind liebliche Dinge herausgekommen. Das wissen Sie nicht? Davon hast du nichts gehört? Kss... Ks... – Klatsch! – Hoffen wir wenigstens, wenn sie schon so ungeschickt war, diese trübe Flut der Gerüchte nicht rechtzeitig zu vermeiden, dass weder sie noch er sich zu ihrer „Rechtfertigung" daran beteiligen. Schweigen! (Dietrich 1965: 272)

> Klatsch: Ist nicht nur feige, weil er ja hinter dem Rücken ausgeführt wird, so dass der Beklatschte sich nicht einmal verteidigen kann, sondern ist auch dazu angetan, tiefe Feindschaft zu säen. (Wolter o. J.: 91)

Eine Technik zur Unterbindung von Klatsch empfiehlt die folgende Autorin:

> Am liebsten redet man über Abwesende. Da kann man so schön schimpfen, klatschen, Gerüchte verbreiten. Und man ist sich über die üble Person herrlich einig. „Also haben Sie das schon wieder gehört...", „Und neulich überhaupt, da...". Wenn du das stoppen könntest! Du brauchst nicht gleich aufzuspringen und eine flammende Rede gegen böse Nachrede zu halten. Ich schlage vor: „Aber Irene, du? Gestern habe ich dich noch untergehakt mit ihr auf der Straße getroffen. Außerdem – ich finde sie ganz nett, es mag Geschmackssache sein. Wer möchte noch ein Glas Sprudel?" (Harbert 1954: 26)

Und es gar nicht erst zum Klatsch kommen zu lassen, ist der Rat der folgenden Benimmexpertin:

> Durch lieblose Klatschereien sind schon manche unglücklich geworden. [...] Jemandem etwas „unter dem Siegel der Verschwiegenheit" nach feierlichen Beschwörungen, es auch „ganz bestimmt niemandem weiterzusagen", zu berichten, ist nicht gestattet, auch dort nicht, wo es kaum

---

9 Für einen Überblick über Benimmratgeber aus drei Jahrhunderten von Knigge bis zur Gegenwart cf. Werner Zillig (2004).

zu vermeiden ist. Es macht auf unser Gegenüber einen viel besseren Eindruck, wenn wir ehrlich sagen: „Ich bedaure, aber über diese Angelegenheit möchte ich nicht sprechen", als wenn wir ein anvertrautes Gut preisgeben. Menschen, die dieses tun, geraten mit Recht in den Verdacht, dass sie selbst nicht imstande sind, etwas für sich zu behalten. (Andreas-Friedrich 1954: 74)

Im Gegensatz zur rigorosen offiziellen Ächtung von Klatsch sind Informationen darüber, wie es um die tatsächliche Praxis von Klatsch steht, den Konversationslehren selten direkt zu entnehmen. Man könnte allerdings aus der Tatsache, dass die Missbilligung von Klatsch so vehement wiederholt wird, den Umkehrschluss ziehen, dass die Ächtung von Klatsch für die tatsächliche Praxis des Klatschens ziemlich folgenlos blieb und gerade deshalb immer wieder erneut formuliert und propagiert werden musste. Eine Bestätigung dieser Vermutung könnte man etwa in literarischen Darstellungen, der Dramenliteratur (man denke etwa an die Salon- und Intrigenkomödien) und der bildenden Kunst finden, in denen zu allen Zeiten Klatsch, Klatschszenen und klatschhafte Personen ein beliebtes Sujet waren (cf. Thiele-Dohrmann 1975: Kap. 2). Doch auch in manchen Konversationslehren selbst finden sich versteckte Anmerkungen, die im Hinblick auf Klatsch eine Diskrepanz zwischen Verhaltensgebot und Verhaltenspraxis erkennen lassen. So schreibt etwa der Aufklärer Christian Thomasius in seinem im Jahr 1710 erschienenen „Kurzen Entwurf der politischen Klugheit" auch über die „Klugheit, sich in täglicher Konversation wohl aufzuführen", und postuliert in diesem Zusammenhang: „Von Abwesenden redet [der kluge Mann] nichts anderes als Gutes" – um jedoch gleich darauf eher resigniert fortzufahren: „... wiewohl diese Regel auch von vermeintlichen Weisen selten in acht genommen wird" (Thomasius 1979: 184).

Systematisch reflektiert wird die im Hinblick auf Klatsch feststellbare Kluft zwischen Verhaltensgebot und Verhaltenspraxis in den verschiedenen antiken, höfischen und bürgerlichen Konversationslehren nicht. Alle diese Ausführungen und Anweisungen zu einer verbindlichen Konversationskultur bleiben ihrer Grundstruktur nach normativ – normativ zunächst noch im Hinblick auf ein richtiges Leben, später dann nur mehr im Hinblick auf die konventionellen Höflichkeitsformen. In diesen Texten werden die spezifischen Verhaltensstandards formuliert, die in der jeweiligen Epoche oder sozialen Gruppe für verschiedene Gesprächstypen – etwa der geselligen Unterhaltung, der Salonkonversation, des höfischen Zeremoniells oder der rekreativen Unterhaltung – als verbindlich oder schicklich galten. Dem Klatsch als einem eigenen Gesprächstyp widerfährt in all diesen Texten das gleiche Schicksal: Er fällt durch das normative Gitter. Er wird als schäbiger Verwandter des eigentlichen Gesprächs behandelt, mit dem man am besten keinen Umgang pflegt, vor dem man andere warnt und über den man darüber hinaus kein weiteres Wort verliert.

Merkwürdigerweise findet diese Tradition der Geringschätzung und Diskreditierung von Klatsch eine Fortsetzung in modernen, zumal „kritischen" Gesellschaftstheorien. In der Welt des „kommunikativen Handelns", das die Weihen der großen Theorie empfangen hat, haben Unterhaltung, Plauderei und Klatsch keinen Platz. Wenn Klatsch in diesem theoretischen Kontext überhaupt Erwähnung findet, dann gilt er – wie etwa in Agnes Hellers (1978: 286 f.) Abhandlung über „Das Alltagsleben" – als eine „Art entfremdeten Gesprächs". Für Walter Benjamin (1980: 397) ist Klatsch „das kleinbürgerlichste aller Phänomene", und Ernst Bloch (1962: 25 f.) beginnt seine Soziologie des niedergehenden Bürgertums mit einem kurzen Stück über Klatsch: „Klatsch kriecht die Treppen auf und ab, hält diese Menschen zusammen, indem er sie trennt. Er ist die schiefe Art, unzufrieden zu sein". (Muss erwähnt werden, dass diese Autoren in ihren Briefen dem Klatsch keineswegs abgeneigt waren?) – Auch wenn diese Autoren ihre Einschätzung auf eigene kritisch-theoretische Überlegungen gründen, ist doch bemerkenswert, dass sie sich mit ihrer Be- und Verurteilung von Klatsch als „entfremdet", „kleinbürgerlichst" und „schief" auf ihre Weise in die jahrtausendealte Tradition der Ächtung von Klatsch einordnen. Es ist eine skurrile Pointe, dass am Ende dieser Traditionslinie ausgerechnet der Behaviorist Burrhus F. Skinner steht. Sein 1948 erschienener Roman „Walden Two" spielt in einer utopischen Lebensgemeinschaft, die durch operantes Konditionieren geformt ist und in der durch Technologien der Verhaltenssteuerung ein konfliktfreies Zusammenleben hergestellt wurde. In dieser Gemeinschaft wird der Alltag der Mitglieder bis ins Kleinste durch Regeln bestimmt. Eine dieser Regeln lautet: „Don't gossip about the personal relations of members". Und Skinner weiter: „It was hard to put that into practice, but I think we've really done it" (Skinner 2000: 151). Von hier lässt sich dann eine direkte Linie ziehen zu Henry Lanz (1936: 439), der in seiner Arbeit mit dem Titel „Metaphysics of gossip" den – ernst gemeinten – Vorschlag macht, „die Existenz des Teufels mittels einer Analyse des Phänomens 'Klatsch' zu veranschaulichen".

Die Möglichkeit, über Klatsch einen nicht-normativen Diskurs zu führen, beginnt erst im 19. Jahrhundert sich abzuzeichnen. Zwar hatten bereits einige der bürgerlichen Konversationslehren den rein normativen Standpunkt verlassen und in Ansätzen mit einer Deskription des Phänomens „Gespräch" begonnen.[10] Doch zu einer eigenen Gestalt hatte sich die deskriptiv-analytische Komponente dieser Konversationslehren noch nicht verselbstständigt. Dass es dann zu dieser Entwicklung im 19. Jahrhundert kommt, hat vielschichtige Gründe, die sich hier nur andeuten lassen. Zum einen spielt eine Rolle, dass im 19. Jahrhundert in Deutschland mit der Romantik eine regelrechte Philosophie des Gesprächs entsteht, die gegen den Moralismus der Aufklärung für den Witz und die Ironie optiert und in Schleiermachers Theorie des geselligen Be-tragens von 1799 ihren paradigmatischen Ausdruck findet (Schleiermacher 1927). Ferner ist von Bedeutung, dass sich zu Beginn des 19. Jahrhunderts mit Wilhelm von Humboldts Schriften zur Sprache und mit seiner These, dass die dialogische Gesel-ligkeit für die Entwicklung der Sprache von essentieller Bedeutung ist, ein ganz neues theoretisches Interesse an Sprache und am Gespräch zu entwickeln beginnt. 1827 schreibt er: „Die Sprache ist aber durchaus kein bloßes Verständigungsmittel, sondern der Abdruck des Geistes und der Weltansicht der Redenden, die Geselligkeit ist das

---

10 Cf. etwa den Eintrag „Conversation, entretien" in der Enzyklopädie von Diderot und d'Alembert (1754) oder Nicolas Trublets (1735) Gedanken über die Konversation in Schmölders (1979: 194–198).

unentbehrliche Hülfsmittel zu ihrer Entfaltung" (Humboldt 1973: 21). Und schließlich scheint die Entstehung der Völkerpsychologie um die Mitte des 19. Jahrhunderts eine nicht unwesentliche Rolle gespielt zu haben. Moritz Lazarus und Heymann Steinthal beziehen sich im Einleitungsaufsatz ihrer 1860 gegründeten „Zeitschrift für Völkerpsychologie und Sprachwissenschaft" explizit auf den Gedanken Herbarts, dass „die Psychologie immer einseitig [bleibt], so lange sie den Menschen als allein stehend betrachtet" (Lazarus & Steinthal 1860: 4), und sie entwerfen eine neue, interdisziplinär und empirisch ausgerichtete Wissenschaft, die mit exakten Methoden das Psychische in seinen sprachlichen, kulturellen und sozialen Objektivationen bestimmt (cf. Graevenitz 2004).

Vor diesem geistesgeschichtlichen Hintergrund entsteht das erste Programm zur wissenschaftlichen Erforschung alltäglicher Gespräche. Sein Autor ist der Kultur- und Völkerpsychologe Moritz Lazarus, ein späterer akademischer Lehrer Georg Simmels (cf. Köhnke 1984: 391), und es erscheint im Jahr 1878 unter dem Titel „Über Gespräche" (Lazarus 1878). Lazarus ist sich bewusst, dass er mit seiner Arbeit Neuland betritt; er habe jedenfalls, so schreibt er, nirgends in der Literatur „etwas entdecken können, was eine wissenschaftliche Behandlung der Gespräche enthält". Weil er deshalb auch mit Lesern rechnet, die das Thema seiner Abhandlung in einem normativen oder ästhetischen Sinn missverstehen, ist er angestrengt bemüht, die Alltäglichkeit seines Gegenstands deutlich herauszustreichen: „Es handelt sich lediglich um Gespräche im einfachsten, engsten Sinne des Wortes, nicht um irgend welche Dialoge, die in einer Kunstform zu Gunsten der Dichtung oder der Wissenschaft literarisch erzeugt werden – um wirkliche, alltägliche, allstündlich von Jedermann geführte Gespräche" (Lazarus 1878: 237 f.).

Mit Lazarus wandert die Idee des Gesprächs endgültig aus dem normativen Denken in den Gegenstandsbereich der wissenschaftlichen Forschung – allerdings um dort sogleich wie ein illegaler Grenzgänger aufgegriffen und entweder in Quarantäne gesteckt oder wieder „abgeschoben" zu werden. Rudolf Hirzel lässt in seiner großen literaturhistorischen Arbeit „Der Dialog" (1895) keinen Zweifel daran, dass für ihn nur der Dialog als eine höhere Form des Gesprächs, die „mit einer Erörterung verbunden ist", untersuchungswürdig ist. „Oder fällt es etwa Jemand ein", so seine rhetorische Frage, „jedes Gespräch oder die Gesprächsketten, die sich anmuthsvoll um Kaffee- oder Biertisch schlingen, als Dialoge zu bezeichnen? Von einem Dialog verlangen wir, wenn es erlaubt ist zu sagen, etwas mehr." Hirzel schließt damit aus seiner Untersuchung all jene Gespräche aus, in denen „lediglich ein Austausch von allerlei Nachrichten höherer und niederer Gattung stattfindet". Gespräche dieser Art gehen für ihn am Wesen des Dialogs vorbei, „da dieser sich erörternd in die Gegenstände versenkt und deshalb nicht wie ein Schmetterling von einem zum andern flattern kann" (Hirzel 1895: 2ff).

Hirzels scharfe Kontrastierung von Dialog und Gespräch (oder Conversation) ist auch explizit gegen Lazarus gerichtet, bei dem Hirzel sich unsicher ist, ob er diesen Unterschied nicht kennt oder nicht anerkennt (Hirzel 1895: 5). Wobei auch Lazarus noch mit einem Fuß in der Tradition steht, den Klatsch gegen das „gute" Gespräch auszuspielen. Zwar hatte er emphatisch das „wirkliche, alltägliche, allstündlich von Jedermann geführte Gespräch" zum wissenschaftlichen Forschungsgegenstand erklärt, doch bei der Erläuterung seines Programms nimmt er unvermittelt wieder normative Ausgrenzungen vor, wenn er es von sich weist, sich mit Geschwätz und anderen „Nachtseiten des Gesprächs" zu beschäftigen. So ist es wohl kaum mehr als ein glücklicher Zufall, dass Lazarus in seinem frühen Aufsatz auch kurz auf den Klatsch zu sprechen kommt. Nachdem er einzelne Gesprächstypen voneinander unterschieden und diese Unterscheidung an Beispielen ausgeführt hat, fährt er fort: „Wohin etwa dann jene Gattung fiele, welche die deutsche Sprache im Anfang zwar mit den zwei ehrbaren Lauten K und L (ehrbar, indem sie in allen indogermanischen Sprachen wie auch in den semitischen den Klang bedeuten), aber mit einer feinen Symbolik gegen den Schluß hin, mit einem dumpfen, zischenden Naturlaut (Klatsch) bezeichnet: das zu entscheiden, wollen wir dem künftigen Naturgeschichtsschreiber der Gespräche überlassen" (Lazarus 1878: 242). Lazarus' Bemerkung zum Klatsch ist kaum mehr als eine Marginalie, und doch ist sie in verschiedener Hinsicht richtungsweisend.

Lazarus spielt mit sicherem Gespür auf eine widersprüchliche Struktur von Klatsch an, die oben bereits als Diskrepanz zwischen der öffentlichen Ächtung im Reden über Klatsch und der verbreiteten privaten Praktizierung von Klatsch identifiziert wurde. Während Lazarus selbst die von ihm erahnte Widersprüchlichkeit des Klatsches weder belegt noch erläutert, haben zahlreiche Sozialforscher nach ihm gezeigt, dass diese Diskrepanz immer und überall zum Erscheinungsbild von Klatsch gehört. So heißt es z.B. in einer Ethnografie Edwin B. Almirols über eine Filipino-Gemeinde in einer kalifornischen Kleinstadt: „Obwohl Klatsch als 'schamloses Verhalten' gilt, weil er 'die Verpflichtung zu gut nachbarlichen Beziehungen' (Pitt-Rivers) ignoriert, ist er weit verbreitet und alltäglich" (Almirol 1981: 294). José Cutileiro (1971: 138) stellt in seiner Studie über das Leben in portugiesischen Dörfern allgemein fest: „Eine Hauptbeschäftigung der Dorfbewohner ist es, so viel wie möglich über das Leben der anderen Leute herauszufinden; dieses Interesse wird jedoch häufig durch die offene Beteuerung der gegenteiligen Absicht verstellt: 'Que me importa a mim a vida dos outros?' ('Was kümmert mich das Leben der anderen Leute?')". Und Thomas Gregor (1977: 85f.) berichtet in seiner Ethnografie über die Mehinaku, einen kleinen Indianerstamm am oberen Xingu im brasilianischen Mato Grosso, dass derjenige, der klatscht, dort abschätzig als „miyeipyenukanati" – wörtlich: „MüllplatzMund" – bezeichnet und in der Dorföffentlichkeit mit einer Reihe von Sanktionen bedroht wird, dass aber die Mehinaku „den Klatsch unendlich faszinierend finden" und dementsprechend „der Klatsch trotz aller Sanktionen weiterhin blüht".

Dieser Liste ist mühelos eine Vielzahl anderer Gesellschaften hinzuzufügen – darunter unsere eigene. Auch bei uns „blüht" der Klatsch, und unser öffentliches Reden über Klatsch ist von dem gleichen herabsetzenden Tonfall gekennzeichnet. Das Duden-Stilwörterbuch (1963) definiert Klatsch als „übles, herabsetzendes, gehässiges Gerede über die Nächsten"; oder wir sprechen, wenn wir eine Information als nichtig und unbedeutend abtun wollen, von „bloßem Klatsch". Obgleich Klatsch in allen

Gesellschaften als ungebührliche Rede öffentlich geächtet wird, zählt er zu den beliebtesten Formen der alltäglichen Kommunikation überhaupt. Damit ist für Klatsch eine innere Widersprüchlichkeit konstitutiv. Klatsch ist für uns ein Unding – solange wir über ihn reden. Was aber, wenn wir selbst klatschen? Schlägt sich in unserem Klatsch dessen offizielle Ächtung nieder? Oder bezieht sich unsere Selbstvergessenheit beim Klatschen auch auf die Ungehörigkeit unseres Tuns?

Um Fragen dieser Art beantworten zu können, bedarf es eines geeigneten Untersuchungsrahmens. Hier liegt der zweite Grund, weshalb Lazarus' Bemerkung über den Klatsch richtungsweisend ist. Sein Vorschlag, einzelne Gesprächstypen in „Analogie mit den poetischen Gattungen" zu unterscheiden, führte ihn zu der Frage, wohin „jene Gattung fiele, welche die deutsche Sprache im Anfang mit den zwei ehrbaren Lauten K und L [...], aber mit einer feinen Symbolik gegen den Schluß hin, mit einem dumpfen, zischenden Naturlaut (Klatsch) bezeichnet". Lazarus selbst verfolgte diesen Gedanken nicht weiter. Für die vorliegende Arbeit liefert die Idee, Klatsch als Gattung zu bestimmen, den entscheidenden konzeptionellen Ansatzpunkt.

2.2 Das Konzept der kommunikativen Gattungen

In jeder menschlichen Gesellschaft gibt es kommunikative Vorgänge, die – obwohl in unterschiedlichen Situationen, von unterschiedlichen Personen vollzogen – in ihrem Ablauf ein hohes Maß an Gleichförmigkeit zeigen. Diese Gleichförmigkeit kann daraus resultieren, dass die Handelnden selbst ein Routinewissen haben über die Form des kommunikativen Geschehens, in dem sie sich gerade befinden, und das sie mit ihrem Tun verwirklichen, indem sie sich an diesen Formvorgaben orientieren. Derartige kommunikative Formen, die als „verfestigt" gelten können, weil sie wie ein Muster das Handeln der Beteiligten in seinem Ablauf über eine gewisse Zeitspanne hinweg vorbestimmen, werden im Folgenden als „kommunikative Gattungen" oder „Genres" bezeichnet (Luckmann 1986). In Anlehnung an und in Absetzung von seinem literaturwissenschaftlichen Vorbild taucht das Gattungskonzept zuerst in den 30er Jahren in der Folklore-Forschung zur mündlichen Dichtung („oral literature") auf. Dabei übte der Aufsatz „Die Folklore als eine besondere Form des Schaffens" von Petr Bogatyrev & Roman Jakobson (2011/1929), die beide in den 1920er Jahren Mitglieder des Prager Sprachzirkels waren, einen großen Einfluss aus. Unter Bezugnahme auf Saussures Unterscheidung von „langue" und „parole" zielt das Bemühen der beiden Autoren darauf, die mündliche Dichtung oder Folklore als eigenständige kulturelle Objektivationen von der Literatur abzugrenzen und zu ihrem Recht kommen zu lassen. Ihre Überlegungen zum „Volksrepertoire" (2011: 8) oder zur „ungekünstelte[n] Sprechform des Volkserzählers" führen die Autoren, wie sie selbst bemerken, zu einer teilweisen Rehabilitierung der romantischen Konzeption der „Naturpoesie" (Jacob Grimm). Damit befanden sie sich in der Nachbarschaft zu der Arbeit von André Jolles (1930), der etwa zur gleichen Zeit eine große Studie zu einer Reihe von vor-literarischen Gattungen vorlegte, die er unter dem Begriff „Einfache Formen" zusammenfasst. Am Beispiel der Legende, des Rätsels oder des Witzes zeigt Jolles nicht nur die spezifischen Strukturmerkmale dieser sprachlichen Gebilde auf, sondern er rekonstruiert auch, aus welcher „Geistesbeschäftigung" diese einfachen Formen jeweils hervorgehen.

Allerdings scheut Jolles davor zurück, den Bereich der Schriftlichkeit zu verlassen. Das gilt auch für die deutsche Volkskunde, die in der Zeit der 1960er Jahre das Gattungskonzept als ein prominentes Thema (wieder-)entdeckte. Ebenso wie Jolles' Untersuchungen waren auch die Analysen der „Strukturen des alltäglichen Erzählens" und der „Formen der 'Volkspoesie'" (Bausinger 1958; 1980) noch ganz auf Traditionen der schriftsprachlichen Gattungen beschränkt. Erst mit dem Ansatz der „Ethnografie der Kommunikation", den Dell Hymes (1964: 2f.) zusammen mit John Gumperz ins Leben rief und dezidiert gegen die Linguistik profilieren musste, richtete sich die Aufmerksamkeit der Forschung auf die Aspekte der mündlichen Kommunikation, der Performanz, des Sprechereignisses und des situativen Kontexts.[11] Da Hymes nicht mehr von schriftlichen Texten als seinen Untersuchungsobjekten ausging, sondern an der kommunikativen Praxis interessiert war, war es nur konsequent, dass er „fresh kinds of data" forderte. Und es ist sicher kein Zufall, dass der entscheidende Impuls für die Entwicklung der Ethnografie der Kommunikation aus der anthropologischen Linguistik kam, die ja nicht selten mit schriftlosen Stammeskulturen zu tun hatte.

Kommunikative Gattungen fungieren als Handlungsmuster, doch nicht alle kommunikativen Vorgänge sind dadurch gekennzeichnet, dass die Beteiligten sich in ihrem Handeln an solchen verfestigten Formvorgaben orientieren. Man kann sich dies durch eine von Gregory Bateson (1951: 183f.) eingeführte Unterscheidung vergegenwärtigen. Bateson zeigt am Beispiel des Tanzes, dass die Entscheidung der Tänzer über Art, Abfolge und Koordination der einzelnen Tanzbewegungen auf zwei unterschiedliche Weisen organisiert sein kann. Für den extemporierenden Tänzer ist der jeweilige Bewegungszustand, den er – und möglicherweise auch sein(e) Tanzpartner – erreicht haben, die stets sich ändernde Grundlage für die momentane Entscheidung über den unmittelbar nachfolgenden Bewegungsfortgang. Diese „spontane" Form der Ablauforganisation bezeichnet Bateson als „progressive Integration". Orientiert sich der Tänzer jedoch an bestimmten Bewegungsvorgaben (etwa den komplizierten balinesischen Tanzfiguren oder den bei uns bekannten Standardtänzen), so liegt dem Tanz eine ganz andere Ablauforganisation zugrunde. Entscheidungen über den Bewegungsfortgang werden dann getroffen durch die Wahl aus einer begrenzten Anzahl an bekannten Alternativen (sofern diese Entscheidungsfreiheit nicht weitgehend durch ein hohes Ausmaß an Ritualisierung eingeschränkt ist). Diese „verfestigte" Form der Ablauforganisation wird von Bateson als „selektive Integration" bezeichnet.

---

11 Zur Geschichte der „ethnography of speaking" bzw. „ethnography of communication" cf. Richard Bauman & Joel Sherzer (1975) und Wendy Leeds-Hurwitz (1984).

Kommunikative Gattungen bilden – im Sinn Batesons – Muster der selektiven Integration von Kommunikationsvorgängen. Sie steuern die Selektion relevanter kommunikativer Einheiten und zeichnen auf diese Weise Handlungsabläufe vor, und sie vermitteln die Integration dieser Einheiten zu einem ganzheitlich erfahrbaren kommunikativen Geschehen. So wie Geübte bereits an den ersten Takten der Musik erkennen, welche Tanzart zu wählen ist – nur Anfänger müssen sich wechselseitig sprachlich versichern: „Das ist jetzt ein Foxtrott" - so erkennen auch Kommunikationsteilnehmer bereits an der kommunikativen „Begleitmusik" (Tonfall, Mimik, initiierende Äußerungselemente etc.), nach welchen Formvorgaben, d. h. Gattungen sie ihr kommunikatives Verhalten jetzt auszurichten haben. Und so wie die „Wahl" einer Tanzart die Tänzer intersubjektiv verbindlich auf definierte und gelernte Bewegungsschemata verpflichtet – wer mit einem Walzer beginnt und plötzlich in den Tangoschritt wechselt, kann damit schmerzhafte Karambolagen verursachen - so verpflichtet auch die „Wahl" einer kommunikativen Gattung die Handelnden auf die Beachtung gattungsspezifischer Formen und Regeln.

Kommunikative Gattungen sind zu verstehen als reale kulturelle Objekte; sie bilden eine Art kulturelle Spezies. Die Beschreibung ihrer typologischen Ordnung, die Erfassung ihrer je spezifischen Merkmale, die Feststellung ihrer verwandtschaftlichen Beziehungen untereinander – all das ist vergleichbar mit der Art und Weise, wie Biologen die Pflanzengattungen betrachten. Moritz Lazarus (1878: 240) hatte in seinem wegbereitenden Text diese Analogie zwischen der Geschichte der Botanik und der – für ihn noch in der Zukunft liegenden – Geschichte der Wissenschaft von den Gesprächen benutzt, um die Vorteile einer solchen Herangehensweise sichtbar zu machen. Das Konzept der (kommunikativen) Gattung eröffnet der wissenschaftlichen Beschreibung die Möglichkeit, einzelne kommunikative Vorgänge, so einzigartig sie in jedem einzelnen Fall sind, als aktuale, interpretierende Realisierungen allgemeiner kommunikativer Handlungstypen zu konzipieren. Die Notwendigkeit, eine derartige typisierende Beschreibungsebene einzuführen, ergibt sich aus der erkenntnislogischen Prämisse, dass ein individueller Sinn nur durch die Relationierung auf einen bestimmten Sinntypus verstehbar wird. Welchen Sinn einzelne kommunikative Vorgänge haben können, ist nur durch die Bezugnahme auf transindividuelle Typen der Kommunikation erschließbar. Gemäß ihrer allgemeinen Funktion sind diese Typen zu verstehen als kommunikative Formvorgaben oder Leitlinien, die von den Produzenten und Rezipienten gleichermaßen in Anspruch genommen werden. Diese kommunikativen Handlungstypen sind einerseits intern differenziert und stehen andererseits in einem gewissen Verwandtschaftsverhältnis zueinander, womit sie sich zu einzelnen „Familien" gruppieren lassen. Allerdings realisieren sich diese Formmuster nie in identischer Weise, es sind verschiedene Typen abstrakter – wenngleich gesellschaftlich institutionalisierter – Entitäten, die in unterschiedlichen Situationen und Konstellationen jeweils auf besondere Weise konkretisiert werden.

Kommunikative Genres werden von den an einer Kommunikation Beteiligten als Orientierungsmuster benutzt und auf diese Weise laufend und füreinander erkennbar im Handeln reproduziert. Sie dürfen deshalb auch nicht einfach als logische oder funktionale Klassen verstanden werden, zu deren Konstruktion ein mehr oder weniger beliebiges Merkmal eines Sachverhalts oder eine externe Funktionsbestimmung als klassenbildendes Kennzeichen selegiert wird. Das Konzept der kommunikativen Gattungen ist im Wesentlichen auf die Rekonstruktion einer Gruppe von Ordnungsschemata gerichtet, welche für die Kommunizierenden selbst handlungsrelevante Bedeutung besitzen.

Aufgrund seines besonderen Realitätsstatus kann der hier entwickelte Gattungsbegriff auch nicht sogleich durch den des Idealtypus ersetzt werden. Der Idealtypus, so wie Max Weber ihn konzipiert hat, ist ja ein auf Abstraktion beruhendes Erkenntnismittel, das dem Sozialwissenschaftler dazu dient, einen allgemeinen Begriff einer Sache zu entwickeln, vor dessen Hintergrund die Besonderheiten eines Einzelfalles sich erkennen und beschreiben lassen. Deshalb ist der Zweck der idealtypischen Begriffsbildung für Max Weber (1968: 53) nicht das Gattungsmäßige, sondern umgekehrt die Eigenart von Kulturerscheinungen erkennbar zu machen. Zwar besteht eine gewisse Verwandtschaft zwischen dem Begriff des „Idealtypus" und dem hier gebrauchten Begriff der „Gattung" insofern, als es auch hier nicht um die idiografische Beschreibung individueller Konkretionen, sondern um die typenmäßig-abstrahierende Erfassung sozial sanktionierter Formen der Kommunikation geht. Jedoch bleibt der Gattungsbegriff in seiner hier intendierten Bedeutung gegenüber dem Konzept des Idealtypus stärker empirieverhaftet, da mit ihm nicht bloß heuristisch relevante gedankliche Konstruktionen des Wissenschaftlers, sondern real wirksame Orientierungs- und Produktionsmuster der alltäglichen Kommunikation bezeichnet werden sollen.

Das Konzept der kommunikativen Gattungen bezieht sich auf Typisierungsprozesse im Alltagsverstand, die mit Alfred Schütz (1971: 70) als Ursprungsort der idealtypischen Begriffsbildung in der Wissenschaft anzusehen sind. Entgegen der oben vorgenommenen Analogie kann man deshalb bei der typologischen Beschreibung von kommunikativen Gattungen doch nicht auf die gleiche Weise verfahren wie die Biologen bei der typologischen Erschließung von Tier- und Pflanzengattungen. Zu berücksichtigen ist, dass man bei der Beschreibung menschlicher Kommunikationsformen die typologischen Kategorien nicht autonom setzen und festlegen kann, da die Handelnden selbst über (Ethno-)Kategorien und -Taxonomien von kommunikativen Gattungen verfügen – die Alltagskategorie „Klatsch" ist hierfür ja das beste Beispiel. Diese „Konstrukte erster Ordnung" (Schütz) können bei der typologischen Analyse von „kommunikativen Gattungen" – die ist ein Konstrukt zweiter Ordnung – schon deshalb nicht vernachlässigt werden, weil sie die Handlungsentwürfe und -vollzüge der Interagierenden entscheidend mitbestimmen. Man muss ferner davon ausgehen, dass die Handelnden selbst gewisse (ethno-)theoretische Vorstellungen darüber haben, für welche Situationen sich welche Gattung eignet oder nicht eignet, welches soziale „Image" eine Gattung hat, welche sozialen und psychischen Folgen die Realisierung einer Gattung haben kann usw. Die dargestellte Diskrepanz zwischen dem öffentlichen Reden über Klatsch und der kollektiven privaten Praktizierung von Klatsch hat bereits eine derartige Volks-Theorie über Klatsch erkennen lassen.

Wie andere soziale Einrichtungen lassen sich auch kommunikative Genres verstehen als verfestigte, d. h. routinisierte Lösungen für gesellschaftliche Probleme (Luckmann 1986: 200 ff). Aus dieser Sichtweise resultiert die methodische Konsequenz, über die kommunikativen Gattungen hinaus nach der spezifischen Art der gesellschaftlichen Probleme zu fragen, für die die kommunikativen Gattungen eine Lösung darstellen; hermeneutisch mit Odo Marquard (1981) reformuliert ist dies die Frage nach der Frage, auf die die kommunikativen Gattungen eine Antwort sind. Für die einzelnen Gattungen kann diese Frage nicht im Vorhinein beantwortet werden. Auf einer allgemeinen Ebene lassen sich die den kommunikativen Gattungen vorgelagerten gesellschaftlichen Probleme folgendermaßen bestimmen: In jeder Gesellschaft stellt sich das elementare Problem, wie Ereignisse, Sachverhalte, Wissensinhalte und Erfahrungen in intersubjektiv verbindlicher Weise unter verschiedenen Sinnkriterien thematisiert, vermittelt, bewältigt und tradiert werden können. Für diese Probleme muss es – ebenso wie für die elementaren Probleme der Subsistenzsicherung, der Arterhaltung, der Sozialisation, der Konfliktregulierung oder der Herrschaftsbildung – organisierte, d. h. nicht-zufällige Lösungen geben. Deshalb werden „in allen Gesellschaften [...] Stileinheiten des Sinns als kommunikative Gattungen objektiviert und bilden Sinnsetzungstraditionen" (Schütz & Luckmann 1984: 13). Haben sich derartige Lösungsmuster im gesellschaftlichen Wissensvorrat etabliert, treten die elementaren Probleme für die Gesellschaftsmitglieder in der Regel nur mehr als „unproblematische Probleme" (Berger & Luckmann 1970: 27) in Erscheinung. So kann es zwar geschehen, dass uns in bestimmten Situationen trotz angestrengten Nachdenkens kein geeigneter „Witz" einfällt, dennoch wissen wir im Prinzip, was ein Witz ist, wann welche Art von Witz angebracht ist, wie man einen Witz „richtig" erzählt oder welche Reaktionen ein Witz typischerweise auslöst.

Statt kommunikative Gattungen als sedimentierte Lösungsformen für kommunikative Probleme zu bezeichnen, kann man auch sagen, dass kommunikative Gattungen immer ein gewisses Institutionalisierungsniveau aufweisen. Sie beinhalten nicht nur Muster für kommunikative Vorgänge, d. h. sie legen nicht nur das Repertoire und die Sequenz der konstitutiven Elemente dieser Vorgänge fest, sondern sie weisen den an der Kommunikation Beteiligten auch verhältnismäßig konstante Beteiligungsformate und Beziehungsmuster zu. Kommunikative Gattungen zeichnen sich damit durch eine „relative Autonomie" aus. Ihre jeweilige Realisierung ist zwar durch individuelle Momente und kontextuelle Gegebenheiten geprägt, doch immer nur bis zu einem gewissen Grad. Das heißt jedoch nicht, dass kommunikative Gattungen einen Automatismus implizieren und, einmal in Bewegung versetzt, immer in der Art von mechanischen Spielzeugen wie von selbst und unbeirrt von äußeren Umständen ablaufen. Für Rituale in politischen, militärischen oder religiösen Kontexten sind eher starre Abläufe charakteristisch, doch in der Regel besitzen kommunikative Gattungen unterschiedliche Freiheitsgrade für situative und individuelle Ausführungen. Genres sind nicht selbst die Aktualisierung von Genres. Kommunikative Vorgänge werden durch kommunikative Gattungen nur vorgezeichnet, ihre tatsächliche Realisierung geschieht im Handlungsvollzug und ist damit wie jeder kommunikative Akt den sprachlichen Äußerungsprinzipien (Syntax, Semantik), den interaktiven Organisationsprinzipien (Mechanismen der Redezugverteilung, Sequenzformate etc.) und den diversen Kontextualisierungsprinzipien (etwa der Verpflichtung zum rezipientenspezifischen Äußerungszuschnitt) unterworfen. An dieser Stelle wird deutlich, dass das Konzept der kommunikativen Gattungen auf einer mittleren Ebene angesiedelt ist – in einem Bereich zwischen universalen Strukturen und singulären Ereignissen, zwischen dem rein Normativen und dem rein Faktischen. Diese Bestimmung verbietet es, den Handlungskontext zu einem bloßen Anwendungsfall für die Schemata der kommunikativen Gattungen zu degradieren. Handlungskontexte können selbst durch die spezifische Wahl oder Ausführung einer kommunikativen Gattung modelliert werden.

Einzelne kommunikative Gattungen unterscheiden sich voneinander u. a. durch das Maß, in dem sie die Handelnden auf die genaue Befolgung eines vorgezeichneten Kommunikationsmusters verpflichten. Diese Verpflichtung kann im einen Extrem starr und rigide sein und den Handelnden wenig Interpretations- und Gestaltungsfreiheit lassen. Das kann von einzelnen formelhaften Wendungen über Sprichwörter bis zu langatmigen und detailliert festgelegten Kommunikationsritualen reichen. (Jedoch kann sich die Kunstfertigkeit eines Handelnden gerade darin zeigen, ob er fähig ist, in seinem kommunikativen Verhalten mit diesen starr festgelegten Formvorgaben einfallsreich zu spielen.) Andere Gattungen sind dagegen in ihrem Verpflichtungscharakter eher schwach und unverbindlich; sie grenzen damit bereits an die oben beschriebene „spontane" Form der Ablauforganisation und sind nur mehr schwer als Gattungen zu erkennen. So können z. B. Familiengespräche bei Tisch in der einen Familie ritueller Art sein, in einer anderen Familie dagegen so frei oder chaotisch ablaufen, dass man nur mit Schwierigkeiten von einer kommunikativen Gattung wird sprechen können (cf. Keppler 1994).

Insgesamt gesehen erscheint es jedoch nicht sehr fruchtbar, Gattungen nach ihrem Verpflichtungsgrad zu typologisieren. Der Verpflichtungscharakter ist nur eine von mehreren Strukturkomponenten von kommunikativen Gattungen, ebenso wie etwa die Dimension der Kommunikationsmodalität, die entweder das Medium (mündlich, schriftlich, bildlich oder gemischt, wie bei einem gemeinsamen Fernsehabend) oder die kommunikative Rahmung (ernst oder spaßhaft, formell oder informell) betrifft. Daneben lassen sich noch andere Strukturkomponenten von kommunikativen Gattungen anführen, die nicht weniger für eine Typenbildung in Anspruch genommen werden könnten: etwa die gattungsspezifische Beziehungsstruktur (kooperativ oder konfrontativ, egalitär oder nicht-egalitär etc.). Kommunikative Gattungen entlang dieser Komponenten zu typologisieren, ist deshalb nicht unproblematisch, weil auf diese Weise unter der Hand bereits Gruppierungen von Gattungen festgeschrieben oder zumindest insinuiert werden, die sich erst aus der analytischen und komparativen Bestimmung der inneren Struktur sowie der Morphologie von Einzelgattungen ergeben können.

Eine rein heuristische Einteilung hat Dell Hymes (1974: 443) vorgenommen mit seinem Vorschlag einer globalen Zweiteilung, die darauf hinausläuft, kommunikative

Gattungen in Elementar- oder Minimal-Genres einerseits und komplexe Genres andererseits zu unterteilen. Zu den kleineren Gattungen sind etwa formelhafte Wendungen, Sprichwörter, Rätsel, Flüche, Wortspiele, kleine Versformen, Gebete oder Abzählreime zu zählen. Die komplexen Genres umfassen dann etwa verbale Duelle, rituelle Beschimpfungen und Schmähreden, Werbungsrituale, Ansprachen und Predigten, Lobpreisungen, Warenvorführungen, Kinderspiele, Dynastieabfolgerezitationen oder Trauerrituale. Zu den komplexen Genres gehören ferner diejenigen Gattungen, bei denen die Rekonstruktion eines vergangenen Ereignisses oder einer früheren Erfahrung im Mittelpunkt steht und die von der Anekdote über den Erlebnisbericht, die biografische Erzählung, Angebergeschichten und Jägerlatein, Witzen, Sagen und Legenden bis zur Volkserzählung reichen und die allein schon aufgrund ihrer inneren Differenzierung und Vielfältigkeit als eigene Untergruppe ausgegrenzt werden können.[12]

Obwohl diese kurze Übersicht bereits die Bandbreite kommunikativer Gattungen erahnen lässt, ist damit deren Vielfalt noch keineswegs erfasst. Wie oben dargestellt, lassen sich Gattungen zwischen den beiden äußeren Polen der spontanen Kommunikation auf der einen Seite und den starren rituellen Formen auf der anderen Seite lokalisieren. Auch deren Stabilität kann sich ändern: Gattungen, die früher nahezu ritualartig verfestigt waren, können flexibler und freier in der Realisierung werden oder sich gar völlig auflösen und untergehen – man denke etwa an das frühneuzeitliche Komplimentierwesen. Und umgekehrt können aus spontanen Praktiken der Kommunikation über einen gewissen Zeitraum hinweg einzelne Routinen entstehen, die vielleicht zunächst nur von einer umgrenzten sozialen Gruppe – z.B. den Jugendlichen – praktiziert wurden, dann aber von anderen aufgegriffen und imitiert werden und sich so allmählich zu einer Gattung verfestigen. Gattungen können also in verschiedenen Entstehungs- und Schwundstufen auftreten und erweitern damit das Spektrum ihrer Erscheinungsformen. Ebenso ist hier zu bedenken, dass Gattungen nicht nur historisch wandlungsfähig, sondern auch kulturell spezifisch sind (Günthner & König 2016: 186 ff), und Variationen und Veränderungen von Gattungen oftmals durch kulturelle Einflüsse und Austauschprozesse angestoßen werden.

Zu einer zusätzlichen Erweiterung dieses Spektrums führt die Überlegung, dass verfestigte kommunikative Formvorgaben keineswegs nur für das sprachliche Handeln existieren, sondern auch das stimmliche, gestische oder körperliche Verhalten leiten können. Derartige multimodale Verfestigungen sind häufig bis zur Ritualisierung konventionalisiert, wie etwa am Beispiel von Begrüßungen oder Jubelposen bei Sportereignissen leicht zu sehen ist. Gerade diese beiden Beispiele zeigen aber auch die Spezifizierung von Gattungen durch und für begrenzte soziale Milieus oder Gruppen (etwa das militärische Salutieren), die historische Wandlungsfähigkeit von

---

12 Exemplarische Studien enthalten die Sammelbände Richard Bauman & Joel Sherzer (1974), Dan Ben-Amos (1976); systematische Darstellungen einzelner Gattungen und ihres kulturellen Kontexts in Richard Bauman (1992).

gestischen Verhaltensformen (das Verschwinden des männlichen Rituals, bei der Begrüßung den Hut zu ziehen) ebenso wie deren Stabilität – man denke hier an Aby Warburgs Konzept der „Pathosformeln", die codierte Inszenierungen von Gefühlen bezeichnen und sich von antiken Skulpturen bis zu modernen Werbezeichnungen durchziehen. Bei den hier genannten Beispielen ist es eher unproblematisch, den gattungsmäßigen Charakter eines körperlichen Ausdrucks oder Verhaltens zu erkennen und zu benennen. Das ist jedoch nicht immer der Fall, jedenfalls muss mit der Möglichkeit gerechnet werden, dass es insbesondere im Bereich der multimodalen Kommunikation Formen und Muster gibt, die verhaltensprägend sind und für die die Alltagssprache keine Gattungsbezeichnungen kennt.

Zieht man jetzt noch den Aspekt hinzu, dass Gattungen auch in der Modalität der schriftlichen Kommunikation zu finden sind (etwa in Briefen, E-Mails, Wandsprüchen etc.), dann wird die Frage umso dringlicher, wie dieses Sammelsurium an Objekten in einen Ordnungszusammenhang gebracht werden kann, der nicht mehr bloß aus einer heuristischen Unterscheidung resultiert, sondern aus dem Beziehungsgefüge der Gattungen untereinander hervorgeht. Es sind insbesondere zwei theoretische Konzepte, die geeignet erscheinen, den Wildwuchs kommunikativer Gattungen zu bändigen.

Ein Ansatz besteht darin, die Vielfalt der Gattungen durch eine äußere Klammer einzufangen und zu rahmen. Diesen Weg weist Thomas Luckmanns (1988) Vorschlag, die Gesamtmenge der kommunikativen Vorgänge, die auf Bestand und Wandel einer Gesellschaft einwirken, als einen „kommunikativen Haushalt" zu konzipieren. Das kommunikative „Budget" – der Begriff erinnert an Bogatyrev/Jakobsons Überlegungen zum „Volksrepertoire" – müsste zwar als einen eigenen Posten auch die spontanen kommunikativen Vorgänge enthalten, doch sein zentraler Bestandteil wäre systematisch organisiert und bestünde aus einem „Feld kommunikativer Gattungen". Eine analytische Bestimmung des gesellschaftlichen Bestands von kommunikativen Gattungen eröffnet dann die Möglichkeit, den gesamten kommunikativen Haushalt – einer Gruppe, eines Milieus, einer Einrichtung usw. bis zu einer Gesellschaft – abzuschätzen. Zwangsläufig bleibt dieses Konzept eines kommunikativen Haushalts zunächst noch auf einer verhältnismäßig abstrakten Ebene angesiedelt. Es bietet aber für kulturvergleichende, sozialhistorische oder gesprächsanalytische Untersuchungen von einzelnen kommunikativen Vorgängen und Gattungen eine konzeptionelle Klammer und gewinnt selbst durch eben diese Untersuchungen empirisch immer mehr an Gehalt.

Der andere Ansatz, um der auseinanderdriftenden Vielfalt an kommunikativen Gattungen Einhalt zu gebieten, besteht darin, einen sachlichen inneren Zusammenhang zwischen den einzelnen – zunächst unverbunden nebeneinander existierenden – Formen zu finden. Dafür scheint das Konzept der „Gattungsfamilien" geeignet, das dazu dient, Gattungen aus einer funktionalen Perspektive zu betrachten und auf der Grundlage ihrer inneren Verwandtschaft zu einer „Familie" zu gruppieren. Wenn Gattungen, wie dargestellt, die Funktion haben, als routinisierte kommunikative Lösungen für soziale Probleme zu fungieren, ist davon auszugehen, dass es für ein solches Problem nicht nur eine einzige Lösung, sondern mehrere Lösungen – also mehrere Formen – gibt. Wie eröffnet man eine interaktive Begegnung? Wie übermittelt man Informationen? Wie vermittelt man Wissen? Wie trägt man einen Streit aus? Wie bezeugt man Anerkennung oder Anteilnahme? Wie unterhält man seine Gesprächs-partner? Für diese und andere „Probleme" haben sich über viele Generationen hinweg kommunikative Lösungen gefunden und institutionalisiert, so dass die Akteure davon „entlastet" (Gehlen) werden, selbst immer wieder neue Lösungen finden zu müssen. Die funktional auf ein Problem bezogenen Gattungen werden hier und im Folgenden als „Gattungsfamilie" bezeichnet. (Cf. den Exkurs in Kap. 4.6 zur Gattungsfamilie der moralischen Kommunikation.) Dabei ist nicht ausgeschlossen, dass ein und dieselbe Gattung verschiedenen Gattungsfamilien angehört und daher eine Art Gattungshybrid darstellt. Diese Vermischung und Amalgamierung von Gattungen ist in der Literatur und den Medien ein üblicher Kunstgriff, doch der Prozess der Hybridisierung lässt sich auch bei den kommunikativen Gattungen des Alltags beobachten.

2.3 Ereignisrekonstruktionen als kommunikative Gattungsfamilie

Zum Wesen sozialer Ereignisse gehört ihr transitorischer Charakter, d. h., sie sind mit ihrem Ablauf vorbei und unwiederbringlich Vergangenheit geworden. Die Einsicht, dass Ereignisse auftauchen und wieder entschwinden, erscheint uns trivial – trivial deshalb, weil wir im Alltag immer schon mit der Vergänglichkeit eines sozialen Ge-schehens rechnen und immer schon über gesellschaftlich institutionalisierte Lösun-gen für dieses strukturelle Problem verfügen, das für uns damit zu einem „unpro-blematischen Problem" wird. Ein geschehendes Ereignis löst sich, nachdem es sich abgespielt hat, nicht einfach in nichts auf, sondern wird – zu einem geschehenen Ereignis. Wir wissen, dass Ereignisse vergänglich sind, wir wissen aber auch, dass vergangene Ereignisse im Gedächtnis behalten, benannt, typisiert, thematisiert und im Gespräch vergegenwärtigt werden können. Für das menschliche Zusammenleben sind diese Konservierungstechniken, die überhaupt erst die Möglichkeit von Ge-schichtsbewusstsein und Traditionsbildung eröffnen, von elementarer Bedeutung. Forschungen über das Geschichtsbewusstsein schriftloser Völker belegen, dass „bei allen uns bekannten ethnischen Gruppen die Vergangenheit nicht als etwas Selbst-verständliches oder gar Gleichgültiges hingenommen wird, sondern dass die in ihr stattgefundenen Ereignisse als wesentlich für die Gegenwart und die Zukunft der betreffenden Gruppe angesehen und zum Gegenstand von Überlegungen und Über-lieferungen gemacht werden" (Schott 1968: 169 f.) Auch wenn soziale Ereignisse mit ihrem Vollzug in den Strom des Gewesenen stürzen, bedeutet das also nicht, dass jedes Geschehen sich mit seiner Verwirklichung ontologisch selbst liquidiert. Auch in diesem Fall gilt Odo Marquards (1973: 241) treffende Bemerkung: „Menschen sind in hohem Maß in der Lage, etwas stattdessen zu tun." An die Stelle des für immer und ewig vergangenen Ereignisses tritt – dessen Rekonstruktion.

Der Annahme, dass wir über soziale Ereignisse aufgrund ihres transitorischen Charakters nur in Form von Rekonstruktionen verfügen können, scheint die Tatsache zu widersprechen, dass soziale Vorgänge häufig zu überdauernden materialen Zuständen oder Gegebenheiten führen, die ein immerfort verfügbares Dokument des vergangenen Vorfalls bilden. Ob solche materialen Zeugen vergangener Ereignisse aus polizeilich-juristischen, historiografischen, archäologischen oder – bei der Anwendung von sog. „nichtreaktiven Verfahren" (Albrecht 1972) – aus soziologischen Gründen gesucht werden: mit ihnen scheint der Beobachter insofern etwas „Sicheres" an der Hand zu haben, als diese Objekte sich der Vergänglichkeit des ursprünglichen Ereignisablaufs entziehen. Doch diese Sicherheit trügt, wenn damit gemeint ist, dass das Vorhandensein einer stofflichen Spur das Vergangene unmittelbar in die Gegenwart zurückholt. Auch Spuren wollen erst „gelesen" sein, d. h. der Beobachter muss diese Daten so organisieren, dass – wie der Historiker Carlo Ginzburg (1980: 12) schreibt – „Anlaß für eine erzählende Sequenz entsteht, deren einfachste Formulierung sein könnte: 'Jemand ist dort vorbeigekommen'. Vielleicht entstand die Idee der Erzählung selbst (im Unterschied zu Zaubersprüchen, Beschwörung und Anrufung) zuerst in einer Gesellschaft von Jägern und aus der Erfahrung des Spurenlesens. [...] Der Jäger hätte demnach als erster 'eine Geschichte erzählt', weil er als Einziger fähig war, in den stummen – wenn nicht unsichtbaren – Spuren der Beute eine zusammenhängende Folge von Ereignissen zu lesen."

Wie plausibel Ginzburgs Spekulation über den Ursprungsort der Idee der Erzählung ist, sei dahingestellt. Seine Überlegungen sind hier aus anderen Gründen von Interesse: Zum einen zeigen sie, dass auch dann, wenn soziale Ereignisse eine stoffliche Spur hinterlassen, für den Beobachter das chronische Problem bleibt, dass der ursprüngliche Vorgang entschwunden ist. Die fortdauernden Spuren eines Ereignisses erzwingen nicht weniger als die unmittelbare Beteiligung oder die bloße Augenzeugenschaft eine nachträgliche Rekonstruktion. Zum andern machen Ginzburgs Überlegungen zur Entstehung der Idee der Erzählung deutlich, dass das strukturelle Problem, wie entschwundene Ereignisse kommunikativ vergegenwärtigt werden können, nicht beliebig und ad hoc zu lösen ist, sondern dass sich für dieses Problem gesellschaftlich institutionalisierte Lösungsmuster entwickelt haben: kommunikative Gattungen, die speziell der Rekonstruktion von vergangenen Ereignissen dienen, oder kurz: rekonstruktive Gattungen (cf. Bergmann & Luckmann 1995).[13] Dieses Rekonstruktionsproblem stellt sich im Übrigen nicht nur dort, wo vergangene Ereignisse kommunikativ vergegenwärtigt, sondern auch, wenn Erfahrungen geschildert und in ihrer Signifikanz den Zuhörern vermittelt werden sollen. Schilderungen, in denen aus einem Erlebnis eine Erfahrung gemacht wird, bedienen sich, wie Stephan Wolff (2012)

---

13 Das Konzept der rekonstruktiven Gattungen wurde entwickelt und an einer Reihe empirischer Beispiele durchgespielt in dem von der DFG an der Universität Konstanz in den Jahren 1984–1987 geförderten und von Thomas Luckman und Jörg Bergmann geleiteten Forschungsprojekt „Strukturen und Funktionen von rekonstruktiven Gattungen in der alltäglichen Kommunikation", an dem Angela Keppler, Hubert Knoblauch und Bernd Ulmer als Mitarbeiter mitgewirkt haben.

gezeigt hat, in weiten Teilen eben jener Praktiken, die bei der Darstellung vergangener Ereignisse eingesetzt werden.

Kommunikative Verfahren der mündlichen Rekonstruktion vergangener Ereignisse und Erfahrungen sind seit der klassischen Arbeit von William Labov & Joshua Waletzky (1973 [1967]) das Thema zahlreicher Studien der linguistischen Narrationsforschung. Insbesondere Uta Quasthoff und Elisabeth Gülich haben hier wegweisende Arbeiten publiziert, in denen die elementaren Praktiken des Erzählens in informellalltäglichen Situationen freigelegt wurden (Gülich & Quasthoff 1985). Beide Sprachwissenschafterinnen haben auch spezifische Phänomene im Umfeld von narrativen Rekonstruktionen untersucht, so etwa die Aktivitäten von Zuhörern während einer mündlichen Erzählung (Quasthoff 1981) oder die narrative Vermittlung von Angsterlebnissen (Gülich, Lindemann & Schöndienst 2010) oder Anfallsepisoden (Gülich 2012) in der Arzt-Patient-Interaktion. Vor dem Hintergrund der bereits bestehenden Forschungstradition der Analyse mündlicher Erzählungen, stellt sich natürlich die Frage, welche Vorteile es bietet, von „rekonstruktiven Gattungen" zu sprechen und nicht einfach von Geschichten, Erzählungen oder Narrationen. Für diese Entscheidung gibt es im Wesentlichen zwei Gründe, deren gemeinsamer Nenner darin liegt, dass die bekannten – alltagssprachlichen (Geschichte, Erzählung) oder wissenschaftlichen (Narration) – Konzepte die Gefahr mit sich führen, einen zu engen normativen Bedeutungshorizont aufzuspannen, innerhalb dessen die mannigfaltigen Formmöglichkeiten der rekonstruktiven Bezugnahme auf soziale Ereignisse nicht angemessen berücksichtigt werden können. Diese Konzepte sind, erstens, zumindest auf einem Auge schwachsichtig, wenn nicht gar blind gegenüber allen nicht-narrativen Formen der Rekonstruktion. So lässt sich beispielsweise beobachten, dass nach dem Ende einer Sportveranstaltung von den Akteuren – zuweilen auch von den Zuschauern – einzelne Vorkommnisse oder Passagen in einer Mischung aus szenischen Re-Aktualisierungen, kritischen oder euphorischen Bewertungen und Gedankenspielen über hypothetische Alternativverläufe rekonstruierend vergegenwärtigt werden. Narrative Elemente spielen in dieser Situation, in der die Anwesenden alle als Akteure oder Augenzeugen an dem vergangenen Geschehen beteiligt waren, so gut wie keine Rolle. Dennoch handelt es sich um eine Rekonstruktion – und um eine kommunikative Gattung eigener Art: man muss die Regeln dieser Kommunikationsform beherrschen, um sich an ihr beteiligen zu können.

Ein anderes Beispiel, an dem der Unterschied zwischen narrativen und nichtnarrativen Rekonstruktionen prägnant deutlich gemacht werden kann, sind telefonische Notrufe (cf. Bergmann 1993). Jemand, der Zeuge eines Unfalls wird, einen Brand im Wald sieht oder Wasser im Keller stehen hat und daraufhin die Nummer der Feuerwehr, 112, wählt, muss bei seinem Hilfeersuchen das Ereignis, das der Grund seines Anrufs ist, rekonstruieren. Zwar gibt es für die Meldung des Notfalls einige Varianten, sie wird jedoch in keinem Fall in der Art und Weise erfolgen, in der der Anrufer nach seinem Kontakt mit der Notfalleinrichtung gegenüber seinen Freunden oder Verwandten das Ereignis erzählt. Die „Meldung" bei der Feuerwehr ist sicher die

Rekonstruktion eines Ereignisses, aber ebenso sicher ist, dass die Form, in der dies geschieht, keine „Erzählung" ist.

Konzepte wie „Erzählung" oder „Narration" beschneiden die Formenvielfalt an rekonstruktiven Gattungen aber nicht nur nach außen, sie bringen, zweitens, die Gefahr mit sich, das Formenspektrum des Rekonstruierens auch nach innen allzu stark ein. Das alltägliche Erzählen geschieht über weite Strecken in Formen, die nicht das voll ausgebaute Format einer Erzählung haben. An Familiengesprächen z. B. lässt sich die erstaunliche Beobachtung machen, dass zwar stundenlang Ereignisse und Begebenheiten thematisiert, d. h. „erzählt" werden, dabei aber „Erzählungen" eine große Ausnahme bleiben. Stattdessen reihen sich kurze Schilderungen von Neuig-keiten, kommentierende Wiederaufnahmen bekannter Sachverhalte, angedeutete Anekdoten, Schlagworte, einzelne Beobachtungen von Sonderbarkeiten u. ä. mal in rasantem Tempo, mal in perseverierender Trägheit aneinander. In ihrer Studie „Tischgespräche", die aus dem erwähnten Projekt zu den rekonstruktiven Gattungen hervorgegangen ist, hat Angela Keppler (1994: 169 ff) diese narrativen Rudimente als „Vergangenheitsrekonstruktionen en passant" bezeichnet.

In den Sozial- und Sprachwissenschaften ist die Vielfalt und Buntheit dieser kommunikativen Formen bislang kaum zur Kenntnis genommen worden; vermutlich gelten sie als Vor- oder Schwundstufen der „eigentlichen" Erzählung und werden, da ihnen eine eigene Formqualität nicht zuerkannt wird, als lohnende Untersuchungs-objekte ignoriert. Zu erklären ist diese Geringschätzung damit, dass – zumindest la-tent – ein normatives Konzept von „Erzählung" fortwirkt, das noch stark von den traditionell literarischen Formidealen des Narrativen geprägt ist. Auch wenn diese künstlerischen Formideale eher implizit – als eine Art Paradigma – die Analysen des alltäglichen Erzählens beeinflussen, im Vergleich zu ihnen müssen die skizzierten „Primitivformen" des Erzählens als eine merk-unwürdige Belanglosigkeit erscheinen.

Paradoxerweise haben jedoch Schriftsteller wie Jane Austen, Theodor Fontane oder Leo Tolstoi, die das Gespräch als ein primäres Erzählmittel einsetzen,[14] diese „Primitivformen" des Erzählens und deren gesprächstragende Bedeutung sehr wohl erkannt und in ihren Werken nachgebildet. Als Beispiel kann hier eine Passage aus „Anna Karenina" dienen, in der Tolstoi (1966: 201) die Gespräche der Gäste auf einer Abendgesellschaft im Haus der Fürstin Betsy beschreibt:

> Das Gespräch hatte so nett begonnen, aber weil es zu nett war, stockte es wieder. Man musste zu dem sichersten, nie versagenden Mittel greifen – dem Klatsch. [...] In der Gruppe um den Samowar und die Gastgeberin hatte das Gespräch unterdessen auch zwischen drei unvermeidlichen The-men geschwankt: den neuesten gesellschaftlichen Ereignissen, dem Theater und Sticheleien über den lieben Nächsten, und als man auf dieses letzte Thema gekommen war, blieb man dabei.

---

14 Gerade Fontanes Technik, das Gespräch – und besonders auch den Klatsch – als beherrschendes Medium der Wirklichkeitsmodellierung einzusetzen, ist von verschiedenen Literaturwissenschaftlern im Detail untersucht worden, cf. Wolfgang Preisendanz (1984), Monika Wengerzink (1997), Ernest W.B. Hess-Lüttich (2000), Johanna Fürstenberg (2011).

„Haben Sie schon gehört, die Maltischtschewa, nicht die Tochter, sondern die Mutter, lässt sich ein Kleid diable rose machen!"

„Nicht möglich! Nein, das ist ja herrlich!"

„Ich wundere mich nur, dass sie mit ihrem Verstand – sie ist ja nicht dumm – nicht einsieht, wie lächerlich sie sich macht."

Jeder steuerte sein Teil zur Verdammung und Verspottung der armen Maltischtschewa bei, und das Gespräch prasselte so munter wie ein brennender Holzstoß.

Tolstoi hat intuitiv gesehen, dass ein Gespräch auch durch die Bekanntmachung von kleinen Neuigkeiten, durch das Weitertragen und Kommentieren von „pikanten" Informationen so „munter wie ein brennender Holzstoß" prasseln kann, – und dass es vor allem der Klatsch ist, der von diesen rudimentären narrativen Rekonstruktionsformen lebt. Es ist zwar nicht ungewöhnlich, dass sich solche pikanten Informationen im Klatsch zu ganzen Geschichten ausweiten, doch um das gesamte Spektrum an rekonstruktiven Formen und Subformen, die sich in alltäglichen Unterhaltungen finden lassen, zu erfassen, bedurfte es eines anderen, weniger stark präjudizierenden Konzepts als „Erzählung" oder „Narration".

2.4 Zur Gattungsanalyse von Klatsch

Mit der Bestimmung von Klatsch als einer rekonstruktiven Gattung ist ein wissens- und kommunikationssoziologisches Programm umrissen, das im Folgenden im Hinblick auf seine methodischen Implikationen und die Schwierigkeiten seiner Realisierung erläutert werden soll. Eine pragmatische Unterscheidung, die sich bei der Untersuchung von kommunikativen Gattungen als hilfreich erwiesen hat, wurde von Thomas Luckmann (1986: 204 ff) bereits in seiner ersten gattungstheoretischen Arbeit vorgeschlagen. Gattungen als sedimentierte Muster der Kommunikation zeichnen sich zum einen aus durch die Selektion der Elemente, die die Bestandteile einer Gattung betreffen, und zum andern durch die Art und den Grad der Verbindlichkeit, mit der diese Elemente und ihre Abfolge festgeschrieben sind. Luckmann (1986: 205) bezeichnet diesen Aspekt als die „Binnenstruktur" von Gattungen und führt hierfür exemplarisch an: „Worte und Phrasen, Gesamtregister, Formeln und formularische Blöcke, rhetorische Figuren und Tropen, Stilmittel wie Metrik, Reimschemata, Listen, Oppositionen usw., Lautmelodien, spezifische Regelungen der Dialogizität wie Redezugbestimmungen, Reparaturstrategien und Festlegungen von Themen und Themenbereichen". Neben der Binnenstruktur sind für kommunikative Gattungen zudem Festlegungen ihrer „Außenstruktur" charakteristisch. So kann es für Gattungen einigermaßen verpflichtende Bestimmungen etwa im Hinblick auf die kommunikativen Milieus und Situationen geben, in denen sie verwendet werden dürfen oder müssen; die Beschränkungen können aber auch die sozialen Kategorien der beteiligten Akteure (Alter, Geschlecht, sozialer Status etc.) betreffen und die Rolle und die wechselseitige Beziehung der Handelnden festschreiben. Im Fall, dass eine kommunikative Gattung, z. B. die Predigt, eng mit einer sozialen Institution – im Fall der Predigt: die Kirche –

verbunden ist, finden sich klare Festlegungen sowohl der Binnen- wie der Außenstruktur. In anderen Fällen – wie beim Klatsch – sind Binnen- und Außenstruktur zwar durch externe Vorgaben weitgehend voneinander entkoppelt, dennoch kann die Gattung nur unter bestimmten situativen Bedingungen realisiert werden, und durch die Gattung selbst werden bestimmte Beteiligungsrollen festgelegt. (Weitere Erläuterungen zur Binnen- und Außenstruktur von Gattungen finden sich bei Susanne Günthner & Hubert Knoblauch 1994: 704 ff).

Für die empirische Analyse von Klatsch wie von anderen kommunikativen Gattungen ist nun von entscheidender Bedeutung, den Sachverhalt im Auge zu behalten, dass es sich dabei nicht um schriftliche Texte handelt, sondern um mündliche Vorgänge, die sich im sprachlichen und nichtsprachlichen Austausch, im kommunikativen Hin und Her der Beteiligten realisieren. An diesem Punkt lässt sich eine bemerkenswerte Homologie zwischen Klatsch und der soziologischen Analyse von Klatsch beobachten: Im Klatsch werden soziale Ereignisse thematisiert, die für die Klatschteilnehmer Vergangenheit sind und deshalb rekonstruiert werden müssen. Doch die Klatschkommunikation ist selbst ein soziales Ereignis, das mit seinem Ablauf zu einem vergangenen Geschehen wird und damit nun die Sozialforscher, die Klatsch zu ihrem Thema gemacht haben, zu rekonstruktiven Leistungen zwingt.

Im Prinzip sind die Sozialforscher, was die transitorische Qualität sozialer Vorgänge betrifft, gegenüber den in der Alltagswelt Handelnden in keiner privilegierten Position. Auch sie können sich ihren Objekten in der Regel nur von einem aposteriorischen Standpunkt aus nähern, was bedeutet, dass die Daten, mit denen die Sozialforschung herkömmlicherweise operiert (amtliche und prozessproduzierte Daten, Interviewdaten, Beobachtungsdaten), die sozialen Sachverhalte, die sie abbilden, in rekonstruierender Form konservieren. Dieser Sachverhalt, der bislang in der sozialwissenschaftlichen Methodologie kaum reflektiert wurde (Bergmann 1985), bringt eine Soziologie, die beim Vorgang des Klatschens ansetzt, in nicht unerhebliche Schwierigkeiten.

Das Problem, das sich darin verbirgt, dass üblicherweise bereits in den sozialwissenschaftlichen Rohdaten – und nicht erst in deren späterer Verarbeitung – eine deutend-rekonstruierende Verwandlung des sozialen Geschehens stattfindet, lässt sich am Beispiel der weiter oben eingeführten Unterscheidung zwischen dem Reden über Klatsch und der Praxis des Klatschens aufzeigen. Jedes Klatschgespräch bildet in den auf ein Ziel hin entworfenen und vollzogenen sozialen Handlungen der Beteiligten einen primären Sinnzusammenhang. Der Sinn der Klatschhandlungen konstituiert sich in situ: Ist „die Handlung vollzogen, ist das Ziel erreicht – oder schießt man am Ziel vorbei -, ist auch der ursprüngliche Sinn endgültig abgeschlossen" (Luckmann 1981: 518). Klatsch entsteht als „Klatsch" durch den Vollzug von Handlungen, die von den Beteiligten in der aktuellen Handlungssituation als klatschspezifische Handlungen markiert, wahrgenommen und beantwortet werden. Demgegenüber bildet das Reden über Klatsch – ob in einem Etikettenbuch, in einer alltäglichen Unterhaltung oder in einem Interview – einen sekundären Sinnzusammenhang, der von dem primären, aktuellen Sinn der Handlungen im Ablauf des Klatschens prinzipiell zu un-

terscheiden ist. In der nachträglichen Thematisierung, die selbst wieder eine prä-
skriptive Funktion erfüllen kann, wird ein vergangenes Geschehen als „Klatsch" typisiert, gedeutet, umgedeutet, erklärt, und diese Sinnzuschreibungen können – im
Gegensatz zu dem objektgebundenen, ephemeren Sinn der Klatschhandlungen selbst
– immer wieder aufs Neue präzisiert, revidiert oder fixiert werden. Aus diesen Darstellungen ex post lässt sich jedoch der primäre Sinnzusammenhang eines Handlungsgeschehens nur höchst spekulativ bestimmen. Der sekundäre Sinnzusammenhang legt sich wie ein Schleier mit eigenen Motiv- und Farbmustern über die interaktiv
generierte Sinnstruktur des ursprünglichen Handlungsgeschehens. Sozialwissenschaftliche Daten, die nur den sekundären Sinnzusammenhang rekonstruktiver
Deutungen transportieren, eignen sich somit nicht als Datengrundlage für eine
Analyse des primären Sinnzusammenhangs eines Handlungsgeschehens. Würde sich
die soziologische Untersuchung von Klatsch einzig und allein auf Daten stützen, die
aus Aussagen über Klatsch bestehen, müsste sie vor der Frage kapitulieren, wie die
Handelnden selbst ein Gespräch zu einem Klatschgespräch machen, d. h. worin die
Kompetenz, Klatschgespräche zu führen, besteht.

Um Klatsch als eine in den Handlungen der Gesprächsteilnehmer sich realisie-
rende Kommunikationsform untersuchen zu können, sind Daten erforderlich, die das
rekonstruierende Gesprächsgeschehen nicht ihrerseits rekonstruierend konservieren,
sondern so detailliert wie möglich in seinem realen Ablauf bewahren, d. h. registrierend konservieren (Bergmann 1985: 305 ff). Möglich wird diese Form der fortlaufen-
den, desinteressierten, nicht-deutenden Dokumentation eines sozialen Geschehens
durch die miniaturisierten technischen Verfahren der audio-visuellen Aufzeichnung.
Natürlich können derartige Aufzeichnungen den primären Sinnzusammenhang eines
realen sozialen Vorgangs nicht direkt abbilden, aber sie schaffen die Möglichkeit,
diesen Sinnzusammenhang indirekt aus dem beobachtbaren Verhalten, in dem es
sich manifestiert, zu bestimmen. Denn als Beobachter von Aufzeichnungen kommunikativer Vorgänge sind wir Nutznießer des Umstands, dass die Handelnden selbst
sich fortwährend durch sprachliche, prosodische und nicht-verbale Mittel wechselseitig „zu verstehen geben", wie eine Äußerung gemeint ist, als was eine Äußerung des
Partners gehört wurde, in welchem Zusammenhang die jetzige Äußerung gesehen
werden muss u. a. m. Verhaltensprotokolle auf der Grundlage technischer Aufzeichnungen gestatten dem Beobachter, ohne das fragwürdige Mittel des empathischen
Nachvollzugs Zugang zu gewinnen zu dem primären Sinnzusammenhang, den die
Interagierenden in und mit ihren Handlungen lokal hervorbringen. Zugleich ist es ihm
möglich, durch die Wiedergabe von Protokollausschnitten in seiner Arbeit für den
Leser transparent und überprüfbar zu machen, von welchen Primärvorgängen her er
seine sekundären Interpretationen und Analysen entwickelt hat.

Der Umgang mit Daten, die einen sozialen Vorgang registrierend konservieren,
stellt die Sozialforscher vor neuartige methodologische Probleme, die notorisch sind
und noch immer nur von einigen wenigen Autoren reflektiert wurden (cf. aber Soeffner
1982, Hirschauer 2001, Hausendorf 2007, Hitzler & Böhringer 2021). Viele der „qualitativen" Sozialforscher benutzen Aufzeichnungen und Verhaltensprotokolle bis heute

auf eine recht naive Weise als direkte Abbildungen von sozialen Vorgängen, ohne sich um die besondere Textqualität dieser Daten zu kümmern. Dieses Versäumnis führt aber mit einer gewissen Zwangsläufigkeit dazu, dass die textförmig repräsentierten Aufzeichnungen von Interaktionsabläufen nicht anders als inhaltsanalytisch bearbeitet werden. Damit wird das entscheidende Erkenntnispotential von Aufzeichnungen leichtsinnig verschenkt: Aufzeichnungen konservieren den in der Interaktion ablaufenden Strukturierungsprozess, der als „fortlaufendes" Ergebnis die „faktische" Struktur eines sozialen Sachverhalts zeitigt, und machen auf diese Weise einen zeitlichen Vorgang analytisch zugänglich.

Mehrmals wurde versucht, Klatsch auf ethnografische Weise zu untersuchen, doch die Probleme, die sich auf diesem Weg ergeben, sind gravierender Art. Dominique Darmon (2018) berichtet, dass sie für ihre Studie über Klatsch in einer universitären Projektgruppe zunächst als „teilnehmende Beobachterin" in dem von ihr untersuchten Feld agierte, in dieser Rolle aber auf zunehmende Probleme stieß, weshalb sie sich in eine „beobachtende Teilnehmerin" verwandelte und zum Zweck der Datengewinnung ihre Untersuchung letztlich in dem nicht unproblematischen Format einer „Auto-Ethnografie" fortführen musste. An einem anderen Beispiel einer ethnologischen Monografie über Klatsch, die zu den ganz wenigen Arbeiten gehört, in denen auch Transkripte von Klatschgesprächen abgedruckt sind, lassen sich deutlich die Mängel eines Vorgehens aufzeigen, das den Prozess der sozialen Konstruktion von Klatsch im Handeln der Beteiligten ignoriert. In seiner Studie „Gossip, reputation and knowledge in Zinacantan" beschreibt John B. Haviland (1977) aus einer primär ethnotheoretischen Perspektive die Klatschkommunikation einer Tzotzil-sprechenden Indianergemeinde im südöstlichen Mexiko. Da er bei seiner Feldforschung bemerkte, dass die Zinacantecos es vermieden, in seiner Gegenwart zu klatschen, überlegte sich Haviland ein besonderes Verfahren. Er veranstaltete sog. „Who's Who eliciting sessions", in denen er die bei der Sitzung anwesenden Dorfbewohner dazu animierte, über die Reputation anderer, auf einer von ihm erstellten „Who's Who"-Liste aufgeführter Zinacantecos zu sprechen und Geschichten zu erzählen. Ausgehend von der weiten Definition, dass alle Gespräche über einen Abwesenden Klatsch seien, fasste Haviland dann die so elizitierten Geschichten zu einem Klatsch-Korpus zusammen und bestimmte aus ihnen die vorherrschenden Klatschthemen, die Reputation der Klatschopfer sowie evaluierende „Klatschwörter". Indem Haviland die von ihm elizitierten Erzählungen wie Schrifttexte behandelt, minimalisiert er die Bedeutung des pragmatischen Entstehungszusammenhangs dieser Erzählungen, obwohl ihn doch die zunächst gemachte Erfahrung, von den Zinacantecos vom Klatsch ausgeschlossen zu werden, eines Besseren hätte belehren müssen. Klatsch kann damit von Haviland nicht als ein interaktiv hergestellter sozialer Sachverhalt verstanden und bestimmt werden. Wenn man, wie Haviland das tut, Klatschgespräche unbesehen ihrer interaktiven Entfaltung inhaltsanalytisch zerlegt und klassifiziert, überspringt man die Vorfrage, wie ein Gespräch als Klatschgespräch von den Handelnden hervorgebracht und vom Sozialforscher identifiziert wurde.

Wie lassen sich nun aus der technischen Aufzeichnung eines kommunikativen Geschehens die Strukturierungsprinzipien bestimmen, die aus diesem Geschehen einen geordneten, identifizierbaren sozialen Sachverhalt machen? Innerhalb der Soziologie haben sich in den 1970er Jahren zwei Forschungsansätze – die „Konversationsanalyse" (cf. Bergmann 2010) und die „Objektive Hermeneutik" (Oevermann et al. 1979) – herausgebildet, von denen jeder auf seine Weise sich um Antworten auf diese Frage bemüht. Beide Ansätze verzichten aus grundsätzlichen Erwägungen ganz auf statistische Sozialdaten und Interviewdaten und stützen sich in ihrem Vorgehen ausschließlich auf audiovisuelle Aufzeichnungen und Detailtranskriptionen von „natürlichen" Interaktionsabläufen oder auf andere kulturelle Objektivationen. Zur Lösung der methodologischen Probleme, denen sie beim Umgang mit dieser Art von Daten begegneten, haben beide Ansätze unabhängig voneinander Verfahrensprogramme entwickelt, die teilweise identisch, teilweise unterschiedlich, aber komplementär sind.

Gegenüber anderen qualitativen Verfahren zeichnet beide Ansätze aus, dass sie in ihrem interpretativen Vorgehen grundsätzlich von einer Ordnungsprämisse geleitet werden, die besagt, dass kein in einem Interaktionsablauf auftauchendes Verhaltens- oder Textelement als Zufallsprodukt betrachtet wird, sondern zu bestimmen ist als Bestandteil einer sich im Handeln der Beteiligten reproduzierenden Ordnung. Für die aus der Ethnomethodologie hervorgegangenen Konversationsanalyse bilden die fallunabhängigen Prinzipien und Mechanismen der Interaktion die „gelebte Ordnung" (Garfinkel), in der ein singuläres Ereignis als methodisch hervorgebrachtes Objekt bestimmt werden kann und damit seinen Charakter des Zufälligen verliert. Demgegenüber ist für die Objektive Hermeneutik die fallspezifische, „individuelle" Selektivität eines Interaktionssystems der Ordnungszusammenhang, in dem ein einzelnes Textelement als „motiviertes" und damit als nicht-zufälliges Produkt beschreibbar wird.

Da das Interesse der Studie dem Klatsch als einer kommunikativen Gattung gilt, also einem gesellschaftlich institutionalisierten, fallspezifischen Muster der Kommunikation, ist sie methodisch primär an der Konversationsanalyse orientiert. Ihr methodisches Vorgehen lässt sich grob in den folgenden fünf Punkten explizieren, deren Abfolge weitgehend dem realen Verlauf der empirischen Untersuchung entspricht.[15]

---

15 Mittlerweile gibt es eine große Anzahl von Einführungen in die Konversationsanalyse, die Darstellungen ihrer methodologischen Grundlagen und Forschungsfelder enthalten, in denen sich aber auch Veränderungen spiegeln. In den beinahe vierzig Jahren, die im deutschsprachigen Raum zwischen dem ältesten (Bergmann 1987/88) und dem neuesten Einführungstext (Birkner, Auer, Bauer & Kotthoff 2020) liegen, ist das konzeptionelle Grundgerüst weitgehend identisch geblieben, doch analytische Schwerpunkte, thematische Breite und theoretische Fluchtlinien haben sich in dieser Zeit erkennbar verschoben. Was Gail Jefferson die „wild side of conversation analysis" genannt hat (Bergmann & Drew 2018), ist heute weitgehend verschwunden. Über spezielle Fragen zur Konversationsanalyse informiert das „Handbook of conversation analysis" (Sidnell & Stivers 2012).

1. *Vorbegriff.* Als Topos ist aus der literaturwissenschaftlichen Gattungstheorie das „Problem des Anfangs" bekannt, das sich in der Frage niederschlägt, wie es möglich ist, einen Text zu einer Gattung zu zählen, wenn es keine vorher festgelegten Gattungsnormen gibt, sondern wenn diese Gattungsnormen erst aus der Masse der vorliegenden Einzeltexte entwickelt werden sollen. Da man bereits eine Vorstellung von der aufzustellenden Gattungsnorm haben muss, um einen Korpus relevanter Werke versammeln zu können, scheint man in einem schlechten Zirkel gefangen zu sein (Hempfer 1973: 128 ff). Diese Argumentation gründet sich jedoch auf die methodologische Fiktion einer „Urdummheit" (Gadamer); kein Verstehen setzt an einem Nullpunkt an, wie überhaupt zum Wesen wissenschaftlicher Erkenntnis das „Vorurteil" (in seiner hermeneutisch rehabilitierten Bedeutung) gehört.

Entsprechendes gilt auch für die Gattungsanalyse von Klatsch. Nachdem Gespräche in den seltensten Fällen durch eine selbstreferentielle Formulierung als „Klatsch" gekennzeichnet werden, ist es unumgänglich, zunächst über einen Vorbegriff von Klatsch untersuchungsrelevante Materialien zu lokalisieren. Das gilt bereits für die Entscheidung darüber, welche Situationen überhaupt für eine Beobachtung in Betracht gezogen werden. Man wird z. B. aufgrund seines Vorwissens nicht erwarten, dass Arzt-Patient-Gespräche, mündliche Prüfungen oder politische Diskussionen einen hohen Bodenreichtum an Klatsch haben. Doch auch Familiengespräche oder informelle Unterhaltungen zwischen Freunden, Bekannten und Arbeitskollegen sind nicht automatisch Klatschgespräche. Um in diesen Gesprächen Klatschpassagen identifizieren zu können, sind die Sozialforscher zwangsläufig auf einen Vorbegriff von Klatsch angewiesen.

Da der Vorbegriff von Klatsch, mit dem die Untersuchungsarbeit einsetzt, im Fortgang der Analyse durch empirisch begründete Bestimmungen ersetzt wird, ist ein besonderer definitorischer Aufwand nicht erforderlich. Es genügen alltagssprachliche Umschreibungen oder einfache lexikalische Bestimmungen wie etwa die aus dem „Deutschen Wörterbuch" von Wahrig (1980), wonach Klatsch aus „Neuigkeiten über persönliche Angelegenheiten anderer" besteht. Albert Blumenthal (1937) hat verschiedene Definitionen von Klatsch durchgespielt und endete bei 20 Kriterien.

2. *Datengewinnung.* Die Beobachtung und Aufzeichnung von Klatsch stoßen auf Schwierigkeiten, die für sich bereits etwas über das Phänomen Klatsch verraten. Da ist zum einen der erwartbare Widerstand derjenigen, die der Forscher beim Klatsch aufzeichnen möchte. Sei es, dass sie Bedenken dagegen haben, bei einer „offiziell geächteten" Tätigkeit dokumentarisch festgehalten zu werden, sei es, dass sie befürchten, mit der Gegenwart von Kamera und Mikrofon würde der abwesende Dritte, über den geklatscht wird, zu einem potentiell Anwesenden, also zu einem Zeugen dessen, was und wie über ihn geredet wird. Das Ansinnen, beim Klatsch aufgezeichnet zu werden, wird jedenfalls zumeist als Eingriff in die Privatsphäre entschieden zurückgewiesen (Allen & Guy 1974: 247). Zum anderen aber ist die Gefahr groß, dass die Gegenwart der Aufzeichnungsgeräte das Verhalten der Personen, die sich – vielleicht verführt durch ein lockendes Honorar – dafür zur Verfügung gestellt haben, entschieden beeinflusst. So berichtet etwa Colin Bell (2006: 5), dass nach Beendigung

seiner Feldforschung eine Informantin ihm erzählte, „dass sie an einem Kaffee-kränzchen teilgenommen hatte, bei dem sich die Gastgeberin für die kurzfristige Einladung mit der Begründung entschuldigt habe, ihr Soziologe würde morgen an-rufen und sie wollte etwas haben, was sie ihm erzählen konnte". Versucht der Forscher dagegen als Teilnehmer an einem Gespräch seine „zweite" Aufmerksamkeit im Ver-borgenen auf die Formen des Klatsches zu richten, wird er immer wieder die Erfahrung machen, dass er zu spät kommt: Er realisiert immer erst im Nachhinein, dass das, was er gerade mit seinen Gesprächspartnern gemacht hat, Klatsch war, und er ein ums andere Mal versäumt hat, auf die Einzelheiten des Klatschens zu achten oder darauf, wie sich ein Gespräch zu einem Klatschgespräch entwickelt. Vor der Selbstverges-senheit der Klatschenden ist offensichtlich auch der teilnehmende Beobachter nicht gefeit.

Ein möglicher Ausweg aus dieser Situation wäre, den in Zeitungen, Zeitschriften, Briefwechseln, Tagebüchern, Autobiografien oder Romanen bereits schriftlich fixier-ten Klatsch als Datengrundlage zu benutzen. Damit würde aber das Thema „Klatsch" in radikaler Weise eingeengt auf ein literarisches Phänomen, das sich allein schon durch seinen „öffentlichen" Charakter grundsätzlich von dem in wechselseitiger mündlicher Kommunikation hervorgebrachten Klatsch unterscheidet. Das soll nicht heißen, dass der journalistische und literarische Klatsch, dem die Literaturwissen-schaftlerin Patricia M. Spacks (1985) eine eigene Monografie gewidmet hat, für die vorliegende Arbeit völlig irrelevant wäre (cf. den Exkurs über Prominentenklatsch in Kap. 3.3). Doch in der Modalität der Schriftlichkeit können sich soziale Bedeutung und Funktion von Äußerungen auf radikale Weise ändern, und zwar, wie Georg Simmels (1968c) Bemerkungen zur Soziologie des Briefes zeigen, gerade in einem Bereich, der für den Klatsch eine zentrale Rolle spielt: dem Verhältnis von Bestimmtheit und Vieldeutigkeit, von Offenbaren und Verschweigen. Um das Spezifische des literari-schen Klatsches bestimmen zu können, ist ein Verständnis der primären, alltäglich-mündlichen Klatschformen unumgänglich. Wird dieses Verständnis nicht wissen-schaftlich-systematisch entwickelt, bleibt – wie in Spacks' (1985) Arbeit – nur der Rekurs auf die eigene Intuition und das Alltagswissen über Klatsch.

So wird man zur Gewinnung von Daten über Klatsch auf eine im Alltagsleben bewährte Methode, die mit Klatsch selbst in einer innigen Beziehung steht, zurück-greifen müssen: Man wird dort zuhören, wo der Anstand gebietet, wegzuhören. Von James Joyce wird erzählt (Giedion-Welcker 1966: 829), er soll in London in einem billigen dünnwandigen Hotel tagelang dem in den Nebenzimmern Gesprochenen zugehört haben, um aus den verschiedenen Sprachfärbungen „immer neue Nuancen des Englischen in sein Laboratorium aufzunehmen und in seine Dichtung eingehen zu lassen". Indiskretionen dieser Art, die im Alltag gar nicht zu vermeiden sind, lassen sich ebenso wenig prinzipiell missbilligen wie prinzipiell rechtfertigen. Es mag eine forschungsethisch zweifelhafte Entscheidung sein, Klatschgespräche heimlich zu belauschen und aufzuzeichnen. Doch die darin eingeschlossene Problematik lässt sich durch verschiedene Maßnahmen (z. B. die nachträgliche Aufklärung und Bitte um Zustimmung; die Maskierung der Personen und Umstände in allen Transkripten) auf ein vertretbares Minimum reduzieren. Im Übrigen sind viele der Daten, die Klatsch-gespräche enthalten, gar nicht das Ergebnis einer gezielten Erhebung, sie sind eher ein Beifang, der sich mehr oder weniger zufällig auf Aufzeichnungen von Gesprächen in einer Familie, unter Kollegen oder an einem spezifischen Aufnahmeort – wie etwa einem Kiosk (Schmitt 2008) – befindet.

Die in den folgenden Kapiteln zitierten Klatschpassagen sind Gesprächen ent-nommen, die in den verschiedensten Situationen und Kontexten von verschiedenen Personen teils nur beobachtet und schriftlich protokolliert, teils auf Tonband aufge-zeichnet und transkribiert wurden. Videoaufzeichnungen von Klatsch waren in kei-nem Fall möglich. Wie die Leute beim Klatsch „die Köpfe zusammenstecken", konnte daher nicht systematisch untersucht, sondern nur mit einzelnen Beobachtungsnoti-zen zum nonverbalen Verhalten illustriert werden.

3. *Regelhaftigkeiten.* Um Klatsch typologisch zu bestimmen sowie verschiedene generische Schichten dieser Gattung zu differenzieren, müssen Einzeltexte (Tran-skriptionen von Gesprächen) als Exemplare einer Gattung betrachtet, d.h. als Ab-wandlungen einer gleichbleibenden Form erkannt werden. Der Weg zu dieser Be-stimmung führt über die Beobachtung von Regelhaftigkeiten. Denn wenn Klatsch tatsächlich ein eigenes Genre der Kommunikation ist, müssen sich im kommuni-kativen Handeln der Gesprächsteilnehmer Regelhaftigkeiten zeigen, die für die In-teragierenden selbst und damit sekundär für den externen Beobachter dieses Ge-spräch als Klatsch erkennbar machen. In diesen beobachtbaren Regelhaftigkeiten reproduziert sich die Gattung „Klatsch". In welchen kommunikativen Dimensionen und Vorgängen sich diese Regelhaftigkeiten manifestieren, lässt sich dabei nicht im Vorhinein entscheiden. Die Gattungshaftigkeit von kommunikativen Vorgängen kann sich auf rechtmäßige Teilnehmer und soziale Beziehungsmuster, auf Sprech-weisen, Sprechstile und Themen, auf die situative Einbettung, die Kommunikati-onsmodalität und vor allem auf das interaktive Ablaufmuster beziehen. Dell Hymes (1972: 20 ff) hat den Vorschlag gemacht, für eine systematische Betrachtung den Terminus SPEAKING als Mnemotechnik zu benutzen, wobei die einzelnen Buch-staben des Begriffs als Anfangsbuchstaben für einzelne zu berücksichtigende Di-mensionen stehen: (S) steht dann für „setting" oder „scene", (P) für „participants" und so fort; (G) steht für „genres".

Eine besondere Schwierigkeit ergibt sich daraus, dass die zu beobachtenden Regelhaftigkeiten nicht offen zutage liegen. Ein einzelnes Klatschgespräch ist nicht die Gattung Klatsch selbst, sondern die individuell-exemplarische Realisierung eines kommunikativen Musters. Nicht nur kann dieses Muster in der Realisierung abge-wandelt, ironisch gebrochen, verdeckt oder exponiert, mit anderen Mustern verwebt, unterschiedlich modalisiert, kontrahiert und expandiert werden, das Klatschmuster selbst ist nur eine von mehreren Orientierungsgrößen, die das kommunikative Ver-halten der Gesprächsteilnehmer bestimmen. Klatschgespräche sind also keine „ge-klonten" Exemplare eines reinen Klatsch-Urtypus. In ihnen „kreuzen" sich immer verschiedene kommunikative Linien.

Um zu verhindern, dass partikulare Realisierungsmerkmale von Klatschgesprächen zu Gattungsmerkmalen verabsolutiert werden, müssen aus den verfügbaren individuellen Textmanifestationen die nicht-gattungsspezifischen Besonderungen ausgefiltert werden. Das lässt sich nicht in einem Schritt erledigen. In einem sukzessiven Prozess, der in seiner Logik dem chemischen Fraktionierungsprinzip nicht unähnlich ist, wird das Datenmaterial nach dem Dreierschritt: Einzelfallanalyse – Strukturhypothese – Korpuserweiterung einem Trennungsverfahren unterworfen, so lange, bis sich über eine Vielfalt von Texten hinweg kontextunabhängige Gleichförmigkeiten der Klatschkommunikation abzeichnen.

4. *Organisationsprinzipien.* Beschreibbare Regelhaftigkeiten der Klatschkommunikation sind immer eine gemeinsame Leistung aller am Klatsch Beteiligten. Selbst die – scheinbar monologische – Erzählung einer Klatschgeschichte erfordert, dass die anderen Akteure durch entsprechende Zuhöreraktivitäten zur Entstehung dieser Geschichte beitragen. Gleichförmigkeiten in Klatschgesprächen dürfen daher nicht einfach auf den Automatismus eines in Gang gesetzten Verhaltensprogramms zurückgeführt werden. Sie werden interaktiv hervorgebracht und müssen von ihrer interaktiven Produktionsgeschichte her erklärt werden. Gleichförmigkeiten in Klatschgesprächen verweisen also auf eine im und durch das Handeln der Beteiligten sich vollziehende interaktive Organisation von Klatsch. Natürlich ist „Organisation" hier nicht im Sinn der Organisationssoziologie zu verstehen, sondern – entsprechend der Verwendung dieses Konzepts etwa bei Charles Cooley (1962) oder Erving Goffman (1980) – als ein Formierungs- und Ordnungsprozess, in dem ein sozialer Sachverhalt als quasi-organisches Ganzes entsteht oder besser: fortwährend erzeugt wird.

Die interpretative Erschließung der Organisationsprinzipien des Klatsches ermöglicht es, die Dynamik und Kontextualisierung von Klatschgesprächen, ihre innere, Äußerung mit Äußerung verknüpfende „logic-in-use" (Kaplan) zu bestimmen. Erst die Kenntnis und Beherrschung dieser Organisationsprinzipien, und nicht bereits das Wissen um das Klatschmuster, machen das aus, was man als „Klatschkompetenz" bezeichnen kann. Das Beispiel einer anderen kommunikativen Gattung mag diese Unterscheidung verdeutlichen. In ihrer Studie über „Proverbs and the ethnography of speaking folklore" zitieren E. Ojo Arewa & Alan Dundes (1964: 70) den Ausspruch eines afrikanischen Studenten an einer amerikanischen Universität: „Ich kenne die Sprichwörter, aber ich kann sie nicht anwenden." Der Student hatte aufgrund seiner westlich orientierten Erziehung in Nigeria keinen Zugang zum alltäglichen Gebrauch von Sprichwörtern bei den Ibo. So konnte er sich zwar an den Text zahlreicher Sprichwörter der Ibo erinnern, war sich jedoch unsicher, genau wie und wann sie in spezifischen Situationen anzuwenden seien. Zur Beschreibung einer kommunikativen Gattung genügt es demnach in keiner Weise, allein das isolierte Gattungsmuster zu erfassen. Zu seiner Bestimmung gehören wesentlich auch die Prinzipien und Regeln, mittels derer ein kommunikatives Muster unter jeweils spezifischen Umständen realisiert und damit zu einem individuellen kommunikativen Ereignis wird. Diese individuellen Besonderungen sind für sich keine Zufälligkeiten oder „Kontingenzen", sondern – darin stimmen Ethnografie der Kommunikation, Ethnomethodologie,

Konversationsanalyse und Objektive Hermeneutik überein – das Resultat eines Partikularisierungsprozesses, der seinerseits allgemeinen Strukturierungsprinzipien gehorcht.

5. *Darstellung.* Konversationsanalytische Untersuchungen von kommunikativen Abläufen anhand von Aufzeichnungen und Verhaltensprotokollen treffen auf eine Reihe unerwarteter Schwierigkeiten, wenn sie für die „scientific community" zu Papier gebracht werden sollen. Da ist zum einen das Problem, dass in den Transkripten, mit denen in der Konversationsanalyse gearbeitet wird, gleichzeitiges oder schnelles Sprechen, parasprachliche Ereignisse wie Lachen, Räuspern etc. oder artikulatorische Besonderheiten durch diakritische Zeichen markiert werden. Dadurch aber werden diese Dokumente für Sozialwissenschaftler, die nicht mit dieser Art der Datenrepräsentation vertraut sind, schwer zugänglich. Das führt oft dazu, dass diese Daten bei der Lektüre einfach übersprungen werden, was zu einem weiteren Problem führt. Die herkömmliche Forschungsliteratur ist gekennzeichnet durch resultatorientierte Darstellungskonventionen, das Ergebnis bezieht seine Plausibilität und seine objektive Geltung aus statistischen Operationen und Kennziffern. Dies aber ist für das interpretative Vorgehen, das einer prozessorientierten Forschungslogik folgt, eine inadäquate Präsentationsform. Interpretationshypothesen gewinnen ihre Gültigkeit nicht über statistische Operationen, sondern über den sorgfältig geführten Nachweis, dass die Deutung einen Sinnzusammenhang erfasst, auf den hin sich die Interagierenden selbst orientieren und der von ihnen im Fortgang der Interaktion reproduziert wird. Für diesen Nachweis bietet sich als Darstellungsweise die Prozessanalyse eines Einzelfalls an, in der eine Interaktionspassage Äußerung für Äußerung im Hinblick auf die Organisationsprinzipien und den Gehalt der in ihr sich reproduzierenden Sinnstruktur interpretiert wird. Der Forscher wiederholt im Text den Prozess der Erkenntnisgewinnung und -absicherung und macht so seine Interpretation für die Leser nachvollziehbar und überprüfbar. Sowohl in der Konversationsanalyse (cf. Sacks 1974) wie auch in der Objektiven Hermeneutik (Oevermann 1983) gibt es Arbeiten, die auf diese Weise mittels der Form der Einzelfallanalyse den Darstellungsverlauf der Interpretation mit dem realen Verlauf der sozialen Interaktion synchronisieren. In diesen Arbeiten werden nicht Erkenntnisse postuliert und dann begründet, sondern die Leser werden mit den Rohdaten konfrontiert und folgen dann Schritt für Schritt – auch über Umwege – dem Erkenntnisweg des Autors. Die intersubjektive Nachvollziehbarkeit und Gültigkeit der wissenschaftlichen Interpretation lebt dabei in erster Linie vom Gang der Darstellung, die somit kein bloßes Vehikel zum Transport von fertig abgepackten Erkenntnissen mehr ist, sondern zu einem Teil der Methode wird.[16]

Die Einzelfallanalyse stößt – sowohl als Untersuchungsmethode wie auch als Darstellungsform – dort an ihre Grenzen, wo es darum geht, das empirische Material

---

16 Wie in sozialwissenschaftlichen Texten die Plausibilität einer Interpretation oder die Richtigkeit einer Analyse durch rhetorische Praktiken und Darstellungsformate erzeugt und erhärtet werden, ist eine Frage, der sich seit einiger Zeit die Wissenschaftssoziologie widmet, cf. etwa Joseph Gusfield (1976), John O'Neill (1981) oder Ricca Edmondson (1981).

auch unter morphologischen und typologischen Fragestellungen zu betrachten, d. h. aus ihm unterschiedliche Variationstypen einer kommunikativen Form zu bestimmen. Das kann nur auf dem Weg einer vergleichenden Analyse verschiedener Fälle geschehen, einem Vorgehen, das seit jeher in der Methodologie der Konversationsanalyse einen wichtigen Platz einnimmt. Da es aber hoffnungslos – und auch ziemlich sinnlos – wäre, auf extensive Weise Fallanalyse an Fallanalyse zu reihen, bleibt nur die Möglichkeit, andere, eher abkürzende Darstellungsweisen zu wählen. Der explizierende Darstellungsstil, bei dem sich der Interpretationsfortgang eng an den Interaktionsfortgang anschmiegt, lässt sich also nicht ungebrochen durchhalten. Ja, die Abstriche an dieser Darstellungsweise müssen bei der Untersuchung von Klatsch sogar noch stärker ausfallen als bei der Untersuchung anderer Interaktionsphänomene. Während nämlich im Fall kürzerer Interaktionssequenzen die vergleichende Analyse weitgehend explikativ verfahren kann (exemplarisch hier: Schegloff 1979), ist im Fall des eher großformatigen Phänomens „Klatsch" bereits sehr viel früher der Punkt erreicht, an dem die favorisierte diachrone Darstellungsweise zugunsten einer synchronen Darstellungsweise aufgegeben werden muss. So ist denn auch der Darstellungsstil in den folgenden Kapiteln nicht einheitlich. Phasen, in denen einzelne Klatschsegmente fast pedantisch zerlegt und hin- und hergewendet werden, wechseln sich ab mit Abschnitten, in denen relativ grob, d. h. detailfern größere interpretative Bögen gezogen werden.

3 Die Klatschtriade

3.1 Zur Beziehungsstruktur des Klatsches

In der Bezeichnung „Klatsch" vereinigen sich im Deutschen zwei Bedeutungskomponenten, die so eng miteinander verknüpft sind, dass es übertrieben kleinlich erscheinen mag, auf ihrer Unterscheidung zu bestehen. Doch erst ihre Trennung macht es möglich, zu erkennen, welche Weisheit darin verborgen liegt, sie in einem Begriff zu vereinigen.

Klatsch bezeichnet zum einen den Inhalt einer Kommunikation und wird in dieser Bedeutung auch lexikalisch definiert z. B. als „Neuigkeiten über persönliche Angelegenheiten anderer". Auch in bestimmten Redewendungen wie etwa: Klatsch herumtragen, Klatsch verbreiten oder Klatsch auftischen, dient „Klatsch" als Bezeichnung eines spezifischen Kommunikationsinhalts. Zum andern wird mit Klatsch aber auch ein Kommunikationsvorgang bezeichnet und in dieser Bedeutung zumeist als „Geschwätz" oder „Gerede" umschrieben. Diese Bedeutungskomponente kommt noch stärker zum Ausdruck, wenn etwa von Geklätsch, Geklatsche oder Klatscherei gesprochen wird. In der Bezeichnung „Klatsch" fällt also der Sachverhalt, dass eine Neuigkeit besonderer Art kommuniziert wird, mit der Art und Weise, wie dieser Sachverhalt kommuniziert wird, in eins zusammen. Im Alltag berührt uns diese Bedeutungsdifferenz kaum. Dass es für spezifische Typen von Neuigkeiten immer spezifische Formen der kommunikativen Vermittlung gibt, ist uns eine Selbstverständlichkeit. Dass es sich aber unter analytischen Gesichtspunkten lohnt, genau an diesem Punkt einzuhaken, macht ein anderes Beispiel, bei dem es um die Übermittlung einer spezifischen „Neuigkeit" geht, deutlich.

Zumindest für westliche Gesellschaften gilt, dass jeder Todesfall, der sich ereignet, ein differenziertes kommunikatives Geschehen auslöst. Die Frage, die sich an diese Feststellung anknüpfen lässt, ist, welcher Zusammenhang in diesem Fall zwischen dem Kommunikationsinhalt (d. h. der Todesnachricht) und dem Kommunikationsvorgang (d. h. der Übermittlung der Todesnachricht) besteht. David Sudnow (1973: Kap. 6), dem wir interessante Ausführungen zu diesem Thema verdanken, zeigt anhand seiner Beobachtungen in zwei Sterbekliniken, dass ein Todesfall generell als ein „unit event" betrachtet wird, d. h. als ein Ereignis-für-eine-soziale-Einheit. Nur für die Mitglieder einer derartigen sozialen Einheit oder Gruppe wird das Ereignis eines Todesfalles überhaupt zu einer relevanten Nachricht. Der Grund dafür ist darin zu sehen, dass mit der Mitgliedschaft in einer solchen Einheit immer das Recht, benachrichtigt zu werden, sowie die Pflicht, andere Gruppenmitglieder zu benachrichtigen, verknüpft ist. Bei einem Todesfall ist die wichtigste soziale Einheit die Familie. Die Träger der Pflichten und Rechte, die anlässlich eines Todesfalles aktiviert werden, sind in erster Linie die Familienangehörigen des Verstorbenen.

Sudnow weist ferner darauf hin, dass sich die Angehörigen ebenso wie die Krankenhausärzte beim Weitergeben der Todesnachricht an ziemlich strikte Regeln

https://doi.org/10.1515/9783110758092-005

halten, die sich auf Vorstellungen von einer „richtigen Reihenfolge", in der dies zu geschehen hat, beziehen. Entsprechend dieser „Benachrichtigungs-Rangordnung" lässt sich die Gesamtheit der Personen, die bei einem Todesfall informiert werden muss, als eine Anordnung von konzentrischen Kreisen betrachten. Angehörige der inneren Kreise unterscheiden sich von denen der äußeren nicht nur durch das Maß der Dringlichkeit der Nachrichtenübermittlung (wird hierfür extra ein Kontakt hergestellt oder einfach auf die nächste Kommunikationsgelegenheit gewartet?), sondern auch durch das ihnen „zustehende" Übermittlungsverfahren, das persönlich oder unpersönlich, dramatisch-affektiv oder neutral-informativ sein kann. Die Orientierung der Beteiligten an einer derartigen Benachrichtigungs-Hierarchie kommt etwa darin zum Ausdruck, dass diejenigen Personen, die sich selbst als Mitglieder der sozialen Gruppe betrachten und entweder „zu spät" oder in nicht-angemessener Weise (z.B. allein aufgrund der Todesanzeige in der Tageszeitung) oder gar nicht von dem Todesfall benachrichtigt werden, sich übergangen, vergessen oder ausgeschlossen fühlen können.

Bezieht man diese Beobachtung auf die eingangs dargestellte, in der Bezeichnung „Klatsch" verborgene Bedeutungsdifferenz von Kommunikationsinhalt und Kommunikationsvorgang, so kann man erkennen, dass sich zwischen diese beiden Komponenten als entscheidende Vermittlungsinstanz das soziale Beziehungsnetzwerk der Beteiligten schiebt. Wie eine Todesnachricht kommuniziert wird, hängt wesentlich von der Art der Beziehung ab, die zwischen dem Übermittler und dem Empfänger besteht. Ja, man kann sogar sagen, dass ein Todesfall überhaupt erst durch die Aktivierung des Beziehungsnetzwerks des Verstorbenen zu einer „Todesnachricht" wird.

Das Ausmaß an Sorgfalt, mit der im alltäglichen kommunikativen Verkehr soziale Beziehungsnetzwerke beachtet werden, mag im Fall der Übermittlung einer Todesnachricht besonders hoch sein; keineswegs ist sie jedoch auf diesen spezifischen Kommunikationsinhalt beschränkt. Dass die Beteiligten auch bei der Verbreitung ganz anderer „Neuigkeiten" sich peinlich genau an ihrem Beziehungsnetzwerk orientieren, macht der folgende Ausschnitt aus einem Interview mit einer schwangeren Frau deutlich:[17]

I.er: Nachdem Sie entdeckt hatten, dass Sie schwanger
waren, haben Sie es John [dem Ehemann] gesagt
- wem sonst haben Sie es noch gesagt?
I.te: Naja, jedem.
I.er: Jedem?
I.te: Naja, nein. Wir fuhren nach Toronto. Auf unserer
Reise haben wir gecampt und Verwandte in
Winnipeg besucht, und wir haben es ihnen gesagt
und jedem in Toronto. Und dann kamen wir zurück

---

17 Diese Interviewpassage wurde entnommen aus: Roy Turner (1968: 93f.). Turner analysiert diese Passage in seiner Arbeit im Hinblick auf die Frage, welche Probleme sich für ehemalige psychiatrische Patienten aus der Mitteilung oder dem Verschweigen ihrer psychiatrischen Erkrankung ergeben.

und haben es meinen Eltern gesagt. Der einzige
Grund, den ich mir denken kann, es nicht zu
sagen, ist, dass – die meisten warten ja, bis sie
im vierten Monat sind – ist, dass jemand bereits
einmal eine Fehlgeburt hatte und Angst hat, es
zu verlieren. Einen anderen Grund zu warten,
sehe ich nicht.

I.er: Haben Sie es Ihrer Mutter gesagt, bevor Sie
wegfuhren?

I.te: Nein. Sie war verreist. Ein paar Tage bevor ich
es entdeckt hatte, fuhr sie weg. Sie war verreist
und ich war nicht der Meinung, dass ich es
meinem Vater erzählen sollte, wissen Sie, denn
dann würde meine Mutter nach Hause kommen und
mein Vater würde ihr alles erzählen und sie wäre
ziemlich enttäuscht gewesen, dass ich nicht
gewartet habe, bis ich selbst es ihr hätte erzählen
können.

I.er: Ihr Vater wußte also nichts davon, bis Sie aus
Toronto zurückkamen?

I.te: Das stimmt, mhm.

I.er: Und Ihre Schwestern?

I.te: Nein, nein. Hier wusste niemand etwas. Ungefähr
fünf Tage, nachdem ich es erfahren hatte, fuhren
wir weg. Naja, wir dachten, wir sollten es
Mutter und Vater sagen, ehe wir es meinen
Schwestern sagten.

I.er: Ihre Schwestern leben auch hier in der Stadt?

I.te: Ja.

I.er: Haben Sie es hier irgendeiner Ihrer Freundinnen
erzählt, ehe Sie wegfuhren?

I.te: Oh. Ja, es gibt eine Person, der ich es sagte.
Ich habe es einer Freundin erzählt. Ich konnte
es nicht für mich behalten.

I.er: Weshalb meinten Sie, dass Sie es nicht Ihren
Schwestern sagen sollten, ehe Sie es nicht
Ihrer Mutter gesagt hatten?

I.te: Weil meine Mutter gekränkt gewesen wäre, wenn
nicht sie selbst es herausgefunden hätte. <?>
Und weil sie vor uns zurückkam und mit meinen
Schwestern gesprochen hätte und es zwangsläufig
von ihnen erfahren hätte. Sie ist aber jemand,
der es selbst gern allen anderen erzählt.

Aus den Beschreibungen der Frau wird deutlich, in welchem Maß sie damit beschäftigt war, die „Neuigkeit" ihrer Schwangerschaft innerhalb des für sie relevanten
Beziehungsnetzwerks zu lokalisieren und bei ihrer Verbreitung sorgfältig eine bestimmte Reihenfolge zu beachten. (Ausführlich wird dieses Thema behandelt in der
Untersuchung von Hirschauer, Heimerl, Hoffmann & Hofmann 2014: 88–93.) Einzelnen Personen – hier: ihrer Mutter – schrieb sie das Recht zu, die Information aus

erster Hand zu erhalten. Andere Personen – eine Freundin, nicht aber ihr Vater – konnten „außerhalb der Reihe" informiert werden, wohl weil der Kreis der Freundinnen einen von ihrer Verwandtschaft getrennten Zweig ihres Beziehungsnetzwerks bildete. Zwar berichtet die Frau nichts darüber, ob sie die Neuigkeit ihrer Schwangerschaft verschiedenen Leuten auf unterschiedliche Weise übermittelte. Mit einiger Sicherheit kann jedoch vermutet werden, dass die Art, wie diese Neuigkeit im Kreis ihrer Freundinnen verbreitet wurde, und die Art, wie die Frau selbst z. B. ihrem Arzt Mitteilung von dieser Neuigkeit machte, sich in einigen charakteristischen Merkmalen voneinander unterschieden.

Ebenso wie im Fall der Übermittlung einer Todesnachricht oder im Fall der Bekanntgabe einer Schwangerschaft ist auch im Fall des Klatsches die zu kommunizierende Neuigkeit immer eine „Neuigkeit-für-eine-soziale-Einheit". In all diesen Fällen ist es wenig sinnvoll, den Kommunikationsinhalt und den Kommunikationsvorgang isoliert für sich zu bestimmen und dann getrennt nach den sozialen Beziehungen zwischen den Kommunikationsteilnehmern zu fragen. Denn: ob ein Ereignis als mitteilungswürdig erachtet und damit zu einer „Information" wird, wann, an wen und in welcher Reihenfolge diese Information als Nachricht übermittelt werden soll, und wie diese Nachricht dann tatsächlich kommuniziert wird – all diese Fragen werden im Handeln der Beteiligten durch den Rekurs auf relevante Beziehungsnetzwerke entschieden. Das bedeutet im Hinblick auf Klatsch, dass die Verbreitung einer Klatschinformation in ähnlicher – wenn auch nicht identischer – Weise wie die Übermittlung einer Todesnachricht oder die Bekanntgabe einer Schwangerschaft von sozialen Selektionsmechanismen und Relationierungsprozessen gesteuert wird, und dass diese spezifische Netzwerkaktualisierung ein konstitutives Element von Klatsch bildet.

Zu Beginn dieses Kapitels wurde festgestellt, dass Klatsch in seiner Alltagsbedeutung einen Kommunikationsinhalt und zugleich einen Kommunikationsvorgang bezeichnet. Entgegen der These, dass die Struktur der sozialen Beziehungen der am Klatsch Beteiligten ein konstitutives Element von Klatsch ist, enthalten diese beiden Bestimmungen keinen direkten Hinweis auf eine besondere Beziehungsqualität der Klatschteilnehmer. Allerdings setzen beide Klatschbestimmungen stillschweigend voraus, dass zwischen allen Personen, die im Klatsch aufeinandertreffen, eine spezifische soziale Beziehung besteht. Offenkundig wird diese Voraussetzung etwa darin, dass das Weitertragen ein und derselben Information einmal Klatsch, ein andermal aber kein Klatsch ist, je nachdem, wer sie an wen weitergibt, und wen sie betrifft. Wenn etwa, um ein klassisches Klatschthema zu nehmen, eine Frau ein außereheliches Verhältnis mit einem anderen Mann hat, dann würden wir zwar das Gerede der Freundinnen und Nachbarn über dieses Ereignis als Klatsch betrachten, nicht aber, wenn der gehörnte Ehemann mit seinem Scheidungsanwalt über den gleichen Sachverhalt spricht. D. h., ob eine Neuigkeit über eine andere Person eine Neuigkeit über die persönlichen Angelegenheiten dieser Person ist (und damit der Inhalt eines Klatschgesprächs sein könnte), hängt nicht allein von dem Sachgehalt dieser Neuigkeit ab, sondern grundsätzlich auch von der Beziehungskonfiguration derer, die sie verbreiten, die sie vernehmen und die von ihr betroffen sind. Klatschinhalt und Klatschvorgang haben, wie jetzt zu erkennen ist, in der spezifischen Beziehungsstruktur des Klatsches ihren versteckten gemeinsamen Nenner. Von hier aus betrachtet, erhält der Umstand, dass beide Bestimmungen in der Bezeichnung „Klatsch" vereinigt sind, seine Berechtigung und seine tiefere Bedeutung.

Um nun die spezifische Beziehungsstruktur, die im Klatsch aktualisiert wird, bestimmen zu können, müssen zunächst die Figuren, die typischerweise am Klatschgeschehen beteiligt sind, identifiziert werden. Es ist nicht schwer zu erkennen, dass das Grundmuster des Klatsches, auf das sich die verschiedenen denkbaren Konstellationen der Klatschkommunikation reduzieren lassen, immer wenigstens drei Handlungsfiguren umfasst: „A 'verklatscht' B bei C" – auf diese kurze Formel bringt Leopold von Wiese (1955: 310) in seiner „Beziehungslehre" die triadische Struktur des Klatsches, die allerdings – wiederum in einem normativen Kontext – bereits in sehr viel älteren Lehrtexten erwähnt wird. „Weshalb gleicht Klatsch einer dreigezackten Zunge?", wird in einem Spruch des Babylonischen Talmud gefragt und darauf zur Antwort gegeben: „Weil er drei Menschen zerstört: denjenigen, der ihn verbreitet, denjenigen, der ihm zuhört, und denjenigen, von dem er handelt" (cf. Bok 1984: 94). Im Folgenden sollen die drei Handlungsfiguren, aus denen die Klatschtriade besteht, als Klatschproduzent, Klatschrezipient und Klatschobjekt bezeichnet und der Reihe nach mit ihren jeweiligen wechselseitigen Beziehungen besprochen werden.

3.2 Das Klatschobjekt

Mit der Figur des Klatschobjekts, also mit demjenigen, über den geklatscht wird, zu beginnen, hat seinen Grund darin, dass sie sich in ihrem Status prinzipiell von den anderen beiden Handlungsfiguren der Klatschtriade unterscheidet. Sie ist aus der Klatschkommunikation selbst als agierender Teilnehmer ausgeschlossen, d. h. sie ist nur präsent als jemand, über die geredet wird. Diese negative Bestimmung des Klatschobjekts ist ein konstitutives Merkmal von Klatsch überhaupt: Zum Klatsch gehört, dass der, über den geklatscht wird, abwesend ist.

Abwesenheit. Dass die Abwesenheit des Klatschobjekts eine strukturelle Voraussetzung für die Entstehung von Klatsch über diese Person ist, zeigt sich immer dann mit aller Deutlichkeit, wenn diese Voraussetzung nicht oder nicht mehr erfüllt ist. So kann beispielsweise in der Universität, im Krankenhaus und sicher auch in anderen Arbeitskontexten häufig jene als „unangenehm" empfundene Situation erlebt und beobachtet werden, in der über jemanden – z.B. einen Arbeitskollegen – geklatscht wird, und dieser Jemand plötzlich leibhaftig zu dem Gespräch hinzukommt. Zumeist führt diese Konstellation dazu, dass die Unterhaltung schlagartig abstirbt, ein für alle verlegenes Schweigen entsteht, ehe dann das Gespräch – jetzt mit ganz neuen Themen – wieder mühsam in Gang gebracht wird oder der Ankömmling sich mit einem ahnungsvollen „Ich schau später nochmal vorbei" wieder zurückzieht. Die Soziologin Molly Harrington (1964: 268) hat in ihrer Studie über das Interaktionsverhalten einiger

Hausfrauen in einem Neubauviertel in England folgende Episode beobachtet: „Drei Frauen klatschen und machen Späße über eine vierte Person, später wird diese vierte Person sich mit zwei dieser drei Frauen treffen und über die dritte klatschen usw. Als ich in Gegenwart von Mrs. Brown ein Gruppentreffen mit Mrs. Young arrangierte, fragte eine von ihnen 'Worüber werden wir denn reden?', worauf die andere sofort mit schallendem Gelächter sagte: 'Natürlich über diejenigen, die nicht da sind'." Der Anthropologe Don Handelman (1973: 213) hat, um ein zweites Beispiel zu nennen, Situationen beschrieben, in denen über einen im Handlungskontext Anwesenden zwar geklatscht wird, dieser jedoch durch eine Reihe von Maßnahmen der Klatsch-produzenten und -rezipienten (abgewandte Körperhaltung, verringerte Lautstärke, vergrößerte räumliche Distanz, Vermeidung von Blickkontakt) zeitweise zu einer Non-Person, d. h. zu einer zwar physisch anwesenden, doch interaktiv abwesenden Person gemacht wird.

Diese beiden Beispiele lassen erkennen, dass die Regel, wonach derjenige, über den geklatscht wird, abwesend ist, keine bloß statistisch erfassbare Verhaltens-gleichförmigkeit oder eine vom Beobachter imputierte Relation beschreibt, sondern ein Strukturmerkmal des Klatsches benennt, an dem sich die Klatschakteure selbst normativ orientieren. Diese Klatschregel darf natürlich nicht so interpretiert werden, als wären damit Situationen, in denen Neuigkeiten und Geschichten über Anwesende verbreitet werden, völlig ausgeschlossen. An späterer Stelle wird sich zeigen, dass Neuigkeiten und Geschichten mit einem unverkennbaren Klatschwert in bestimmten Situationen auch in Anwesenheit des Betroffenen weitergegeben werden können. Nur handelt es sich dabei dann nicht mehr um Klatsch, sondern um eine andere, wenn-gleich mit Klatsch verwandte Kommunikationsform (cf. Exkurs in Kap. 4.6).

Die Abwesenheit der Person, über die gesprochen wird, ist für die Entstehung von Klatsch zwar eine notwendige, jedoch keine hinreichende Voraussetzung. Nicht alle Gespräche über abwesende Dritte sind gleichzeitig auch Klatschgespräche. Wenn etwa jemand Geschichten über die absonderlichen Essgewohnheiten einer Familie erzählt, die er bei seiner letzten Urlaubsreise als Zeltnachbarn auf dem Campingplatz ken-nengelernt hatte, dann dreht sich das Gespräch zwar um „persönliche Angelegen-heiten anderer", doch um ein Klatschgespräch handelt es sich dabei nach unserem Verständnis nicht. Denn eine weitere Bedingung dafür, dass ein Gespräch zu einem Klatschgespräch werden kann, besteht darin, dass der Abwesende, über den ge-sprochen wird, nicht nur dem Klatschproduzenten, sondern auch dem Klatschrezi-pienten bekannt ist. Neben der Abwesenheit muss auch die Bekanntheit des Klatschobjekts als eine strukturelle Voraussetzung für die Entstehung von Klatsch betrachtet werden.

Bekanntheit. Die These, dass eine Person bekannt sein muss, damit ein Gespräch über sie als Klatsch bezeichnet werden kann, bedarf jedoch der Differenzierung. Denn „bekannt" zu sein, ist auf ganz verschiedene Weisen möglich. Der für Klatsch wich-tigste Modus der Bekanntheit gründet darin, dass zwischen dem Klatschobjekt und den Klatschakteuren jene eigentümliche Beziehung besteht, die man als „Bekannt-schaft" bezeichnet. Bekanntschaft ist reziproke Bekanntheit: man kennt sich gegenseitig, d. h., man kann sich gegenseitig aufgrund von Vorwissen, Informationen und früheren Begegnungen identifizieren, und man weiß, dass auch der andere von dieser reziproken Bekanntheit weiß (Goffman 1971: 111–121). Der Grad dieser gegenseitigen Kenntnis kann von einer Bekanntschaft zur anderen stark variieren. Was zwei, die füreinander Bekannte sind, übereinander wissen, kann sich etwa, wie bereits Georg Simmel bemerkt hat, auf ein Minimum der nach außen hin präsentierten Seite des jeweils anderen beschränken: „Dass man sich gegenseitig 'kennt', bedeutet in diesem Sinn durchaus nicht, dass man sich gegenseitig kennt, d. h. einen Einblick in das eigentlich Individuelle der Persönlichkeit habe; sondern nur, dass jeder sozusagen von der Existenz des andren Notiz genommen habe. Charakteristischer Weise wird dem Begriff der Bekanntschaft schon durch die Namensnennung, die 'Vorstellung', genügt: die Kenntnis des 'dass', nicht des 'Was' der Persönlichkeit bedingt die 'Bekanntschaft'" (Simmel 1968b: 264 f.). Diese Form der flüchtigen Bekanntschaft kann sich aber über häufige Kontakte graduell zur Beziehung des Gut-miteinander-Bekanntseins entwickeln und gar bis zu einem Freundschaftsverhältnis intensivieren. Eine zentrale Rolle spielt im Folgenden nun die These, dass dieses reziproke Verhältnis der Bekanntschaft die primäre Beziehungsstruktur der Klatschtriade bildet. Ausgehend von dieser Bestimmung sollen zunächst der Sonderfall betrachtet werden, bei dem die Bekanntheit des Klatschobjekts auf eine andere Art und Weise begründet ist.

Zu Klatsch kann es auch dann kommen, wenn das Klatschobjekt zwar einen hohen allgemeinen Bekanntheitsgrad hat, aber zwischen ihm und den Klatschakteuren kein reziprokes Bekanntschaftsverhältnis besteht. Eine solche einseitige Bekanntheitsrelation ist ein definitorisches Charakteristikum von Prominenz und Berühmtheit. „Berühmtheit" bedeutet, dass der Kreis derjenigen, die eine Person aufgrund ihrer Taten, ihrer Erfolge, ihres Status kennen und etwas über sie wissen, sehr groß werden kann und – relativ betrachtet – immer größer ist als der Kreis derer, mit denen diese Person in einem reziproken Bekanntschaftsverhältnis steht (cf. Goffman 1967: 88 ff über die soziale Implikation von „Ruhm"). Der Bekanntheitsstatus einer Person kann in seiner Reichweite natürlich variieren, weshalb in den Berichten über Berühmtheiten oft zwischen A-, B- oder C-Prominenten unterschieden wird. Prominentenklatsch wird in der Regel kommerziell in massenmedialen Formaten verbreitet, die allein schon aufgrund ihrer besonderen Modalität eine eigene „Gattungsfamilie" bilden (cf. 3.3 „Exkurs über Prominentenklatsch").

Von den Prominenten, die ihren überregionalen Bekanntheitsgrad ihrer Präsenz in den Medien verdanken, lassen sich die lokalen Berühmtheiten unterscheiden, die nur innerhalb eines begrenzten, überschaubaren Handlungszusammenhangs bekannter als andere sind. Der Klatsch über die lokalen Berühmtheiten, in dem etwa der Bürgermeister einer Kleinstadt, ein Firmenchef oder ein Universitätsrektor als Klatschobjekte dienen, ist eine Form der Unterhaltung, die in die alltägliche Face-to-Face-Kommunikation eingebettet ist. Auch wenn zwischen Klatschobjekt und Klatschakteuren kein reziprokes Bekanntschaftsverhältnis besteht, sind sie doch in den meisten

Fällen in Form einer kurzen, zwar latenten, aber aktivierbaren Bekanntschaftskette miteinander verbunden. Demnach ist dieser Typus des Prominentenklatsches bereits von seinen kommunikativen Voraussetzungen her enger verwandt mit dem primären Klatschtypus, bei dem Objekt und Akteure in einem reziproken Bekanntschaftsverhältnis stehen. Dies gilt in besonderem Maß für einfache Stammesgesellschaften, die sich mit Peter Laslett (1956) als Gesellschaften vom Typus der „face to face society" beschreiben lassen. Für diese Gesellschaften gilt, was Yolanda Murphy & Robert F. Murphy (1974: 134) für den von ihnen erforschten Indianerstamm in Brasilien beschrieben haben: „Man mag sich fragen, wie es in einer so kleinen Gesellschaft und in einem so eintönigen Leben so viel Gesprächsstoff geben kann, aber man sollte sich vor Augen halten, dass jeder Mundurucú über jeden anderen Bescheid weiß und jeder einen riesigen Kreis von Verwandten, Freunden und Bekannten hat. In einer Gesellschaft dieser Größenordnung ist jeder berühmt – und jeder ist für jeden anderen von Bedeutung. Klatsch ist, kurz gesagt, Ausdruck der Bedeutung, die Klatscher und Beklatschte [gossipees] füreinander haben".

Über die Auswirkungen unterschiedlicher Bekanntschaftsverhältnisse auf den tatsächlichen Klatschverlauf zu spekulieren, ist hier noch zu früh. Doch dass die Art der Bekanntschaft zwischen Klatschobjekt und Klatschakteuren einen wesentlichen Einfluss auf Entstehung und Verlauf von Klatschgesprächen ausüben kann, zeigt der folgende Fall.

Eine besondere Klatschkonstellation liegt dann vor, wenn die Person, über die geredet wird, nicht nur bekannt ist, sondern darüber hinaus mit einem der Klatschakteure in einem intimen, familialen Verwandtschaftsverhältnis steht. Man kann sich hierzu etwa die Situation vor Augen führen, in der A und B über den gemeinsamen C klatschen, und zu diesem Gespräch nun plötzlich – nicht C selbst, sondern C's Ehefrau hinzukommt. Auch in dieser Situation ereignet sich zumeist ein abrupter Wechsel des Gesprächsthemas oder zumindest eine Änderung des Gesprächstons. Denn in allen Gesellschaften gibt es im Hinblick auf Klatsch eine zusätzliche Restriktion der Art, *dass eine Person als virtuell anwesend gilt und damit als Klatschobjekt ausscheidet, wenn einer der Klatschakteure mit ihr zusammen eine intime soziale Einheit bildet.* D. h., dass in der Regel die biografisch eng verbundenen Lebenspartner der Klatschakteure – in dem obigen Beispiel also A's, B's und C's Ehegatten, Eltern etc. – nicht als Klatschobjekte zugelassen sind, auch wenn sie mit den übrigen Klatschakteuren in einem reziproken Bekanntschaftsverhältnis stehen. Hier liegt auch der Grund, weshalb gerade alleinstehende Personen in allen sozialen Gemeinschaften zu den beliebtesten Klatschobjekten gehören: sie haben niemanden, dessen Anwesenheit einen Inhibitionseffekt auf die Entstehung von Klatsch ausüben könnte. In ihrer Ethnografie über ein griechisches Bergdorf berichtet Juliet du Boulay (1974: 157) von einer „jungen Witwe, über die eine Zeitlang eine Flut von Klatsch verbreitet wurde, und die mir wiederholt erklärte, dass in dem Augenblick, in dem ihr Bruder von der Handelsmarine zurückkehrte, die Gemeinde 'das Maul hielt'. Dieser Bruder galt als jemand, der leicht in Wut zu bringen war, und seine bloße Gegenwart in dem Dorf führte zu einer Einschränkung, wenn auch nicht zu einer Beendigung des Geredes". Ähnlich auch John K. Campbell (1964: 112f.), der in seiner Studie über das griechische Hirtenvolk der Sarakatsani darauf verweist, dass die Mitglieder einer Familie die Pflicht haben, dem Gerede im Dorf über einen Verwandten entgegenzutreten, und zwar selbst dann, wenn sie selbst dessen Verhalten missbilligen und innerhalb des Familienverbands dessen Bestrafung betreiben. Und für ein taiwanesisches Dorf bemerkt Margery Wolf (1972: 38) in ihrer Ethnografie: „Eine Frau, die freiweg über die Vorgänge im Haushalt ihres Ehemannes klatscht, findet sich bald als Unruhestifter etikettiert." Der Umstand, dass einer der Gesprächsteilnehmer mit einem potentiellen Klatschobjekt verwandt ist, kann also das Aufkommen von Klatsch über diese Person verhindern. Auf indirekte Weise manifestiert sich in diesem Sachverhalt, dass das reziproke Verhältnis der Bekanntschaft die zentrale Beziehungsstruktur der Klatschtriade bildet.

Privatheit. Neben der „Abwesenheit" und der „Bekanntheit" lässt sich noch eine dritte strukturelle Voraussetzung beschreiben, die erfüllt sein muss, damit eine Person zu einem Klatschobjekt werden kann. Ausgangspunkt für die Bestimmung dieser Voraussetzung ist die Beobachtung, dass es Typen von Personen gibt, die – wenngleich unzählige Geschichten über sie erzählt werden – als Klatschobjekte offensichtlich ungeeignet sind. Jedenfalls empfinden wir die Gespräche, die über sie geführt werden, nicht als Klatsch. Zum Beispiel: kleine Kinder. Eltern erzählen sich untereinander und jedem, der es hören – und nicht hören – will, Geschichten um Geschichten über die „Taten" ihrer kleinen Kinder. Und obwohl dabei selbst die „intimsten" Vorgänge zur Sprache kommen, empfinden wir derartige Gespräche nicht als Klatsch. Über kleine Kinder lässt sich nicht klatschen, – aber weshalb nicht?

Wenn wir über andere, uns bekannte Personen klatschen, dann spielen wir mit einem Strukturmerkmal von sozialen Beziehungen, dessen soziologische Entdeckung und Beschreibung in erster Linie Georg Simmel (1968b) zu verdanken ist. In seinen Ausführungen zu einer Soziologie des Geheimnisses zeigt Simmel, dass man der Eigenart und Dynamik von sozialen Beziehungen nicht gerecht werden kann, wenn man sich allein von der an sich zutreffenden Überlegung leiten lässt, dass soziale Beziehungen nur dort entstehen können, wo die Beteiligten etwas voneinander wissen. Alle sozialen Beziehungen, von der geschäftlichen Zweckvereinigung bis zum intimen Gattenverhältnis, setzen nämlich, so Simmel, immer auch ein gewisses Maß an Nichtwissen, ein wechselndes Maß gegenseitiger Verborgenheit voraus. Indem wir unsere Äußerungen von einem Gesichtspunkt der Vernunft, des Wertes, der Rücksicht auf das Verstehen des andern formen, verbergen wir vor den andern unsere innere Wirklichkeit. Auch das Persönlichste, was wir dem andern offenbaren, ist immer eine „teleologisch gelenkte", auswählende Umformung dessen, was in uns vorgeht. „Es ist", so Simmel (1968b: 259), „überhaupt kein andrer Verkehr und keine andre Gesellschaft denkbar, als die auf diesem teleologisch bestimmten Nichtwissen des einen um den andern beruht."

Was Simmel hier eher aus einer sozialpsychologischen Perspektive formuliert hat und was entlang dieser Linie von Lenelis Kruse (1980: 68ff) weiter erläutert und differenziert wurde, ist wiederholt von funktionalistischen Sozialtheoretikern aufgegriffen und zur Voraussetzung für das Funktionieren der Sozialstruktur erklärt worden. So schreibt etwa Robert K. Merton (1995: 356): „Was manchmal das 'Bedürfnis nach Privatheit' genannt wird – das heißt, der Schutz des Denkens und Handelns vor der Überwachung durch andere – ist das individuelle Gegenstück zu jenem funktionalen Erfordernis der Sozialstruktur, dass ein gewisses Maß an Schutz vor der vollen Beobachtbarkeit gewährleistet sein muss. [...] Die 'Privatsphäre' ist nicht einfach eine persönliche Marotte; sie ist eine wichtige funktionale Voraussetzung für das erfolgreiche Funktionieren der sozialen Struktur". Auf bislang unübertroffene Weise hat Heinrich Popitz (1968) im Anschluss an Simmel, Merton und Thackeray dieses Argument soziologisch am Beispiel von Normabweichungen durchgespielt und plausibilisiert. Keine Gesellschaft, so Popitz, würde völlige Verhaltenstransparenz und die lückenlose Information auch über die kleinsten Normabweichungen der Mitmenschen aushalten. Wüsste jeder alles über alle anderen, würde die soziale Ordnung kollabieren, und deshalb, so Popitz, entfaltet das Nichtwissen eine präventive Wirkung.

Dass dieses Nichtwissen eine selbstverständliche Voraussetzung des sozialen Lebens ist, zeigt sich auch darin, dass das, was der eine absichtlich oder unabsichtlich verbirgt, von den anderen ebenso absichtlich oder unabsichtlich respektiert wird. Selbst in einem intimen Verhältnis wäre ein absolutes Wissen über den andern gar nicht wünschenswert: es würde die Lebendigkeit der Beziehung lähmen und ließe, da mit dem Partner keine neuen Erfahrungen mehr zu machen sind, deren Fortsetzung als eigentlich zwecklos erscheinen. Konstitutiv für soziale Beziehungen ist also, nach Simmel, nicht nur, dass die Beteiligten etwas voneinander wissen, sondern ebenso, dass sie etwas voreinander geheim halten. Ja, für Simmel (1968b: 272) ist das Geheimnis „eine der größten Errungenschaften der Menschheit; gegenüber dem kindischen Zustand, in dem jede Vorstellung sofort ausgesprochen wird, jedes Unternehmen allen Blicken zugänglich ist, wird durch das Geheimnis eine ungeheure Erweiterung des Lebens erreicht, weil vielerlei Inhalte desselben bei völliger Publizität überhaupt nicht auftauchen können. Das Geheimnis bietet sozusagen die Möglichkeit einer zweiten Welt neben der offenbaren." Und, so kann im Anschluss an diese Unterscheidung Simmels behauptet werden, *genau in diesem spannungsreichen Verhältnis zwischen offenbarter „erster" und verborgener „zweiter" Welt liegt die zentrale Thematik von Klatsch.*

Klatsch bezieht einen wesentlichen Teil seiner Energie aus der Spannung zwischen dem, was eine Person öffentlich kundtut, und dem, was sie als ihre Privatangelegenheit abzuschirmen sucht. Folgt man dieser Überlegung, so wird unmittelbar verständlich, weshalb es nicht möglich ist, über kleine Kinder zu klatschen. In dem Entwicklungsstadium, in dem sie sich befinden und in dem, wie Simmel bemerkt hat, „jede Vorstellung sofort ausgesprochen wird, jedes Unternehmen allen Blicken zugänglich ist", hat sich die Welt noch nicht in eine öffentliche und eine private aufgespalten. Ihnen mangelt es daher an einem sozialen Merkmal, das neben der „Abwesenheit" und der „Bekanntheit" als dritte strukturelle Voraussetzung erfüllt sein muss, damit eine Person zu einem Objekt von Klatsch werden kann: an *Privatheit*. Im unerlaubten Überschreiten der Grenze zu einer Sphäre, die die Person, über die gesprochen wird, als ihre „private" reklamieren würde, wüsste sie nur von diesem Gespräch, liegt ein konstitutives Element und zugleich ein wesentlicher Reiz des Klatsches. Deshalb können auch Gespräche über kleine Kinder und andere „Akteure", denen wir im Alltag die Fähigkeit absprechen, Privatheit für sich zu beanspruchen oder bei anderen zu respektieren (wie etwa Haustiere), nicht als Klatsch empfunden werden. Selbst dann, wenn dabei „Intimes" erzählt wird, entsteht nicht das Gefühl, in und mit diesem Gespräch eine Grenze zu einem Bereich verletzt zu haben, den das Objekt des Gesprächs als einen privaten Lebensraum reklamieren könnte.

Abwesenheit, Bekanntheit und Privatheit sind, so kann resümierend festgehalten werden, drei für die Handlungsfigur des Klatschobjekts konstitutive Merkmale. Die Personen, über die in Klatschgesprächen geredet wird, sind von dem Gespräch selbst als agierende Teilnehmer ausgeschlossen, sie stehen mit den Klatschakteuren in einem reziproken Bekanntschaftsverhältnis (oder sind ihnen zumindest einseitig – etwa als lokale Berühmtheiten – bekannt), und sie haben wie alle kompetenten Erwachsenen ihren privaten Handlungs- und Entscheidungsbereich, aus dem jedoch Informationen nach draußen gedrungen sind. Allerdings handelt es sich nicht immer, wenn über die Privatangelegenheiten eines nicht-anwesenden gemeinsamen Bekannten gesprochen wird, automatisch um Klatsch. D. h., die drei genannten Merkmale des Klatschobjekts benennen (nur) notwendige, nicht aber hinreichende Voraussetzungen für die Entstehung von Klatsch. Andere Beobachtungen über das Klatschobjekt lassen sich keineswegs in dieser Weise kardinalisieren. Obwohl sich z. B. beobachten lässt, dass in den meisten Fällen über Lebende, über Einzelpersonen und über sozial Gleichrangige oder Höhergestellte geklatscht wird, sind dies keine konstitutiven Merkmale des Klatschobjekts. Geklatscht wird auch über Tote (z. B. über einen verheirateten Arzt, der zusammen mit seiner Freundin Suizid begangen hat), über Kollektive (z. B. darüber, wie sich eine „einfache" Arbeiterfamilie einen so teuren Urlaub leisten kann) und über sozial Tieferstehende (z. B. über den arbeitslosen Nachbarn, der zu viel trinkt). Ob sich nicht dennoch auch hinter dieser beobachtbaren Verteilung von Merkmalen des Klatschobjekts eine gewisse „Logik" verbirgt, kann erst im Fortgang der Untersuchung geklärt werden. Schon die Begründung der als „konstitutiv" eingeführten Eigenschaften der Handlungsfigur des Klatschobjekts musste ja streckenweise noch thesenhaft bleiben, da oft nur im Vorgriff auf andere, noch zu bestimmende Strukturmerkmale der Klatschkommunikation argumentiert werden konnte.

3.3 Exkurs über Prominentenklatsch

Mit dem Aufkommen der modernen Massenmedien haben sich Formen der Berichterstattung über das Privatleben einzelner Akteure entwickelt, die nach Inhalt und Ton als Klatsch gelten würden, würden die berichteten Neuigkeiten auf dem Weg der Face-to-Face-Kommunikation verbreitet werden. Die Akteure, aus deren Privatleben Einzelheiten berichtet werden, sind den Medienkonsumenten aus verschiedenen Bereichen der Kulturindustrie (als Schauspieler, Musiker oder Künstler), des Sports oder des öffentlichen Lebens bekannt, ohne ihnen jemals persönlich begegnet zu sein. Im Regelfall besteht also zwischen Klatschobjekt und Klatschrezipient keine wechselseitige Bekanntschaft. Das gilt auch für die Beziehung zwischen Klatschproduzent und Klatschrezipient, denn auch die Journalisten, die den Klatsch zu Papier oder ins Fernsehen bringen, und die Leser bzw. Zuschauer kennen sich wechselseitig in der Regel nicht. Prominentenklatsch funktioniert einzig und allein aufgrund der überlokalen und über-regionalen Bekanntheit des Klatschobjekts. Da die Leser und Zuschauer kaum Chancen haben, sich selbst an dieser Klatschkommunikation zu beteiligen, verwandeln sich die Klatschrezipienten hier in Klatschkonsumenten (cf. Thiele-Dohrmann 1975: Kap. 7).

Für Medienklatsch, über dessen Geschichte und Struktureigenschaften die Untersuchung von Eva-Maria Lessinger (2019) Auskunft gibt, spielen Prominente eine zentrale Rolle. Historisch lässt sich Prominentenklatsch bis in das 17./ 18. Jahrhundert zurückverfolgen, als die zunehmend selbstbewusste Bourgeoisie in Europa die neuen Drucktechnologien dazu benutzte, immer respektloser und zunehmend kritisch gegenüber der aristokratischen Herrschaft Stellung zu nehmen. Allerdings führten diese Stellungnahmen zumeist noch keinen politischen Diskurs. In Frankreich entstand Mitte des 17. Jahrhunderts eine Art „Untergrundliteratur [..], die die Vorrechte und Anmaßungen von Monarchen, Aristokraten und der Kirche attackierte und in einem Stil geschrieben war, der die Klatschkolumnisten der Boulevardpresse vorwegnahm" (Douglas & McDonnell 2019: 24). Eine quantitative Studie von Kenneth Nording (1979) über Bostoner Zeitungen im 18. Jahrhundert kommt zu dem Ergebnis, dass bereits die damalige Presse von „sensationalism" geprägt war, also von der Gier nach „human-interest stories", Skandalen und spektakulären Geschichte über Gewalt und Sex. Als im Jahr 1776 in London ein Gerichtsverfahren gegen eine Herzogin wegen Bigamie stattfand, stellte die Presseberichterstattung über den Prozess die Nachrichten über den zu der Zeit lodernden amerikanischen Unabhängigkeitskrieg in den Schatten (Kinservik 2007: 8). So unpolitisch die Klatschgeschichten für sich waren, so hatten sie doch einen politischen Effekt, da sie das nach außen gekehrte untadelige Erscheinungsbild der Privilegierten eintrübten und so ihre Autorität untergruben (Breslin 2013).

In seinem Buch „Intimate Strangers" vertritt Richard Schickel (1985) die These, dass die Geschichte der „Prominenz" in der westlichen Kultur eng mit der Geschichte von Kommunikationstechnologien verknüpft ist. Eine Bestätigung dieser These kann man darin finden, dass der Prominentenklatsch, der bis Anfang des 20. Jahrhunderts vor allem auf politische und kirchliche Rollenträger abzielte, sich in den 1920er Jahren dramatisch änderte, als der Film zu einem Massenvergnügen wurde. Zwei Entwicklungen sind in diesem Zusammenhang von besonderer Bedeutung. Zum einen entstand mit dem Film eine neue Art von „Ruhm", der sich nicht auf aristokratische Herkunft, institutionelle Rolle, Reichtum oder Heldentum gründete, sondern auf die Darstellung einer – zumeist emotional aufgeladenen – Figur in einem Filmdrama oder einem Liebesfilm. Mit der massenhaften Verbreitung von Filmen wurden die Schauspieler zu Berühmtheiten, deren (Künstler-)Namen einen exorbitanten Bekanntheitsgrad erreichten und zu Werbungszwecken für nachfolgende Filme eingesetzt wurden. Es waren nicht zuletzt diese ökonomischen Interessen, die das Privatleben der Schauspieler zum Gegenstand journalistischer Berichte – und damit die Schauspieler zu Klatschobjekten – machten. Dabei ist gut zu sehen, dass zwischen dem medialen Prominentenklatsch und den Prominenten eine wechselseitig parasitäre Beziehung besteht: Klatsch erhöht die Bekanntschaft – und damit den Marktwert – der Prominenten, und die Medien profitieren von dem Interesse ihrer Leser an dem Klatsch über Prominente (cf. G. Turner 2013).

Zum andern aber ist zu bedenken, dass der Prozess, in dem Filmdarsteller zu „celebrities" wurden, nicht denkbar gewesen wäre ohne die journalistischen Akteure, die als Zwischenträger die Informationen aus der Privatsphäre der Prominenten in die mediale Berichterstattung vermittelt hätten. Mit dem Aufkommen der Stummfilme entstanden auch die ersten Fan-Magazine (z. B. „Motion Picture Story Magazine" ab 1911), die finanziell von den Filmstudios unterstützt wurden und Berichte vorwiegend über die weiblichen Schauspielerinnen brachten (Sternheimer 2013: 45). Spätestens in den 1920er Jahren haben einzelne Journalisten damit begonnen, sich auf die Sammlung und Verbreitung von Neuigkeiten aus dem Leben der Prominenten und Reichen aus der Filmwelt zu spezialisieren. Zwar waren diese Journalisten keine Angestellten der Filmindustrie, doch sie waren und sind bis heute Teil des Starsystems, über dessen Personal sie in eigens dafür eingerichteten Sparten in Zeitungen und Zeitschriften, im Hörfunk und Fernsehen berichten – und dadurch oft genug deren berufliche Entwicklung förderten oder blockierten.

Einerseits tragen diese Klatschkolumnisten, indem sie Neuigkeiten über das Leben von Schauspielern oder Musikern ausbreiten, wesentlich zur Bekanntheit und zum „Celebrity"-Status der Prominenten bei und agieren somit ganz in deren Dienst; oft genug werden die Klatschreporter von den Prominenten selbst mit vermeintlichen Klatschgeschichten versorgt. Sie identifizieren zudem unterschiedliche Prestigezirkel und zeichnen Grenzlinien zwischen diesen Netzwerken nach, womit sie für ein „Prestige-Ordnungsgefüge" sorgen und der Leserschaft – den Klatschrezipienten – Hinweise für die Wahrnehmung „feiner Unterschiede" geben (Treiber 1986: 158). Andererseits darf der Klatschkolumnist nicht zum Hofberichterstatter werden, er muss auch die Interessen der Leser bedienen, indem er (vermeintliche) Indiskretionen über das Privatleben der Prominenten ausplaudert. Esther Schely-Newman (2004) hat im Detail gezeigt, mit welchen sprachlichen Mitteln Klatschkolumnisten ihre Informationen als persönlich und vertraulich kennzeichnen und auf diese Weise eine „Illusion von Intimität" erzeugen (- ähnlich auch das Konzept einer „presumed intimacy" von Chris Rojek 2015). Durch die Veröffentlichung ihrer Fehltritte und Entgleisungen werden die so unnahbar scheinenden Stars den Lesern nähergebracht und ihnen Gelegenheit für Häme und Schadenfreude gegeben. Klatsch macht große Leute vielleicht nicht klein, aber zumindest kleiner.

Klatschkolumnisten müssen demnach eine paradoxe Leistung vollbringen: Sie stehen vor der Aufgabe, sich glaubhaft als „Insider" und zugleich als „Outsider" zu präsentieren; nicht zu Unrecht sprechen Jack Levin & Arnold Arluke (1987: 62ff) vom

„Klatschreporter als Anthropologen". Entsprechend dieser Doppelrolle dürfen die Texte von Klatschkolumnisten nicht zu deutlich, vor allem nicht juristisch angreifbar sein, müssen aber auch das Neuigkeitsbedürfnis der Leser stillen und dürfen deshalb nicht inhaltsleer und vage bleiben. Klatschkolumnen sind dort drastisch und grob, wo sich die Verfasser durch Fotos und andere Evidenzpraktiken auf sicherem Boden wähnen, und sie arbeiten dort mit Anspielungen, Andeutungen, Wortspielen, Extrapolationen und konjunktivischen Formulierungen, wo die Verfasser nicht deutlicher werden können (oder aus Rücksicht auf die Prominenten nicht deutlicher werden wollen). Kennzeichnend für Klatschkolumnen ist darüber hinaus ihre emotionale Einfärbung entweder durch Entrüstung über einen Fehltritt (cf. Andrea McDonnell 2014: 100 ff über „schadenfreude" [sic] und moralische Codes in Klatschmagazinen) oder durch Anteilnahme etwa an einem Schicksalsschlag (cf. hierzu am Beispiel des Todes von Prinzessin Diana die Beiträge in Meckel, Kamps, Rössler & Gephart 1999). In beiden Fällen ist der affektive Bezug textlich konstruiert und dient nicht nur dazu, die Leser oder Zuhörer emotional zu aktivieren, sondern auch dazu, den eigenen Akt der Indiskretion hinter einem scheinbar honorigen Motiv zu verstecken. Nicht selten auch sind Kritik und Anteilnahme in einem Artikel amalgamiert. „Jackie" wird moralisch verurteilt, weil sie sich nach dem Tod ihres Ehemanns John F. Kennedy – angeblich des Geldes wegen – mit Onassis eingelassen hat, doch zugleich wird Verständnis für sie gezeigt: „Für sie ist alles schief gelaufen, alles, sie hatte eine furchtbare Kindheit. Und zwei miese Ehen" (Lopate, 1978: 133, in ihrer Fallstudie „Jackie!"). Durch diese und weitere textlichen Konstruktionselemente nehmen Klatschreportagen den Charakter einer Textgattung an, die in mancher Hinsicht mit den in der Folkloreforschung untersuchten Legenden und „moralischen Geschichten" verwandt ist (cf. Zeitlin 1979: 191).

Klatschkolumnisten sind Grenzgänger, die die Fähigkeit besitzen, in ihrem sozialen Verhalten wie in ihren Texten einen diplomatischen Balanceakt zu bewerkstelligen. Ansatzweise beherrschen zwar auch Klatschakteure im Alltag diese Kunst, doch mit der Institution des Klatschkolumnisten und dem Aufkommen von Gesellschaftsreportern, Paparazzi etc. hat die Verberuflichung von Klatsch und die Entwicklung eines eigenen Klatschcodes eingesetzt. Nicht selten erreichen langjährige Klatschkolumnisten dann mit ihrer Tätigkeit selbst einen Prominentenstatus – und können ihrerseits zum Gegenstand von medialem Klatsch werden. Doch nicht nur Klatschreporter können zu Klatschobjekten avancieren, das Gleiche kann auch für anderes Servicepersonal der Prestige-Oberschicht beobachtet werden. So können etwa Köche, Friseure, Ausstatter oder „Personal Trainer" von Prominenten durch Medienberichte selbst sehr bekannt werden und den Status von Prominenten erhalten. Diese Entwicklung verweist auf eine generelle Änderung der „celebrity culture", die nach Frank Furedi (2010) Ende des 20. und am Beginn des 21. Jahrhunderts einsetzte. Mit dem Format des „Reality-TV" und ähnlichen medialen Gattungen wurde der Typus der „one-night celebrities" geboren, womit Personen bezeichnet werden, die eher durch Zufall als durch – künstlerische oder sportliche – Leistungen die intensive Aufmerksamkeit der Medien auf sich ziehen, nach kurzer Zeit aber wieder mehr oder weniger in Vergessenheit geraten, weil sie durch neue Eintags-Prominente verdrängt werden. Mit seiner Aussage „In the future, everyone will be world-famous for 15 minutes" hat Andy Warhol dieses Phänomen früh erkannt. Nicht zuletzt das Internet und die digitalen Medien haben diesem Typus von Prominenten, dem auch die sog. „Influencer" im Internet zugerechnet werden können, einen enormen Auftrieb verschafft. Prominente dieser Provenienz sind, wie es scheint, berühmt, weil sie berühmt sind, was tatsächlich als Manifestation einer veränderten „celebrity culture" verstanden werden kann. Die im Jahr 2010 neu gegründete kulturwissenschaftliche Zeitschrift „Celebrity Studies" hat sich zum Ziel gesetzt, durch historische und medienwissenschaftliche Analysen der Veränderungen von Prominenz gesellschaftliche Entwicklungen exemplarisch zu studieren. Nicht zuletzt die Gründung dieser Zeitschrift – und z. T. die harsche Kritik aus den Reihen der wissenschaftlichen Kollegen (cf. Holmes & Redmond 2020) – kann ja als Indiz für diese Veränderungen interpretiert werden.

Eine interessante Forschungsfrage ist, wie im Alltag über Prominente, die aus den Medien bekannt sind, gesprochen wird. Aus Einzelbeobachtungen, kurzen Episoden in Gesprächstranskripten und Berichten von Befragten ist bekannt, dass Prominente – und Prominentenklatsch – Themen in informellen Unterhaltungen sein können. Allerdings liegen bisher zu dieser Frage keine Studien vor. Auch die Forschung über fernsehbegleitendes Sprechen (cf. Holly, Püschel & Bergmann 2001) hat in der Kommunikation der Zuschauer beim Fernsehen keine spezifisch auf Prominente bezogenen Äußerungsformate oder gar Formen von mündlichem Prominentenklatsch vor dem Fernseher beobachtet.

3.4 Der Klatschproduzent

Die zweite Handlungsfigur in der Klatschtriade, der Klatschproduzent, ist bei dem ganzen Geschehen insofern die zentrale Figur, als über ihn das gesamte Informationsmanagement beim Klatsch abläuft: Er weiß einerseits etwas über die persönlichen Angelegenheiten eines abwesenden Dritten, und er übermittelt andererseits dieses Wissen an seinen anwesenden Gesprächspartner. Um den Produzenten dreht sich also das Klatschkarussell, und es ist deshalb nicht erstaunlich, wenn es für ihn in einer Reihe von Sprachen vielfältige Bezeichnungen gibt, – ja, wenn die Bezeichnung für den Klatschproduzenten zuweilen sogar identisch ist mit derjenigen für Klatsch überhaupt. So bedeutet z. B. „gossip" im Englischen nicht nur „Klatsch", sondern bezeichnet auch denjenigen, der klatscht, – oder richtiger müsste es jetzt heißen: diejenige, die klatscht. Denn „gossip" ist in seiner zweiten Bedeutung eindeutig weiblich und im Deutschen am zutreffendsten mit „Klatschbase" oder „Klatschtante" zu übersetzen. „Gossip" und „Klatschbase" als Bezeichnungen für den Klatschproduzenten bieten eine gute Gelegenheit, genauer auf die Stellung dieser Figur in der Klatschtriade einzugehen.

3.4.1 Die gut informierte Base

Auffallend ist zunächst, dass beide Bezeichnungen eine Person benennen, die als Außenstehende in einer verwandtschaftlichen oder freundschaftlichen Beziehung zu einem engeren Familienkreis steht. Im Fall der „Base" ist dies leicht zu erkennen: Im engeren Sinn bezeichnet „Base" das Verhältnis der Geschwisterkinder zueinander; „im weiteren Sinne werden alle entfernten weiblichen Verwandten Basen genannt" (Brockhaus 1894, Bd. 2). Um im Fall von „gossip" dieses Beziehungselement nachzuweisen, ist es erforderlich, die Etymologie zu bemühen (Rysman 1977). „Gossip" leitet sich ab von dem altenglischen Ausdruck „god sib", der eine spezifische Beziehung zwischen einer Familie und einem Verwandten bzw. einem Freund der Familie bezeichnete. Diese Beziehung musste so eng sein, dass die Verwandten bzw. Freunde als Taufpaten für die Kinder der Familie – im Englischen: als „god-parents" – ausgewählt wurden. „God-sib", im Laufe der Zeit wurde daraus dann „gossip", bezeichnete ursprünglich also Verwandte oder Familienfreunde, die zwar nicht zum engeren Familienkreis gehörten, aber als Pateneltern – etwa schon durch die Teilnahme an Familienfesten, Geburten, Beerdigungen etc. – in einem engen Kontakt mit der Familie standen. Die gleiche Etymologie findet sich auch bei dem französischen Wort für Klatsch „commérage", das abgeleitet ist aus dem lateinischen „commater", womit die Patin bezeichnet wurde (Kapferer 1997: 121).

Klatsch-Base so gut wie „gossip"/„god-sib" und „commérage" indizieren demnach in ihrer Stammbedeutung auf signifikante Weise die besondere interaktive Position des Klatschproduzenten im Beziehungsnetz der Klatschtriade. Er hat Zugang zum engeren Kreis einer sozialen Einheit und erwirbt auf diese Weise ein Insider-Wissen über das private, nach außen hin abgeschirmte Leben dieses Personenkreises, dem er selbst nicht als festes Mitglied angehört. Wenn er sein Wissen nach außen weitergibt, dann sind die, über die er Privates ausplaudert, für ihn weder Fremde, noch steht er mit ihnen in einem biografisch-intimen Lebenszusammenhang. Ähnliche entfernt-familiäre Beziehungen verrät im Übrigen auch das spanische „comadreria" (Klatsch, Gerede), dem die Bezeichnung „comadre" (Hebamme, Taufpatin, Nachbarin) zugrunde liegt. In all diesen Bezeichnungen manifestiert sich genau jene Zwischenstellung des Klatschproduzenten in der Beziehungstriade, welche bereits in der Darstellung des Klatschobjekts zum Vorschein kam: Weder völlige Fremdheit, noch enge Familienbindungen, sondern entfernte Verwandtschaft, und allgemein: reziproke Bekanntschaft sind für das Verhältnis des Klatschproduzenten zum Klatschobjekt charakteristisch. Vor diesem Hintergrund wird verständlich, weshalb in patrilokal organisierten Gesellschaften der einheiratenden Frau oft so viel Misstrauen entgegengebracht wird und sie nicht selten als Frau mit dem „bösen Blick" gilt: sie hat – wie etwa Barbara Aswad (1967: 150) für ein Dorf im Mittleren Osten an der türkisch-syrischen Grenze oder Margery Wolf (1972: 144 ff) für Taiwan berichtet – nun Zugang zu den Familiengeheimnissen ihres Mannes und bleibt gleichzeitig mit starken Loyalitätsgefühlen und -verpflichtungen an ihre Herkunftsfamilie gebunden.

Die besondere Zwischenstellung des Klatschproduzenten gibt Anlass zu dem Gedanken, dass die kommunikative Gattung Klatsch auf einer wissenssoziologischen Problematik begründet ist, die Alfred Schütz (1972) in seinem Aufsatz „Der gut informierte Bürger" entwickelt hat: dem Problem der sozialen Verteilung des Wissens. Schütz konstruiert für den Zweck seiner Untersuchung drei Idealtypen: Zum einen den „Experten", dessen Wissen auf ein scharf umrissenes Gebiet begrenzt, darin aber klar, deutlich und gut fundiert ist. Dem Experten stellt Schütz den „Mann auf der Straße" gegenüber, der ein Wissen von Rezepten hat, die ihm sagen, wie er in typischen Situationen durch typische Mittel zu typischen Resultaten kommen kann. Den „gut informierten Bürger" konstruiert Schütz nun als einen Typus, der „seinen Ort zwischen dem Idealtypus des Experten und dem des Mannes auf der Straße [hat]. Einerseits hat er kein Expertenwissen und strebt es auch nicht an; andererseits beruhigt er sich nicht mit der fundamentalen Vagheit des bloßen Rezept-Wissens oder mit der Irrationalität seiner ungeklärten Leidenschaften und Gefühle" (Schütz 1972: 88). Natürlich handelt es sich bei diesen Typen um bloße Konstruktionen, denn im täglichen Leben ist jeder von uns mit Bezug auf unterschiedliche Wissensregionen zu jedem Augenblick gleichzeitig Experte, gut informierter Bürger und Mann auf der Straße. Schütz selbst sieht in dieser Konstruktion dreier Idealtypen, in denen sich die soziale Verteilung des Wissens auskristallisiert, ein Mittel, um zu einer fundierten soziologischen Theorie der Berufe oder der Autorität oder zu einem besseren Verständnis des Verhältnisses zwischen Künstler, Publikum und Kritiker zu gelangen. Man kann nun aber Schütz' Idee einer sozialen Verteilung des Wissens auf eine besondere, von Schütz selbst nicht ins Auge gefasste Wissensregion anwenden: auf das „Wissen über Privates".

Wissen über Privates ist ein Sonderfall einer Wissensasymmetrie (cf. Drew 2010), *es ist, so kann man sagen, per definitionem sozial ungleich verteilt.* Eine Angelegenheit wird gerade dadurch zu einer privaten, dass sie den Blicken anderer entzogen, oder verallgemeinert ausgedrückt: dem Wissen anderer vorenthalten wird. Mehr noch: indem jemand etwas als seine Privatangelegenheit betrachtet, bestreitet er den anderen das Recht, ein Wissen über diesen Sachverhalt zu erwerben. „Das geht dich nichts an", „Das ist mein Bier", „Misch dich nicht in fremde Angelegenheiten" – mit Äußerungen dieser Art wird im Alltag deutlich ein privater Handlungs- und Entscheidungsbereich gegen Übergriffe eines anderen verteidigt und reklamiert. Wenn nun das Wissen über Privates sozial ungleich verteilt ist, lassen sich dann in diesem Wissenskontext Entsprechungen zu den von Schütz konstruierten Idealtypen finden? In der Tat drängen sich derartige Äquivalente geradezu auf: In Bezug auf das „Wissen über Privates" entspricht dem Schützschen Typus des „Experten" derjenige, der – für sich allein oder zusammen mit intimen Lebenspartnern – ein Wissen über seine eigenen Privatangelegenheiten hat. Über seine persönlichen Angelegenheiten weiß jeder selbst am besten Bescheid. Den Kontrasttypus hierzu bildet derjenige, der über die Privatangelegenheiten eines anderen nichts Spezifisches, sondern nur „Typisches" weiß, z.B.: dass die Leute in unserer Gesellschaft sich auf der „Hinterbühne" typischerweise nachlässiger kleiden und benehmen als auf der „Vorderbühne" (Goffman

1969: 100 ff);[18] dass sie sich im Privaten oft kindischer als in der Öffentlichkeit geben; und dass sie im Geheimen kleinere und größere Laster und dunkle Punkte in der Biografie haben, von denen sie sich in Gegenwart anderer brüsk distanzieren. Derjenige, der in diesem Sinn nur ein „typisches" Wissen über die Privatangelegenheiten eines anderen hat, bildet im Kontext „Wissen über Privates" das Äquivalent zu dem „Mann auf der Straße" in der Schützschen Typologie. Und so, *wie bei Schütz der „gut informierte Bürger" zwischen dem „Experten" und dem „Mann auf der Straße" steht, so schiebt sich dort, wo es um das Wissen über Privates geht, der Klatschproduzent zwischen die beiden Kontrasttypen desjenigen, der über seine eigenen Privatangelegenheiten alles, und desjenigen, der über die Privatangelegenheiten des anderen nichts bzw. nur Typisches weiß.* Die über die persönlichen Angelegenheiten eines anderen „gut informierte" Klatschbase ist also ein direktes Pendant zu dem Schützschen Idealtypus des „gut informierten Bürgers".

Aber auch nur ein Pendant. Denn gegenüber dem „sauberen", ungefährlichen Wissen über technische und praktische Funktionsbereiche der Lebenswelt, mit dessen sozialer Verteilung Schütz sich beschäftigte, ist das „Wissen über Privates", um dessen soziale Verteilung es hier geht, von ganz anderer Qualität. Das Wissen über Privates kann in den Händen, in denen aus ihm Klatschinformationen werden, einen recht heimtückischen Charakter offenbaren:

– Das Wissen über Privates ist nicht bloß in einem neutralen Sinn sozial verteilt, sondern *sozial segregiert.* Von diesem Umstand profitiert der Klatschproduzent insofern, als seinem Wissen über das Privatleben anderer immer eine gewisse Exklusivität eigen ist und er wie ein Informationshändler sein Wissen über die knappe Ressource „Intimes" vertreiben kann. Entsprechend dieser Marktmetapher (cf. Rosnow 1977) muss er jedoch darauf bedacht sein, seine Klatschinformationen ziemlich rasch unter die Leute zu bringen, denn wie alle Neuigkeiten haben sie ein kurzes Verfallsdatum, d. h. einen Wert besitzen sie nur, solange sie aktuell sind. Je schneller und je freizügiger der Klatschproduzent aber sein privilegiertes Wissen über die Privatangelegenheiten anderer weitergibt, umso rascher verliert es auch an Wert.

– Das Wissen über Privates, über das der Klatschhändler verfügt, ist seinem Wesen nach *moralisch kontaminiert*, d. h. weil dieses Wissen in die eigentlich zu respektierende Privatsphäre eines anderen eingreift, kann es den Ruf seines Vertreibers, ja bereits seines Besitzers nachhaltig schädigen. Man kann daher er-

---

18 In seiner Studie über den profanen politischen Alltag in den heiligen Hallen der Wissenschaft zeigt der Anthropologe Frederick G. Bailey (1977: 114 ff), dass diese berühmte Unterscheidung Goffmans insofern erweitert werden muss, als weder die Vorder- noch die Hinterbühne, sondern „die Unterbühne" die Welt ist, in der in der akademischen Lebenswelt – und vermutlich auch in andere Organisationen – Skandale organisiert und hochschulpolitische Entscheidungen vorbereitet und auf den Weg gebracht werden. (Cf. den Exkurs über Klatsch in Organisationen am Beispiel der Universität in Kap. 5.4.) Einen kenntnis- und detailreichen Einblick in die Vorgänge auf dieser Unterbühne liefert die ethnografische und konversationsanalytische Studie von Stephan Kirchschlager (2013).

warten, dass der Klatschproduzent sein Wissen nicht unbedacht streut, sondern bestimmte Vorkehrungen trifft, die sicherstellen sollen, dass seine Invasionen in den Privatbereich anderer nicht auf ihn selbst zurückschlagen. Wie sich später zeigen wird (cf. Kap. 4.4), spielt hierbei die Darstellung der Genese des Klatschwissens eine wichtige Rolle. Denn nach unserem Alltagsverständnis macht es einen wesentlichen Unterschied, ob jemand, der klatschhafte Informationen verbreitet, sein indiskretes Wissen zufällig erworben oder aber sich durch ausspionierende Aktivitäten eigens verschafft hat:

„Der Lauscher an der Wand
hört seine eigene Schand".[19]

Das Wissen über Privates hat in den Händen eines andern, der damit Handel treiben möchte, nur dann einen Wert, wenn der Inhalt dieses *Wissens eine Diskrepanz zwischen der realen und der virtuellen sozialen Identität des Klatschobjekts aktualisiert* (Goffman 1967: 10 ff, 72). Die Klatschinformation muss also einen Sachverhalt betreffen, der nicht mit der Selbstpräsentation des Klatschobjekts in Übereinstimmung steht und dessen „Publizierung" das Klatschobjekt diskreditieren würde und geeignet ist, im Klatschobjekt ein Gefühl der Verlegenheit oder der Scham hervorzurufen. Das Spektrum derartiger klatschträchtiger Informationen reicht von kleinen „pikanten" Neuigkeiten bis zu vermuteten größeren „Verfehlungen" der Art, wie sie typischerweise Gegenstand von Erpressungsversuchen sind.

Ausgehend von diesen wissenssoziologischen Überlegungen zum Charakter und zur sozialen Verteilung des „Wissens über Privates" kann nun ein Merkmal der Handlungsfigur des Klatschproduzenten erörtert werden, das bereits zu Beginn dieses Abschnitts angesprochen wurde: der Geschlechtsstatus des Klatschproduzenten.

3.4.2 „Klatschen wie ein Waschweib"

Dass „gossip" nicht nur den Klatsch, sondern zugleich die Klatschbase, also die weibliche Klatschproduzentin bezeichnet, bringt in komprimierter Form die allgemein verbreitete Meinung zum Ausdruck, dass Klatsch eine *typisch weibliche Kommunikationsform ist.* Im deutschsprachigen Raum hat die enge Assoziation von Klatsch und Frauen ihren Niederschlag nicht zuletzt in der Sprache gefunden. Die deutschen Wörterbücher und etymologischen Lexika kennen kaum eine Bezeichnung für den männlichen Klatschproduzenten (nur: Klatschgevatter, Klatschfink und Klätscher), jedoch eine Vielfalt an Ausdrücken für klatschhafte Frauen: von Klatsche, Klatschweib und Klätscherin über Klatschhanne, Klatschlotte, Klatschlise, Klatschfriede und

---

19 Zur Geschichte dieses Sprichworts und zum literarischen Topos des (Be-)Lauschens cf. Alexandra Pontzen (2020). Cf. auch Kap. 4.4.1, Gesprächssegment <17>, in dem dieses Sprichwort von einer Sprecherin zitiert wird.

Klatschtrine bis zu Klatschtasch, Klatschbüchse, Klatschfutter, Klatschkasten, Klatschdose und Klatschloch.[20]

Auch im wissenschaftlichen Kontext gibt es nicht wenige Autoren, die in ihren Arbeiten diesen Zusammenhang schlicht als erwiesen betrachten und nur mehr an der Erklärung für den behaupteten Sachverhalt interessiert sind. Max Scheler spricht in seinem Aufsatz „Das Ressentiment im Aufbau der Moralen" (1915) davon, dass die Frau sich fortwährend in einer Situation mit einer erhöhten Dosis „Ressentimentgefahr" befindet und fährt dann fort: „Die starke Neigung der Frauen zu detraktivem Klatsch als Form der Ableitung der betreffenden Affekte ist gleichzeitig hiervon Zeugnis und eine Art der Selbstheilung." Für den Psychoanalytiker Carl F. Sulzberger (1953: 42) steht „die größere Bereitschaft der Frauen, ihnen anvertraute Geheimnisse auszustreuen, in einem direkten Zusammenhang mit dem Wirken des Kastrationskomplexes". Und einem ähnlichen Schema folgen jene Autoren, die den Klatsch der Frauen in humanethologischer Manier mit den unablässigen Versuchen weiblicher Primaten, fremde Neugeborene und Jungtiere zu pflegen, parallelisieren und ihn als eine typisch weibliche Form „sozialen Pflegeverhaltens" erklären (Tiger & Fox 1973: 229 ff). All diese Arbeiten gehen von der im Vergleich zu den Männern gesteigerten weiblichen Klatschhaftigkeit aus und suchen die Ursache hierfür in der besonderen psychischen Konstitution der Frau.

Gegenüber der Behauptung, dass Klatsch primär eine Domäne der Frauen ist, lassen sich etliche empirischen Studien ins Feld führen. Auch hier muss der Hinweis auf einige wenige Arbeiten genügen: Der Ethnologe Donald Brenneis beschreibt detailliert ein in einer indischen, Hindi-sprechenden Gemeinde auf den Fiji-Inseln gebräuchliches Klatschgenre („talanoa"), an dem fast ausschließlich Männer beteiligt sind. Die Männer des Dorfes finden sich am Abend nach der Arbeit zu kleinen Gruppen zusammen, trinken ein leicht berauschendes alkoholisches Getränk („grog") und sprechen über „the less-than-worthy doings of absent others". Frauen klatschen zwar auch, doch ihr Klatsch findet in anderen Kontexten statt und wird nicht als „talanoa" bezeichnet (Brenneis 1984: 492). Für die Kreolisch-sprechenden Bewohner der Antillen-Insel St. Vincent bilden, wie Roger Abrahams (1970: 298) zeigt, die männlichen Freundschaftsbeziehungen eine beständige Bedrohung von Familienloyalitäten, da die Gespräche zwischen Freunden großteils aus Klatsch („commess") bestehen, und im Klatsch – besonders wenn er bösartig („melée") ist – leicht auch Familieninterna ausgeplaudert werden. In einer explorativen Studie, die sich auf verdeckte Beobachtungen in einem Studentenfoyer einer amerikanischen Universität stützt, kommen Jack Levin & Arnold Arluke (1985) zu dem statistisch abgesicherten Ergebnis, dass zwischen dem Männer- und dem Frauenklatsch sowohl Gemeinsamkeiten als auch Unterschiede bestehen. Frauen klatschten geringfügig mehr als Männer (71 % vs. 64 %) und zeigten eine viel größere Bereitschaft als Männer, auch über enge Freunde und Familienangehörige zu klatschen; im Hinblick auf den ab-

---

20 Als Quellen dienten die Wörterbücher von Campe (1807) und Grimm (1873).

träglichen Tonfall und die angesprochenen Themen bestanden jedoch zwischen Frauen und Männern keine statistisch signifikanten Unterschiede. Diese Studien bestätigen im Übrigen meine eigenen (verdeckten) Beobachtungen während der Jahre der Arbeit an diesem Text, die nur einen Schluss zulassen: *Die These, dass Klatsch eine Kommunikationsform ist, die typischerweise von Frauen gezeigt wird, lässt sich jedenfalls für unsere heutige Gesellschaft als empirische Aussage nicht aufrechterhalten.*

Doch selbst wenn bekannt ist, dass Männer ebenso klatschhaft sind wie Frauen, gilt Klatsch dennoch oft als eine weibliche Domäne. So hat etwa der Anthropologe Frederick G. Bailey (1971a: 1) in seiner Ethnografie eines französischen Bergdorfs beobachtet: „In der Öffentlichkeit herumzusitzen und zu klatschen, wird bei Männern durchaus akzeptiert, da allgemein davon ausgegangen wird, dass dieser Austausch '*bavarder*' ist: ein freundlicher, geselliger, unbeschwerter, gutmütiger, altruistischer Austausch von Neuigkeiten, Informationen und Meinungen. Wenn dagegen Frauen gesehen werden, wie sie sich miteinander unterhalten, findet etwas ganz anderes statt: höchstwahrscheinlich frönen sie der '*mauvaise langue*' – dem Klatsch, der Bosheit, dem Rufmord".[21] Die gleiche Beobachtung wird auch von Art Gallaher (1961: 138) für eine amerikanische Kleinstadt gemacht, und Julia Naish (1978: 246) berichtet in ihrer Ethnografie der Insel Désirade in der französischen Karibik: „Dass Männer müßig herumsitzen und plaudern, gilt als normal und wird akzeptiert. Wenn Frauen ausgehen und plaudern, werden sie als '*macrelle*' etikettiert".

Wie diese Beispiele zeigen, wird Klatsch den Frauen als eine „kategoriengebundene Aktivität" (category-bound activity) zugeschrieben. Mit diesem Konzept wird in der Konversationsanalyse der Sachverhalt bezeichnet, dass in unserem Alltagswissen bestimmte Aktivitäten einzelnen Personengruppen als typisch zugeschrieben werden. Diese Zuschreibung schlägt sich oft in allgemein gebräuchlichen Redewendungen nieder, etwa wenn wir davon sprechen, dass jemand „wie ein kleines Kind weint", „wie ein Feldwebel herumkommandiert", „wie ein Pferdekutscher flucht" – oder „wie ein Waschweib klatscht". Zuschreibungen dieser Art verweisen auf ein Organisationsprinzip des Alltagswissens, das uns im alltäglichen Handeln als eine wichtige Wahrnehmungs- und Interpretationsressource dient: Von bestimmten Personenkategorien wissen, ja erwarten wir, dass sie typischerweise bestimmte Aktivitäten ausführen. Diese Verknüpfung ist so eng, dass wir Rückschlüsse nicht nur von einer Personenkategorie auf die für sie typischen Aktivitäten, sondern auch umgekehrt von einer Aktivität auf die ihr zugeordnete Personenkategorie des Handelnden ziehen können. Dieser Zusammenhang, der in der Konversationsanalyse mit dem von Harvey Sacks (1972) eingeführten Konzept der „kategoriengebundenen Aktivitäten" bezeichnet und untersucht wird,[22] zeigt sich immer dort in aller Deutlichkeit, wo eine in einer

---

21 Entgegen seiner freundlich-harmlosen Bedeutung bei Bailey wird allerdings der Begriff „bavardage" bei Anne-Marie Waliullah (1982) als pejoratives, diskreditierendes, auf Frauengeschwätz gemünztes Etikett interpretiert.
22 Die „Membership Categorization Analysis" (MCA) ist bis heute ein Seitenarm in der Tradition der Konversationsanalyse geblieben, in dem sich aber einige faszinierende Einzelanalysen finden, cf. etwa

bestimmten Kategorie identifizierbare Person nicht die von ihr erwarteten typischen Aktivitäten ausführt. Ein „Kind" z.B., das abgeklärte Urteile von sich gibt und den Erwachsenen Ratschläge erteilt, also Aktivitäten ausführt, die nicht als typisch für die Kategorie „Kind" betrachtet werden, ist für die Erwachsenen ein Anlass für besondere Interpretationen und gilt ihnen z.B. als „altklug" oder „frühreif". Und ganz in diesem Sinn hat der Anthropologe Edwin Almirol (1981: 294) bei einer amerikanischen Filipino-Gemeinde beobachtet: „Wenn entdeckt wird, dass ein Mann ein Klatschmaul ist, dann wird in den Bemerkungen der anderen insinuiert, er habe effeminierte Eigenschaften."

Wie kam es zu der engen Assoziation von Klatsch und Frauen? Zunächst zur Etymologie von Klatsch: Klatsch und dessen ursprüngliche Form „klatz" (mhd.) sind als onomatopoetische Interjektionen Nachahmungen eines schallenden, klatschenden Schlages, wie er bei einer Ohrfeige oder einem Peitschenknall entsteht. Insbesondere bezeichnet Klatsch in seiner lautmalenden Bedeutung „die Wirkung von Feuchtem" (klatschender Gewitterregen, klatschnass, Abklatsch). Daneben bedeutet Klatsch/klatz aber auch „feuchter Fleck", „Schmutzfleck", den etwa ein „Klacks" Butter hinterlässt; die Unachtsamkeit bei der Handhabung von Marmelade führt zu einem „Klecks" auf dem Tischtuch. Grimms Wörterbuch (1873: Sp. 1010) erläutert unter dem Lemma Klatsch: „es wird hier kein zweifel bleiben, dasz in alter zeit ein schmutzfleck vom schallen benannt ist. beide begriffe sind in demselben stamme oft beisammen zu finden."

In der Bedeutung „Geschwätz", „üble Nachrede" taucht Klatsch zum erstenmal im 17. Jahrhundert auf, und gleichzeitig damit – der Ausdruck „alte Klatsche" ist zuerst für dieselbe Zeit verbürgt – findet auch eine Zuordnung dieser Aktivität als eine typisch weibliche Gesprächsform statt. Ein Hinweis darauf, über welchen (Um-)Weg der Klatsch als Schmutzfleck zu seiner kommunikativen Semantik kam, findet sich in Campes „Wörterbuch der deutschen Sprache" (1807), in dem das Verb „klatschen" folgendermaßen erläutert wird: „Uneigentlich und verächtlich, viel und unnütz reden, besonders nachtheilige Dinge von Andern oder solche, die verschwiegen bleiben sollen, ausplaudern; wofür man auch in gelinderm Verstande waschen und schwatzen sagt." Und da in Grimms Wörterbuch (1873) die Synonymie von „Klatschmaul" und „Waschmaul" vermerkt wird, liegt die Vermutung nahe, dass die Linie von der Lautnachbildung „Klatsch" über den Schmutzfleck „Klatsch" zur kommunikativen Gattung „Klatsch" über das Waschen verläuft. Dafür spricht auch auch, dass sich bei

---

die Studie von Maria Wowk (1984), in der ein Polizeiverhör analysiert wird, in dessen Verlauf der Verdächtige einen Mord gesteht und durch Kategorisierungspraktiken versucht, dem weiblichen Opfer eine (moralische) Teilschuld an dem Geschehen zuzuschieben. Der Zusammenhang von Kategorisierung und moralischer Ordnung wird untersucht von Lena Jayyusi (1984). Die Stellung der MCA im Rahmen der Konversationsanalyse wird diskutiert bei Emanuel Schegloff (2007); eine Sammlung mit theoretischen Beiträgen und empirischen Einzelanalysen bietet der Band von Stephen Hester & Peter Eglin (1997).

Campe der Eintrag findet: „Die Wasche = eine geschwätzige Person, besonders weibliches Geschlecht".

An diesem Punkt kommen also die Frauen ins Spiel. In einem Artikel hat Birgit Althans (1985) die naheliegende These vertreten, dass der soziale Handlungszusammenhang, bei dem die verschiedenen Bedeutungen von Klatsch wie Puzzlestücke zueinanderpassen, die gemeinsame Arbeit der Frauen beim Wäschewaschen ist. Bei der Arbeit der „Waschweiber" entstanden „klatschende" Schläge, wenn sie mit dem Waschbleuel die eingeweichte Wäsche bearbeiteten, um auf diese Weise jeden Schmutzfleck zu entfernen. Gleichzeitig waren die Frauen bei dieser Tätigkeit unter sich und daher, wie man annehmen kann, gern bereit, neben der eintönigen Arbeit auch Neuigkeiten und Meinungen auszutauschen. Das war an anderen Arbeitsplätzen kaum anders, doch am Waschplatz kam als Besonderheit hinzu, dass die Frauen im Umgang mit der Leib- und Bettwäsche, in der sich der körperliche Schmutz der Benutzer absetzte und „verräterische" Flecken, abgewetzte Stellen und Löcher befanden, fortwährend auf Spuren der Privat- und Intimsphäre anderer stießen. Die Waschweiber gelangten damit zu Wissen über die Privatangelegenheiten anderer, über die sie sich anhand von Spuren (laut) ihre Gedanken machen konnten. Deshalb, so vermutet Althans (1985: 46), müssen Waschplätze „früher gefürchtete Klatschorte gewesen sein". Ob sie das tatsächlich waren, sei dahingestellt. Doch wenn vom Waschplatz her die „klatschenden" Schläge der Waschbleuel und die Stimmen und das Gelächter der Frauen ins Dorf drangen, dann hatte dieses Lautgebilde für die Dorfbewohner – zumal für die männlichen – im Lauf der Zeit vermutlich einen solch signifikant-bedrohlichen Charakter angenommen, dass „Klatsch" sich bald als Bezeichnung für die sozial geächtete, gefürchtete, frauenspezifische Form des Gesprächs über die Privatangelegenheiten anderer – als dummes, übles Gewäsch – durchsetzte.[23]

Eine englische Parallele zu dieser Rekonstruktion findet sich in einem Text von Alexander Rysman (1977) mit dem Titel „How the 'gossip' became a woman". Wie bereits erwähnt, war „god-sib" ursprünglich eine Bezeichnung für Personen, die in so enger Beziehung zu einer Familie standen, dass sie als Taufpaten in Frage kamen. Ebenso wie aus „God's spell" durch Eliminierung des „d" das Wort „gospel" entstand, wurde aus „god-sib" das Wort „gossip". Erst im 18. Jahrhundert verzeichnen die Wörterbücher eine andere Bedeutung; jetzt wird aus dem positiven Begriff eine negative Bezeichnung für Frauen, die abfällig über andere reden. Als – realen oder symbolischen – Ort, an dem diese Transformation stattfand, identifiziert Rysman (1977: 176 f.) das Geburtsereignis: Krankenhausgeburten waren praktisch unbekannt, weshalb Geburten in der Regel zu Hause im Kreis von Freunden, Familie und „god

---

[23] Bemerkenswert ist an dieser Stelle, dass sich die Metapher des Waschens in vielen geschlechtsneutralen Redewendungen findet, so etwa: schmutzige Wäsche waschen, jemandem den Kopf waschen, mit allen Wassern gewaschen sein, die Hände in Unschuld waschen; auch der Ausdruck „jemanden durch die Mangel drehen" oder die französische Redewendung „laver son linge sale en famille" (wörtlich: seine schmutzige Wäsche mit seinen Verwandten waschen, in der Bedeutung von „Streitigkeiten unter vier Augen beilegen") können in diesem Zusammenhang genannt werden.

sibs" stattfanden. Da Männer bei Geburten nicht anwesend sein durften, waren bei den Hausgeburten nur Frauen präsent. In einer kleinen Gemeinde war eine Hausgeburt daher ein Ereignis, zu dem sich alle Frauen der Gemeinde versammelten. Wie der Waschplatz war auch das Ereignis einer Hausgeburt eine Konstellation, bei der die ausgeschlossenen Männer von außen auf das Tun ihrer Frauen schauten und deren Gespräche aus der Distanz wahrnahmen. Wie die Waschfrauen waren auch die Frauen, die eine Hausgeburt begleiteten, mit intimen Sachverhalten und Themen befasst, und man darf vermuten, dass sie die manchmal langen Wartezeiten mit allen möglichen kommunikativen Aktivitäten, Interpretationen und Mutmaßungen füllten. Wurden die Männer misstrauisch? Empfanden sie die Situation als bedrohlich? Wir wissen es nicht, aber belegt ist, dass in einem berühmten Lexikon aus dem Jahr 1755 (Samuel Johnson's „Dictionary of the English Language") als „gossip" derjenige bezeichnet wird, „der herumläuft und schwätzt wie Frauen bei einer Geburt".

Die Parallele der beiden Arbeiten von Althans und Rysman ist evident: beide bedienen das gleiche Narrativ von der männlichen Diskreditierung weiblicher Kommunikationsweisen als Klatsch. Klatsch, so das Narrativ, gilt als schändliches weibliches Treiben, weil Männer die exklusive Versammlung der Frauen – sei es am Waschplatz oder bei einer Hausgeburt – als konspirative Form der weiblichen Solidarität und als potentielle Gegenmacht gegen ihre eigene Herrschaft wahrnehmen. Dieses Narrativ wird in zahlreichen, insbesondere feministischen Publikationen wiederholt (cf. etwa Weigle 1978; Aebischer 1979; Borker 1980; Jones 1980; Benard & Schlaffer 1981), wobei der Klatsch zuweilen gar zu einer politischen Widerstandsform der Frauen überhöht wird. (Cf. etwa die Studie von Melanie Tebbutt, 1995, in der Klatsch als das verbindende Medium der Frauen primär gegen die brutalen Männer und die Zumutungen der Außenwelt interpretiert wird, sowie die harsche Kritik von Edward Shorter, 1997, an Tebbutts einseitiger Darstellung.)

Zwar kann dieses Narrativ einige Plausibilität für sich beanspruchen und greift doch zu kurz, weil der Antagonismus zwischen dem männlichen und weiblichen Geschlecht als zentraler Erklärungsfaktor gesetzt ist. Nicht weniger plausibel ist, dass die geschlechtsspezifische Zuschreibung von Klatsch nur sekundär etwas mit Geschlecht zu tun hat und primär auf Strukturen der Arbeitsteilung verweist. Der Zusammenhang von „Klatsch" und „Wasch" lässt nämlich die Möglichkeit erkennen, *dass dem Prozess der geschlechtsspezifischen Attribuierung von Klatsch das Alltagswissen über die sozial ungleiche Verteilung des Wissens über Privates zugrunde liegt.* Das führt zu dem naheliegenden Gedanken, dass nicht nur „Waschweiber" einen beruflich vermittelten Einblick in die Privatsphäre anderer hatten und damit für die Umgebung in die Position von potentiellen Klatschproduzenten gerieten. Auf einen anderen klatschaffinen Berufsstand verweist etwa die Redewendung „jemandem am Zeug flicken", mit der ja auch die Aktivität des Klatschens umschrieben werden kann. Über die Mägde der rustikalen Gesellschaft des 13. Jahrhunderts schreibt Emmanuelle Leroy Ladurie (1983: 274): „Sie schliefen nicht selten mit der Hausfrau in einer Kammer und waren gewöhnlich über deren Herzensangelegenheiten und andere Interna des Haushalts besser unterrichtet als der Hausherr. Da sie ihrerseits Leute, denen sie geneigt waren, diesbezüglich gerne ins Vertrauen zogen, nahmen sie im Kommunikationssystem der Gemeinde eine wichtige Funktion ein." Im 19. Jahrhundert waren es dann die städtischen Dienstboten, die wegen ihrer sprichwörtlichen Klatschsucht insbesondere bei den Herrschaften, bei denen sie dienten und aus deren Privatsphäre sie Interna ausplaudern konnten, berüchtigt und gefürchtet waren (cf. Schulte 1978: 902 f.; H. Müller 1981: 201–205; Walser 1985: 105). In einem Roman von Clara Viebig (1907: 68 ff), der eine naturalistische Schilderung der Dienstbotenverhältnisse im Berlin der Jahrhundertwende enthält, findet sich folgende plastische Darstellung einer abendlichen Klatschgesellschaft von Dienstboten in der Portierwohnung:

> Da hockten sie schwatzend auf Tonnen und Körben; tunkten hier ihre Finger hinein und da, kosteten dieses und jenes, musterten gegenseitig die Kleider und die Frisuren, prahlten und strichen sich heraus. Da wurde die Herrschaft durchgehechelt wie Flachs, den man durch die scharfen Zähne der Hechel zieht. Die eine Herrschaft war zu streng, die andere zu nachsichtig; die zu schlumpig, jene zu geizig; jene zu genäschig – für drinnen auf den Tisch nichts gut genug, für die Dienstboten draußen alles zu teuer. Jene Madam war ein Zankteufel und der Herr ein Esel; die zweite Madam zu putzsüchtig, die dritte scheinheilig, die vierte dämlich, die fünfte vergnügungstoll, die sechste hatte einen Liebhaber und der Ehemann belästigte die Dienstmagd. So ging es fort ins unendliche. Sie konnten gar kein Ende finden.

Wäscherinnen, Mägde, Dienstmädchen und Diener befanden sich aufgrund der spezifischen Arbeit, die sie verrichteten, in einer Situation, in der sie fortwährend zu Wissen und Neuigkeiten über die Privatangelegenheiten anderer kamen und damit für ihre Umgebung zwangsläufig zu potentiellen Klatschproduzenten wurden. In diesem Tatbestand muss man den entscheidenden Grund dafür sehen, dass die Frauen und Männer dieses Berufsstands in dem Ruf standen, besonders klatschhaft zu sein und dies ein fortwährender Gegenstand der Klagen der Herrschaften über Dienstboten war (Müller-Staats 1983: 218 f., 442). Die Herrschaften mögen zwar versucht haben, durch Zuwendungen oder Sanktionen die Loyalität des Dienstpersonals zu sichern (cf. Coser 1974: 76 f), und oftmals kehrte sich die Beziehung auch um, und es war das Dienstmädchen, das ihrer „Madam" den im Dorf kursierenden Klatsch übermittelte (Cutileiro 1971; 139). Doch die sprichwörtliche Klatschhaftigkeit des Dienstpersonals war, wie Goffman (1969: 193 f.) notiert, der Hintergrund dafür, dass es im 18. Jahrhundert zur Einführung des sog. „stummen Dieners" kam – eines Serviertisches, „der vor dem Diner von den Dienstboten mit Speisen, Getränken und Speiseutensilien gefüllt wurde, worauf sich die Dienstboten zurückzogen, und die Gäste sich selbst bedienten."

In der Beobachtung über die Dienstboten klang bereits an, dass über die geschlechtsspezifische Attribuierung hinweg auch solche Berufsgruppen als klatschhaft gelten, in denen es nicht nur Frauen, sondern auch Männer sind, die zu einem Wissen über die Privatangelegenheiten anderer gelangen. Auch heute noch gilt z. B. der Friseurladen in vielen Gesellschaften als ein Zentrum und Umschlagplatz für Männerklatsch. So berichtet etwa David Gilmore (1978: 91 f.) aus seiner Feldforschung in einem spanischen Dorf folgende amüsante Episode: „Einmal versuchte ich, mit einem jungen Mann für einen bestimmten Nachmittag ein Interview zu vereinbaren. Er zögerte und erklärte mir, dass er den ganzen Tag über nicht erreichbar sein würde, da er beabsichtige, sich im Friseurladen in der Nachbarschaft die Haare schneiden zu lassen. Wie er auf meine Frage hin etwas einfältig zugab, würde die meiste Zeit natürlich zugebracht mit *„oral 'cutting' rather than tonsorial"*. Die Männer in Fuenmayor klatschen genausoviel wie die Frauen." Und dass diese Tradition weit zurück reicht, kann man der folgenden boshaften Bemerkung von Georg Christoph Lichtenberg (1983: 402) entnehmen: „Die Barbierer und Perückenmacher tragen die kleinen Stadtneuigkeiten in die großen Häuser, so [wie] die Vögel die Samen von Bäumen auf die Kirchtürme, beide keimen da oft zum Schaden, nur ist die Pflanzungs-Art verschieden, jene sprechen sie und diese ... sie. Auch die Eheweiber."[24]

In einer prototypischen Klatschposition befindet sich auch, wie Ray Gold (1952: 491) in einer originellen Studie gezeigt hat, der Hausmeister. Durch direkte Beobachtungen in den Wohnungen der einzelnen Mietparteien, bei der Beseitigung des Abfalls und durch die ihm zugetragenen Beschwerden und Erzählungen der Mieter über ihre Nachbarn erwirbt er im Laufe der Zeit ein recht detailliertes Wissen über die persönlichen Lebensumstände der Hausbewohner. Und signifikanterweise ist eines der größten Probleme, mit dem Hausmeister zu kämpfen haben, der – von ihnen selbst antizipierte – schlechte Ruf, in dem ihr Berufsstand steht. Berichtet wird schließlich noch in einer Gemeindestudie über englische Dörfer, dass Postboten und Milchmänner als Überträger von Klatschgeschichten agierten (Frankenberg 1966: 67); Clement Harris (1974: 55) hat in seiner Studie „Hennage" das Gleiche für Zeitungsausträger beobachtet: „Es braucht vier bis fünf Stunden, um die Zeitungen von einem Ende des Dorfes zum anderen auszutragen, und es war eine effektive Methode der Verbreitung von Klatsch". In verschiedenen Studien – etwa für Deutschland (Dieck 1950: 719) oder Japan (Embree 1939: 76) – wird erwähnt, dass die Inhaber kleiner Läden als Personengruppen gelten, die sich durch besondere Klatschhaftigkeit auszeichnen. Josephine Klein (1965: 141), die sich in ihrer Arbeit auf drei Gemeindestudien im Milieu der Arbeiterschicht stützt, hat beobachtet, dass „der Ladeninhaber und seine Familie Informationen ebenso wie Lebensmittel vertreiben. Dieser kleine Laden ist die Verrechnungsstelle [= clearing house] für den lokalen Klatsch". Aufgrund ihrer beruflich bedingten täglichen Kontakte und Begegnungen mit anderen Mitgliedern des sozialen Netzwerks – und nicht aufgrund ihres Geschlechts – eignen sich die Kaufleute in hervorragender Weise als Zwischenträger von Klatschgeschichten.

Die These, *dass vor allem diejenigen Personengruppen, die in ihrer beruflichen Tätigkeit Einblick in die Privatsphäre anderer gewinnen, im Ruf der Klatschhaftigkeit stehen*, beschreibt einen Zusammenhang, der aus dem Zusammenwirken von Sozial- und Interaktionsstruktur hervorgegangen ist und damit durch entsprechende gesellschaftliche Regelungen modifiziert oder gar zum Verschwinden gebracht werden

---

24 Dass Friseurläden als Klatschorte gelten und gleichzeitig Friseuren effeminierte Verhaltensmerkmale nachgesagt werden, scheint mehr zu sein als eine bloß zufällige Koinzidenz.

kann. Das kommt nirgends deutlicher zum Ausdruck als darin, dass es in modernen Gesellschaften eine große Anzahl von Personen gibt, die ebenfalls von Berufs wegen intime Kenntnisse über das Privatleben anderer haben, aber gerade nicht als klatschhaft verschrien sind. Ärzte, Psychotherapeuten, Rechtsanwälte, Bankangestellte, Steuerberater, Angestellte in der Personalverwaltung etc. erfahren in Ausübung ihres Berufs regelmäßig Dinge über ihre Klienten, die sehr persönlicher und intimer Art sind und ohne Zweifel rasch zirkulieren würden, gäbe es nicht eine Schutzvorrichtung, die ihre klatschhafte Verbreitung unterbindet (Hannerz 1967: 37). In ähnlicher Weise wie die Geistlichen dem Beichtgeheimnis, so unterliegen auch die Angehörigen dieser Berufe sehr restriktiven rechtlichen Regelungen, was die Weitergabe von Privatgeheimnissen ihrer Klientel betrifft. Das Strafgesetzbuch (§ 203. Verletzung von Privatgeheimnissen) bedroht denjenigen mit einer Freiheitsstrafe, der „unbefugt ein fremdes Geheimnis, namentlich ein zum persönlichen Lebensbereich gehörendes Geheimnis" offenbart, das ihm als einem Angehörigen der genannten Berufsgruppen anvertraut wurde. Die Wahrung von Privatgeheimnissen, die beruflicher Art sind, ist darüber hinaus vor jeder gesetzlichen Verpflichtung immer auch ein zentrales professionsethisches Postulat (Merton 1995: 356). Auf diese Weise durch äußere und innere soziale Kontrollen daran gehindert, beruflich erworbenes Wissen über die Privatangelegenheiten anderer an Unbefugte weiterzugeben, geraten die Angehörigen dieser Berufsgruppen nicht in die Position potentieller Klatschproduzenten und stehen dementsprechend auch nicht in dem Ruf besonderer Klatschhaftigkeit. Man kann vor diesem Hintergrund vermuten, dass der Beruf der Sekretärin den Ruf, klatschhaft zu sein, in dem Maß verlieren wird oder bereits verloren hat, in dem sich ihr Berufsbild in Richtung auf eine „Fachkraft für Bürokommunikation" professionalisiert.

Welche Folgen es haben kann, wenn diese Vertraulichkeitsbedingung nicht (mehr) erfüllt ist, hat die Ethnologin Ilsa Schuster (1979: 46 f.) in ihrer Studie über die soziale Situation der Frauen im sich modernisierenden Sambia beobachtet: Studentinnen der Universität in Lusaka gehen nur ungern in das University Teaching Hospital, um sich dort Verhütungsmittel verschreiben zu lassen, „denn junge sambische Ärzte und Schwestern halten sich nicht an die westliche Idee des Arzt-Patient-Geheimnisses, sondern klatschen freizügig über unverheiratete Patientinnen. Wenn ein Mann den Verdacht hat, dass seine Freundin die Pille nimmt, kann er dies ganz einfach mit Hilfe eines ihm bekannten Arztes nachprüfen, der aus Gefälligkeit die Krankenakte des Mädchens durchschaut und ihm dann den Inhalt berichtet." Natürlich geben Professionelle auch in westlichen Gesellschaften zuweilen der Versuchung nach, in Unterhaltungen ihr Wissen über private Dinge ihrer Klienten einfließen zu lassen. Psychoanalytiker bilden sicher nicht die einzige Gruppe unter den Professionen, die auf diese Weise in Konflikt mit dem ihnen auferlegten Klatschverbot geraten – sie sind nur die einzigen, die darüber schreiben (cf. etwa Olnick 1980 sowie Caruth 1985).

Zusammenfassend kann man sagen, dass der Klatschproduzent in einem zweifachen Sinn ein „Transgressor" ist: Er dringt – die Grenze zwischen Vorder- und

Hinterbühne überschreitend – in den Innenraum der sozialen Existenz eines andern ein und drängt dann – das soziale System von Einschluss und Ausschluss punktuell missachtend – mit seinem Wissen als der Beute seines Raubzugs nach außen. Paradox ausgedrückt: *der Klatschproduzent veräußert Intimes*. Sein Ansehen und seine Stellung innerhalb der Klatschtriade werden wesentlich davon bestimmt, welchen potentiellen und faktischen Zugang er zu dem sozial ungleich verteilten Wissen über das Privatleben anderer hat und in welchem Maß die Verbreitung dieses Wissens gesellschaftlich auferlegten Beschränkungen unterliegt. Dass in der Regel den Frauen Klatschhaftigkeit als kategoriengebundene Charaktereigenschaft attribuiert wird, hat seinen wesentlichen Grund darin, dass Frauen durch die geschlechtsspezifische Organisation der Arbeitsteilung in der Vergangenheit in weit stärkerem Maß als Männer in die Position von potentiellen Klatschproduzenten gerieten, die keiner Vertraulichkeitsbestimmung unterlagen.

3.5 Der Klatschrezipient

Die letzte Handlungsfigur in der Klatschtriade, der Klatschrezipient, ist keineswegs nur ein passiver Beteiligter, dessen Gegenwart – oder genauer: dessen Zuhörbereitschaft – zwar kommunikationstechnisch erforderlich ist, dem aber darüber hinaus für den spezifischen Konstitutionsprozess von Klatsch keine besondere Bedeutung zukommt. Im Gegenteil, erst dadurch, dass diese dritte Handlungsfigur sowohl zu dem Klatschproduzenten wie auch zu dem Klatschobjekt in einer spezifischen Beziehung steht, wird ein Gespräch letztlich zu Klatsch.

Welche Art von Beziehung zwischen dem Klatschrezipienten und dem Klatschobjekt bestehen muss, wurde bereits erläutert: Das Klatschobjekt muss einerseits aus dem Bekanntenkreis des Klatschrezipienten stammen oder ihm zumindest indirekt über Bekanntschaftsketten oder als lokale „Berühmtheit" bekannt sein. Denn die Neuigkeit, die er erfährt, ist nur dann von persönlicher Relevanz für ihn, wenn sie nicht eine ihm völlig fremde Person betrifft. Andererseits orientieren sich die Klatschakteure an der Regel, dass Personen, die mit einem von ihnen in einer intimen verwandtschaftlichen oder freundschaftlichen Beziehung stehen, als Klatschobjekte tabu sind. Gesprächsteilnehmer können, ja müssen ihre Missbilligung ausdrücken oder gar ihr Veto einlegen, falls einer ihrer engsten Verwandten oder Freunde von den andern im Gespräch zum Objekt von Klatsch gemacht wird, oder, wie John Campbell (1964: 95) schreibt: „Ein Mann [...] wird nicht schweigend erdulden, wenn einer seiner Familienangehörigen öffentlich kritisiert wird."

Für einen Gesprächsteilnehmer, der bereit ist, Informationen mit Klatschwert weiterzugeben, eignen sich nicht alle Kommunikationspartner als Klatschrezipienten. So wird in vielen Ethnografien (cf. etwa Almirol 1981: 300, Brenneis 1984: 492, Harris 1974: 55) die Beobachtung geschildert, dass ein im Gang befindliches Klatschgespräch abrupt beendet oder auf ein anderes Thema gelenkt wird, wenn zu der Gesprächsrunde eine unbekannte Person hinzutritt. Margery Wolf (1972: 39) berichtet in ihrer

Ethnografie eines taiwanesischen Dorfes, dass die Dorffrauen ihre Gespräche selbst dann auf allgemeine Themen lenkten, wenn sich eine junge Frau, die ins Dorf eingeheiratet hatte, der Gruppe am Waschplatz näherte; dieses vorsichtige und misstrauische Verhalten der Frauen, die das neue Dorfmitglied zunächst zu einer Fremden machten, änderte sich nur langsam.

Klatschgespräche haben typischerweise zur Voraussetzung, dass Klatschproduzent und Klatschrezipient in einem Verhältnis wechselseitiger Bekanntheit zueinander stehen. So können zwar, worauf bereits Moritz Lazarus (1878: 243 f.) und nach ihm Georg Simmel (1968a: 500) hingewiesen haben, Gespräche zwischen zwei völlig Fremden – wie etwa im Fall einer Reisebekanntschaft – eine Offenherzigkeit und Intimität entwickeln, für die eigentlich kein innerer Grund zu finden ist. Doch zum Austausch von Klatsch wird es in derartigen Situationen nicht oder höchstens in jenen seltenen Fällen kommen, in denen die Fremden im Gespräch einen gemeinsamen Bekannten entdecken. Demgegenüber kann man sich, um das andere Extrem zu nehmen, fragen, ob man die Gespräche zwischen Ehegatten und anderen eng Zusammenlebenden, in denen diese unter sich Neuigkeiten über die persönlichen Angelegenheiten Dritter austauschen, als Klatsch bezeichnen will, fehlt diesen Unterhaltungen doch das Moment der Veröffentlichung, das für den Klatsch zwischen Freunden, Bekannten und Verwandten so charakteristisch ist.[25] Es ist zwar ein allgemeines Kommunikationsmuster, dass Männer wie Frauen den Klatsch, den sie während des Tages erfahren haben, abends nach Hause bringen. Ronald Frankenberg (1966: 79) berichtet in seiner englischen Gemeindestudie, dass in den Dörfern die Frauen den Männern den Klatsch nach Hause bringen, während sich auf den alleinstehenden Bauernhöfen eine umgekehrte Situation ergibt: dort sind die immobilen, an den Hof gebundenen Frauen darauf angewiesen, dass ihre Ehemänner und Söhne den Klatsch aus dem Dorf und von den – räumlich oft weit entfernten – Nachbarn berichten. Ähnliches hat auch Joyce Riegelhaupt (1967: 125) in ihrer Studie über portugiesische Bauersfrauen beobachtet: „Entsprechend der landwirtschaftlichen Struktur des Dorfes arbeiten die Männer allein oder in begrenzten Gruppen, während es den Frauen an jedem beliebigen Tag möglich war, sich in großen und verschiedenen Gruppen zu versammeln. Der Informationsfluss verläuft in der Regel von Frau zu Frau und über die Frauen zu ihren Ehemännern." Anzunehmen ist, dass die darauf bezogenen ehelichen Unterhaltungen weniger eine Fortsetzung des Klatsches im häus-

---

25 Hier stellt sich die auch juristisch interessante Frage, ob „beleidigende Äußerungen über dritte Personen im engsten Kreise" einen Straftatbestand bilden. Karl Engisch (1957) verneint diese Frage in seiner differenzierten Stellungnahme und beruft sich u. a. auf eine Argumentation von Wilhelm Gallas (1941: 396): „Der üblen Nachrede (wie auch der formalen Beleidigung) im engsten Familienkreise fehlt die Beziehung zum sozialen Bereich, in dem erst die abschätzige Äußerung zur Ehrenkränkung werden kann. Die nächsten Angehörigen des sich Äußernden sind, auch vom Standpunkt des Betroffenen aus gesehen, nicht 'Dritte'. Das ihnen gegenüber Gesagte ist nicht 'nach außen' gerichtet; es fehlt ihm der Sinn einer die Grenze des nur Privaten überschreitenden und damit den Betroffenen in seiner sozialen Existenz berührenden 'Kundgebung.'"

lichen Kontext sind als vielmehr eine wechselseitige Synchronisierung von Informationen, Einschätzungen und Affekten über den gerade aktuellen Klatsch. Das ist u. a. daran zu erkennen, dass bei dieser häuslichen Berichterstattung über den neuesten Klatsch der „thrill" und das Engagement der Beteiligten bei weitem nicht das für Klatschgespräche sonst übliche Maß erreicht.

Dennoch sind diese ehelichen Klatsch-„Briefings" nicht unwichtig – schon allein deshalb nicht, weil die Eheleute mit den dabei erhaltenen Informationen sich am folgenden Tag wieder aktiv an der außerhäuslichen Klatschkommunikation beteiligen können. Dabei entfaltet ein Mechanismus seine Wirkung, der in der ethnografischen Literatur mehrfach beschrieben wurde, so etwa von Constance Cronin (1977: 79) für Sizilien oder von Albert Blumenthal in seiner klassischen Studie über die amerikanische Gemeinde „Mineville" (1932: 135 ff). Eine plastische Darstellung dieses Mechanismus liefert Jeremy Boissevain (1972: 210) in seiner Studie über die Stellung von Frauen in der Maltesischen Gesellschaft: „Wenn der Ehemann am Abend [von der Arbeit] nach Hause kommt, wird er von seiner Frau, während sie ihm seinen Tee serviert, mit den Neuigkeiten und Kommentaren des Tages 'gefüttert'. Nach dem Tee geht er auf den Hauptplatz oder in seinen Klub. Dort diskutiert er die Neuigkeiten und den Klatsch, die ihm von seiner Frau hintertragen wurden. Er diskutiert sie mit anderen Männern, die von ihren Ehefrauen auf die gleiche Weise unterrichtet wurden. Sie benutzen Argumente, die sie zuerst von ihren Frauen hörten. Die Argumente gleichen sich, denn die Frauen haben die Angelegenheiten bereits unter sich diskutiert. Den Männern wird die Entscheidung überlassen, wie es ihnen auch als Inhabern formaler Autorität zusteht. Doch die Frauen haben sich in ihrem Gespräch über die Angelegenheit bereits eine Meinung darüber gebildet, wie die Entscheidung aussehen soll, und sie haben die Berichte, die sie ihren Männern gaben, dementsprechend gestaltet." Der Mechanismus, den Boissevain hier beschreibt und den man als die informelle Macht der Frauen bezeichnen kann (Lamphere 1975; 123 f.), wurde u. a. von Ernestine Friedl (1967) auch für die griechische Gesellschaft beobachtet. Er besteht darin, dass in den Gesellschaften, in denen die Frauen segregiert und aus dem öffentlichen Leben ausgeschlossen sind, ein dichtes Netz aus Freundschaftsbeziehungen zwischen den Frauen anzutreffen ist. Dieses Netzwerk verhilft den Frauen zu einem hohen Maß an sozialer Kontrolle über die Entscheidungen und das Verhalten der Männer, und zwar zum einen dadurch, dass die Frauen über dieses Netzwerk an wichtige Informationen gelangen, die sie dann gefiltert und gezielt an ihre Männer weitergeben. Zum anderen können sie aber auch selbst Klatschinformationen über die Männer in Umlauf setzen und auf diese Weise vermittels der Drohung, Klatsch auszustreuen, eine zwar heimliche, aber dennoch wirkungsvolle Macht über die Männer ausüben. Zu einem ähnlichen Ergebnis kommt auch Cynthia Nelson (1974), die in ihrer ethnografischen Studie über Frauen im Mittleren Osten beobachtet hat, dass Frauen keineswegs so machtlos sind, wie sie oft – auch in der ethnologischen Literatur – erscheinen. Die Ethnologin Susan C. Rogers (1975) geht sogar so weit, vom „Mythos der männlichen Vorherrschaft" in vorindustriellen Gesellschaften zu sprechen, und sie verfolgt die interessante These, dass im Zug der Industrialisierung aus diesem Mythos Realität wurde.

Es liegt zwar nahe, den Austausch von indiskreten Informationen zwischen intimen Lebenspartnern nicht als Klatsch zu bezeichnen, doch in jedem Fall ist diese Kommunikation in größere Klatschketten eingeklinkt: ihr geht Klatsch voraus und ihr folgt Klatsch nach. Das dabei transferierte Klatschwissen hat nun aber für die Beziehung zwischen Klatschproduzent und Klatschrezipient, zwischen denen nur ein Bekanntschaftsverhältnis besteht, eine andere Bedeutung als für intime Lebenspartner.

Wissen über die privaten Dinge einer anderen Person ist – zumindest potentiell – moralisch kontaminiertes Wissen und setzt damit diejenigen, die es zwischen sich austauschen, in ein Verhältnis der Mitwisserschaft. Der Klatschrezipient befindet sich in einer ähnlichen Situation wie derjenige, der eine Gabe annimmt, von der er selbst ebenso wie der Geber weiß, dass sie gestohlen ist. „Gaben" haben einen attraktiv-gefährlichen Doppelcharakter; darauf hatte bereits Marcel Mauss (1978: 120) aufmerksam gemacht, als er auf den Doppelsinn des Wortes „Gift" hinwies: „gift" als Gabe (im Deutschen noch in der Bezeichnung „Mitgift" enthalten) und Gift als „poison" (cf. auch den Sammelband „Gifts and poison" von F.G. Bailey 1971). Diese Mitwisserschaft schlingt ein Band der Gemeinsamkeit um die Klatschakteure und wirkt auf deren Beziehung egalisierend und intimisierend. „A 'verklatscht' B bei C. Die feindliche Handlung des A gegen B ist zugleich eine vertrauliche Annäherung des A an C", bemerkt Leopold von Wiese (1955: 310) und diese implizite Komplizenschaft ist ein wesentlicher Grund dafür, dass sich zum Klatsch in der Regel nur solche Personen zusammenfinden, die zueinander bereits in einer grundsätzlich egalitären Sozialbeziehung stehen. Im Klatschtransfer ist der Verkehrston auf Gleichheit gestellt; Rangunterschiede lässt er kaum zu (Luhmann 1976: 326). Aufgrund dieses *Egalisierungseffekts* ist Klatsch zwischen Vorgesetzten und Untergebenen, allgemein: zwischen rangungleichen Personen eher selten. Ausgeschlossen ist er nicht, doch die Klatschakteure müssen in diesem Fall besonders sorgfältig darauf achten, dass ihr rangnivellierendes Verhalten nicht als strategisch motivierte „vertrauliche Annäherung", d. h. als Anbiederung oder politisch motiviertes Manöver interpretiert und beantwortet wird.

Die Beziehung zwischen Klatschproduzent und Klatschrezipient wird nicht zuletzt von dem Alltagswissen bestimmt, dass Klatschrezipienten in dem Augenblick, in dem sie in den Besitz eines moralisch kontaminierten Klatschwissens gelangt sind, mit diesem Wissen in anderen Gesprächskontexten gern selbst als Klatschproduzenten auftreten. Es wird zwar in der ethnografischen Literatur immer wieder berichtet (Epstein 1969: 119; Campbell 1964: 313; Gladwin & Sarason 1953: 149), mit welcher erstaunlichen Geschwindigkeit sich Klatschinformationen in einem Dorf und selbst über große räumliche Distanzen hinweg verbreiten. Redewendungen wie: „etwas macht die Runde", „etwas spricht sich im Ort herum", „etwas verbreitet sich wie ein Lauffeuer", „jemand kommt ins Gerede", „jemand ist in aller Leute Munde" oder „etwas wird brühwarm weitererzählt" lassen erkennen, dass die hohe Diffusionsgeschwindigkeit von Klatsch zum Alltagswissen über Klatsch gehört. Doch dieses Alltagswissen kann im Sinn einer „self-destroying prophecy" gerade der Grund dafür sein, dass die Verbreitung von Klatsch zumindest in ihrem Anfangsstadium kurzfristig unterbunden und verzögert wird. Für jemanden, der interessante Klatschneuigkeiten zu berichten weiß, wird ja bereits der erste von ihm ins Vertrauen gezogene Klatschrezipient zu einem potentiellen Konkurrenten, der ihm „die Schau stiehlt", indem er noch vor ihm sein gerade erworbenes Klatschwissen an andere übermittelt. Vor diesem Hintergrund wird eine Beobachtung verständlich, die James Faris (1966: 240 ff) mitteilt. Der Ethnologe hatte in einer Studie über ein kleines Fischerdorf in Neufundland bemerkt, dass Männer, die mit interessanten Neuigkeiten aus der Stadt ins Dorf zurückkamen, bei Einzelbegegnungen mit anderen Männern zunächst nichts von ihrem Wissen verlauten ließen und auch zu dem abendlichen Männertreff in einem der Dorfläden auffällig später als üblich kamen. Auf diese Weise sicherten sie sich das Publikum und die Aufmerksamkeit, die sie im Fall einer allzu schnellen, individualisierten Informationsverbreitung mit andern hätten teilen müssen. Diese Strategie setzte sich in den abendlichen Unterhaltungen noch darin fort, dass die Männer ihr Wissen nicht von sich aus und en bloc vor dem Publikum ausbreiteten, sondern sich von den Zuhörern durch Fragen und Nachfragen „aus der Nase ziehen" ließen und sich damit zu einer „gefragten" Person machten – ein Interaktionsmanöver, das auch von Niko Besnier (1989) in seiner Studie über die Bevölkerung des Nukulaelae-Atolls in West-Polynesien beschrieben wird.

Ein Klatschproduzent kann auch versuchen, über metakommunikative Instruktionen den Klatschrezipienten auf Verschwiegenheit zu verpflichten. Doch es ist eine allgemeine Erfahrung, dass *Restriktionsermahnungen* von der Art „unter uns gesagt", „das muss unter uns bleiben", „nur zu Dir" oder „kein Wort davon zu X" nicht sehr wirkungsvoll sind. Sie entlasten zwar den Klatschproduzenten moralisch insofern, als er später gegenüber dem möglichen Vorwurf der Schwatzhaftigkeit darauf verweisen kann, den Klatschrezipienten auf Verschwiegenheit verpflichtet zu haben. Doch sie können nicht darüber hinwegtäuschen, dass der Klatschproduzent faktisch nur geringe Einflussmöglichkeiten darauf hat, was der Klatschrezipient mit der ihm anvertrauten Klatschinformation anstellt. Auch der Klatschproduzent weiß, dass Klatschrezipienten in der Regel zunächst „die Hand auf den Mund legen und hernach ein wenig durch die Finger plaudern" (Lichtenberg 1883: 376). Diese Situation mangelnder Kontrollmöglichkeit über den weiteren Weg der Klatschinformation verweist den Klatschproduzenten direkt wieder auf sein soziales Beziehungsnetzwerk. Denn auch wenn er nicht verhindern kann, dass „sein" Klatsch weiter zirkuliert, so kann er doch durch eine entsprechende Auswahl der Klatschrezipienten Vorsorge treffen, dass Klatsch nur an die richtigen Leute weitergegeben wird. Eine solche Vorsorgemaßnahme besteht z. B. darin, dass Erwachsene häufig die Kinder, selbst wenn diese nur als passive Rezipienten in der Gesprächssituation anwesend sind, von ihrem Klatsch ausschließen (Goffman 1969: 193); zu groß scheint ihnen die Gefahr, dass Kinder aus Unwissenheit anderen Leuten gegenüber Dinge ausplaudern, die gerade für deren Ohren nicht bestimmt sind.

Mit der Bestimmung des Klatschrezipienten kommt die Darstellung und Diskussion der einzelnen Handlungsfiguren der Klatschtriade nicht nur in einem formalen Sinn zu einem Abschluss. Aus der Bestimmung seiner Position und seiner Beziehungen zu den anderen beiden Handlungsfiguren ergibt sich, dass sich auch inhaltlich ein Kreis schließt: *Geklatscht wird – lege artis – nur über Freunde und Bekannte und nur mit Freunden und Bekannten.* Die Klatschtriade reflektiert daher in einer konkreten sozialen Situation ein spezifisches Intimitätsmuster im Beziehungsnetz der drei Beteiligten. Das Recht, über bestimmte Leute zu klatschen, d. h. über ihre persönlichen Angelegenheiten ein moralisch kontaminiertes Wissen weiterzugeben oder zu erfahren, ist ein Privileg, das nur auf jene Personen ausgedehnt wird, die sich wechselseitig als Mitglieder in diesem Beziehungsnetzwerk anerkennen. Klatsch ist deshalb auch in hohem Maße ein „Zunftphänomen" (Krüger 1967: 34). Und Klatsch ist, wie James Farrer (2002: 199 f.) in seiner ethnografischen Studie hervorhebt, eine wichtige Grundlage für „guanxi", das in der chinesischen Gesellschaft gepflegte soziale Verpflichtungs- und Hilfenetzwerk, das im Zug der Modernisierung Chinas einige grundlegende Änderungen erfährt.

Wenn zwei Personen mit Klatsch beginnen, dann entsteht eine jener Situationen, in denen ein dritter Anwesender, der das Klatschopfer nicht kennt, mit schmerzhafter Deutlichkeit spürt (oder zu spüren bekommt), dass er nicht dazugehört (cf. Gluckman 1963: 313). Indem man mit seinen Bekannten über andere gemeinsame Bekannte klatscht, demonstriert man sich wechselseitig, dass alle Beteiligten zu einem Kreis, einem Zirkel, einer „Klatschzelle" (West 1945: 99) gehören und damit das Recht und die Pflicht haben, Interesse für die Tugenden wie die Unarten der anderen Mitglieder zu zeigen. Dass man *mit* anderen klatscht, ist dabei – soziologisch betrachtet – fast ebenso wichtig, wie dass *über* einen geklatscht wird. Elizabeth Bott (1957: 67) hat für diesen Zusammenhang die einprägsame Formel gefunden: „No gossip, no companionship".

3.6 Exkurs über Klatsch und Gerücht

In der älteren Literatur über Gerüchte wird Klatsch zumeist nur am Rande erwähnt oder undifferenziert mit Gerücht in einen Topf geworfen, so etwa in der klassischen sozialpsychologischen Untersuchung von Gordon Allport & Leo Postman (1947: 182). Eine gelungene Kurzdarstellung von Klatsch liefert Tamotsu Shibutani (1966: 41 f.), doch auch er behandelt Klatsch als eine wenig interessante Unterform von Gerücht. Ebenso achtlos werden Klatsch und Gerücht in Gary Alan Fines (1985) diskursanalytischem Übersichtsartikel vermengt. Damit werden aber Einsichten in die Funktionsweise dieser kommunikativen Formen verschenkt, die man gewinnen kann, wenn man beide Phänomene in ihrer jeweiligen Besonderheit und in ihrer Beziehung zueinander genauer analysiert.

Ein wesentlicher Unterschied zum Klatsch besteht darin, dass Gerüchte sich auf Ereignisse in der Welt beziehen, die irritierender, zumeist aber disruptiver Art sind.

Gerüchte können zwar auch Personen betreffen (etwa solche, die um Lady Dianas Unfalltod kreisen), mediale Inszenierungen (etwa den vermeintlichen Schwindel der Mondlandung durch die NASA) oder Betrügereien und Vertuschungen (wie die vermeintliche Verwendung von Rattenfleisch bei der Speisenzubereitung in einer Fast-Food-Kette). Doch „klassische" Gerüchte haben Ereignisse zum Inhalt, die für eine große Gruppe von Menschen – oder gar für die gesamte Menschheit – einen bedrohlichen Charakter haben, etwa den bevorstehenden Weltuntergang und ganz allgemein Verschwörungstheorien wie etwa zum Ursprung von AIDS, Ebola oder der Corona-Epidemie. Überall dort, wo eine Katastrophe droht oder im Gang ist und Handlungsentscheidungen unter Zeitzwang getroffen werden müssen, ist der Informationsbedarf groß, das Informationsangebot klein oder widersprüchlich und die Entstehung von Gerüchten wahrscheinlich. (Deshalb gibt es einen engen Zusammenhang zwischen Katastrophenforschung und Gerüchteforschung.) Es kommt zu einer Spirale, einem sich selbst verstärkenden Zirkel: Informationsmangel erzeugt Gerüchte, und Gerüchte erzeugen die Nachfrage nach Informationen und damit nach weiteren Gerüchten.

Der zentrale Punkt aber, in dem sich Gerücht und Klatsch voneinander unterscheiden, liegt in der selektiven Aktualisierung von sozialen Beziehungen. Bereits in der Bezeichnung „Gerücht" kommt zum Ausdruck, dass in diesem Fall die Informationsverbreitung auf eine eher unspezifische Weise erfolgt. Im „Gerücht" ist, wenn nicht etymologisch, so doch konnotativ der „Geruch" enthalten; noch stärker verweisen auf diese olfaktorische Bedeutungskomponente die Komposita „Gerüchteküche" und – drastischer noch – „Latrinengerücht". Den Grund für diese Bedeutungsassoziation wird man vor allem auf zwei Merkmale zurückführen dürfen, die für Gerüche wie für Gerüchte gleichermaßen kennzeichnend sind: sie verbreiten sich ziemlich ungehindert nach allen Seiten, und ihre Urheber und Entstehungsorte sind kaum auszumachen. Zur Ausbreitung von Gerüchten bedarf es nicht der spezifischen Netzwerkaktualisierung, die für den Klatsch so charakteristisch ist. Klatschneuigkeiten haben nur eine gruppenspezifische Relevanz und werden in höchst selektiver Manier innerhalb eines begrenzten sozialen Netzwerks weitergegeben. Gerüchte dagegen können „gestreut" und auch zwischen einander völlig unbekannten Akteuren ausgetauscht werden, sie verbreiten sich dementsprechend auf diffuse Weise und folgen weniger einer Beziehungs- und mehr einer Schwarmlogik. Es ist daher nicht überraschend, dass die Medien – und insbesondere die neuen sozialen Medien – die besten Voraussetzungen für die rasche Verbreitung von Gerüchten bieten.

Neuere Studien zum Gerücht (Merten 2009), insbesondere auch vorzügliche historische Darstellungen und Fallstudien (etwa Neubauer 1998) haben auf der Grundlage dieser allgemeinen Bestimmung weitere Merkmale der Gerüchtekommunikation identifiziert, die die Unterschiede zu Klatsch noch deutlicher sichtbar machen. Gerade weil Gerüchte nicht auf bereits bestehende Kommunikationsnetzwerke beschränkt sind, können sie diejenigen, für die ein Gerücht glaubwürdig und relevant ist, zusammenführen. Gerüchte können also selbst die Bildung von Gruppen und Netzwerken anstoßen, womit sie – im Gegensatz zu Klatsch – eine zentrale Rolle für kollektives Verhalten spielen, wie Georg Wagner-Kyora (2012) in seiner Studie über die Bedeutung von Gerüchten für die Organisation der Massenproteste in Halle und Magdeburg im Herbst 1989 eindrucksvoll rekonstruiert hat. Dabei ist es aber nicht die Gerüchteinformation allein, die direkt zu kollektiven Aktionen führt. Entscheidend ist vielmehr, dass in disruptiven Situationen zunächst eine Phase erhöhter wechselseitiger Beobachtung stattfindet – wie etwa einer der beiden folgenden Autoren bei einem Feueralarm während eines Gottesdienstes beobachtete (Turner & Killian 1987: 55): „Ich bemerkte, wie ich nach links und rechts schaute, um zu sehen, ob die anderen Leute verängstigt aussahen, ob jemand etwas gegen die Situation unternahm. Ich schaute auf den Pfarrer, um irgendwelche Gesten zu erkennen, die auf seine Gefühle hindeuten könnten. Was ich sah, waren viele andere Leute, die sich umschauten, vermutlich genauso wie ich." Es sind Abstimmungsprozesse dieser Art, die für die Situation in und nach dem Auftauchen von Gerüchten charakteristisch sind und kooperatives Verhalten vorbereiten (cf. hierzu prinzipiell die Studie von Hendrik Vollmer 2013). Demgegenüber ist das Rollenset im Klatsch klar definiert, und selbst wenn im Klatsch moralische Urteile modifiziert und aufeinander abgestimmt werden, fehlt dem Klatsch das zum kollektiven Handeln drängende Moment.

4. Die Klatschsequenz

4.1 Die situative Einbettung von Klatsch

Wer nach den sozialen, räumlichen und zeitlichen Umständen der Realisierung von Klatsch fragt, ist mit einer solchen Fülle und Vielfalt möglicher Klatschsituationen konfrontiert, dass es auf den ersten Blick ganz aussichtslos erscheinen mag, hier über Einzelbeschreibungen und die Aufstellung von Listen hinauszugelangen. Denn wann immer die personelle Konstellation der Klatschtriade in einer sozialen Situation gegeben ist, eröffnet sich für die Interagierenden die Möglichkeit, die „Klatschmaschine" in Gang zu setzen. Bei genauerer Betrachtung zeigt sich freilich, dass die beobachtbaren – und vorstellbaren – Klatschsituationen über die Beziehungsstruktur der Beteiligten hinaus Ähnlichkeiten aufweisen, aufgrund derer sie zu einzelnen Gruppen zusammengefasst werden können – zu Gruppen, die sich nicht isoliert voneinander um einzelne Situationspartikel herum auskristallisieren, sondern die sich mit fließenden Übergängen entlang eines Kontinuums anordnen lassen. Ein solches Kontinuum fächert sich auf, wenn man die Situationen, in denen geklatscht wird, auf einer Linie lokalisiert, die zwischen den beiden gegensätzlichen Handlungskontexten der Geselligkeit und der Arbeit gezogen wird. Auf dieser Linie, die das Reich der Tätigkeit mit dem Reich der Untätigkeit verbindet, lassen sich in idealtypisierender Betrachtung drei Gruppen von Klatschsituationen identifizieren.

1. Am einen Ende dieser Linie, dem Bereich der rein geselligen Interaktion, trifft man auf eine Situation, die – zumindest im Urteil der sozialen Umwelt – so vollständig unter dem Zeichen von Klatsch steht, dass sie diesem sogar ihren Namen verdankt: die Situation des Kaffeeklatsches. Im Kaffeeklatsch, so scheint es, realisiert sich die Gattung Klatsch in ihrer reinsten Form. Als typisch für den „Kaffeeklatsch" erscheint uns im Alltag, dass sich ein Kreis von Bekannten – sei's im Café, sei's zu Hause in der Wohnstube – bei Kaffee und Kuchen und unbeschwert von drängenden Arbeitspflichten versammelt hat, denen der Sinn nur nach einem steht: sich über die Verfehlungen und das Treiben gemeinsamer, aber abwesender Bekannter wechselseitig ins Bild zu setzen und über Dinge, die sie nichts angehen, den Mund zu zerreißen. Der Kaffeeklatsch bildet, so könnte man sagen, die zur Institution geratene Form der Klatschkommunikation; er ist die auf Klatsch reduzierte Sozialform der Geselligkeit.

Die Geringschätzung, die unweigerlich mitschwingt, wenn wir im Alltag von „Kaffeeklatsch" sprechen, hat eine historische Wurzel. Wie Wolfgang Schivelbusch (1980: 59–80) in seiner „Geschichte der Genussmittel" rekonstruiert, tauchten im 16. Jahrhundert die ersten Kaffeehäuser in Europa auf. Sie fungierten vor allem als Geschäftslokale, und sie spielten – in einer Zeit, in der eine Tagespresse im modernen Sinn noch unbekannt war – als Kommunikationszentren eine wichtige Rolle in der frühbürgerlichen Wirtschafts- und Kulturgeschichte. Das heutige weltweit agierende Versicherungsunternehmen Lloyd's z. B. nahm seinen Anfang von „Lloyd's Coffee-

https://doi.org/10.1515/9783110758092-006

house", das Ende des 17. Jahrhunderts in der Londoner Innenstadt eröffnet wurde und sich rasch zu einem Treffpunkt für Leute entwickelte, die mit der Schifffahrt zu tun hatten. Den Londoner Redakteuren der Moralischen Wochenschriften dienten die Kaffeehäuser im 18. Jahrhundert als Redaktionslokale, die in den Blättern gar als Geschäftsadressen angegeben wurden. Die Gesprächskultur, die sich in den Kaffeehäusern entwickelte, ermöglichte den Schriftstellern in ihrer anomischen Existenz ein stabilisierendes soziales Netzwerk (Gerhards 1986), übte auf die Literatur insgesamt einen nicht geringen Einfluss aus (Mandt 2020) und fungierte als Entstehungsmilieu einer sich entwickelnden bürgerlich-demokratischen Öffentlichkeit (Habermas 1990: 92 ff). Von diesem Ort waren Frauen weitgehend – in England zeitweise gar durch ein Verbot – ausgeschlossen.

Es ist bekannt, dass die Kaffeehäuser, wohl weil sie als außerhäusliches Refugium der Männer galten, das Misstrauen und den Widerstand der Frauen weckten (Back & Polisar 1983: 280). In dem Maß aber, in dem der Kaffee aus der öffentlichen Sphäre der Kaffeehäuser auch in die private Sphäre der bürgerlichen Haushalte einwanderte, konnten die Frauen nach dem Vorbild der männlichen Kaffeehauskultur ihre eigenen Gesprächszirkel um das gemeinsame Kaffeetrinken herum etablieren: Das war die Geburtsstunde des „Kaffeekränzchens". (Cf. Abb. 1) Ob den bürgerlichen Männern nun diese Selbständigkeitsbestrebungen ihrer Frauen nicht ganz geheuer waren, oder ob auf diesen Kaffeekränzchen tatsächlich in erster Linie die Privatangelegenheiten Dritter besprochen wurden – seit Ende des 18. Jahrhunderts machte sich jedenfalls die Männergesellschaft über den „Kaffeeklatsch" der Frauen lustig. Sie konnten in dem häuslich-weiblichen Pendant nur eine Karikatur der männlichen Kaffeehauskultur erkennen (cf. Felton 1966: 446). Die deutsche Bezeichnung „Kaffeeklatsch" wird im Übrigen auch in den angelsächsischen Ländern verwendet: „the housewives in blue jeans and plaid slacks Kaffee-klatsching on the lawns" schildert William H. Whyte (1956: 305) eine Szene in einem amerikanischen Vorstadtbezirk. Offen bleibt, ob hier die spezifisch deutsche „Kaffee-Ideologie" eine Rolle spielt, deren Genese Schivelbusch (1980: 82 ff) herausgearbeitet hat, oder die, aufgrund ihrer Alliteration eingängige Bezeichnung für ein Phänomen, das auch im angloamerikanischen Raum geläufig ist.

Obwohl der Kaffeeklatsch mittlerweile längst aus dem häuslichen Privatbereich in die – zu Cafés gewordenen – Kaffeehäuser eingewandert ist, mag dieser kulturhistorische Hintergrund mit zu der abfällig-ironischen Einschätzung beitragen, die der Begriff „Kaffeeklatsch" heute noch erfährt. Allerdings spielt dabei noch ein anderer, interaktionsstruktureller Faktor eine Rolle. Der eigentliche „Skandal" des Kaffeeklatsches ist nicht, *dass* dort geklatscht wird – Klatsch begegnet man auch an anderen Orten -, sondern dass dort *ungeniert* geklatscht wird. Die Teilnehmer am Kaffeeklatsch machen sich kaum die Mühe, zu verbergen, dass der Sinn und Zweck ihres Zusammenseins ist, über andere Leute zu klatschen. D.h., sie engagieren sich bei einer Tätigkeit, die offiziell geächtet ist, ohne dabei zu erkennen zu geben, dass ihnen dieser Verstoß gegen die guten Sitten etwas ausmacht. Der Kaffeeklatsch setzt sich also nicht nur – wie jeder andere Klatsch auch – über das Verbot zu klatschen hinweg; er negiert

Abb. 1: Karikatur auf das Kaffeekränzchen, 19. Jh.

vielmehr dieses Verbot, indem er es unterlässt, durch entsprechende Maßnahmen seinen ungebührlichen Charakter zu neutralisieren und damit implizit das Klatschverbot zu respektieren. Und genau darin liegt, wie sich gleich noch genauer zeigen wird, der besonders schlechte Ruf des Kaffeeklatsches begründet: Als Klatschmaul gilt nicht automatisch jeder, der klatscht, sondern nur derjenige, der sich ohne bestimmte Vorsichts- und Neutralisierungsmaßnahmen dem Klatsch widmet. Man kann deshalb auch nicht sagen, dass sich im Kaffeeklatsch die Gattung Klatsch in reinster Form realisiert. Denn im Kaffeeklatsch, der wie jeder Klatsch eine Regel verletzt, wird selbst noch einmal gegen eine Regel verstoßen, die von einem kompetenten Klatschakteur eigentlich beachtet werden sollte.

Im Bereich der geselligen Interaktion finden sich andere Beispiele für die situative Einbettung von Klatsch, die ihrer Struktur nach – und konsequenterweise auch: in ihrem gesellschaftlichen Ruf – mit dem Kaffeeklatsch mehr oder weniger identisch sind. So wird etwa für verschiedene Gesellschaften ein Typus von sozialer Zusammenkunft beschrieben, die darin besteht, dass sich kleine, geschlossene Gruppen bereits tagsüber in aller Öffentlichkeit treffen, dort stundenlang und ohne Beschäftigung trinkend, rauchend und sich unterhaltend herumsitzen und ihre Zeit insbesondere damit verbringen, über jeden, der ihnen dazu Anlass gibt, ausgiebig zu klatschen. James West (1945: 100 f.) hat diese Gruppen in seiner Gemeindestudie als „loafing groups" (Faulenzergruppen) bezeichnet und sie folgendermaßen charakterisiert: „Obwohl nicht streng organisiert, beinhaltet jede 'loafing group' einen zentralen Mitgliedschaftskern, irgendein gemeinschaftliches Interesse und häufig auch einen informellen Treffplatz. Die sichtbarste derartige Gruppe in Plainville ist die der alten Männer, die 'ihre Zeit damit verbringen', herumzugammeln. Sie werden die 'Alten Männer', der 'Club', die 'Geschichtenerzähler' [...] genannt. [...] Der Club 'sitzt' fast den ganzen Sommer über auf zwei Eisenbänken unter einem schattigen Baum in einer Ecke des Dorfplatzes. [...] Die Eisenbänke haben eine Sichtkontrolle über die Straße und über jeden, der sie von welcher Richtung auch immer betritt. Täglich sammeln die Alten Männer die Fäden der jüngsten Ereignisse zusammen und verarbeiten sie im Klatsch." Es sind aber nicht nur alte Männer, die sich in solchen herumlungernden Gruppen treffen. Wie Emrys Lloyd Peters (1972: 109–130) am Beispiel eines kleinen Weilers in Wales zeigt, organisieren auch Jugendliche solche sozialen Zusammenkünfte, beobachten und kommentieren, was sich in ihrem Umfeld ereignet und leben von dem Klatsch, den sie aufgeschnappt haben. Auch diese Gruppen sind kaum bemüht, vor ihrer Umgebung zu verbergen, dass sie sich mit Klatsch abgeben, und dementsprechend gelten sie auch überall als besonders hartnäckige und boshafte Klatschnester. (Im Übrigen kann man hierin einen der Gründe sehen, weshalb alte Leute, die nicht mehr im Arbeitsprozess integriert sind, leicht in den Ruf geraten können, klatschhaft zu sein.)

Charakteristisch für diese Gruppen von Müßiggängern ist, dass sie sich – ihre Aufmerksamkeit auf das vor ihnen sich abspielende Dorf- oder Nachbarschaftsgeschehen richtend – im *Zustand ständiger Klatschbereitschaft* befinden. Ihren Gesprächen ist, wie Unterhaltungen ganz allgemein, das *„Prinzip der lokalen Sensitivität"* (Bergmann 1990) eingeschrieben, d. h. in Gesprächen dieser Art kann alles, was sich vor Ort, im Wahrnehmungsbereich der Beteiligten ereignet, unmittelbar sprachlich aufgenommen, thematisiert und in Form von ausgedehnten Kommentaren und Disputen verarbeitet werden. Diese Situation bietet den Beteiligten zwei große Vorteile: Zum einen sind die Objekte ihrer Aufmerksamkeit für alle Beteiligten sichtbar und müssen nicht erst wie abwesende Dritte durch Bezeichnungen oder Namensnennungen rekonstruiert werden. Zum andern sind diese sichtbaren „Dritten" zwar „anwesend", aber dennoch außer Hörweite, so dass über sie problemlos kritisch bis verächtlich geredet werden kann. Aufgrund dieser Merkmale unterscheiden sich die Gesprächskommentare über anwesende-doch-außer-Hörweite-befindliche Dritte vor allem im Hinblick auf ihre Rekonstruktionslogik vom Prototyp des Klatschs und können als eine eigene Untergattung der moralischen Kommunikation – als „Lästern" – bezeichnet werden. Strukturell gleicht diese interaktive Konstellation der Situation beim Fernsehen, in der die Zuschauer gemeinsam noch während einer Sendung ohne große Rücksicht über die (vermeintlichen) Schwachstellen und kleinen Sünden der Fernsehfiguren und ihrer Darsteller lästern können (cf. Holly 2002: 362; zum Vergleich von Klatsch und Lästern cf. ferner den Exkurs über den Klatsch und seine moralischen Verwandten in Kap. 4.6).

„Man gehe an einer Gruppe von Ehefrauen vorüber, die beim Kaffeeklatsch auf dem Rasen sitzt, und man wird intensivst ihre neugierig fragenden Blicke spüren", hat William Whyte (1956: 356) während seiner empirischen Studie über US-amerikanische Vorstädte beobachtet und berichtet, welche leidvollen Felderfahrungen er dabei machte: „Eines der Berufsrisiken, die man als Interviewer eingeht, ist, dass man zum

Gegenstand von Gerede wird, und ich fürchte, dass meine Anwesenheit einige Hausfrauen in mehreren Vororten in Verlegenheit gebracht hat. In einem Fall, von dem ich später erfuhr, kam ein Ehemann nach Hause und wurde von einem Telefonanruf begrüßt. 'Sie wissen nicht, wer ich bin', verkündete eine Frauenstimme, 'aber es gibt etwas, das Sie wissen sollten. Ein Mann war heute Nachmittag bei Ihnen zu Hause und war drei Stunden lang mit Ihrer Frau zusammen'. Das war bösartig, aber nicht jeder Klatsch endet so." Fortwährend fächeln sich diese „loafing groups" auch kleinste Informations- und Ereignishappen zu, um so ihren unstillbaren Hunger nach Klatsch und Lästerei zumindest kurzzeitig zu stillen.

Zu Klatsch kann es natürlich auch noch in ganz anderen Geselligkeitskontexten kommen: wann immer Bekannte sich im Gasthaus treffen, bietet sich ihnen Gelegenheit, Neuigkeiten über abwesende – oder zumindest außer Hörweite befindliche – Dritte auszutauschen. Dabei können Gasthäuser selbst in den Ruf geraten, Klatschnester zu sein, etwa wenn sie von den Besuchern und Gästen als „Hangout" benutzt werden (cf. die Fallstudie von Patricia Nathe 1976: 86 ff über einen solchen großstädtischen, auf ein Bohemepublikum ausgerichteten Gasthaustypus). In seiner klassischen Studie über die soziale Segregation in Chicagos „Near North Side" berichtet Harvey Zorbaugh (1929: 144) über eine persische Gemeinde, „bei der die Männer sich an den Abenden in den Kaffeehäusern treffen, assyrische Gerichte essen, reden, rauchen und Karten spielen. Der Klatsch der Kaffeehäuser spielt eine große Rolle bei der Formierung von Meinungen."

Auch bei anderen sozialen Zusammenkünften wird Klatsch gern gepflegt, so etwa in der Sauna (wie mehrere Informanten unabhängig voneinander berichteten), beim gemeinsamen Kegeln oder beim Kartenspielen (eigene Beobachtungen)[26]. Gegenüber dem Typus des Kaffeeklatsches unterscheidet sich die situative Einbettung von Klatsch in diesen Fällen bereits in einem wesentlichen Punkt. Klatsch findet hier statt im Handlungsrahmen – man kann auch sagen: unter dem Deckmantel – von gesellschaftlich akzeptierter Geselligkeit. Klatsch ist nicht das Telos dieser sozialen Zusammenkünfte, sondern – wie etwa auch im Fall von Familienfeierlichkeiten (Hochzeiten, Beerdigungen) – ein Nebenprodukt, das sich aufgrund der personellen Konstellation wie von selbst und jedenfalls ungeplant ergibt. Klatsch erscheint damit als ein mehr oder weniger zufälliges Ereignis, und bereits diese Situation schützt die Klatschakteure bis zu einem gewissen Grad vor dem möglichen Vorwurf der Klatschhaftigkeit. Es kann allerdings geschehen, dass sich Akteure in diesen Geselligkeitskontexten gerade deshalb durch ein hohes Maß an Klatschenergie auszeichnen, weil sie sich mit einer Art Freibrief ausgestattet wähnen. Doch dies ist nicht die Regel. Eher schon lässt sich beobachten, dass in diesen Geselligkeitskontexten eine deutliche Tendenz besteht, Klatsch zu verschieben, d. h. zunächst den „offiziellen" Teil, z. B. das Kartenspielen, zu absolvieren und nach dessen Abschluss zum „inof-

---

26 Mit Dank an die wöchentliche Kartenrunde, deren Mitglieder hier aus verständlichen Gründen anonym bleiben müssen.

fiziellen" Teil: zum Klatsch überzugehen. Auch diese *nachgestellte Realisierung von Klatsch* ist eine Technik, die es den Interagierenden ermöglicht, zu klatschen, ohne gleich in die Gefahr zu geraten, als klatschhaft zu erscheinen.

2. Wenn man den Handlungskontext der Geselligkeit verlässt und jener Linie folgt, welche zum Handlungskontext der Arbeit führt, stößt man im Niemandsland zwischen diesen beiden Regionen auf eine zweite Gruppe von Klatschsituationen. Dass diese Situationen nicht nur in einem metaphorischen Sinn eine Zwischenstellung einnehmen, mögen die folgenden Beispiele verdeutlichen: Wer den Weg zur Arbeit mit einem öffentlichen Verkehrsmittel zurücklegt, findet sich oft in der Situation, während der Fahrt nolens volens mit einem Arbeitskollegen zusammenzusitzen und mit ihm über andere Arbeitskollegen oder lokale Berühmtheiten zu klatschen. Oder: im Wartezimmer eines Arztes begegnet man zufällig einem Bekannten, und ehe man sich versieht, ist man mit ihm in Klatsch vertieft. Oder: ehe im Theatersaal die Lichter erlöschen und sich der Vorhang hebt, sind Hunderte von Besuchern damit beschäftigt, im Publikum nach Bekannten Ausschau zu halten und über gesichtete Bekannte mit ihren Begleitpersonen – eventuell auch erst auf dem Nachhauseweg – den neuesten Klatsch auszutauschen. Oder: wer am Ende der kurzen Frühstückspause die Kantine verlässt, hat dort nicht nur eine Tasse Kaffee und ein Brötchen, sondern zumeist auch eine Portion Klatsch zu sich genommen (oder verteilt). – Es ist unschwer zu erkennen, worin die Gemeinsamkeit dieser hier beispielhaft aufgeführten Situationen besteht: sie bilden jenes amorphe, intermediäre soziale Gewebe, das die zeitlichen Lücken und Hohlräume ausfüllt, die im alltäglichen Leben fortwährend und unvermeidlich bei der Sequenzierung und Segmentierung größerer sozialer Handlungsblöcke entstehen. Wartezeiten, Pausen, Fahrten zur und von der Arbeit u. Ä. sind passagere soziale Aggregatszustände der erzwungenen Untätigkeit, die an der Peripherie von Handlungskomplexen auftreten und die insofern gesellschaftlich akzeptiert sind, als in ihnen die Voraussetzungen für die Abwicklung dessen, was man mit Erving Goffman (1971: 51) „dominant involvements" nennen könnte,[27] geschaffen werden.

Diese peripheren Aktivitäten nehmen im Alltag oft einen enormen Teil unserer Zeit in Anspruch, sind aber in der Soziologie selbst lange Zeit ein peripheres Thema geblieben. Während Martin Wenglinsky (1973) eine große Vielfalt derartiger Zwischenaktivitäten auffächert, sind zum Thema „Warten" zum einen die klassischen Arbeiten von Leon Mann (1969) und Barry Schwartz (1975) zu nennen, und zum andern Ruth Ayaß' (2020) ethnomethodologische Studie, die im Detail die interaktiven Praktiken rekonstruiert, die das Warten als „Warten" erkennbar (*accountable*) machen. Zusammen bilden diese peripheren Aktivitäten einen spezifischen situativen Kontext für Klatschgespräche, die man pars pro toto als Pausenklatsch bezeichnen kann. Das besondere Klatschpotential dieser peripheren Episoden ist darin begrün-

---

27 Wie auch in anderen Fällen, so ist auch hier die deutsche Übersetzung des Goffmanschen Konzepts als „dominantes Engagement" zu intentionalistisch.

det, dass die Akteure temporär sowohl von der Erfüllung zentraler Arbeitspflichten wie auch von der Pflicht zur Beteiligung an bestimmten Geselligkeitsformen freigesetzt sind und damit aber in eine unstrukturierte Handlungssituation geraten, die ihnen wenig komplexe Leistungen abverlangt. Das führt u. a. dazu, dass in diesen Situationen die diversen Aktivitäten des Selbst-Engagements (Goffman 1971: 69 ff), d. h. die Formen des egozentrierten, selbstvergessenen Handelns – wie etwa: in Illustrierten blättern, in den Zähnen stochern, Fingernägel reinigen, dösen etc. – trotz der Anwesenheit anderer Personen regelmäßig erkennbar ansteigen. Wenn sich in einer solchen Situation, deren Unstrukturiertheit den Beteiligten leicht das Gefühl vermittelt, sie seien zum Nichtstun verurteilt, zwei Bekannte begegnen, so ist deren Bereitschaft, die vor ihnen liegende, unausgefüllte Zeit gemeinsam mit Klatsch „totzuschlagen", im Allgemeinen sehr groß. „In einer Warteschlange scheint die Zeit schneller zu vergehen, wenn man mit seinen Freunden klatschen kann", schreibt Peter Toohey (2020: 13) in seiner großen Studie über das Warten und stellt generell fest: „Mit Freunden in der Warteschlange zu stehen, ist oft sehr unterhaltsam. In einer Umfrage über das Warten unter Engländern konnte man lesen, dass 68 % von ihnen, wenn sie in einer Warteschlange feststecken, normalerweise mit ihren Vorder- oder Hintermännern quatschen, um sich die Zeit auf angenehme Weise zu vertreiben." Für die Wartenden ist Klatsch in dieser Situation nicht zuletzt deshalb attraktiv, weil sie durch die Unvermeidbarkeit ihres peripheren Engagements, durch die „Rechtmäßigkeit" ihres Nichtstuns und durch die Zufälligkeit ihrer Begegnung vor der Gefahr geschützt sind, in den Ruf der Klatschhaftigkeit zu geraten. Sie sind von daher gar nicht gefordert, die Unabsichtlichkeit ihrer Begegnung und ihres Tuns eigens zu inszenieren (cf. Hahn 2001), weshalb man in diesen Situationen gut beobachten kann, wie die beiden Akteure das Glück des Zufalls nutzen und sich hemmungslos dem Klatsch widmen.

Manchmal findet Pausenklatsch dieser Art selbst in Gegenwart anderer Personen sogar ziemlich ungeschützt statt, also ohne dass die Klatschakteure durch Tuscheln oder proxemische Manöver sich von ihrer interaktiven Umgebung abschotten würden. Er kann deshalb von einem Beobachter, der seine Aufmerksamkeit verdeckt darauf richtet, häufig und ohne Probleme in der Cafeteria, im Bus oder in Wartesituationen aufgeschnappt werden. Allerdings sind diese Klatschgespräche für den heimlichen Lauscher zumeist recht unverständlich: die Klatschakteure, die sich als wechselseitig Bekannte über andere gemeinsame Bekannte unterhalten, sprechen eine äußerst präsuppositionsreiche Sprache, die einen dritten Zuhörer, der das Vorwissen der Klatschakteure nicht teilt, weitgehend ausschließt. Es scheint fast so, als hätten die Klatschakteure ein intuitives Wissen über diesen Schutzmechanismus und könnten sich deshalb auf eine scheinbar so offene Weise dem Klatsch widmen.

Pausenklatsch kann unter bestimmten Umständen in Kaffeeklatsch übergehen (und umgekehrt), wobei sich allerdings bei diesem Übergang die situative Einbettung von Klatsch erkennbar ändert. So berichtete z. B. eine Soziologin,[28] dass etliche

---

28 Mitteilung von Ska Wiltschek.

der Frauen, die sich nach dem Tennisspielen im Umkleideraum einer Tennishalle duschten und ankleideten, während dieser intermediären Phase über gemeinsame Bekannte klatschten. Besonders fielen ihr dabei zwei Frauen auf, die es nicht bei dieser Art von Klatsch beließen, sondern die nach ihrem Spiel, das immer vormittags stattfand, noch im Umkleideraum regelmäßig eine Flasche Sekt öffneten und den zeitlich eng limitierten Ankleidevorgang in eine ausgedehnte Plauderstunde transformierten. Der Klatsch, der zunächst noch an die peripheren Aktivitäten der Körperpflege, des Sich-Ankleidens, des Aufräumens etc. gebunden war, hatte sich hier zu einer Hauptaktivität verselbständigt. Was in diesem Fall durch die Routine des Sekttrinkens als geplant und im Vorhinein beabsichtigt markiert wurde, kann sich in anderen Fällen als eine spontane, situativ generierte und mit einem Ortswechsel verbundene Fortsetzung des Klatschens vollziehen. (So etwa, wenn zwei Bekannte, die sich im Bus zur Universität treffen, dort dann zur Fortsetzung ihrer Unterhaltung schnurstracks die Cafeteria aufsuchen.)

3. Am Ende der Linie, die am Handlungskontext der Geselligkeit ansetzte und dann zum Bereich der peripheren sozialen Aktivitäten führte, steht nun der Handlungskontext der Arbeit. Bereits in der Darstellung des engen bedeutungsgeschichtlichen Zusammenhangs zwischen „Klatschen" und „Wäschewaschen" kam ja zum Vorschein, dass – vorsichtig formuliert – Klatsch und Arbeit keineswegs zwei streng voneinander isolierte Tätigkeiten sind. Im Gegenteil, vieles spricht für die These, dass der Bereich der Arbeit sogar ein bevorzugter Kontext für Klatschkommunikation ist. Auf eine solche Verbindung verweisen nicht nur gängige Bezeichnungen wie „Büroklatsch" oder „Beamtenklatsch", den Georg Lomer (1913: 174) in einer frühen psychologischen Studie beschrieb als „eine Art von sozialer Rache [...] für die mancherlei Unzuträglichkeiten und Demütigungen, die das Beamtenleben nun einmal mit sich bringt". Wer – hellhörig für Klatsch – die Beschäftigten in einem Krankenhaus oder einer Universität bei ihren Tätigkeiten verfolgt, trifft immer wieder auf Paare oder Gruppen, die während der Arbeitszeit beim Klatsch zusammenstehen. Und wenn Leute gefragt werden, an welchen Orten sie mit anderen zum Klatsch zusammentreffen, dann wird an erster Stelle zumeist nicht der Nachmittagskaffee oder ein anderer Geselligkeitskontext genannt, sondern eine Lokalität aus dem Handlungskontext der Arbeit – wie etwa in dem folgenden Ausschnitt aus einem Gespräch (beim Kaffeeklatsch!), das an späterer Stelle noch ausführlich dargestellt und analysiert wird:

```
<"High-Life":GR:46/Vereinfachte Version>

G:   Wo reden denn die Leute darüber? Also-
R:   Allemale, überall. Wenne- anjenommen Du komms einkaufen.
     Wenn ein- wenn ich einkaufen geh, da stehen da schon mal
     zwei Frauen anne Tür. Da sach ich: "Guten Tach."
     Und dann jeht's los: "Hasse schon gehört?" Bums bums bums
     dann wird Dich dat (        ). Ja wenn ich dann so wat hör,
     dann interessier ich mich dann für alles.
     Dann frag ich: "Wann? Wie?" und so.
```

Um die situative Einbettung von Klatsch im Handlungskontext der Arbeit bestimmen zu können, muss man sich zunächst deutlich das kritische Verhältnis dieser beiden Aktivitätsbereiche vor Augen führen. Klatsch und Arbeit gelten, wie in der ethnografischen Literatur immer wieder notiert wird, als zwei Aktivitätsformen, die sich wechselseitig weitgehend ausschließen. Es gibt zwar einzelne berufliche Tätigkeiten, in deren Vollzug die Akteure sich gleichzeitig auch mit Klatsch beschäftigen können: man denke nur an die Feuerwehrmänner, die im Bereitschaftsraum sitzen, an die Dorffrauen, die gemeinsam am Bach ihr Gemüse putzen, oder an die Lkw-Fahrer, die sich während ihrer Fahrten ungehindert mit ihren Beifahrern über gemeinsame Bekannte unterhalten können. Doch in vielen anderen Fällen ist Klatsch nicht auf diese Weise mit der Ausführung von Arbeitshandlungen kombinierbar. Welche Konsequenzen es hat, wenn Klatsch nicht als Nebenengagement die Ausführung von Arbeitshandlungen begleitet, sondern während der Arbeitszeit zum Hauptengagement wird, macht die folgende Beobachtung von Jeremy Boissevain (1972: 210) deutlich, die leicht durch ähnliche Beobachtungen anderer Ethnografen ergänzt werden könnte: „In Gozo [einem Bauerndorf auf Malta] kommt es kaum vor, dass man Gruppen von Frauen sieht, die sich auf der Straße unterhalten. Werden solche Gruppen dennoch beobachtet, dann sagen die Leute, dass diese Frauen faul sind und nicht das tun, was sie tun sollten." Die Regel, dass, wer arbeitet, keine Zeit für Klatsch hat, und dass, wer während seiner Arbeitszeit klatscht, seine Arbeit vernachlässigt – diese Regel gehört mit zum Kernbestand unseres Alltagswissens über Klatsch. Klatsch gilt als gesellige Untätigkeit und damit als unvereinbar mit Arbeit. Wer auf Kosten seiner Arbeit klatscht, gerät in die doppelte Gefahr, nicht nur als indiskret, sondern zugleich als faul verrufen zu werden.

Weshalb wird dann dennoch Arbeitszeit allenthalben in Klatschzeit verwandelt? Weil die Arbeitskollegen als Klatschpartner (und Klatschobjekte) favorisiert werden? Das ist sicher einer der Gründe – Klatsch ist ein Zunftphänomen – doch damit wird das Problem nur auf die Frage nach den Gründen für die Präferenz dieses kollegialen Klatschnetzwerks verschoben. Weil Klatsch den Arbeitenden die Möglichkeit gibt, den routinisierten und unbefriedigenden Arbeitsprozess durch das, was Donald Roy (1959) „Banana Time" genannt hat, also durch informelle Interaktionen zu unterbrechen? Das ist nicht auszuschließen, doch das gilt auch für eine Reihe anderer Aktivitäten (Hänseln, Flirten, Rauchen etc.) und sagt nichts Spezifisches über Klatsch.

Gegenüber diesen Begründungen, die auf externe Faktoren rekurrieren, lässt sich nun zeigen, dass im Klatsch selbst ein Strukturmerkmal enthalten ist, aufgrund dessen der Handlungskontext der Arbeit paradoxerweise als ein geeignetes Klatschenvironment erscheinen muss. Klatschakteure sind prinzipiell mit dem Problem konfrontiert, dass sie sich einer gesellschaftlich diskreditierten Aktivität widmen. Diesen Umstand können sie in ihrem realen Klatschverhalten einfach ignorieren, oder aber mit Hilfe entsprechender Verhaltensmarkierungen reflektieren. Dass dies keine beliebig austauschbaren, sondern in ihren Konsequenzen recht unterschiedliche Möglichkeiten sind, mag ein vergleichendes Beispiel verdeutlichen: Wer am Morgen alkoholisiert ins Büro kommt, kann nur dann mit Verständnis und Toleranz rechnen, wenn es ihm gelingt, sein unangebrachtes Verhalten durch entsprechende Verweise (auf einen Lottogewinn, auf die Geburt eines Sohnes etc.) als einen situativ bedingten Ausnahmefall zu isolieren. Wer es dagegen unterlässt, deutlich zu machen, dass seine „Fahne" auf besondere Umstände zurückzuführen ist und dass durch dieses einmalige Fehlverhalten die prinzipielle Geltung des Nüchternheitsgebots nicht in Frage gestellt wird, der wird rasch in den Ruf geraten, ein Trinker zu sein. Das bedeutet im Hinblick auf Klatsch: *Wer vermeiden will, in den Ruf eines notorischen Klatschmauls zu kommen, der muss bemüht sein, sein Klatschengagement so zu kontextualisieren, dass es als eine unbeabsichtigte, zufallsbedingte und damit entschuldbare Aktivität eines Gelegenheitsklatschers erscheint. Diese Kontextualisierung kann aber gerade dadurch erreicht werden, dass die Klatschakteure ihr Verhalten innerhalb des Handlungsrahmens von Arbeit lokalisieren.* Eine solche Kontextualisierungstechnik besteht z. B. darin, dass sich die Akteure, die sich zufällig über den Weg laufen, nicht zum Klatsch in einer Ecke niederlassen, sondern mit ihren arbeitsindizierenden Utensilien (je nachdem: Bücher, Taschen, Einkaufskörbe etc.) bei ihrer Unterhaltung *stehen* bleiben. (Cf. Abb. 2.) Auf diese Weise dokumentieren die Klatschakteure augenfällig, dass ihre Unterhaltung immer noch im Handlungsrahmen von Arbeit stattfindet, dass sie nur momentan und für kurze Zeit (Stehen ist unbequemer als Sitzen!) ihre Arbeit zugunsten des Gesprächs unterbrochen haben, und dass sie aufgrund ihrer erhöhten Lokomotionsbereitschaft jederzeit und ohne viel Umstände weggehen und sich wieder ihrer Arbeit zuwenden können. D. h. die Arbeit ruht zwar während des Klatschens, doch die Bedeutung der Arbeit als Rahmen der sozialen Begegnung wird von den Klatschakteuren in der Interaktion aus Selbstschutzgründen fortwährend indiziert.

Durch seine markierte Lokalisierung im Handlungskontext der Arbeit erhält Klatsch den Charakter des Zufälligen, des Beiläufigen und Passageren. Die Klatschakteure demonstrieren sich und anderen, dass, auch wenn sie sich momentan dem Klatsch widmen, Klatsch dennoch nicht das Telos ihres Zusammenseins bildet. Dass den Klatschakteuren selbst dieser Mechanismus nicht unbekannt ist, manifestiert sich vielleicht am eindrucksvollsten in dem häufig beschriebenen Phänomen, dass sich Nachbarn zumeist nicht unverhohlen zum Zweck des Klatschens besuchen, sondern es oft vorziehen, den Kontakt zu den Bekannten nebenan zunächst über eine arbeitsbezogene Thematik – das Borgen von Eiern, das Zurückbringen einer Schüssel – herzustellen. Ganz „natürlich" und unschuldig kann sich dann aus dem durch einen Zweck begründeten Kontakt ein längeres Klatschgespräch entwickeln. Dass die Klatschakteure den Handlungsrahmen der Arbeit nur deshalb so deutlich markieren, weil sie sich unter dem Schein der zufälligen, passageren Begegnung umso hemmungsloser dem Klatsch hingeben können – dieses Spiel durchschauen natürlich auch die Umstehenden. Der Zeichner des „satirischen Flugblatts auf die Untugenden der Dienstmägde" (Abb. 2) hat diese Einsicht in der Figur des Jungen, der den beiden stehenden Frauen auf dem „Plaudermarkt" einen Stuhl bringt, ironisch zur Form gebracht. Doch man darf denen, die man in den Gängen der Universitäten ebenso wie auf dem Wochenmarkt stehend in Klatsch vertieft antrifft, nicht Unrecht tun: Gerade in diesem Stehen bringen sie symbolisch ihren Respekt gegenüber dem Klatschverbot zum Ausdruck, gegen das sie faktisch verstoßen.

Abb. 2: Nürnberger satirisches Flugblatt auf die Untugenden der Dienstmägde (1652)

Die Darstellung der situativen Einbettung von Klatsch in drei verschiedenen Handlungskontexten – dem Bereich der Geselligkeit, dem Bereich der peripheren Aktivitäten und dem Bereich der Arbeit – ist immer wieder auf eine Thematik gestoßen: auf die Probleme, die sich für die Klatschakteure daraus ergeben, dass die Aktivität, der sie sich widmen, gesellschaftlich diskreditiert ist und sie damit Gefahr laufen, ihr Ansehen zu schädigen. Der gleichen Thematik begegnet man erneut, wenn man über die situative Einbettung von Klatsch hinaus nun im Detail verfolgt, wie Klatsch in der Interaktion realisiert, und das heißt zunächst: im Gespräch eingeführt wird.

4.2 Die interaktive Absicherung von Klatsch

Die Tatsache, dass Klatsch als eine Gattung der mündlichen Kommunikation *im* Gespräch realisiert wird, lässt sich zunächst in die triviale Feststellung kleiden, dass der Klatschkommunikation selbst Äußerungen vorangehen und Äußerungen nachfolgen, die für sich nichts mit Klatsch zu tun haben. Die Begrüßung z. B., die in der Regel ein Gespräch eröffnet, wird man noch nicht als Klatsch bezeichnen, und die Verabschiedung, mit der normalerweise ein Gespräch endet, nicht mehr. Klatsch ist also in jedem Fall in eine Interaktionsabfolge eingebettet, und diese Einbettung von Klatsch liefert der Analyse von Klatschkommunikation einen wichtigen Ansatzpunkt. Dazu darf allerdings der Interaktionsverlauf, innerhalb dessen Klatsch realisiert wird, nicht dadurch seiner zeitlichen Struktur beraubt werden, dass er mittels vorgegebener Beobachtungskategorien in einzelne feststehende Gesprächsaktivitäten zergliedert und deren zeitliches Nacheinander dann bedenkenlos übergangen wird. Vielmehr ist der Sachverhalt, dass es in erkennbarer und geordneter Weise zu dieser Interaktionsabfolge kommt, als eine Leistung der Interagierenden zu verstehen, die in und mit ihren Äußerungen das, was sich im Nachhinein als gegliederte Interaktionsstruktur darbietet, in situ hervorbringen. Die Redeweise, dass Klatsch in eine Interaktionsabfolge eingebettet ist, darf daher nicht vergessen machen, dass es die Interagierenden selbst sind, die diese Einbettung gemeinsam vornehmen.

Die Teilnehmer an einer Interaktion sind prinzipiell verpflichtet und verfügen in der Regel auch über eine entsprechende Kompetenz, ihre Äußerungen und Verhaltensentscheidungen in vielfältiger Weise aufeinander abzustimmen und miteinander zu koordinieren. Wer etwa aus heiterem Himmel, also ohne Vorankündigung, einen Witz erzählt, wird, falls es ihm überhaupt gelingt, ob seines merkwürdigen Verhaltens bei seinen Gesprächspartnern Irritation, wenn nicht Verärgerung hervorrufen. Gespräche können nur dann erfolgreich sein, wenn sich die Teilnehmer wechselseitig immer wieder indizieren, mitteilen, bestätigen und ratifizieren, womit-sie-gerade-beschäftigt-sind-und-was-sie-als-Nächstes-zu-tun-gedenken. Diese liierende Schreibweise soll zum Ausdruck bringen, dass diese Abstimmungs- und Koordinierungsleistungen in den meisten Fällen gar nicht explizit verbalisiert, sondern durch die kommunikativen Akte hindurch den Gesprächspartnern indirekt und in „verkörperter" Form zu verstehen gegeben werden. Naturgemäß ist diese intersubjektive Verständigungssicherung immer dann dringend erforderlich, wenn das vor sich hin plätschernde Gespräch in eine andere Richtung gelenkt, wenn ein Kommunikationsmuster durch ein anderes abgelöst oder auch, wenn ein Gespräch überhaupt in Gang gesetzt oder zu einem Abschluss gebracht werden soll. Die Studien zur sozialen Organisation der Eröffnungs- und Beendigungsphase von Gesprächen, wo sich auf engstem Raum verschiedene interaktive Prozesse überlagern, waren für die frühe

Konversationsanalyse von paradigmatischer Bedeutung (cf. Schegloff 1968; Schegloff & Sacks 1973) und haben vielfältige Nachfolgestudien angeregt (cf. etwa Bergmann 1980; Button 1987). Im Hinblick auf Klatsch stellt sich – gerade auch für die Interagierenden selbst – die Frage, wie ein Gespräch, das noch kein Klatsch ist, in ein Klatschgespräch transponiert werden oder aber ein laufendes Klatschgespräch beendet werden kann. Man kann daher davon ausgehen, dass ebenso wie die äußeren Begrenzungen eines Gesprächs auch die inneren Grenzen der Klatschkommunikation – ihre Eröffnung und ihre Beendigung – von den Interagierenden aus Gründen der intersubjektiven Verständigungssicherung in besonderer Weise organisiert und damit sekundär für den wissenschaftlichen Beobachter erkennbar gemacht werden. Grob betrachtet ergibt sich daraus für die gesprächsinterne Organisation von Klatsch eine dreigliedrige Ablaufstruktur, die ihrer Form nach zunächst noch nicht für Klatsch allein charakteristisch ist, sondern auch die Realisierung anderer kommunikativer Muster innerhalb von Gesprächen kennzeichnet. (Cf. Abb. 3.)

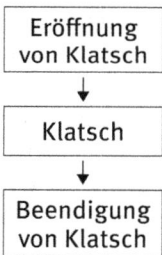

```
┌─────────────┐
│ Eröffnung   │
│ von Klatsch │
└─────────────┘
      ↓
┌─────────────┐
│ Klatsch     │
└─────────────┘
      ↓
┌─────────────┐
│ Beendigung  │
│ von Klatsch │
└─────────────┘
```
Abb. 3: Dreigliedrige Organisation von Klatsch

In diesem und in den folgenden Abschnitten geht es nun darum, die spezifische Ablauforganisation von Klatsch zu bestimmen, d.h. anhand von Beobachtungsprotokollen und Transkripten zu verfolgen, wie Klatsch als eine genuine Kommunikationsform aus dem dahinfließenden Aktivitätsstrom des Gesprächs herausgehoben wird, wie Klatsch sprachlich-interaktiv realisiert und wie er schließlich zu einem Abschluss gebracht wird.[29]

Aus der bisherigen Darstellung ergibt sich, dass bei der Initiierung von Klatsch in einem laufenden Gespräch die Interagierenden zwei spezifische Aufgabenkomplexe zu bewältigen haben. (Von dem generellen Problem der thematischen Organisation soll hier zunächst abgesehen werden, cf. hierzu etwa Maynard 1980; Tracy 1984.) Zum einen geht es um das *beziehungsstrukturelle Problem*, zu klären, ob und wie die abwesende Person, die als Protagonist in die Unterhaltung eingeführt werden soll, den Gesprächsteilnehmern wechselseitig bekannt ist und damit als Klatschobjekt thematisiert werden kann. Zum andern geht es um das *interaktiv-moralische Problem*,

---

[29] Bei der Analyse der Ablauforganisation von Klatsch waren mir mehrere datenanalytische Arbeitssitzungen mit Angela Keppler im Rahmen des DFG-Projekts „Rekonstruktive Gattungen" von großem Nutzen; cf. auch die Paralleluntersuchung von Keppler (1987).

sicherzustellen, dass die sozial geächtete Praxis des Klatschens von allen Gesprächsteilnehmern mitgetragen wird, denn nur so kann der Klatschproduzent die für ihn unangenehme und fatale Situation vermeiden, plötzlich als alleiniges Klatschmaul in der Gesprächsrunde dazustehen. Da beide Aufgabenkomplexe Voraussetzungen der Klatschkommunikation betreffen, werden sie von den Interagierenden typischerweise vor oder mit Beginn des eigentlichen Klatsches durchgearbeitet. Es ist daher zu erwarten, dass der zentralen Interaktionssequenz, in der die Klatschneuigkeit übermittelt und prozessiert wird, eine Prä-Sequenz vorgeschaltet ist, in der von den Interagierenden überprüft wird, ob die Bedingungen für einen Einstieg in die Klatschkommunikation gegeben sind.

Prä-Sequenzen sind, seit das Konzept in den 1960er Jahren von Harvey Sacks (1992a [1967]) entwickelt wurde, bereits seit geraumer Zeit ein Untersuchungsobjekt der Konversationsanalyse (cf. als Übersicht Beach & Dunning 1982). In mehreren Arbeiten wurde gezeigt, dass derartige kommunikative Abklärungsphasen den unterschiedlichsten Interaktionssequenzen vorgeschaltet werden können. Sie verweisen prinzipiell darauf, dass die Interagierenden sich auf den prospektiven Verlauf ihres Gesprächs hin orientieren und mögliche unerwünschte Entwicklungen antizipieren. Dementsprechend konstituieren sich diese Prä-Sequenzen in dem Bemühen der Handelnden, frühzeitig einen sich abzeichnenden nicht-präferierten („dispreferred") Gesprächsverlauf aufzuspüren und durch entsprechende Aktivitäten zu verhindern, dass das Gespräch tatsächlich diese unerwünschte Entwicklung nimmt. Will z. B. ein Sprecher vermeiden, dass seine Einladung („Gehst du heute Abend mit ins Kino?") abgelehnt wird, dann kann er zunächst durch die Initiierung einer Prä-Sequenz („Was machst du denn heute Abend"?) klären, ob eine Einladung überhaupt Aussichten auf Erfolg hat. Erfährt er bereits in der Prä-Sequenz von seinem Gesprächspartner („Ich hab heute Abend Italienischkurs"), dass eine Einladung nicht den von ihm präferierten Verlauf nehmen würde, so wird er diese gar nicht erst aussprechen. Prä-Sequenzen dienen also ganz allgemein dazu, die Handlungen der Interagierenden bereits im Vorfeld zu koordinieren und aufeinander abzustimmen. In ihnen werden Handlungsabsichten auf indirekte Weise geäußert, Interessen diskret artikuliert, Handlungsziele nur per Andeutung offenbart, Ablehnungen eher implizit zum Ausdruck gebracht und Konflikte vor ihrem Ausbruch beigelegt. Auf diese Weise können schroffe Ablehnung, offene Zurückweisung und damit Brüskierung und Gesichtsverlust vermieden werden, und wie Levinson (1983: 345 ff) zeigt, kann mit Hilfe dieses Konzepts das Problem der indirekten Sprechakte („Gibt's noch Kaffee?"), das der Sprechakttheorie erhebliche Mühen bereitet, auf elegante Weise gelöst werden.

4.2.1 Etablierung des Klatschobjekts

Verfolgt man nun anhand von Transkripten, wie die Interagierenden den ersten Aufgabenkomplex – die Einführung des zukünftigen Klatschobjekts in das laufende Gespräch – bewältigen, kann man immer wieder die gleiche Beobachtung machen:[30]

```
<1>           <"High-Life":GR:22>

              <Frau Hein und Frau Ring, Bewohnerinnen einer
              Obdachlosensiedlung, sitzen mit den beiden Studenten
              Paul und Gerd, die früher mit den beiden Frauen in
              einer Obdachloseninitiative zusammengearbeitet
              haben, beim Kaffeeklatsch in Pauls Wohnung.>

    01   P:   (Mögen Se noch) Kaffee oder lieb[er Bier?
    02   G:                                   [Hm
    03                             (3 sec)
    04   H:   Lieber en Bier, wenn ich schon gefragt werd.
    05   G:   Hehe
    06   H:   Hehehe
    07   P:   Nee nur damit ich den Kaffee hier ausstell.
    08   G:   Hm
→   09        Die- die Theissens sind ausgezogen, ne?
    10   R:   Ja [die hat sich] ja gut gestanden, ne.
    11   H:      [(         )]
    12   R:   [Zehntausend Mark.
    13   P:   [(         )
    14   G:   Hat die bekommen? als einmalige Beihilfe jetz, ne.
```

Durch die Art und Weise, wie G in diesem Ausschnitt „die Theissens", die im bisherigen Gespräch noch nicht erwähnt wurden, in die Unterhaltung einführt, gibt er zu verstehen, dass er implizit von der Annahme ausgeht, den anderen Gesprächsteilnehmern sei die Identifizierung der von ihm genannten Personen problemlos möglich. Wie Sacks & Schegloff (1979) gezeigt haben, wird die Referenz auf Personen in Gesprächen von zwei Präferenzen bestimmt: der Präferenz der Minimierung, d. h., wenn möglich, soll eine einzelne Referenzform verwendet werden, und der Präferenz des „recipient design", also des rezipientenspezifischen Zuschnitts von Äußerungen, d. h., wenn möglich soll eine Erkennungsform („recognitional") verwendet werden, die dem Rezipienten die Identifizierung der genannten Person ermöglicht. (Für neuere Forschung zu diesem Thema cf. Lerner & Kitzinger 2007). Ein Sprecher muss also, wenn er auf eine Person referiert, ein Wissen über das Wissen seines Gesprächspartners haben

---

30 Erläuterungen zur Transkriptionsweise und zu den einzelnen Transkriptionssymbolen finden sich im Anhang. Bei dem Gespräch, das im Text mit der Sigle „High-Life" gekennzeichnet wird, handelt es sich um ein mehrstündiges Klatschgespräch, das von Gerhard Riemann (heute TH Nürnberg) aufgezeichnet und transkribiert wurde; ihm bin ich für die Überlassung des Transkripts sehr zu Dank verpflichtet. Riemann selbst hat Teile dieses Gesprächs in seiner Diplomarbeit (Universität Bielefeld) im Hinblick auf Muster der Handlungs- und Wertorientierung sowie der sozialen Typisierung von Obdachlosen analysiert (Riemann 1977).

– und dies ist nur ein Beispiel für die zentrale Bedeutung von Präsuppositionen in der sozialen Interaktion (cf. Goffman 1983). In Segment <1> verzichtet Sprecher G darauf, über die minimale personale Referenz hinaus, die er durch den bestimmten Artikel und die Erkennungsform des Familiennamens erzielt, weitere Angaben und Hilfen zur Lokalisierung und Identifizierung der von ihm fokussierten Personengruppe bereitzustellen. Und gerade in dieser Beschränkung auf eine minimierte, definite Referenzform kommt die Unterstellung des Sprechers zum Ausdruck, dass die von ihm genannten Personen für die anderen Gesprächsteilnehmer den Status von „Bekannten" haben und von ihnen problemlos identifiziert werden können. Diese ökonomische Form der Referenzierung auf die Person, die im weiteren Verlauf des Gesprächs zum Klatschobjekt wird, mittels des Vor- bzw. Familiennamens (manchmal sogar mittels eines Spitznamens) ist ein typisches Element der dem Klatsch vorangehenden Prä-Sequenz.

In der Regel bereitet es den Rezipienten keinerlei Probleme, die mit dieser Referenzform eingeführten Personen (und zukünftigen Klatschobjekte) unmittelbar zu identifizieren. Zumeist nehmen die Rezipienten in ihren Nachfolgeäußerungen sogleich in pronominalisierter Form auf sie Bezug und bestätigen damit nicht nur, dass diese Person für sie den Status eines „Bekannten" hat, sondern auch, dass der Sprecher in seiner Referenzform zurecht dieses Bekanntschaftsverhältnis präsupponiert hat.[31]

```
<2>            <"Karrieren":AK:EM 21>

11    K:      Ja un die Schleifinger die macht ja jetz
12             Karriere in Mainz-
→13   S:      Wie bitte: Die! Wie kommt se denn doadezu,
```

Indem S. hier ohne Zögern mittels des anaphorischen, Erstaunen signalisierenden „Die!" sowie des Pronomens „se" Bezug nimmt auf „die Schleifinger", die K in der bekannten Weise durch <definiten Artikel> + <Familienname> ins Gespräch eingeführt hat, etabliert sie zwischen sich, „K" und „der Schleifinger" jene triadische Bekanntschaftsbeziehung, welche dem Klatsch zugrunde liegt. (Damit ist natürlich noch nicht gesagt, dass die Klatschakteure auch umgekehrt „der Schleifinger" oder „den Theissens" bekannt sind.) Man kann resümierend festhalten, dass die Aufgabe, eine abwesende dritte Person als ein den Beteiligten bekanntes Gesprächsobjekt und damit als potentielles Klatschobjekt in die Unterhaltung einzuführen, von den Interagierenden rasch, komplikationslos und ohne großen Aufwand erledigt wird. Darin manifestiert sich, dass die Gesprächsteilnehmer offensichtlich ein *Wissen über die Schnittmenge ihrer jeweiligen Bekanntschaftskreise* haben. Dieses Wissen erspart es

---

31 Dieser Gesprächsausschnitt - und andere Segmente, die mit der Sigle „AK" gekennzeichnet sind - wurden einem Materialkorpus entnommen, den Angela Keppler im Rahmen des Forschungsprojekts „Strukturen und Funktionen von rekonstruktiven Gattungen in der alltäglichen Kommunikation" zusammengestellt hat.

den Interagierenden, vor Beginn des eigentlichen Klatsches zunächst mühsam die Frage abzuklären, „ob mein Bekannter auch Dein Bekannter ist". Mehr noch: in diesem raschen Identifizierungsprozess demonstrieren und versichern sich die Interagierenden wechselseitig ein gewisses Maß an Vertrautheit mit der persönlichen Lebenssphäre des jeweils anderen. Und diese Vertrautheit ist eine der Bedingungen dafür, dass die Interagierenden miteinander in eine Klatschbeziehung treten können.

Natürlich kann es geschehen, dass die von einem Gesprächsteilnehmer benannte Person nicht sogleich von einem Rezipienten identifiziert werden kann. Einen solchen Fall enthält der folgende Gesprächsausschnitt:

```
<3>          <"High-Life":GR:28>

01    G:    Wohnen die Große-Schürups noch eh inner Siedlung
02           jetz, in- auf der Oswaldstraße?
03           Frau Große-S[chürup?
04    R:                 [Große-Schürups?
05    P:    Kröll.
06    R:    Kenn ich nich.
07    H:    Die Frieda Kröll.
08    R:    Ahhhh ah[hhh
09    H:            [heheheh[ehe
10    R:                    [ahhhh Große-[Schürups
11    H:                                 [Ja klar die Frieda
12           wohnt doch wieder in (    [     )
13    R:                               [Jaha!
14    H:    Ja
15    R:    Dat Trampeltier!
```

In diesem Fall kann R mit der von G vorgenommenen Personenreferenz („die Große-Schürups") ebensowenig anfangen wie mit P's Identifizierungshilfe („Kröll"), und es scheint fast, als habe G eine Person ins Gespräch eingeführt, die – entgegen seiner Annahme – R nicht bekannt ist („Kenn ich nich"). Erst als H den Vornamen der fraglichen Person nennt („Die Frieda Kröll"), signalisiert R („Ahhhh ahhhh"), dass die ihr doch nicht fremd ist. Wenn Sprecher mit der von ihnen gewählten Referenzform falsch liegen, kommt keine Verständigung über die referenzierte Person zustande, der Fortgang der Interaktion muss unterbrochen werden, damit in einer Nebensequenz (Jefferson 1972) oder Einschubsequenz (Schegloff 1972: 76ff) das Referenzierungsproblem gelöst werden kann – was natürlich auch für Ortsbezeichnungen (cf. Auer 1979) oder andere Eigennamen gilt. Es ist zwar möglich, dass Klatschsequenzen auch durch „Kennst Du X?"-Fragen eingeleitet werden (Yerkovich 1977: 193), wobei dann häufig zunächst in Form einer Nebensequenz der Bekanntschaftsstatus der auf diese Weise ins Gespräch eingeführten Person geklärt werden muss. In diesem Fall ist jedoch die wechselseitige Bekanntschaft der Klatschakteure – und damit das Wissen über das Wissen des Interaktionspartners – prinzipiell recht niedrig, mit der Konsequenz, dass das nachfolgende Gespräch eher den Charakter eines Informationsaustauschs als den von Klatsch hat.

Interessant in Segment <3> ist die Wissensdifferenz, die sich darin widerspiegelt, dass dieselbe Person, die von G „Frau Große-Schürup" genannt wird, den beiden Gesprächsteilnehmerinnen R und H als „die Frieda" bekannt ist. Ein Sprecher, der auf eine erwachsene Person mit deren Vornamen referiert, markiert damit im Deutschen in der Regel eine eher vertrauliche und egalitäre Beziehung, die ein Wissen über persönlich-private Dinge mit einschließt. Er befindet sich damit bereits gegenüber einem Interaktionspartner, der auf die gleiche Person mit deren Familiennamen referiert und so eine eher unpersönliche, distanzierte Bekanntschaftsbeziehung andeutet, in der Position eines potentiellen Klatschproduzenten. Was sich hier im Fall der Personenreferenz zeigt, lässt sich zu einer weiteren Strukturkomponente verallgemeinern: *In der Klatsch-Prä-Sequenz wird nicht allein die Bekanntheit des zukünftigen Klatschobjekts sichergestellt, es wird – oft implizit – auch geklärt, welche Art von Wissen die Akteure über diesen gemeinsamen Bekannten haben*; durch diesen Klärungsprozess wiederum ergibt sich, welcher Teilnehmer als – nächster – Klatschproduzent agieren kann oder soll. So zeigt sich z.B. in dem bereits zitierten Gesprächsausschnitt –

```
<1>        <Detail/Vereinfacht>

09    G:   Die- die Theissens sind ausgezogen, ne?
10    R:   Ja die hat sich ja gut gestanden, ne.
12    R:   Zehntausend Mark.
14    G:   Hat die bekommen? als einmalige Beihilfe jetz, ne.
```

– dass der Fragesteller, der „die Theissens" ins Gespräch bringt, keineswegs völlig unwissend über diese gemeinsamen Bekannten ist, sondern im Gegenteil die von R mitgeteilte, möglicherweise klatschträchtige Information („Zehntausend Mark") bereits kennt und zu diesem Thema sogar noch ein zusätzliches Wissen („als einmalige Beihilfe") anzubieten hat. Das Wissen, das R hier zunächst weitergibt, erweist sich als Information ohne Neuheitswert. Allgemeiner formuliert: Durch die Abklärung der Bekanntschaftsbeziehungen, des darin implizierten Wissens über Privates sowie des Neuheitscharakters von Informationen *werden in der Klatsch-Prä-Sequenz die Positionen von Klatschproduzent und -rezipient lokal ausgehandelt*. Dieser Aushandlungsprozess ist nun auch für die Bewältigung des zweiten Aufgabenkomplexes, mit dem die Interagierenden bei der Initiierung von Klatsch konfrontiert sind und der die moralische Problematik ihres Tuns betrifft, von entscheidender Bedeutung.

Prinzipiell kann die Initiative zum Klatsch sowohl vom Produzenten wie vom Rezipienten der späteren Klatschgeschichte ausgehen. Beide müssen dabei jedoch, da sie mit moralisch kontaminiertem Wissen zu tun haben, mit Vorsicht zu Werk gehen, um eine Situation zu verhindern, in der sie sich als alleinige Klatschinteressenten exponieren. Diese Situation ist ihrer Struktur nach vergleichbar mit einer Situation, in der es um Bestechung geht: Eine Bestechung kann nur dann erfolgreich abgewickelt werden, wenn zwischen A und B im Hinblick auf dieses Geschäft ein Konsens hergestellt worden ist, d.h. A's Bestechungsangebot mit B's Bestechlichkeit korrespondiert. Doch weder kann A ungeschützt ein Bestechungsangebot unterbreiten, noch kann B ohne Absicherung seine Bestechlichkeit zu erkennen geben. Jeder von ihnen würde dabei Gefahr laufen, sich im Fall einer negativen Reaktion des jeweils anderen moralisch zu diskreditieren, ja sich einer rechtswidrigen Tat schuldig zu machen, denn: „Der Versuch ist strafbar" (wie das StGB im Hinblick auf den Tatbestand der Bestechung bzw. Bestechlichkeit besagt). So muss vor der Abwicklung der eigentlichen Transaktion durch verklausulierte Angebote und vage gehaltene Nachfragen, die einen Rückzug ohne Gesichtsverlust erlauben, die Devianzbereitschaft des anderen erkundet und Zug um Zug in einen offenen Konsens überführt werden. (Für eine linguistische und kommunikationsanalytische Studie über Bestechung cf. Shuy 2013: 43 ff.) Ausgehend von diesem Vergleich kann man jetzt danach fragen, welcher Techniken sich der Klatschproduzent und der Klatschrezipient bedienen, um vor der eigentlichen Klatschtransaktion zwischen sich einen Konsens über die wechselseitig geteilte Klatschbereitschaft herzustellen.

4.2.2 Klatscheinladungen

Es könnte zunächst den Anschein haben, als ließe sich der moralische Aufgabenkomplex der Klatschinitiierung ganz einfach dadurch lösen, dass ein Gesprächsteilnehmer offen die Rolle des Klatschrezipienten übernimmt und seinen Gesprächspartner direkt nach dem neuesten Klatsch fragt. Durch den unverhohlenen Ausdruck seines Klatschinteresses wäre der Rezipient für die so ausgelöste Klatschsituation in der gleichen Weise verantwortlich wie der Klatschproduzent selbst, der sein moralisch kontaminiertes Wissen ausbreitet. Doch diese einfache Lösung des Problems der „Komplizenschaft" birgt eine Reihe von Problemen. Das Hauptproblem hat der Ethnologe Edwin B. Almirol (1981: 300) in seiner Studie über eine Filipino-Gemeinde in Kalifornien mit der folgenden Beobachtung dargestellt: „Eine Frau, die – vielleicht zu Unrecht – in dem Ruf stand, eine 'tsismosa' <=Klatschweib> zu sein, erklärte mir, dass die 'Kunst' des Klatschens damit beginne, Desinteresse, wenn nicht sogar leichte Verachtung für Klatsch zu zeigen. 'Wenn du ein aktives Interesse daran zeigst, Dinge über andere Leute zu wissen, dann wirst du sofort als eine 'tsismosa' gebrandmarkt, was zur Folge hat, dass du überhaupt keine Information erhältst.' Es ist klug, nie zu wißbegierig oder zu sehr an Klatsch interessiert zu erscheinen, 'denn Klatsch ist wie ein Schmetterling: wenn du hinter ihm herjagst, wird er nur umso mehr vor dir wegfliegen, aber wenn du stillsitzt, wird er sich auf deine Schultern setzen'." Almirol interpretiert diese Zurückhaltung als strategische Entscheidung: Bei einer Person, die sich zu begierig auf Klatschinformationen zeigt, muss der potentielle Informationsgeber befürchten, dass die klatschsüchtige Person alles, was ihr zu Ohren kommt, bedenkenlos weitererzählt und dadurch möglicherweise Schaden anrichtet. Doch vielleicht ist die Weigerung, bei einer direkten Nachfrage nach Klatsch sofort die gewünschte Information zu liefern, noch in einem anderen Motivzusammenhang begründet. Der Boykott eines informationslüsternen Klatschrezipienten lässt sich vielleicht eher auf das paradox anmutende Bemühen der Klatschakteure zurückführen, *zwar miteinander zu klatschen, doch gleichzeitig untereinander nicht als klatschhaft zu erscheinen.* Und weil der Ruf der Klatschhaftigkeit kontagiös ist, werden diejenigen Mitglieder, die in diesem Ruf stehen, isoliert und aus dem weiteren Klatschnetzwerk ausgeschlossen. Es liegt nahe, dass diese als klatschhaft bekannten Personen, weil sie ja eh keinen Ruf mehr zu verlieren haben, dann zu einer eigenen, als besonders klatschhaft verschrienen Gruppe zusammenfinden.

Es gibt also gute Gründe für Klatschrezipienten, sich nicht zu interessiert an Klatsch zu zeigen. Doch wie können Interagierende, ohne allzu neugierig zu erscheinen, ihre Partner dazu bringen, Klatschinformationen preiszugeben? Verfolgt man diese Frage anhand der Gesprächsaufzeichnungen, kann man die Beobachtung machen, dass den Gesprächsteilnehmern verschiedene Techniken zur Verfügung stehen, mittels derer sie ihre jeweiligen Partner auf diskrete Weise dazu auffordern – oder besser: einladen – können, ein vorhandenes Wissen über die privaten Dinge eines abwesenden Dritten im Gespräch auszubreiten. Die Funktionsweise solcher Klatscheinladungen – Cuff & Francis (1977) sprechen von „invited and non-invited stories" – besteht, allgemein formuliert, darin, den Gesprächspartner in eine Lage zu bringen, in der er scheinbar freiwillig mehr Informationen liefert, als die initiierende Äußerung eigentlich von ihm zu verlangen scheint. Diese Klatscheinladungen stehen damit in einer engen Verwandtschaftsbeziehung mit jenen Äußerungstypen, die Anita Pomerantz (1980) als „fishing" bezeichnet hat und die in informellen wie institutionellen – z.B. psychiatrischen oder polizeilichen Interaktionskontexten – häufig als Mittel eingesetzt werden, um jemanden durch sanften Druck zum Sprechen zu bringen (cf. Bergmann 1992: 140 ff). Zwei dieser Techniken der Klatscheinladung sollen im Folgenden beschrieben werden.

Die eine Technik besteht darin, durch *wiederholtes Thematisieren scheinbar unverfänglicher Details oder Daten* auf „unschuldige" Art ein Interesse am Geschick eines gemeinsamen Bekannten zu signalisieren – ein Interesse also, das über die angesprochenen Details hinausreicht und auf mehr aus ist als auf eine einfache Bestätigung oder kurze Auskunft. Ein ganz ähnlicher Effekt kann dadurch erzielt werden, dass eine Frage, noch ehe darauf eine Antwort erfolgt, vom Fragesteller in paraphrasierender Form wiederholt wird (cf. Bergmann 1981). Die folgenden beiden Gesprächsausschnitte, die die Fortsetzung der Segmente <1> und <3> bilden, enthalten Beispiele für diese Technik der wiederholten Thematisierung von Details und zeigen auch, zu welchen Reaktionen diese sequenzinitiierenden Äußerungen führen.[32]

---

[32] Die Segmentnummerierung <4/1> bedeutet, dass der Gesprächsausschnitt <4> - auch in der Zeilennummerierung - den Gesprächsausschnitt <1> fortsetzt. Auf diese Weise können über den Text hinweg auch längere Gesprächspassagen in ihrem Ablauf verfolgt werden.

```
<4/1>        <"High-Life":GR:22>

┌ 09   G:    Die- die Theissens sind ausgezogen, ne?
│                                           .
│                                           .
│                                           .
└▶24   G:    Seit wann sind die denn schon ausgezogen?
  25         da au[s der Oswaldstra]ße?
  26   R:       [(              )]
  27   R:    Gercht! der Möbelwagen kam.
  28         Mit solche Handschuhe haben die Männer gearbeitet.
  29         Jaa und anschließend haben die die so angepackt,
  30         weckgeschmissen inne Mülleimer
  31   H:    Kumma da kannse ma sehen, der Paul is nich so
  32         arm, wie Du gedacht hast. <belustigt>
  33   R:    Und da hab ich gesagt [da hab ich es- da sind
  34   H:                          [hihihi
  35   R:    die sich nebenan bei den Nachbarn waren se de
  36         Finger waschen.
  37         So stanken die Klamotten vor Dreck.
            ────────────────────

<5/3>        <"High-Life":GR:28>

┌ 01   G:    Wohnen die Große-Schürups noch eh inner Siedlung
│ 02         jetzt, in- auf der Oswaldstraße?
│                                           .
│                                           .
│                                           .
│ 15   R:    Dat Trampeltier!
│ 16                         (2 sec)
│ 17   R:    Mahhh! <abfällig>
│ 18                         (2 sec)
└▶19   P:    Die haben ja vorher da auf der Wentruper
  20         Straße [gewohnt.
  21   H:           [Hm
  22   R:    (                                Palaver  )
  23   H:    (                )
  24   R:    Die häbben- (der wollt    ) als den Kopp durch
  25         in dat Treppengeländer stecken un dat passte nett.
  26         Hätt die där in där Arsch getröde, eh.
```

In Segment <4> wird das Thema „Auszug der Theissens", nachdem das Gespräch bereits eine andere Richtung genommen hatte, von G mit der Frage nach dem Zeitpunkt des Auszugs erneut aufgegriffen. Obwohl bis dahin nicht zu erkennen ist, dass dieses Thema irgendwie klatschträchtiger Art ist, folgt unmittelbar anschließend an diese „unschuldige" Re-Thematisierung eine Klatschgeschichte von R über Ereignisse, die sich beim Auszug der Theissens abgespielt haben (sollen) und die die mangelnde Sauberkeit der Theissens betreffen („So stanken die Klamotten vor Dreck"). In Segment <5> führt zwar bereits die erste Frage nach dem Wohnort „der Große-Schürups" zu einer abfälligen Typisierung R's („Dat Trampeltier!"). Doch erst nach der „harmlosen" Re-Thematisierung der Wohnfrage kommt es zur Erzählung einer Klatschgeschichte über die – wie sich später herausstellt – betrunkene Frau Große-Schürup („Hätt die där in där Arsch getröde, eh."). In beiden Fällen haben die initiierenden Äußerungen einen neutralen, beinahe schon distanziert-neutralen Charakter und bleiben fokussiert auf Details, die als eigentlich belanglos erkennbar sind. Gerade durch dieses perseverierende Interesse an Nebensächlichkeiten bekunden aber die Sprecher den Wunsch, mehr über die von ihnen ins Gespräch eingeführten Personen in Erfahrung zu bringen: sie zum Objekt von Klatsch zu machen. Die Klatschinitiatoren geben indirekt zu verstehen, dass sie über zu wenig Informationen verfügen, um gezielter nach Klatsch fragen zu können - wenn sie sich nicht aus strategischen Gründen unwissender geben, als sie tatsächlich sind. Die Kombination aus Unwissenheit und Interesse ist eine verdeckte Einladung an den potentiellen Klatschproduzenten, aktiv zu werden. Auch wenn es dann nicht zum Klatsch kommen sollte, können sich alle Beteiligten aufgrund der „Harmlosigkeit" der sequenzinitiierenden Äußerungen unbeschädigt aus der Situation zurückziehen.

Eine andere Technik der Klatscheinladung besteht demgegenüber gerade darin, *ein bereits vorhandenes Wissen über das Verhalten eines potentiellen Klatschobjekts mit evaluativen Markierungen versehen dem Gesprächspartner zur Detaillierung und Kommentierung vorzulegen.* Beispiele für diese Technik finden sich in den folgenden beiden Gesprächsausschnitten:

```
     <6>          <"Sizilianisch":AK:EM 14B>

→ 01    J:   Un der Dande Berta hats schon gut gfallen;
  02    M:   OH: [Ob und wie!
  03    A:       [Der! Oh Gott=e=Gott. I hob noch morgends-
  04             am Sonndoch morgends denk i "ha jetz kannsch
  05             noch net ouruafe"...


     <7>          <Gedächtnisprotokoll>

→ 01    R:   Und die Haberers ham sich jetzt tatsächlich
  02          nen Hund angschafft.
  03    G:   Ah du die spinnen doch. Nen Pudel! Son richtigen
  04          Pinscher...
```

Auffallend ist zunächst, dass in beiden Fällen die Sequenzinitiatoren einen Sachverhalt bzw. ein Ereignis, die jeweils gemeinsame Bekannte betreffen, nicht in Form einer Frage, sondern in Form einer Feststellung thematisieren. Diese assertorische Struktur ist prinzipiell auch anderen „Fishing"-Äußerungen eigen (z. B.: „Dein Telefon war ständig besetzt"). Der Sprecher, der sich dieser Äußerungsform bedient, setzt seinen Partner damit in Kenntnis, dass er bereits ein Wissen über die von ihm thematisierte Angelegenheit hat, dass er aber daran interessiert ist, mehr über den Hintergrund dieser Sache in Erfahrung zu bringen. Dadurch, dass in den Segmenten <6> und <7> beide Äußerungen trotz ihrer assertorischen Struktur gleichzeitig auch ein Überraschungsmoment („schon", „tatsächlich") indizieren, werden die Rezipienten – sollten sie über ein entsprechendes Wissen verfügen – zur Bestätigung bzw. Korrektur eingeladen. Beide Äußerungen beschränken sich darüber hinaus darauf, ein Resultat von etwas zu formulieren („hats gfallen", „ham angschafft"), von dem erwartet werden kann, dass dazu eine Vorgeschichte existiert (im einen Fall eine Reise, im andern Fall der Entscheidungsprozess und die Umstände des Hundekaufs). Schließlich ist auffällig, dass beide „Fishing"-Äußerungen mit einem initialen „und" beginnen, einem Konnektor, der in diesem Fall nicht auf eine Agenda verweist (Heritage & Sorjonen 1994), sondern die Fragen in einen fließenden Kontext einbettet, in dem es um eine Person, um ein Ereignis oder um die Neuigkeiten des Tages geht. All diese Äußerungsmerkmale sind funktional darauf gerichtet, vom Gesprächspartner Hintergrundinformationen, Vorgeschichten, inoffizielle Versionen, weitere Darstellungen oder Erzählungen etc. hervorzulocken – mit einem Wort: ihn zum Klatsch zu verführen.

Aus den heftigen Reaktionen der Angesprochenen („Oh Gott=eh=Gott", „die spinnen doch") wird ersichtlich, dass sich der „Fishing"-Charakter dieser sequenzinitiierenden Äußerungen noch auf eine ganz andere Dimension bezieht. Sie zielen ganz offenbar über den thematisierten Sachverhalt hinaus auf eine wertende Charakterisierung der ins Gespräch eingeführten gemeinsamen Bekannten bzw. Verwandten. In beiden Äußerungen wird diese evaluierende Orientierung allerdings nur latent und unter Anspielung auf ein gemeinsam geteiltes Vorwissen zum Ausdruck gebracht. In Segment <6> wird von der Sprecherin J durch die Partikel „schon" sowie durch den schwach wertenden – und wie sich später zeigt: untertreibenden – Deskriptor „gut gefallen" angedeutet, dass sie trotz Zweifel („schon") die Erwartung auf eine positive Geschichte um Tante Berta hegt. (Im weiteren Verlauf des Gesprächs sagt M einmal: „Hot scho e glickliche Nadur; Dande Berta".) In Segment <7> markiert Sprecher R seine Verwunderung über den Hundekauf der Haberers mit einem zweifelnden „tatsächlich". Diese Verwunderung lässt zwei Lesarten zu: sie kann darauf verweisen, dass der Hundekauf entgegen den Erwartungen von R erfolgte, oder aber entgegen dem, was R für vernünftig hält. Es wäre müßig, hier die Frage klären zu wollen, welche dieser Lesarten die richtige ist. Gerade die *Ambiguität dieser Äußerung ist ja eine spezifische und kunstvolle Technik der Klatschinitiierung*. Denn die „harmlose" Interpretationsversion dieser Äußerung bildet den Deckmantel für deren „kritische" Lesart, die für den Gesprächspartner, wenn er sie entziffern kann, ein Signal ist, mit seinem präsumtiv abwertenden Urteil nicht hinter dem Berg zu halten.

Zusammenfassend kann man feststellen, dass den Klatschinitiatoren mehrere Techniken zur Verfügung stehen, um ihre Gesprächspartner auf indirekte, verklausulierte Weise zur Weitergabe von Klatschinformationen einzuladen – um nicht zu sagen: zu verleiten. Denn diese Techniken sind ein höchst effektives Mittel, um den Gesprächspartner über eine abwesende Person *auszuhorchen*. Die späteren Klatschrezipienten vermeiden es, ihre Interessen und Absichten offen zum Ausdruck zu bringen und beugen auf diese Weise der Gefahr vor, als indiskret und klatschsüchtig zu erscheinen. Ein derartig zurückhaltend operierender Gesprächspartner empfiehlt sich von selbst als verlässlicher Klatschpartner. Gleichzeitig wird aber dem potentiellen Klatschproduzenten durch diese verdeckte Art und Weise der Klatschinitiierung die Möglichkeit eingeräumt, die Einladung zum Klatsch in diskreter Form auszuschlagen. In dem folgenden Gesprächsausschnitt etwa –

```
<8>           <"High-Life":GR:37>

01    G:      Was gibts Neues von Pelster?
02                    (2 sec)
03    R:      Oh nix
04    G:      <leises Lachen>
```

– fragt G unverblümt und ungeschützt nach Informationen und damit potentiell auch nach Klatsch über einen gemeinsamen Bekannten. Solche unverhohlenen *Klatschaufforderungen* treten insbesondere (wie im vorliegenden Fall) innerhalb von bereits im Gang befindlichen Klatschsitzungen auf oder zwischen Personen, die zwischen sich über einen längeren biografischen Zeitraum hinweg eine feste Klatschbeziehung etabliert haben. (Cf. den bereits den in Kap. 2 zitierten Beginn von Doris Lessings Roman „Das goldene Notizbuch", wo eine Frau ihre Freundin fragt: „Also, was gibt's für Klatsch?") In Segment <8> wird G's unverhülltes Klatschbegehren auf ebenso direkte Weise abgewiesen. Das mag in einem laufenden Klatschgespräch, wo sich ja bereits alle Beteiligten „die Hände schmutzig gemacht haben", ein unproblematischer Zwischenfall sein. Doch in einer Phase, in der es um die interaktive Absicherung und Rahmung der Klatschkommunikation geht, wäre eine solch brüske Verweigerung für den Klatschinitiator desavouierend. Ein Gesprächsteilnehmer, der auf vorsichtige und diskrete Weise zur Weitergabe seines Klatschwissens „animiert" wird (Keppler 1987: 292), kann – und muss – dagegen seine ablehnende Reaktion in einer ähnlich diplomatischen Form (durch Zögern, Themenwechsel, Verweise auf die eigene Involviertheit etc.) zum Ausdruck bringen. So implizit und unausgesprochen die Klatscheinladung in diesem Fall erfolgt, so implizit und unausgesprochen bliebe auch deren Zurückweisung.

4.2.3 Klatschangebote

Es wurde deutlich, dass das moralisch kontaminierte Wissen des Klatschproduzenten wie eine radioaktive Substanz auch denjenigen moralisch verseucht, der ungeschützt nach ihm die Hand ausstreckt. Doch zunächst einmal ist es der Klatschproduzent, der im Besitz dieses brisanten Materials ist. Er muss daher gewiss nicht weniger als der Klatschrezipient darauf bedacht sein, dass es bei der Handhabung und Prozessierung dieses Wissens nicht zu Zwischenfällen kommt, die sein Ansehen gefährden könnten. D. h., wenn ein Gesprächsteilnehmer daran interessiert ist, sein Klatschwissen weiterzugeben, wird er zunächst sicherstellen müssen, dass seine Interaktionspartner bereit sind, sich an dieser Klatschkommunikation zu beteiligen – andernfalls würde er sich ja als Klatschmaul desavouieren, da er den anderen sein indiskretes Wissen, an dem diese gar nicht interessiert sind, aufdrängt. Es ist daher nicht überraschend, dass der Klatschproduzent in der gleichen Weise wie der Klatschrezipient zur Initiierung von Klatsch zunächst in einer Prä-Sequenz bestimmte Vorkehrungen trifft, die primär auf eine Kontrolle der Klatschbereitschaft des Gesprächspartners gerichtet sind.

Die Prä-Sequenz besteht in diesem Fall darin, dass der potentielle Klatschproduzent seinen Kommunikationspartnern zunächst ein Klatschangebot macht und sein Klatschwissen so lange zurückhält, bis vonseiten der potentiellen Klatschrezipienten eine positive Rückmeldung auf dieses Angebot erfolgt ist. Ebenso wie die Klatscheinladung des Rezipienten muss dabei auch das Klatschangebot des Produzenten so präsentiert werden, dass eine negative Reaktion ohne Brüskierung und ein Rückzug ohne Gesichtsverlust möglich sind. Das Funktionsprinzip solcher Klatschangebote besteht, allgemein ausgedrückt, darin, *dass der potentielle Klatschproduzent seine Gesprächspartner durch die Andeutung oder Annoncierung von Klatschwissen dazu veranlasst, von sich aus nach diesem Wissen zu fragen.*

Bereits aus dieser Bestimmung ergibt sich, dass sich Klatscheinladung und Klatschangebot im Hinblick auf ihre sequenzielle Struktur in einem wesentlichen Punkt unterscheiden. Im Fall der rezipientengenerierten Klatscheinladung besteht die Sequenz, wenn sie erfolgreich zu Klatsch führt, im Wesentlichen aus nur zwei Komponenten:

Schema A: Klatscheinladung

(i)   R: Klatscheinladung / Nachfrage nach Klatsch
(ii) P: (Annahme) + Klatschgeschichte

Wie vor allem die Beispiele <6> und <7> zeigen, wird von dem Klatschproduzenten P, wenn er R's Einladung zum Klatsch akzeptiert, die Annahme selbst nicht mehr eigens markiert, sondern übersprungen und sogleich mit der Klatschgeschichte begonnen. Die Prä-Sequenz reduziert sich hier also auf einen vorbereitenden Redezug des potentiellen Rezipienten. Demgegenüber beinhaltet die Sequenz, die von dem Angebot eines potentiellen Klatschproduzenten ausgeht, immer drei Komponenten:

Schema B.1: Klatschangebot

(i)   P: Klatschangebot / Identifizierung eines potentiellen
            Klatschobjekts
(ii)   R: Nachfrage
(iii) P: Klatschgeschichte

Exemplarisch hierfür ist das bereits dokumentierte Segment <2>:

```
<2>

01    K:    Ja un die Schleifinger die macht ja jetz
02          Karriere in Mainz-
03    S:    Wie bitte! Die! Wie kommt se denn doa dezu,
04    K:    Haja so wie se's hier au gmacht hat;...
```

Nun könnte zunächst der Eindruck entstehen, als wäre die Komponente (i) in Schema A mehr oder weniger identisch mit der Komponente (ii) in Schema B: beide Male adressiert der Rezipient R den potentiellen Produzenten P mit dem Ziel, ihn zur Übermittlung seines Klatschwissens zu bewegen. Man kann jedoch bereits aufgrund dieser schematischen Darstellung antizipieren, dass die Nachfrage des Rezipienten in Schema B von ihrem Typus her sehr viel direkter und unverhohlener sein wird als die Klatscheinladung des Rezipienten in Schema A. Denn der Nachfrage des Rezipienten in Schema B geht ja immer bereits ein – wenn auch verdecktes – Angebot des Klatschproduzenten voraus, so dass der Rezipient keine so große Vorsicht walten lassen muss.

Bei der Durchsicht von Gesprächstranskripten bestätigt sich diese Erwartung. In den meisten Fällen, in denen Gesprächsteilnehmer ein Klatschwissen andeuten oder annoncieren (wie das geschieht, soll gleich gezeigt werden), wird von den Rezipienten in ziemlich direkter und „neugieriger" Weise nachgefragt. So etwa in dem folgenden Gesprächsausschnitt:

```
        <9>            <"Nichts Tolles":AK:EM 13B>

        01    M:      Un der Metzger der hat ne Professur in X-Stadt;
        02    E:      Ja.
        03    M:      Ich weiß noch wie der weggangen is
                                        .
                                        .
                                        .
   ┌    06    M:      des war n netter Mensch
   │    07    E:      Metzger?
   │    08                                       (1.0)
   │    09    M:      Nich?
(i)│    10    E:      °Find ich nich also,°
   │    11    M:      Hnhh?
   └    12    E:      Vielleicht war er ganz nett!
   ┌    13    M:      Ja ich kenn den nich näher nur so vom Ankuckn
   │    14            und so von seiner Art her fand ich den immer
(ii)│   15            [°nur so°]
   │    16    E:      [ nja:::,]
   └    17    M:      Aber du kanntest ihn besser [oder wie?
   ┌    18    E:                                   [Der gehörte so
(iii)│  19            meines Erachtens zur Kategorie der
   │    20            Dünnbrettbohrer…
```

In diesem Gesprächsausschnitt wird „der Metzger", ein gemeinsamer Bekannter der Interagierenden, von M als „netter Mensch" bezeichnet (Z.06). E gibt daraufhin durch deutliche Indikatoren zu verstehen, dass er die Meinung M's, „der Metzger" sei ein netter Mensch, nicht teilt. Er formuliert seinen Widerspruch nicht sofort und prägnant, sondern zunächst durch eine zweifelnde Rückfrage, gefolgt von einer defensiven subjektiven Einschätzung (Z.10: „Find ich nicht") sowie durch eine abgeschwächte zweite Bewertung (Z.12: „vielleicht war er ganz nett"). Nicht-Zustimmungen in Gesprächen werden – wie Anita Pomerantz (1984) in einer klassischen Untersuchung gezeigt hat – in der Regel nicht plötzlich, aus dem Nichts formuliert, sondern durch eine Reihe von Vorlaufelementen („pre-disagreement") dem Gesprächspartner angezeigt. Dieser hat somit die Möglichkeit, vor einem expliziten Widerspruch seine eigene Darstellung oder Behauptung so abzuschwächen, dass ein Widerspruch hinfällig wird. In Segment <9> ist auffällig, dass E in keiner Weise einen Grund für seine gegensätzliche Meinung erkennen lässt. Aber mit seiner – sein Urteil relativierenden – Äußerung <*„Vielleicht* war er ganz *nett!“*> gibt er zu verstehen, dass er über den Metzger ein Wissen hat, das ihm eine Einschätzung ermöglicht, die über die pauschalisierende Typisierung „nett“/„nicht nett“ hinausgeht. Genau diese *gleichzeitige Andeutung und Zurückhaltung von Wissen über eine andere Person* bildet aber das zentrale Funktionsprinzip von Klatschangeboten. Die Technik besteht darin, dass ein Sprecher zunächst eine Art Rätsel produziert, das den Rezipienten, der dieses Rätsel nicht zu lösen vermag, zur Nachfrage zwingt, wodurch der erste Sprecher in die Lage kommt, nicht von sich aus, sondern auf Wunsch des Rezipienten sein Wissen auszubreiten. Für die Initiierung von Klatsch ist diese Technik bestens geeignet, doch findet sie sich auch, wie Jim Schenkein (1978: 69 ff) gezeigt hat, in Interaktionssequenzen ganz anderer Art. In Segment <9> relativiert M (Z.12) zunächst ihr Wissen über „den Metzger“, sie stuft es als oberflächlich zurück, um dann ganz direkt nach E's angedeutetem Wissen zu fragen. Erst im Anschluss an diese explizite Nachfrage beginnt E damit, sein Insider-Wissen über das Klatschobjekt „den Metzger“ auszupacken.

Segment <9> ist ein Beispiel dafür, wie es innerhalb von Meinungsverschiedenheiten über eine abwesende Person durch Klatschangebote zur Initiierung von Klatsch kommen kann. Dabei wird das Auftreten von Klatschangeboten in solch argumentativen Interaktionskontexten systematisch durch die spezifische Gesprächsorganisation von Nicht-Zustimmung begünstigt, die die Interagierenden zu Vorsicht, Zurückhaltung, Abwarten und Andeutungen („pre-disagreements“) verpflichtet. Da Nicht-Zustimmungen generell einen sequenzexpandierenden Effekt haben, wird der Gesprächsverlauf vom initialen Klatschangebot zur letztlichen Klatscherzählung im Fall solcher diskordanter Interaktionskonstellationen – wie Segment <9> zeigt – immer von mehreren Redezügen okkupiert.

Demgegenüber können Klatschangebote auch sehr direkt erfolgen, eine unmittelbare Nachfrage auslösen und rasch zum Klatsch führen. Das gilt vor allem, wenn die Klatschakteure ein als wechselseitig bekannt unterstelltes gemeinsames Vorwissen über das Klatschobjekt haben und/oder zwischen ihnen eine etablierte Klatschbeziehung besteht. Auf eine solche Situation verweist der folgende Gesprächsausschnitt; in ihm werden die beiden Hauptklatschlieferanten, R und H, am Ende einer Klatschgeschichte von G gefragt, wo derartige Klatschgespräche stattfinden:

```
         <10>          <"High-Life":GR:46>

         01    H:    Ja und da is vorher der- der Jochen [mit]=
         02    R:                                       [Der]=
         03    H:    =[gegangen.
         04    R:    =[Jochen drüber jestie- eh mit jejangen.
         05    H:    [hihihihihihihihihihihi
         06    G:    [°hahahahahahaha°
         07    R:    Bo wat (Zuständ   ) nä nä
         08    G:    Wo reden denn die Leute darüber? Als[o-
         09    R:                                        [Allemale,
         10          überall. Wenne-
         11    R:    anjenommen Du komms    H:    (        ) wenne
         12          einkaufen. Wenn ein-         so dadurch gehs. Du
         13          wenn ich einkaufen           kennst jemand. (
         14          geh, da stehen da             ) Gespräch.
         15          schon mal zwei Frauen        "Hasse schon gehört,
         16          anne Tür. Da sach ich:       was da los is?" und
         17          "Guten Tach."                so.
         18    R:    Und dann jeht's los: "Hasse schon gehört?"
         19          Bums bums bums dann wird dich dat (        ).
         20          Ja wenn ich dann sowat hör, dann interessier ich
         21          mich dann für alles.
         22          Dann frag ich: "Wann? Wie?" un so.
         23                             (-)
    ┌    24    R:    (       ) hasse schon gehört mit den Zeunert?
   (i)   25          Hasse dat auch gehört?
    └    26          Nee, (jetz aber) ehrlich. Den Unfall?
  (ii)   27    P:    Nö
 (iii)   28    R:    Der hat- der Bruder von dem Ferdi....
```

Eingebettet zwischen zwei Klatschgeschichten wird in diesem Gesprächsausschnitt von den beiden Frauen mit zuweilen identischen Formulierungen beschrieben, wie es in ihrer Siedlung beim Einkauf zum Klatsch mit anderen Frauen kommt. Übereinstimmend berichten beide Frauen, dass dabei die Initiative immer von derjenigen ausgeht, die über ein Klatschwissen verfügt. Charakteristisch für diese Situation scheint zu sein, dass die Frauen ganz selbstverständlich von der lauernden Klatschbereitschaft ihrer Gesprächspartnerinnen ausgehen. Dies kommt darin zum Ausdruck, dass sie in ihren Klatschangeboten gar nicht erst die Klatschbereitschaft der potentiellen Rezipienten kontrollieren, sondern – „Hasse schon gehört?" – bloß noch überprüfen, ob die Klatschinformation für *diese* Rezipientin noch den Status einer Neuigkeit hat. Allgemein formuliert: *In personalen Konstellationen, in denen zwischen den Beteiligten eine etablierte Klatschbeziehung besteht, braucht der moralische Aufgabenkomplex der Klatschinitiierung nicht mehr eigens durchgearbeitet werden*; an die Stelle verdeckter, vorsichtiger Klatschangebote kann in solchen Situationen das einfache Format der offenen „Ankündigung von Neuigkeiten" treten („pre-announcement sequences", cf. Terasaki 2004). Wie sich in Segment <10:24 – 28> zeigt, kann auch in diesem Fall der Sequenzinitiator erst dann dazu übergehen, seine Neuigkeit zu berichten, wenn der Rezipient durch Rückfragen („Was?", „Was ist da passiert?" etc.) oder Verneinung eines Wissens („Nö" etc.) dem Neuigkeitslieferanten „freie Fahrt" erteilt. Zwischen dem „Klatschangebot" und der „Ankündigung von Neuigkeiten" besteht also im Hinblick auf die sequenzielle Ablauforganisation kein Unterschied. Dieser Sachverhalt verweist noch einmal darauf, dass, wenn die moralische Problematik der Klatschinitiierung innerhalb einer Prä-Sequenz bearbeitet wird, dies auf verdeckte, implizite Weise geschieht. Dabei bildet die Sequenzform für die Ankündigung („pre-announcement") von Neuigkeiten im Gespräch das sequenzielle Trägerformat für die Sequenzform des Klatschangebots, das als eine moralische Version dieses Prä-Sequenz-Typus betrachtet werden kann. Das gleiche sequenzielle Trägerformat kennzeichnet auch die Vorlaufphase von selbst-initiierten Erzählungen, in der zunächst die Ankündigung des späteren Geschichtenerzählers („Mir ist heute was Furchtbares passiert") die bereitschaftsindizierende Nachfrage des Rezipienten („Was denn?") provoziert, ehe es zur eigentlichen Erzählung kommt (cf. Sacks 1971).

Neben der Bearbeitung und der Ignorierung der moralischen Problematik der Klatschinitiierung soll zum Schluss dieses Abschnitts anhand eines Gesprächsausschnitts noch eine Sub-Variante dargestellt und analysiert werden, bei der sich die moralische und die dramaturgische Komponente von Klatsch verschränken. Konstitutiv für diese Variante ist, dass die Interagierenden den moralisch zweifelhaften Charakter ihres Tuns nicht als ernsthaftes Problem zu bewältigen suchen und auch nicht einfach als situativ irrelevant übergehen, sondern mit ihm *spielen*. Wie das geschieht, lässt sich anhand des folgenden Gesprächsausschnitts deutlich machen:

```
<11>         <"High-Life":GR:29>

             <Das Transkript setzt ein am Ende einer Klatsch-
             geschichte von R und H über Frau S.>

01    H:     Die hat en Dachschaden!
02    R:     Die hat en [Macke
03    H:                [Die hat echt orginal en Dach-
04           schaden! <heftig>
05    G:     <leise lachend>
06    R:     [Die vermuten echt-
07    H:     [<grinsend> Aber ich war- ich war an für sich
08           (-) schuld gewesen an dem ganzen Dilemma. Ich-
09           also ich hab das heraufbeschworen (-) ungewollt.
10    R:     Ja ja ( [   )=
11    H:             [ja
12    G:     =Was denn? Wie [war das denn?
13    R:                    [Da ging en Gespräch rund,=
14           [da ging en-
15    H:     [Das kann ich gar nicht wiedergeben was ich
16           mir geleistet habe.
17    G:     <leise lachend>
18    R:     Da ging en Gespräch rund [die soll die andern-
19    G:                              [Das ist doch spannend=
20    G:     =hehehe
21    R:     die soll die andere Männer immer an dä Sack
```

```
22         gespielt haben.
23    ?    Haha[haha
24    H:       [Nee pass auf!
25    R:    Da [schreit die immer-
26    H:       [Ich hab mein Badezimmer- der Dieter steht
27          unten. Und da is die mim Dieter dran "Soll ich
28          dich nass spritzen?" Und da spritzt die...
```

In diesem Gesprächssegment kommt es zu einer interessanten *Expansion* der durch ein Klatschangebot ausgelösten Sequenz, die sich gedrängt folgendermaßen rekonstruieren lässt: Nach einer Geschichte von R und H über das „unmögliche" Verhalten der – betrunkenen – Frau S, deren Abschluss einige kräftige Charakterisierungen („Macke", „Dachschaden") bilden, deutet H an, dass es zu dieser Geschichte eine Vorgeschichte gibt, in die sie selbst verwickelt war (Z. 07–09). Interessant ist, dass sie bei diesem Manöver der indirekten Einladung und des verdeckten Angebots intonatorisch-paralinguistische Mittel einsetzt, die – ebenso wie mimisch-gestische Ausdrucksformen – den Sprecher nicht im gleichen Maß wie die verbale Äußerung festlegen und ihm zugleich die Möglichkeit geben, seine Formulierungen unauffällig zu nuancieren, zu kommentieren, ja selbst zu annullieren. H's Andeutung, die durch ihr begleitendes Grinsen noch geheimnisvoller und interessanter gemacht wird, veranlasst den potentiellen Rezipienten G zu einer neugierigen Nachfrage (Z. 12: „Was denn? Wie war das denn?"). An dieser Stelle, an der H eigentlich – dem Klatschangebotsschema folgend – ihre Geschichte vortragen könnte, folgt nun ein retardierender Handlungszug: statt eine Geschichte, die sie so überdeutlich angekündigt hat, zu erzählen, stoppt sie den erwartbaren Fortgang der Handlungssequenz mit der Feststellung, sie könne aufgrund ihrer eigenen – problematischen – Beteiligung dieses Ereignis hier nicht wiedergeben (Z. 15–16: „Das kann ich gar nicht wiedergeben was ich mir geleistet habe.") Mit ihrem unterlegten Lachen macht sie allerdings unmissverständlich deutlich, dass diese Rücknahme ihres Angebots nicht ernst gemeint ist, sondern nur: *dass sie sich ziert*, eine Geschichte zu erzählen, an deren Entwicklung sie selbst schuldhaft beteiligt war („ich war an für sich schuld gewesen"). Mit seiner Äußerung Z. 19: „Das ist doch spannend hehehe" geht G gekonnt auf beide Bedeutungsmomente in H's Verzögerungsmanöver ein: er plädiert an H, trotz ihrer Bedenken die angekündigte Geschichte zu erzählen und gibt gleichzeitig durch sein Lachen zu verstehen, dass er die unernste Rahmung ihrer Angebotsrücknahme wahrgenommen hat. Erst daraufhin beginnt H, den Vorfall zu schildern. (Vernachlässigt wurde in dieser Rekonstruktion, dass während dieses Interaktionsgeschehens R in Konkurrenz und im Wettlauf mit H, der diese Geschichte eigentlich „gehört", mehrere Anläufe unternimmt, um ihrerseits zumindest den pikanten Teil der Geschichte zu berichten, wogegen H – „Nee pass auf!" – auch protestiert.)

Einfache, aus nur zwei Redezügen bestehende Paarsequenzen („adjacency pairs") können, wie konversationsanalytische Studien mehrfach gezeigt haben, durch Prä-, Einschub- und Post-Sequenzen beträchtlich elaboriert werden (Jefferson & Schenkein 1977). So kann ein Telefongespräch, bei dem es im Kern um eine einfache Bitte – etwa das Ausleihen eines Autos – und die Erfüllung dieser Bitte geht, durch die Vorbereitung des Wunsches, das Aushandeln der Bedingungen und Umstände sowie durch die Verständigung über Beziehungsfragen am Ende zu einer ausgedehnten Unterhaltung werden. Auch kann in einem Gespräch der Übergang von der Zug-um-Zug-Abfolgeordnung zur Erzählung einer Geschichte in ökonomischer wie auch in elaborierter Weise erfolgen (Jefferson 1978: 224 ff). Man kann die in Segment <11> beobachtbare Expansion in Fortführung des Sequenzschemas für das Klatschangebot folgendermaßen resümieren:

Schema B.2: Klatschangebot (expandierte Sequenz)

```
(i-a)    P: Klatschangebot/Identifizierung eines potentiellen
            Klatschobjekts
(ii-a)   R: Nachfrage
(i-b)    P:      Gespielte Verweigerung
(ii-b)   R:      Erneute Nachfrage
(iii)    P: Klatschgeschichte
```

Der Sinn des Verzögerungszuges (i-b) ist ein doppelter: Er dokumentiert, dass der Sequenzinitiator um die moralische Problematik seines Tuns weiß und Bedenken hat, sich durch die angekündigte Geschichte selbst zu kompromittieren. Indem diese (gespielte) Verweigerung den Rezipienten dazu bringt, sich noch deutlicher für die in Aussicht gestellte Geschichte zu interessieren, wird die moralische Schuld an der Klatschinitiierung, die der spätere Klatschproduzent qua Sequenzinitiator zunächst ganz allein zu tragen hatte, zu erheblichen Teilen auf den neugierigen Klatschrezipienten übertragen. Auf diese Weise wird sichergestellt, dass die verwerfliche Praxis des Klatschens – nach dem Motto „Mitgegangen, mitgefangen..." – als ein kooperativer Akt aller Beteiligten in die Wege geleitet und vollzogen wird.

Doch diese wechselseitige moralische Verstrickung der Klatschakteure ist nur das eine Bedeutungsmoment dieses dilatorischen Interaktionsmanövers. Das andere Bedeutungsmoment ist dramaturgischer Art: Mit dem Rezipienten wird ja in dieser Situation eine Art Verführungsspiel getrieben; er wurde von dem sich zierenden Klatschproduzenten zunächst dazu verlockt, sein Interesse an einer angebotenen Transaktion zu äußern, und nun lässt ihn der Initiator dieser Situation mit seiner gespielten Verweigerung scheinbar „abblitzen". Auf diese Weise wird die gespannte Erwartung, mit der der Rezipient der verdeckt angebotenen Geschichte entgegensieht – oder gar entgegenfiebert - gezielt verstärkt. Generell scheinen Sprecher, wie Goffman (1980: 544) bemerkt hat, ein großes Interesse daran zu haben, die Aufmerksamkeit der Zuhörer zu erreichen und zu erhalten: „Die Spannung ist etwas so Wichtiges, dass sich viele Sprecher besonders bemühen, den prospektiven Zuhörer in dieser Weise einzustimmen. Daher der sehr verbreitete Gebrauch ritualistischer Absicherungen ('tickets', wie Harvey Sacks sie nennt), etwa wenn jemand, der sprechen oder weitersprechen will, mit kleinen Worten oder Gesten sich vom

Zuhörer die Erlaubnis dazu verschafft: 'Wissen Sie, was ich glaube?', 'Wissen Sie, was geschah?', 'Jetzt hören Sie mal zu!', 'Haben Sie gehört, was Maria passiert ist?' und so weiter." Nicht zuletzt erhöht sich auch für den Sequenzinitiator dadurch, dass er sein Gegenüber lockt, dann sich ziert und ihn so „auf die Folter spannt", der Reiz der dann nachfolgenden Klatschkommunikation. Deutlich zu sehen ist hier, *dass der Umstand, dass Klatsch eine moralisch bedenkliche Interaktionspraxis ist, für die Interagierenden keineswegs nur ein Gegenstand ihrer Sorge, sondern gleichzeitig auch eine Quelle ihres Vergnügens, ein* – wie Inken Keim (2001) in einer ethnografisch-soziolinguistischen Studie schreibt – *„lustvolles Gruppenerlebnis" ist.* In komprimierter Form ist diese freudige Erregung zu finden in der paradoxen Sinnstruktur des Sich-Zierens, das auf dem Weg zu einer Verfehlung mit der Gültigkeit der Norm spielt.

4.3 Das Klatschinstrumentarium

Klatschproduzenten sind damit konfrontiert, auf ihre Weise eine Lösung für ein recht allgemeines Problem finden zu müssen: Sie müssen das Wissen, das sie haben, in eine sprachliche Darstellung übersetzen. (Dass dabei auch mimisch-gestische und prosodisch-paralinguistische Ausdrucksmittel eine wichtige Rolle spielen, wird im weiteren Verlauf der Analyse deutlich werden.) Wenn man nun genauer verfolgt, wie Klatschproduzenten ihr spezifisches Ereigniswissen in eine kommunikative Darstellung umsetzen, wird man die Beobachtung machen, dass deren Darstellungstätigkeit sich prinzipiell nicht darauf beschränkt, zur Rekonstruktion eines Ereignisses das klassische Muster des Geschichtenerzählens (cf. Labov & Waletzky 1973) – nun eben unter dem Vorzeichen von Klatsch – zu aktivieren. Natürlich kann man beobachten, dass vor Gericht, in der Klinik, im psychoanalytischen Interview, im Unterricht etc. erzählt wird (cf. die Beiträge in Ehlich 1980), doch würde man sprachliche Interaktion und Handlungskontext analytisch auf unzulässige Weise als zwei getrennte Einheiten behandeln, würde man immer nur verfolgen, wie das Erzählschema realisiert wird. D.h., bei der Rekonstruktion eines Ereignisses reduziert sich der Klatschcharakter einer Erzählung nicht einfach auf den Umstand, dass sie nach einer interaktiv erfolgreich abgewickelten Klatsch-Prä-Sequenz stattfindet. Vielmehr besteht die Tätigkeit der Klatschproduzenten immer auch – und oft sogar vorrangig – darin, *für das von ihnen übermittelte Wissen einen klatschspezifischen Interpretationskontext zu schaffen.* Hinter dieser Beobachtung steht die besonders in ethnomethodologischen Studien fruchtbar gemachte Forschungsmaxime, bei der Analyse von Interaktionstexten das Augenmerk auf die Frage zu richten, wie Äußerungen und Handlungen in ihrem Vollzug von den Akteuren selbst interpretierbar und praktisch erklärbar („accountable") gemacht werden.[33] „Kontext" gilt in dieser

---

[33] Im Original steht bei Garfinkel (1967a: 33): „The policy is recommended that any social setting be

Perspektive nicht als eine den Handelnden extern vorgegebene, normative Größe, nach der sie sich zu richten haben, sondern als ein Kontext *im* Gespräch, den die Interagierenden zugleich *mit* ihren Handlungen als Deutungsrahmen *für* ihre Handlungen hervorbringen. Dieser reflexive Strukturzusammenhang von Äußerung und Äußerungskontext, von Handlungsvollzug und Handlungssinn offenbart sich im Fall von Klatsch augenfällig in dem methodischen Bemühen der Klatschproduzenten, mit und neben der ereignisrekonstruierenden Darstellung ihres Wissens zugleich auch bestimmte Eigenschaften, Modalitäten und Implikationen dieses Wissens – oft nur andeutungsweise – zu beschreiben und damit ihr Tun als „Klatsch" erkennbar zu machen.

Die Tätigkeit des Klatschens beschränkt sich also nicht darauf, eine Information über das Privatleben eines abwesenden Bekannten weiterzugeben. Zum Klatsch gehört immer auch die Bereitschaft und die Fähigkeit des Klatschproduzenten, meta-narrativ einen Interpretationskontext zu dieser Information mitzuliefern. Dies geschieht – wie man vorgreifend auf die materialanalytischen Ausführungen sagen kann – dadurch, dass der Klatschproduzent in seiner Darstellung implizit oder explizit eine Reihe von epistemischen Manövern durchführt und auf die folgenden Qualitäten seines Klatschwissens Bezug nimmt:

– Klatschwissen wird durch die Art seiner Darstellung oder mittels spezifischer Markierungen vom Klatschproduzenten immer als *mitteilungswürdig* gekennzeichnet. Dies ist der Hintergrund für die in der Klatschkommunikation generell vorherrschende Tendenz, in der Rekonstruktion eines Ereignisses das Außergewöhnliche, das Unerwartete, das Unkonventionelle, das Pikante, das Befremdliche, das Unschickliche, das Unmoralische, das Absonderliche im Verhalten des Klatschobjekts zu betonen. *Diese klatschspezifische Akzentuierung des Außergewöhnlichen* hat zwei bedeutsame Implikationen: Zum einen erhöht sich auf diese Weise der Unterhaltungswert der Klatschinformation, zum andern wird durch diese Tendenz zur Dramatisierung – besonders wenn es dazu noch um eine Regelverletzung geht – indirekt der Eingriff des Klatschproduzenten in die Privatsphäre des Klatschobjekts legitimiert. *Die Skandalisierung macht aus einem privaten Ereignis einen Gegenstand des öffentlichen Interesses.*

– Klatschproduzenten sind prinzipiell darauf bedacht, das Klatschwissen, das sie anderen übermitteln, als *glaubwürdig* darzustellen. Weil im Klatsch die Tendenz zur Übertreibung angelegt ist und weil „Klatsch heißt, anderer Leute Sünden beichten" (Wilhelm Busch), sind Klatschproduzenten immer in der Gefahr, als Verleumder betrachtet zu werden. Der Vorwurf der Verleumdung präsupponiert, dass jemand falsche Behauptungen über eine andere Person in Umlauf bringt, für

---

viewed as self-organizing with respect to the intelligible character of its own appearances as either representations of or as evidences-of-a-social-order. Any setting organizes its activities to make its properties as an organized environment of practical activities detectable, countable, recordable, reportable, tell-a-story-aboutable, analyzable – in short, *accountable*." Zu Garfinkels „account"-Begriff, für den es kaum eine adäquate Übersetzung im Deutschen gibt, cf. Bergmann & Meyer (2021: 45 ff).

die er wider besseres Wissen einen Wahrheitsanspruch erhebt. Ob und wann die Darstellungen eines Klatschproduzenten wahrheitswidrige Behauptungen über das Klatschobjekt enthalten, lässt sich natürlich bei der Analyse von Klatschgesprächen nicht entscheiden. Aber aufgrund des Darstellungsmittels der Übertreibung liegt natürlich der Verdacht nahe, dass das Sprichwort „Klatschen und Lügen gehen Hand in Hand" einen empirischen Wahrheitskern hat. Doch in einer der wenigen Studien, die sich nach Georg Simmels (1992 [1899]) früher Arbeit einer Soziologie der Lüge widmete, wird „die Lüge als ein Überbau über eine Verheimlichung" (Stok 1929: 16 ff) bezeichnet. Auch wenn im Klatsch mehr übertrieben als gelogen werden dürfte, weil es dabei ja um Aufdeckung und Offenlegung und weniger um Verheimlichung geht, antizipieren die Klatschproduzenten Zweifel an ihrer Glaubwürdigkeit. Sie reagieren darauf mit zahlreichen *Autorisierungsstrategien*, um die von ihnen präsentierte Erzählversion als wahrhaftig und damit ihr Klatschwissen als glaubwürdig erscheinen zu lassen.

– Trotz der verschiedenartigen Maßnahmen zur interaktiven Absicherung der Klatschkommunikation lassen die Klatschproduzenten in ihren Äußerungen immer wieder erkennen, dass sie den *moralisch kontaminierten Charakter* ihres Wissens nicht aus den Augen verloren haben. Dies dokumentiert sich etwa in ihrem epistemischen Bemühen, ihr *Klatschwissen als passiv erworbenes Wissen* zu kennzeichnen, d. h. als Wissen, das ihnen z. B. von anderen zugetragen wurde oder das sie auf irgendeine andere Weise ohne eigene Anstrengung erlangt haben. Statt auf die Herkunft ihres Wissens zu verweisen, können Klatschproduzenten auch versuchen, sich durch die Technik des *präventiven Dementis* vor den nachteiligen Folgen zu schützen, die sich für sie aus der Verbreitung moralisch kontaminierten Wissens ergeben können. Sie produzieren nach Art der „disclaimers" (Hewitt & Stokes 1975) das, was man eine moralische Neutralisierung nennen könnte, indem sie ihren Klatschbeitrag mit Äußerungen wie etwa „Ich will niemanden schlecht machen, aber..." oder „Ich will bestimmt niemanden ausrichten, aber..." einleiten. Vorlaufelemente (cf. Baker 1985) dieser Art – etwa auch: „Das mag jetzt chauvinistisch klingen, aber...", „Ich will dir nicht zu nahetreten, aber..." – dienen hier wie in anderen Kommunikationssituationen dazu, die mögliche negative Reaktion eines Interaktionspartners zu antizipieren, präventiv zu dementieren und auf diese Weise die Formulierung einer eigentlich unmöglichen Äußerung und die Ausführung einer eigentlich unstatthaften Handlung möglich zu machen.

– Klatschproduzenten präsentieren ihre Klatschinformationen nicht in der distanziert-neutralen Art eines Nachrichtensprechers. Denn für die Klatschakteure ist primär nicht das auf seinen Informationsgehalt reduzierte Klatschwissen von Belang, sondern dessen *Kommentierung* und *Bewertung*. Zwei der auffälligsten Merkmale der Klatschkommunikation geben hiervon Zeugnis: Zum einen lässt sich beobachten, dass der Reiz am Klatsch für die Klatschakteure vor allem in der *Lust am Spekulieren* über die Hintergründe der Klatschgeschichte und über die Handlungsmotive des Klatschobjekts liegt (cf. Wilson 1973: 162 f. über Klatsch in der Karibik als gemeinsame Spekulation darüber, was jemand, der lange nicht gesehen wurde, im Schilde führt). Wollte man eine mathematische Weltformel für den Klatsch erfinden, müsste sie lauten: 1 + 1 = 3. Zum andern zeigt sich, dass der durchlaufende *moralisch indignierte bis maliziöse Tonfall* ein typisches Erkennungszeichen von Klatsch ist. Klatschproduzenten geben durch evaluative Markierungen und durch die Wahl entsprechender Deskriptoren frühzeitig zu verstehen, wie sie ihre Klatschgeschichte interpretiert wissen wollen. Wenn der Klatschrezipient in diese evaluative Kommentierung einstimmt, kommt es oft zu einer solchen Häufung von spekulativen Bemerkungen und Sottisen, dass bei einem außenstehenden Beobachter leicht der Eindruck entsteht, die Klatschinformation diente den Klatschakteuren nur als Vorwand für genüssliches Spekulieren, für Häme und gemeinsame moralische Indignation.

- Nicht weniger als an der Rekonstruktion eines Einzelereignisses selbst sind Klatschproduzenten an der *Generalisierung* ihres Klatschwissens interessiert. Die Klatschgeschichte wird, so empörend-unterhaltsam sie für sich sein mag, von den Klatschakteuren immer auch als typisch für das jeweilige Klatschobjekt interpretiert. Ja, in den meisten Fällen wird ausgehend von einer Klatschgeschichte bzw. einer Serie von Klatschgeschichten das *Klatschobjekt als ein sozialer Typus* identifiziert.

Die These, die sich aus der materialen Analyse von Klatschgesprächen in dieser Untersuchung ergibt, lautet: Die hier resümierend dargestellten fünf Interpretationskomponenten des Klatschwissens *bilden nichts weniger als das unentbehrliche Instrumentarium der Klatschproduktion.* D. h.: wann immer ein Gesprächsteilnehmer sein Klatschwissen zur Darstellung bringt, muss er sich bei diesem Übersetzungsvorgang prinzipiell auch um die Mitteilungswürdigkeit und die Glaubwürdigkeit, um die moralische Belastetheit sowie um die Kommentierung und die Generalisierung seines Klatschwissens kümmern. Erst dadurch – und nicht bereits durch die nüchterne Erzählung einer Geschichte über ein Ereignis aus dem privaten Bereich eines Bekannten – erhält seine Darstellung den genuinen Charakter von „Klatsch".

In den folgenden Abschnitten geht es darum, anhand von Gesprächsaufzeichnungen detailliert zu zeigen, auf welche Weise dieses Instrumentarium der Klatschproduktion den Ablauf und die Realisierung von Klatschgesprächen bestimmen kann. Auf zwei Beobachtungen soll jedoch hier bereits im Vorgriff hingewiesen werden: Erstens, diese Produktionsinstrumente können ihre Wirkung im Hinblick auf *Gesprächsobjekte recht unterschiedlicher Größenordnung* entfalten und sowohl kleinste Äußerungsteile betreffen als auch ganze Gesprächspassagen modellieren. Und zweitens ist es möglich, dass die *einzelnen Instrumente der Klatschproduktion in eine antagonistische Beziehung* zueinander geraten – so kann z. B. ein Klatschproduzent, im Bemühen, die Mitteilungswürdigkeit seines Klatschwissens zu unterstreichen, Darstellungsformen wählen, die gerade Zweifel an der Glaubwürdigkeit seines Klatschwissens entstehen lassen. Mit einem solchen Widerspruch beschäftigt sich der folgende Abschnitt.

4.4 Die rekonstruktive Darbietung des Klatschwissens

Nachdem die Interagierenden sich wechselseitig ihrer Klatschbereitschaft versichert, die Bekanntheit des prospektiven Klatschobjekts festgestellt, über den Neuigkeitsstatus der zu erwartenden Klatschinformation befunden und die Rollen von Klatschproduzent und Klatschrezipient ausgehandelt haben – nach all diesen zumeist äußerst rasch und ökonomisch ablaufenden Vorbereitungsaktivitäten ist nun der Klatschproduzent am Zug. In dieser Vorlaufphase wurde implizit auch die Organisation des Sprecherwechsels in Unterhaltungen so modifiziert, dass der Klatschproduzent in der Situation ist, sein Wissen über die privaten Dinge eines Dritten auszubreiten, ohne dabei antizipieren oder befürchten zu müssen, dass seine Interaktionspartner ihm sofort bei der nächsten sich bietenden Gelegenheit mit ihren eigenen Beiträgen in die Quere kommen. Harvey Sacks (1971; 1974: 340 ff) hat in mehreren seiner „lectures" und Aufsätzen gezeigt, dass diese Vorlaufphase den gesprächsorganisatorischen Effekt hat, dem Sprecher das Rederecht für mehr als einen Redezug zuzuweisen, womit er seine Geschichte/Neuigkeit erzählen kann, ohne vor dem Ende der Erzählung das Rederecht an einen anderen Gesprächsteilnehmer zu verlieren. Da er sich zudem auf die in der Prä-Sequenz angezeigte Bereitschaft des Rezipienten zur Komplizenschaft bei der verwerflichen Praxis des Klatschens stützen kann, scheint ihm nun die Möglichkeit offenzustehen, ungehindert von moralischen Bedenken oder zeitlich-interaktiven Beschränkungen über das Klatschobjekt „herzuziehen". Wie agiert der Klatschproduzent in diesem von den Interaktionspartnern gemeinsam abgesicherten Freiraum? Von welchen Strukturierungsprinzipien wird dieser zentrale Teil der Klatschkommunikation, in dem es zur rekonstruktiven Darbietung des Klatschwissens kommt, bestimmt?

Anhand von Gesprächsaufzeichnungen lässt sich zunächst die Feststellung treffen, dass sich die Klatschproduzenten in ihrem Äußerungsverhalten häufig über anerkannte Höflichkeitsgebote und respektierte Konventionen des gesitteten Umgangs hinwegsetzen und sich in dieser Hinsicht tatsächlich in einer Art Freiraum zu bewegen scheinen. Klatschproduzenten sprechen oftmals eine rüde Sprache; sie scheuen nicht davor zurück, zur Beschreibung eines Sachverhalts statt unspezifischer, euphemistischer Umschreibungen, wie sie im alltäglichen Verkehr für gewöhnlich erwartet und bevorzugt werden, unzweideutig obszöne Ausdrücke zu verwenden:

```
<11>

  18   R:    Da ging en Gespräch rund [die soll die andern-
  19   G:                             [Das ist doch spannend=
  20   G:    =hehehe
  21   R:    die soll die andere Männer immer an dä Sack
→ 22         gespielt haben.
```

Und auch die Etikettierungen, mit denen das Klatschobjekt bedacht wird –

```
<3>

  11   H:                      Ja klar die Frieda
  12         wohnt doch wieder in ( [    )
  13   R:                          [Jaha!
  14   H:    Ja
→ 15   R:    Dat Trampeltier!
```

– sind oft alles andere als rücksichtsvoll oder zimperlich. Man kommt jedoch unweigerlich zu einer verzerrten Einschätzung des Klatschvorgangs, wenn man diese ins
Auge springende *Vulgärsprache des Klatsches* in inhaltsanalytischer Manier als ein
stilistisches Merkmal isoliert und darüber versäumt, auf die spezifische Handhabung
dieser Vulgärsprache durch die Klatschakteure zu achten. So auffällig nämlich diese
Malediktion[34] der Klatschproduzenten – gerade, wenn man sie in verschrifteter Form
vor sich liegen hat – auch sein mag, sie erweist sich bei näherer Betrachtung als ein
gezielt eingesetztes und sorgfältig kontrolliertes Darstellungselement der komplex
organisierten Ereignisrekonstruktion im Klatsch. D. h., auch wenn sich die Interagierenden beim Klatsch – im Vergleich zu anderen Gesprächsformen – größere Freiheiten
im Hinblick auf ihre Ausdrucksmittel herausnehmen, befinden sich die Klatschakteure doch keineswegs in einer anomischen Situation: ihre Sprache ist, so vulgär sie
sein mag, keineswegs zügellos.

4.4.1 Wissensautorisierung und Reputationsgefährdung

Klatsch beschäftigt sich mit dem Tatsächlichen – wie weit auch immer die Klatschakteure sich letztlich von den Tatsachen entfernen. Wer eine Klatschgeschichte erzählt, steht damit vor der Aufgabe, für seine – in der Regel ziemlich kritischen bis
degradierenden – Behauptungen über das abwesende Klatschobjekt den Nachweis zu
erbringen, dass sie nicht frei erfunden und also keine pure Verleumdung sind. All-

---

34 Die in den Jahren 1977–2005 erschienene Zeitschrift „Maledicta" (hg. von Reinhold Aman) beschäftigte sich mit Graffiti, Flüchen, kulturspezifischen Formen von Obszönität, erotischen Vokabu-
larien und anderen Praktiken der Malediktion. Cf. Aman (1987). Während viele Beiträge in dieser
Zeitschrift rasch bei psychoanalytischen Interpretationen enden, bildet die Arbeit von Robert Adams
(1977) eine gelungene sprach- wie sozialwissenschaftliche Untersuchung verschiedener Phänomene
der Malediktion.

gemein formuliert: Im Klatsch werden immer auch epistemische Aspekte berührt, die bei der Übermittlung von Klatschinformationen nicht ausgeblendet werden können: Woher hat ein Klatschproduzent sein Wissen? Ist es ein Wissen aus erster Hand? Wie glaubwürdig und zuverlässig ist das Wissen? Wird das Wissen von anderen geteilt? Wie alt ist das Wissen? Wird das Wissen von anderen bezeugt? Fragen dieser Art, die sich darauf beziehen, wie ein Sprecher sein Wissen – auch sein Wissen über das Wissen der Gesprächspartner – in der Interaktion darstellt, werden seit den 1980er Jahren in der Konversationsanalyse in Einzelstudien untersucht. So hat John Heritage (1984), der den Anstoß zu dieser Forschungslinie gegeben hat, gezeigt, dass Sprecher regelmäßig – etwa durch die Partikel „oh" – die Neuigkeit einer Information und damit die Veränderung ihres Wissensstatus indizieren. Angela Keppler (1989) hat am Beispiel von Belehrungen im Alltag untersucht, wie ein Sprecher epistemische Autorität für sich beansprucht und welche Probleme mit diesem Anspruch einhergehen. Entlang dieser Linie ist im Hinblick auf Klatsch zu fragen, mit welchen epistemischen Praktiken die Akteure ihr jeweiliges Wissen füreinander transparent machen und welche sozialen Aktivitäten sie damit jeweils ausführen.[35]

Geht man davon aus, dass Klatschakteure über das Ereignis, das sie rekonstruieren, ein Wissen aus erster Hand haben, scheinen sie in dieser Situation einen systematischen Vorteil zu haben. Sie können zum Beweis der Richtigkeit ihrer Aussagen auf ihre eigenen Beobachtungen verweisen. Geht man weiterhin davon aus, dass Klatschproduzenten einer Nachweispflicht für ihre Behauptungen unterworfen sind, wird ein Phänomen verständlich, das regelmäßig innerhalb von Klatscherzählungen auftaucht und das auf den ersten Blick merkwürdig erscheinen muss: Klatschproduzenten erwähnen in der Rekonstruktion eines Ereignisses oft verschiedene situative Details, die auch bei näherer Betrachtung weder mit dem Fortgang der Geschichte in einem erkennbaren Zusammenhang stehen, noch für das Verständnis der Rezipienten erforderlich scheinen:

---

35 Damit ist nicht gemeint, dass mittels epistemischer Praktiken Bewusstseinsvorgänge, die für die Interaktionspartner prinzipiell unzugänglich sind, „abgebildet" werden. Vielmehr dienen mentale Referenzen – Bezüge auf Intentionen und andere psychische Prozesse – in der Interaktion dazu, implizit bestimmte soziale Aktivitäten auszuführen, wie etwa eine Rechtfertigung („Ich dachte...") oder das Insistieren auf einer Meinung („Ich bin überzeugt..."). Zu dieser ethnomethodologischen Perspektive auf Bewusstsein und der darin enthaltenen Kritik am Cartesianismus der Kognitionswissenschaften cf. die Arbeiten von Jeff Coulter (1989).

```
<12>            <"High-Life":GR:30>

   01    H:     Und wir sitzen abends. Mit einmal bumst es
   02    P:     <leicht lachend>
   03    H:     Da hab ich gesacht <grinsend> "Die is
   04           bestimmt umgekippt".
   05           (                    )
   06    R:     Ja
→  07    H:     Das war viertel nach acht. Da war- en=
→  08           [Krimi war drin.
→  09    R:     ["San Francisco"
   10    G:     <leise lachend>
   11    H:     Mit einmal aufm Bal(kon)...


<13>            <"High-Life":GR:31>

   01    H:     Und dann kriechte die Schreikrämpfe da oben.
   02           Dann hat die eh eh noch Tabletten gefressen
   03           dadurch.
   04           Dadurch hat die das ja schlimmer gemacht.
   05    P:     Hm
→  06    H:     Und Sonntach früh sitz ich auf de Toilette.
   07           Mit einmal hör ich die da oben wieder
   08           "Ha- Hilfe Hilfe"...


<14>            <"High-Life":GR:32>

   01    R:     Eh weisse wat die-
   02           Die hat früher ja bei mir da die- in de eine
   03           Block jewohnt. ne,
   04           Die hat dat Kind von morgens hat die Schlaf-
   05           Tropfen jegeben.
→  06           Von morgens sieben bis abends (-) vier geschlafen.
   07           Und die war weg inne Stadt. Jeden Tach. Bis
   08           dat Kind ene Herzdingens kriechte.
   09           Ne Herzkollaps
```

In diesen Gesprächsausschnitten werden von den Klatschproduzenten penibel genaue Angaben darüber, wann sich etwas abgespielt hat, wo sie sich zu diesem Zeitpunkt befanden und womit sie gerade beschäftigt waren, in die rekonstruktive Darstellung eingeflochten. Solche *Erwähnungen scheinbar randseitiger Details* sind in der Klatschkommunikation regelmäßig zu beobachten; ihr Haupteffekt besteht darin, das zu rekonstruierende Ereignis nachweislich im alltäglichen Wahrnehmungskontext des Sprechers zu lokalisieren, und sie fungieren in diesem Sinn als Indikatoren dafür, dass das Klatschwissen des Klatschproduzenten ein Wissen aus erster Hand ist.

Betrachtet man die Ausschnitte <12> und <13> genauer, so zeigt sich ein weiteres Phänomen: Die Detaillierung dient hier der Klatschproduzentin auch dazu, herauszustreichen, dass sie mit alltäglichen Dingen in ihrem eigenen Handlungsbereich beschäftigt war und nur als passive Rezipientin Kenntnis von dem Ereignis, das von außen in ihren Wahrnehmungsbereich eindrang, erlangte. Signifikant ist dabei ihr impliziter Hinweis darauf, dass sie nicht als Augenzeugin, sondern als Ohrenzeugin das zu rekonstruierende Geschehen miterlebte. Dieser Hinweis der Klatschproduzentin erhält eine besondere Bedeutung, wenn man ihn mit einem anderen Ausschnitt aus dem gleichen Gespräch konfrontiert. In diesem Gesprächsausschnitt – er bildet die Fortsetzung von Segment <4> – wird die Behauptung der Klatschproduzentin R, die die mangelnde Sauberkeit „der Theissens" betraf, von den anderen Gesprächsteilnehmern in ihrem Wahrheitsgehalt bezweifelt:

```
<15/4>                    <"High-Life":GR:23/Vereinfacht>

    35    R:    ...da sind die sich nebenan bei den Nachbarn
    36          waren se de Finger waschen.
    37          So stanken die Klamotten vor Dreck.
    38    H:    (    [    )
    39    G:         [(    ) bei Theissens? <ungläubig>
    40    R:    Bei Theissens! <bekräftigend>
    41    G:    Kann ich mir kaum vorst[ellen.
→   42    R:                           [Ich hab dat gesehen
→   43          wie die da eh ausgeräumt haben.
    44    G:    Ja, Kaffee noch!
    45    R:    Und alles wat die noch dringelassen haben.
    46          Ba:::h die Leute die da eingezogen sind-
→   47          Hat die Frau!
    48          Die musste so von hü hott weisse musste die
    49          da rein.
    50          Säcke! Säckeweise! hat die da (    ) de Lumpen
    51          und de Dreck gehabt.
    52          Säckeweis!
→   53          Is Tatsach! Ich hab es ja ge(   [        )
    54    H:                                    [Die geht doch
    55          immer so so-
→   56    R:    Ich hab da gesta[nden
    57    H:                    [so elegant. Die hat doch
    58          immer alles [(        )
    59    R:                [Der Keller der war ha:lb voll
    60          Wäsche dreckige Wäsche [ba:::h
    61    G:                           [Denn ich kenn das von-
    62          von Theissens so aus der- aus der eh kleinen
    63          Siedlung. Das war unheimlich also ziemlich
    64          aufgeräumt immer. ne,
```

R, konfrontiert mit dem Unglauben und den Widersprüchen ihrer Gesprächspartner, verweist wiederholt darauf, dass sie für ihre Behauptungen eigene Beobachtungen geltend machen und sich auf eine Zeugin berufen kann. Damit kann sie jedoch die Zweifel der anderen nicht zerstreuen, die ihrerseits auf ein Wissen aus erster Hand über die Verhältnisse bei den „Theissens" verweisen (61: „Denn ich kenn das..."). In dieser Situation ändert R ihre Strategie und versucht zu argumentieren, dass die Meinung der anderen sich auf einen oberflächlichen Eindruck, ihr Wissen jedoch sich auf einen tieferen Einblick gründet. Dabei erlebt R jedoch eine böse Überraschung:

```
<16/15>

      63    G:    ...Das war unheimlich also ziemlich
      64          aufgeräumt immer. ne,
      65    R:    Ja [wenn de reinkam und reinkucktes würd ich
      66    G:       [(        )
      67    R:    sagen, war dat immer auf[jeräumt.
      68    G:                            [Hm
  →   69    R:    Du muss ja auch die Ecken bekucken.
      70    P:    <lachend>
      71    ?     (         [      )
      72    H:              [Der kann ja schließlich nich hingehen
      73          und kann die Ecken a[nkucken.
      74    P:                        [Hehehehehehehehe
      75    G:    (         )
  →   76    R:    Dat tu ich ohne dat ich dat will.
      77    G:    Hm
  →   78    R:    Wenn ich irjendwo reinkomm [automatisch
      79    G:                               [<leise lachend>
  →   80    R:    gehen meine Augen überall.
      81    G:    Pau[l! <Das Gespräch findet in P's Wohnung statt>
      82    H:       [Hast du beim Paul auch schon [in die Ecken-
      83    ?                                      [(        )-
      84    H:    =gekuckt? Haha[hahaha
      85    G:                  [Hehe
      86    P:    Also wenn übermor[gen hier die (-) Fürsorge
      87    G:                     [Hehe
      88    P:    erscheint [weiß ich gleich woran es liecht.
      89    R:              [Hahahahahahahaha[ha
      90    G:                               [Hahahahaha
      91    P:    Hehehehehe
```

Um die Glaubwürdigkeit ihrer Darstellung zu stützen, betont R, dass man sich nicht vom äußeren Schein der Dinge täuschen lassen darf, sondern gezielt unter deren Oberfläche schauen muss. Sie bemerkt jedoch rasch selbst, dass diese Maxime, sofern sie ein absichtsvolles Nachforschen und Aufdecken einer verborgenen Wirklichkeit impliziert, gerade dort problematisch ist, wo es um das Wissen über die Privatangelegenheiten anderer geht. Mit der Beteuerung, sie würde nicht gezielt, sondern ohne Absicht, „automatisch" ihre Umgebung kontrollieren und demaskieren, versucht sie zwar, ihre Position zu retten, doch tatsächlich verstrickt sie sich damit nur umso mehr. Ihre Gesprächspartner spielen nun – wenn auch im Rahmen spaßhafter Modalität – mit dem Gedanken, dass sie eine Agentin der Fürsorge ist, die andere Leute in deren Privatsphäre bespitzelt und – wie zu vermuten ist: wegen Verwahrlosung – denunziert.

In der Episode <16/15> wird noch ein anderer Aspekt der Informationsvermittlung im Klatsch sichtbar. Klatschakteure müssen in ihren Äußerungen nicht nur die epistemische, sondern auch die damit assoziierte deontische Qualität ihres Wissens berücksichtigen, deren Untersuchung in der Konversationsanalyse vor allem durch Arbeiten von Melisa Stevanovic (2011; Stevanovic & Peräkylä 2012) initiiert wurde. Gemeint ist damit, dass Wissen neben seiner kognitiven auch eine moralische Dimension hat und sich auf die Frage bezieht, welche Pflichten, Ansprüche, Zwänge und

Verantwortlichkeiten mit einem Wissen für den Träger des Wissens einhergehen. Hat der Sprecher ein Recht auf das Wissen? Hat er es entwendet, also unbefugt erworben? Darf er es an beliebige andere weitergeben? Hat er das Recht, die Zirkulation des Wissens zu kontrollieren? Ist der Inhalt des Wissens selbst anstößig? Ausgehend von diesen Fragen erweist sich Episode <16/15> in verschiedener Hinsicht als aufschlussreich. Zum einen kommt in ihr in aller Klarheit zum Ausdruck, dass *Klatschwissen ein passiv oder zufällig erworbenes Wissen zu sein hat* – was im Übrigen nicht nur für unsere Gesellschaft gilt. Der Anthropologe Robert Levy (1973: 340) schreibt in seiner Ethnografie über die Tahitianer auf den Society Islands: „Obwohl Klatsch ein wichtiger Teil der 'shame control' ist, haben die Bezeichnungen für Klatsch einen pejorativen Ton, und gilt es als schlecht, sich am Klatsch zu beteiligen. Idealiter muss das Verhalten, das, wenn es sichtbar wird, Scham hervorruft, von selbst zur Sichtbarkeit gelangen; schändliche Handlungen dürfen nicht ausgekundschaftet werden. Ein solches Auskundschaften ist selbst ein 'ha'ama' [= schändlicher Akt]." Klatschproduzenten sind deshalb in der Regel bemüht, ihr Klatschwissen als passiv erworbenes Wissen zu kennzeichnen.

In den Segmenten <12> und <13> macht die Klatschproduzentin durch die Erwähnung situativer Details deutlich, dass die Ereignisse, die sie schildern wird, auf akustischem Weg in ihren Wahrnehmungsbereich eindrangen und sie gar nicht anders konnte, als von ihnen Notiz zu nehmen. Demgegenüber gerät die Klatschproduzentin in Segment <16> gerade dadurch in eine prekäre Situation, dass sie die Notwendigkeit betont („Du muss ja auch die Ecken bekucken"), die Umgebung aktiv durch visuelle Inspektion auf mögliche Schandflecken hin zu überprüfen. An dieser Stelle wird erkennbar, *dass sich das passiv rezipierende Ohr als Instanz zur Autorisierung von Klatschwissen besser eignet als das aktive Wahrnehmungsorgan Auge.* Bereits Georg Simmel (1968a: 487) hatte in seiner „Soziologie" in einem Exkurs über „die Soziologie der Sinne" das Ohr als das „schlechthin egoistische Organ" bezeichnet, das im Gegensatz zum Auge nur nimmt, aber nicht gibt, und zu dieser Differenz weiter bemerkt: „Es büßt diesen Egoismus damit, dass es nicht wie das Auge sich wegwenden oder sich schließen kann, sondern, da es nun einmal bloß nimmt, auch dazu verurteilt ist, alles zu nehmen, was in seine Nähe kommt." Das Ohr als permanente Registriermaschine ermöglicht dem Hörer, geltend zu machen, dass er absichtslos, ja unfreiwillig zur Kenntnis von Dingen gelangt ist, die ihn eigentlich nichts angehen. Tatsächlich sind bestimmte räumliche Bedingungen für die Bewohner in mehrfacher Hinsicht belastend. In einer gemeindesoziologischen Studie beschreibt Leo Kuper (1953: 14 f.), welche Konsequenzen sich daraus ergeben, dass in einem Häuserblock die Wohnungen der Mieter durch dünne, „hell-hörige" Trennwände zwar visuell, nicht aber akustisch voneinander getrennt werden: „Die Bewohner kennen viele 'benachbarte' Geräusche, vom üblichen Gebrüll bei Geburtstagsfeiern bis zu Geräuschen des Alltagslebens. [...] Im ehelichen Schlafzimmer können die Dinge, die man über den Nachbarn erfährt, schockierend sein: 'Man kann sogar hören, wie sie auf den Topf gehen, so schlimm ist es. Es ist einfach grauenhaft' oder störend: 'Ich habe gehört, wie sie sich im Bett gestritten haben. Er wollte lesen, sie wollte einschlafen. Es ist peinlich, im Bett Geräusche zu hören, deshalb habe ich mein Bett an die andere Wand gestellt'." Wie Kuper (1953: 45 ff) an späterer Stelle bemerkt, machen die auf diese Weise erhaltenen Informationen über den Nachbarn dann nicht selten als Klatsch die Runde. Er zitiert etwa folgende Aussage eines Bewohners: „Wir haben es oft erlebt, dass auf der Straße oder sogar in den Geschäften uns gegenüber Dinge wiederholt wurden, die wir zueinander gesagt haben und die sie (die Nachbarin auf der anderen Seite der 'gemeinsamen Wand') gehört hat."

Faktisch kann natürlich das Ohr ebenso wie das Auge als ein aktiv ausspionierendes Instrument eingesetzt werden – doch signifikanterweise verliert es damit dann auch seine Unschuld:

```
<17>        <"High-Life":GR:42>

01    H:    ...Da stellt die sich (   ) nachts, wo der da
02          in die Wohnung is bei der, stellt die Jungblut
03          sich mit der Tekoek vor de Tür und horcht.
04          Klar! Der Horcher an der Wand hört seine eigene
05          Schand!
06          Kriecht die da so Etliches mit...
```

Auch die Berufung darauf, dass ein zu berichtendes Ereignis nur akustisch registriert wurde, schützt demnach die Klatschproduzenten nicht automatisch vor dem Verdacht, ihr Wissen durch Bespitzelung erlangt zu haben.

Die dargestellten Schwierigkeiten, mit denen die Klatschproduzenten bei der Autorisierung ihres Klatschwissens konfrontiert sind, lassen sich nun zu einer *strukturellen Problematik der Klatschproduktion* zuspitzen. Da im Klatsch tatsächliche Geschehnisse verhandelt werden, unterliegen Klatschproduzenten der Pflicht, Nachweise zu erbringen für die Glaubwürdigkeit ihres Wissens und die Wahrhaftigkeit ihrer Darstellungen. Haben sie – als Augen- oder Ohrenzeugen – ein Wissen aus erster Hand über das zu rekonstruierende Ereignis, stehen sie vor einem prinzipiellen Dilemma: Je detaillierter sie ihre Klatschgeschichten erzählen und je mehr sie gezwungen sind, die Richtigkeit ihrer Darstellungen argumentativ zu begründen, desto stärker setzen sie sich dem Verdacht aus, dass sie nicht passiv und zufällig in den Besitz ihres Klatschwissens gelangt sind, sondern dieses sich durch aktive Invasionen in den Privatbereich des Klatschobjekts verschafft haben.

In dieser Situation, in der *Detaillierung auf Kosten der Reputation* geht, bietet sich den Klatschproduzenten als möglicher Ausweg an, anstatt Wissen aus erster Hand zu vermitteln, Klatschgeschichten, die ihnen zugetragen wurden, weiterzuerzählen. Ein solches Klatschwissen aus zweiter Hand ist jedoch für die Klatschproduzenten immer mit bestimmten Mängeln behaftet. Vor allem ist es den Klatschproduzenten in diesem Fall unmöglich, durch die Weitergabe ihres Klatschwissens eine exklusive Beziehung zu dem jeweiligen Klatschobjekt zu demonstrieren. Ihre Klatschgeschichten haben nicht mehr den Reiz eines Originals, eher den Wert einer abgegriffenen Münze, in deren Zirkulation sie eingeschaltet sind.

Klatschgeschichten aus zweiter Hand sind für die Klatschproduzenten nur ein schaler Ersatz für originalen Klatsch; die Klatschgeschichte schrumpft zur bloßen Klatschinformation. Sie werden deshalb persönlich bezeugte Ereignisse bevorzugen. Diese Behauptung lässt sich etwa durch die Beobachtung stützen, dass in längeren Unterhaltungen zumeist erst dann Klatschgeschichten aus zweiter Hand ausgetauscht werden, wenn sich das Wissen über persönlich bezeugte Klatschereignisse erschöpft hat. Dem Verdacht, das Klatschwissen durch Bespitzelung erlangt zu haben, können Klatschproduzenten dabei auch auf andere Weise begegnen: insbesondere dadurch, dass sie das Detaillierungsniveau ihrer Darstellungen auf einer niedrigen Ebene halten und immer nur punktuell anheben. Auf diese Weise ergibt sich jene eigenartige und für die Klatschkommunikation doch so charakteristische Mischung aus präziser Information und raffender Umschreibung, aus detaillierten Angaben und vagen Andeutungen. Wenn Klatschproduzenten Geschichten aus zweiter Hand weiterreichen, sind sie mit dem strukturellen Problem konfrontiert, dass sie für ihre Erzählungen weder „juicy details" liefern noch deren Wahrheitsgehalt verbürgen können. In dieser Situation können vermutlich viele Klatschproduzenten nicht der Versuchung widerstehen, die fehlende Würze ihrer Geschichten durch Fantasie und Spekulation auszugleichen. Damit aber wird der Klatsch, dessen Material eh nur noch aus Geschichten vom Hören-Sagen besteht, zunehmend zu einem Verbreitungsort von Gerüchten.

Im Hinblick auf Klatsch aus zweiter Hand ist noch zu vermerken, dass in einer Reihe von Ethnografien darauf hingewiesen wird, dass speziell *Kinder als Zwischenträger von Klatschinformationen* eine wichtige Rolle in einer sozialen Gemeinschaft spielen. Prinzipiell gilt, dass Klatsch – u.a. weil er den Vergleich mit anderen ermöglicht – bereits für Kinder bedeutsam ist für die Entwicklung ihres sozialen Selbst, für die Bildung und Abgrenzung von sozialen Netzwerken, für die Urteilsbildung u. a. m. (cf. Fine 1977: 181–185). Dabei ist aber das Alter der Kinder zu berücksichtigen, wie die Studie von Gwendolyn Mettetal (1983: 730 ff) gezeigt hat; sie stellte beim Vergleich dreier Altersgruppen von Kindern (6–7, 11–12 und 16–17 Jahre) ein Desinteresse an Klatsch bei der jüngsten und einen dramatischen Anstieg von Klatsch bei der mittleren Altersgruppe fest. Allerdings können Kinder, wie John Hotchkiss (1967: 715 f.) beobachtet hat, leicht in die Rolle von Doppelagenten geraten: Sie bringen Informationen über Dritte, die für die Erwachsenen interessant sind, nach Hause, lassen sich andererseits aber oft von Außenstehenden über innerfamiliäre Angelegenheiten befragen. Auch aus diesem Grund wird Kindern, wenn die Erwachsenen mit Klatsch beschäftigt sind, oft die Ohren zugehalten oder bedeutet, sie sollen in ihr Kinderzimmer gehen.

4.4.2 Das Zitat als Element der Ereignisrekonstruktion

Eine ganz ähnliche Problematik in der Klatschproduktion wie die eben aufgezeigte ist zu entdecken, wenn man sein Augenmerk von der Wissensautorisierung weg auf den Vorgang der Ereignisrekonstruktion selbst richtet. Von den zahlreichen Darstel-

lungstechniken, mittels derer die Klatschproduzenten ihr Wissen in Sprache transformieren, soll im Folgenden eine herausgegriffen und genauer analysiert werden. Zu
rechtfertigen ist diese Beschränkung damit, dass diese spezifische Darstellungstechnik innerhalb der Klatschkommunikation mehrere Funktionen zugleich erfüllt. Es
handelt sich dabei um das Phänomen der „fremden Rede", das Vološinov in seinem
zuerst 1929 erschienenen Buch „Marxismus und Sprachphilosophie" (1975: 177 f.) als
„Kernphänomen" bezeichnet hat, das jedoch lange Zeit für ein nebensächliches
Teilproblem gehalten wurde. (Cf. aber für eine literaturwissenschaftliche Abhandlung
über das Phänomen der Wiedergabe fremder Rede die Arbeit von Meir Sternberg 1982.)
Gerade „das soziologisch ausgerichtete[n] wissenschaftliche[n] Interesse an der
Sprache", so Vološinov, könne die ungeheure Bedeutsamkeit dieses Phänomens
sichtbar machen. Das Phänomen, auf das sich die folgenden Beobachtungen und
Überlegungen konzentrieren, findet sich etwa gehäuft in dem folgenden Gesprächs-
ausschnitt:

```
  <18/6>              <"Sizilianisch":AK:EM 14B>
     01    J:    Un der Dande Berta hats schon gutgfallen;
     02    M:    OH: [Ob und wie:
     03    A:        [Der! Oh Gott=e=Gott. I hob noch morgens-
→    04          am Sonndoch morgens denk i "ha jetz kannsch
     05          noch net ouruafe die is beschtimmt erscht in
     06          d Nacht [äh heumkomme". PROMPT zeh: Minutte
     07    J:            [mhm
     08    A:    spätr schellts Telefon halb zwei in dr
     09          Nacht sin se heumkomme um halb neine
     10          [un wor se widr fit.
     11    M:    [schon=war=se[=widr=fit.
     12    L:                 [war se schon widr fit.
→    13    A:    Soch=i "ja soch mol schlof doch" secht se
     14          "OHH i hob ausgschlofe ohh des war
     15          wunder[schön".
     16    J:          [ehhhnhnhh (      ) loswerde misse.
     17    A:    Ha die wor- die hat ganz-;
→    18    M:    Lediglich in dr Nacht secht se "wenn i nachts
     19          aufgwacht ben °un woisch °°i muaß scho manchmol
     20          raus in dr Nacht°° han i nemme gwisst wo e bin°",
→    21    A:    zu re [gsocht "mensch nimm] doch e Häfele mit",
     22    M:          [no isch se  RAUS ! ]
     23    A:    nimm doch- laß dr a Häfele gäwe.=
     24    M:    =no isch se [emmer raus];
     25    A:               [ha ja was ]denkt se moi-=
     26    L:    =ha:ja:!
→    27    M:    "bei dene do waren mindeschtens so viel
     28          Diere wie bei dir da hanne"
     29    L:    Hhhihihihhhihhinn
→    30    M:    "bin raus no hanne immer noch net gwisst
     31          was hhh bei welcher Dier dass ins Klo nei geht
     32          no binn e halt mol beim Salvatore drin
     33          glandet hhhn in dr Nacht".
     34    A:    Hhhnje[hhh
     35    L:          [hhhn
```

In diesem Segment bestreiten A und M große Teile ihrer Darstellung in Form einer wörtlichen Wiedergabe fremder oder eigener Äußerungen (und Gedanken). Diese Verwendung von Zitaten in der Ereignisrekonstruktion ist ein für Klatsch in hohem Maß charakteristisches Phänomen. Mit ihm beschäftigen sich die folgenden Ausführungen.

Anhand von Segment <18> lassen sich bereits zwei charakteristische Strukturmerkmale dieser Darstellungstechnik beschreiben. Ein Sprecher kann die Worte, die er ausspricht, dadurch als „Zitat" markieren, dass er vor sie, zwischen sie oder an ihr Ende ein *verbum dicendi* in der ersten oder dritten Person platziert – in Segment <18> etwa Z.13: <Soch=i „ja soch mol schlof doch" secht se „OHH i hob ausgschlofe">. Diese verba dicendi („soch=i", „secht se", „zu re gsocht" etc.) machen deutlich, dass jetzt ein Stück – fremder oder eigener – Rede wiedergegeben wird, das in einer anderen Situation, zu einer anderen Zeit produziert wurde. Nun kann ein solches verbum dicendi jedoch auch das Wiedergabeformat der indirekten Rede einleiten – in <18> könnte Zeile 13/14 stattdessen etwa lauten: „Ich sagte zu ihr, sie solle doch schlafen; sie sagte, sie habe ausgeschlafen". Das verbum dicendi ist deshalb zumeist nicht das einzige Markierungselement für „Zitate". Es wird fast immer dadurch ergänzt, dass der Sprecher die Rede, die er zitiert, intonatorisch und paralinguistisch (z. B. durch Lautstärke- oder Geschwindigkeitsänderungen) deutlich modifiziert, sie in situ nachspielt und damit aus dem rekonstruktiven Darstellungsfluss heraushebt. Dieses zweite Strukturmerkmal des Produktionsformats von zitierter Rede, die *intonatorisch-paralinguistische Markierung*, findet sich nicht selten auch ohne ein zusätzliches verbum dicendi – wie etwa in dem folgenden Ausschnitt:

```
<9>           <"High-Life":GR:33>

01    H:    Die hat dat ja anfangs übertrieben mit dat
02          Kind zu schlagen.
03          Wenn jemand dabei ist dann "Ach ahach ja,
04          schön lieb ja so" <affektiert>
05          Und wehe wenn da keener is.
06          Dann (gute Fuhre).
```

In den wenigen ethnografischen Studien, die auch detaillierte Beobachtungen zur Produktionsform von Klatsch enthalten, wird übereinstimmend darauf hingewiesen, dass das rekonstruktive Darstellungsmittel des Zitats ein signifikantes Merkmal von Klatschgesprächen ist. Susan Harding (1975: 298) etwa bemerkt in ihrer Untersuchung über das Leben spanischer Dorfbewohnerinnen: „Zitatmarkierungen in der Form von 'dije' und 'dijo' ('sagte ich' und 'sagte er/sie') sind Oberflächenindikatoren für das Auftreten von Klatsch." Und Donald Brenneis (1984: 494) schreibt in seiner Arbeit über das Klatschgenre „talanoa", das er auf einer der Fiji-Inseln antraf: „Ein besonders auffälliges Merkmal des 'talanoa'-Diskurses ist die ungewöhnliche Häufigkeit, mit der das Wort 'bole' (wörtlich: die Präsensform des Verbums 'sprechen' in der dritten Person Singular) verwendet wird." Weshalb, so ist nun zu fragen, ist die Zitatform eine für die Klatschproduzenten so attraktive Darstellungstechnik? Aufgrund welcher Leistungen ist das Zitat den anderen narrativen Rekonstruktionsformen im Klatsch überlegen?

Zur Bestimmung der Funktionen, die das Zitat in der Klatschkommunikation erfüllt, müssen drei verschiedene, allerdings eng miteinander verknüpfte Aspekte dieses Darstellungsmittels differenziert werden. Auf den ersten Aspekt hat bereits Vološinov (1975: 173 ff) aufmerksam gemacht. Um die von ihm dargestellte „soziologische
Methode in der Sprachwissenschaft" auf ein konkretes Untersuchungsphänomen
anzuwenden, stellt sich Vološinov dort die Aufgabe, „das Phänomen der Wiedergabe
fremder Rede in soziologischer Richtung zu problematisieren". Zwar beschränkt sich
Vološinov in seiner Analyse ausschließlich auf literarische Texte, doch er kommt
dabei zu Resultaten, die auch für die Analyse alltagssprachlicher Interaktionstexte
von Relevanz sind. Hilfreich für die Untersuchung von Klatsch sind u. a. seine Überlegungen zum Unterschied von direkter und indirekter Redewiedergabe. Dabei ist der
entscheidende Punkt, auf den Vološinov (1975: 194) hinweist, „dass alle emotional-
affektiven Elemente der fremden Rede, sofern sie sich nicht im Inhalt, sondern in den
Formen der Äußerung ausdrücken, so nicht in die indirekte Rede übergehen." Die
emotional-affektiven Ausdruckselemente einer Äußerung, die mimisch-gestisch oder
intonatorisch-paralinguistisch realisiert werden, müssen in der indirekten Konstruktion inhaltlich benannt und durch sinnäquivalente Adjektive oder Kommentare wiedergegeben werden. Dies ist jedoch nur um den Preis einer gewissen Entpersönli-
chung und Verflachung der wiederzugebenden Rede möglich. Man kann sich diesen
Effekt vergegenwärtigen, wenn man die in dem folgenden Gesprächsausschnitt auf-
tauchenden wörtlichen Zitate in Gedanken in indirekte Rede transponiert:

```
     <20/11>      <"High-Life":GR:29>

      26    H:    Ich hab mein Badezimmer- der Dieter steht
 →    27          unten. Und da is die mim Dieter dran "Soll ich
 →    28          dich nass spritzen?" Und da spritzt die mit de
      29          Brause da oben rum.
      30          Und bei mir läuft das Wasser rein.
      31          Ich rauf. Ich geschrien ersma dass sie das
 →    32          unterlässt. "Der Dieter hat sonst gesacht ich
 →    33          wär en Feichling". <affektiert>
      34    G:    <leise lachend>
 →    35    H:    Ich sach "Mensch [wenn der Dieter sätt 'Spring
      36    G:                     [<weiter lachend>
 →    37    H:    aus em Fenster' springse och da raus. <heftig
      38          schimpfend>
      39          Na jut!
      40          Ne Stunde später (-) kommt aufm Balkon das
      41          ganze Wasser runter.
      42    R:    Ja
      43    H:    Und ich hab doch den Teppich da liegen.
      44    ?     (Hehehe)
      45    H:    Ja u:::nd da kricht ich Wut.
      46          Da kricht ich Wut.
      47          Na. Und da hab ich hochgeschrien.
 →    48          Ich sach: "Verdammt und zugenäht! Du kanns wohl
 →    49          auch nichts anderes wie andern Männern anne
 →    50          Klöten spielen"! <heftig>
      51    G:    <lachend>
```

Dieses Gesprächssegment, das neben einfachen Zitaten (48 – 50) auch die komplexere Form von Zitaten und indirekter Redewiedergabe innerhalb von Zitaten (35 – 37, 32 – 33) enthält, lässt eine wesentliche Funktion der Zitatform im Klatsch plastisch deutlich werden: Klatschproduzenten können mittels der direkten Redewiedergabe die interaktive Dynamik und den affektiven Tonus eines vergangenen Ereignisses in der Rekonstruktion reanimieren. Das vergangene Ereignis wird weniger narrativ re-kapituliert als vielmehr dramatisch in Szene gesetzt – um nicht zu sagen re-inszeniert. Zitate fungieren dabei als entscheidendes *stilistisches Mittel der szenischen Dramatisierung*, da sie es dem Sprecher gestatten, nicht nur die Worte, sondern auch die emotional-affektiven Ausdruckselemente einer vergangenen Äußerung zu vergegenwärtigen, und zwar ohne den Umweg der versachlichenden Umschreibung. (Im Transkript kann diese szenische Qualität von Zitaten wiederum nur über den Umweg der sinnäquivalenten Umschreibung – etwa <heftig> oder <affektiert> – erfasst werden.) Zitate sind Orte expressiver Intonation; durch sie erhält der Klatsch seine charakteristische emotionale Färbung – und nicht zuletzt einen wesentlichen Teil seiner Lebendigkeit und seines Unterhaltungswerts.

Der zweite Aspekt des Zitatformats, der von Bedeutung ist, will man die Funktionen dieses Darstellungsmittels in der Klatschkommunikation bestimmen, betrifft den Status dessen, was in dem Zitat wiedergegeben wird. Wenn ein Sprecher eine Äußerung als Zitat kennzeichnet, behauptet er damit gleichzeitig, dass dies eine vorfabrizierte Äußerung ist, die durch ihn nur reaktiviert, nicht aber ad hoc und in freier Entscheidung generiert wurde. Der Sprecher eines Äußerungszitats tritt also nicht als Erfinder, sondern als Übermittler dieser Äußerung auf. Damit aber bekommt die zitierte Äußerung einen von ihrer aktuellen Präsentation unabhängigen Charakter; sie wird vom Sprecher so dargeboten, als führe sie eine Präexistenz. Das bedeutet nun nicht automatisch, dass jedes Zitat den Anspruch erhebt, das Zitierte sei in der Form, in der es jetzt wiederholt wird, tatsächlich so geäußert worden. Das Zitatformat findet sich auch in Märchen, Fabeln oder Witzen, und dort sind es fiktive Figuren, Tiere, ja selbst unbelebte Gegenstände, denen – als Zitat – Äußerungen „in den Mund gelegt" werden können. Doch in dem Augenblick, in dem Zitate nicht innerhalb des Rahmens der Fiktionalität gebraucht werden, sondern – wie im Fall von Klatsch – sich auf Handelnde in der intersubjektiv konstituierten Welt des Alltags beziehen, in dem Augenblick verbindet sich mit dem Zitat der Anspruch, ein in dieser Form tatsächlich produziertes Stück Rede zu reproduzieren. Nur wenn, wie etwa im Fall einer Faschingsveranstaltung oder einer launigen Geburtstagsrede, die Interaktion im Situationsrahmen von Spaß oder Spiel stattfindet, ist es in der Alltagswelt (bis zu einem gewissen Grad!) möglich, einem Mitmenschen ungestraft frei erfundene „Zitate", die keine mehr sind, zuzuschreiben.

Das besagt nun keineswegs, dass Zitate in der Klatschkommunikation den Anspruch implizieren, die mitgeteilten Äußerungen seien ursprünglich in genau jener syntaktischen, lexikalischen und prosodischen Form hervorgebracht worden, in der sie jetzt zitiert werden. (Auch die Gesprächstranskripte, mit denen der vorliegende Text durchsetzt ist, sind in diesem Sinn ja als „Zitate" zu verstehen, und selbst für sie kann ein solcher Genauigkeitsanspruch nur mit gewissen Abstrichen erhoben werden.) Die Zitate von Klatschproduzenten können gar nicht die Wiedergabequalität von Tonbandaufzeichnungen haben; deshalb ist der allein entscheidende Punkt, dass die in wörtlicher Rede reproduzierten Äußerungen mittels des Zitatformats als authentisch dargeboten werden. D. h.: *Zitate fungieren in der Klatschkommunikation als Authentizitätsmarkierungen.* Sie demonstrieren die Echtheit einer Rekonstruktion und signalisieren, dass das Wissen, das der Klatschproduzent vor seinen Zuhörern ausbreitet, ein Wissen aus erster Hand ist.

Ein dritter Aspekt des Zitatformats, der für dessen Funktionsbestimmung im Klatsch relevant ist, wird sichtbar, wenn man den eben formulierten Gedanken: dass der Sprecher eines Äußerungszitats nicht als Erfinder, sondern nur als Übermittler dieser Äußerung auftritt, in entgegengesetzter Richtung weiterverfolgt. Erving Goffman (1980: 568 ff; 1981) hat diesen Aspekt, anknüpfend an die Untersuchung von Vološinov, in seinen letzten Arbeiten thematisiert und mit konzeptuellen Differenzierungen aufgeschlüsselt. Jemand, der eine Äußerung als Zitat kennzeichnet, „spricht" zwar, doch er macht durch die Zitatmarkierung deutlich, dass nicht er selbst, sondern – durch ihn hindurch – ein anderer redet. Der Begriff des Sprechers (ver)birgt also verschiedene Kapazitäten, die beim Sprechen zwar zumeist koinzidieren, in bestimmten Situationen jedoch – wie etwa beim Zitieren – auseinanderfallen können. Für Goffman (1981b: 144 f.) setzt sich der „Sprecher" gewissermaßen aus drei Personen zusammen: 1) dem Aktivator („animator"), der wie eine „sounding box" den Worten durch seine akustische Aktivität Leben verleiht, 2) dem Urheber („author"), der die zum Ausdruck gebrachten Gefühle und Meinungen in Worte gefasst hat, und 3) dem Auftraggeber („principal"), dessen Stellung und Meinung durch die ausgesprochenen Worte artikuliert und fixiert werden. Beim Zitieren nun tritt der, der die Worte aktiviert, neben den, von dem diese Worte stammen. Diese Aufspaltung des Sprechers im Zitat hat zur Konsequenz, dass die Person, die spricht, die Verantwortung für die Äußerung, die sie wiedergibt, an denjenigen delegieren kann, dessen Worte sie zitiert und dem diese Worte „gehören". Das heißt aber nichts anderes, als dass sich dem Sprecher im Zitat die Möglichkeit eröffnet, Ausdrücke zu gebrauchen, deren Verwendung er sich in seiner eigenen Rede aus Gründen der Etikette in der Regel verbietet. „Beim Zitieren von Flüchen und anderen tabuisierten Ausdrücken hat man etwas größere Freiheit als bei der eigenen Rede, aber wo hört sie auf?" fragt Goffman (1980: 578) – doch auf diese Frage gibt es sicher keine allgemeingültige Antwort. Die Neutralisierungskraft des Zitatformats reicht weit, doch wie weit sie reicht, lässt sich immer nur im Hinblick auf situative Umstände bestimmen.

Der Umstand, dass ein Sprecher beim Zitieren eine größere Freiheit hat, tabuisierte Ausdrücke zu verwenden, als bei der eigenen Rede, macht das Zitat zu einem besonders geeigneten Darstellungsmittel für obszöne Witze (cf. Streeck 1994: 587 ff) – aber auch für Klatsch, der sich ja oft genug mit sexuellen Themen befasst. Beispiele dafür, wie das *Zitatformat als Mittel der Lockerung von Zensur Regeln und Ausdrucksrestriktionen im Klatsch* eingesetzt werden kann, finden sich etwa in den folgenden Gesprächsausschnitten:

```
<21>            <"High-Life":GR:28>

                <Der Ausschnitt setzt ein am Ende einer Geschichte
                über das Verhalten einer betrunkenen Frau.>

01     R:       Bei uns wird dat jenauso schlimm (   [          ).
02     H:                                            [(Wenn dat      )
03     G:       Hm
04     R:       Hättse jesehen. Die Schüren die [war ma besoffen
05     H:                                       [A::ch! <bestärkend>
06     R:       Paul.
07                    Ja die steht da aufm Balkon
08     H:       Paul [du wärs (laufen) gegangen. Du hättest
09     R:            [Ich kuck so de Balkon (herauf)
10     H:       ech[t wenn du das (gehö[rt) hättest-
11     R:          [a::h "Ich bin-    [besoffen"
12     R:       Und ich mich (  [               )
13     H:                       [Aber Anlass war ich dafür.
14     R:       Ich hatte meine Haare gewaschen un Lockenwickler
15              da drin. War die da rum am Panschen und mich
16              schüttet die dätt alles aufn Kopf.
→      17       Un die Ausdrücke. "Habt er auch en langen
→      18       Sack"? H[a chchch
19     H:              [<mitlachend>
20     R:       Bo was hat- und dann als Frau!


<22/12>         <"High-Life":GR:30>

07     H:       Das war viertel nach acht. Da war-
08              en [Krimi war drin.
09     R:          ["San Francisco"
10     G:       <leise lachend>
11     H:       Mit einmal aufm Bal(kon) "Ein Prost! Wollter
12              mit mir trinken? Prost!" <Betrunkene nachahmend>
13              Und jetzt antworten die Männer, die auch drüben
14              bei der ihre Wohnung-
15              die hat ja auch Gott und Hunz Drunz und Kunz
16              oben in dem Stall drin. <heftig>

17     P:       Hmhm
18     H:       Und dann gings los.
→      19       "Eh eh du Sau geile Sau du" <singend>
20              <alle leicht lachend>
21     H:       Und all- all- auf diese Art schrie die da rum.
```

Zitate bilden, wie diese Ausschnitte zeigen, für die Klatschproduzenten eine Art Freiraum, in dem sie zur Übermittlung pikanter Klatschinformationen sich solcher Ausdrucksweisen bedienen können, welche, wären sie selbst die Autoren dieser Worte, ein schlechtes Licht auf sie werfen würden. Die bereits erwähnte Vulgärsprache des Klatsches darf also nicht umstandslos zu einem Stilmerkmal dieser kommunikativen Gattung verabsolutiert werden, wie dies im Fall anderer kommunikativer Gattungen möglich ist, etwa den rituellen Beschimpfungsduellen schwarzer Großstadtjugendlicher in Amerika. Für dieses Genre, das u. a. als „playing the dozens"

„oder „signifying" bezeichnet wird, ist der wettbewerbsartige Gebrauch obszöner Ausdrücke und beleidigender Formulierungen von konstitutiver Bedeutung (cf. unten 4.6 „Exkurs über den Klatsch und seine moralischen Verwandten".)

In der Klatschkommunikation ist die Vulgärsprache eine durchaus gebrochene und von den Klatschproduzenten kontrolliert und nur punktuell eingesetzte Darstellungstechnik. Das lässt sich nicht zuletzt daran erkennen, dass Klatschproduzenten dann, wenn sie in eigener Rede auf ein sprachlich tabuisiertes Objekt referieren, es vorziehen, hierfür neutrale Bezeichnungen oder Euphemismen einzusetzen:

```
<23>          <"High-Life":GR:33>

01    R:      Da sätt der Brechmann "Där machen wer jetz voll.
02            Dann (muss) die Strip Tease".
03    P:      <leise lachend>
04    R:      Da hatte die die schöne Yokohama-Hose da an chch
05    P:      <leise lachend>
06    R:      Da saß die da.
07            Also wir haben eh wir haben uns beömmelt.=
08            =Die lach da bald auf de Billiardti-isch.
09            Desto mehr die trank, desto doller wurd die auch.
10            Und da geht einer hin, macht die Hose auf und
→  11         lecht der dat Ding bald auf die Hand.
12            Aber ich hab (         ) <jauchzend>
13    P:      <leise lachend>
14    R:      Und die hat seelenruhich-
15            Wenn die getrunken hat is die- is die so so
16            so na so (löksch)
```

Es ist auffallend, dass R sich hier bei der Beschreibung einer sexuell provozierenden Handlung im Gegensatz zu ihrer deftig-ungenierten Ausdrucksweise innerhalb von Zitaten – cf. <21/Z.17+18>: „Habt er auch en langen Sack?" – eine bemerkenswerte Zurückhaltung auferlegt. Wie man aufgrund ihrer sonst nicht gerade zimperlichen Sprache annehmen kann, stehen ihr für das, was sie hier recht unspezifisch als „dat Ding" bezeichnet, auch noch ganz andere, weniger neutrale Benennungen zur Verfügung – Benennungen, die innerhalb von Zitaten zu verwenden sie sich kaum scheuen würde. Dass Klatschproduzenten tatsächlich darauf bedacht sind – bei aller Freizügigkeit der Sprache in der Wiedergabe fremder Rede – in der eigenen Rede sprachlich den „guten Ton" zu wahren, zeigt sich am eindrücklichsten vielleicht dort, wo eine 'ordinäre' Ausdrucksweise von einem Sprecher selbst als sprachliche Entgleisung korrigiert und durch eine dezent-unschuldige Formulierung ersetzt wird:

```
      <24>            <"High-Life":GR:46>

      01     R:       ...Die hat sich (        ) drauf entlobt,
      02              und jetzt jeht die mit den Jungblut.
      03              un- un- un wat witt ich
      04              und der Marki jeht jetz mit den- mit den-
      05              mit der- mit der Brecht soll der da
      06              rum[(hantieren).
      07     H:          [Ja und da is vorher der- der
      08              Jochen [mit gegangen
  →   09     R:                [Der Jochen drüber jestie- eh mit
  →   10              jejangen.
      11     H:       [hihihihihihihihihihihihi
      12     G:       [hahahahahahaha
      13     R:       Bo wat (Zuständ   ) nä nä
```

Die Raffinesse von R's Äußerung –

   R: Der Jochen drüber jestie- eh mit jejangen.

– ist eine zweifache: Zum einen setzt sie den von H begonnenen Redezug –

   H: Ja und da is vorher der-

– nach dem Format einer kollaborativen Äußerungssequenz fort (cf. Sacks 1992b
[1966]), deren Format darin besteht, dass ein Redezug von mindestens zwei Sprechern
arbeitsteilig produziert wird (z. B.: A: Wenn er seine Augen so zusammenkneift- B:
dann musst du dich in Acht nehmen). Mit der Verwendung dieses Formats wird insinuiert, dass sie mit ihrer Formulierung nicht ihre eigenen, sondern H's Redeab-
sichten in Worte fasst. Zum andern realisiert R den Satz –

   <H/R>: Da ist vorher der Jochen drüber gestie I gen>

– bis zu dem Punkt, an dem er unzweifelhaft von ihren Gesprächspartnern erkannt
werden kann, um ihn dann aber zu unterbrechen und mit der euphemistisch-harm-
losen Formulierung „mit jejangen" zu vollenden. Der Effekt dieser Selbstkorrektur ist
unverkennbar: durch sie demonstriert R, dass sie von sich aus auf die reizvolle und
greifbar nahe Möglichkeit verzichtet, einen delikaten Sachverhalt auf eine unge-
schminkte-aber-taktlose Weise darzustellen. Mit dem Ungehörigen spielend, zeigt sie,
dass sie weiß, was sich gehört. Die Grenzüberschreitung hin zu dem, was Rudolph von
Jhering (1898: 464 ff) das „Indecente" nennt,[36] wird provokativ und scheinbar ohne
Skrupel vollzogen, dann jedoch vor dem letzten Schritt rückgängig gemacht. Auch hier
findet sich also wieder die Sinnstruktur des Sich-Zierens: auf dem Weg zu einer Re-

---

36 Auch wenn Jherings Arbeit einer juristischen Systematisierungslogik folgt, sind seine Ausführungen zur Mode, zur Freude, zu verschiedenen Bräuchen, zu einer Theorie der Umgangsformen, zum
Anstand, zur Kleidung, zur Phänomenologie und Syntax der Höflichkeit, zum Takt u.v.m. von einer
kulturhistorisch orientierten Soziologie der Interaktion noch zu entdecken.

gelverletzung unterbricht der Klatschproduzent sein verwerfliches Tun und kehrt, wie es scheint, zurück auf den Pfad der Tugend. Dieses kunstvolle Manöver dient einerseits dem Schutz des Klatschproduzenten selbst, andererseits werden damit auch die Klatschrezipienten in das böse Spiel verstrickt: Wenn sie – wie dies in Segment <24:11–12> geschieht – R's kitzlige Formulierung durch Lachen honorieren, stellen sie damit unter Beweis, dass sie diese Äußerung trotz ihrer Unvollständigkeit verstanden, d. h. aber: mit ihrer eigenen „schmutzigen" Phantasie ergänzt und vervollständigt haben. Die Rezipienten zeichnen damit für diese moralisch problematische Interaktionssequenz ebenso verantwortlich wie die Sprecherin selbst, die mit ihrer listigen Äußerung diese Sequenz initiierte.

Im eben dargestellten Fall wurde von einem Klatschproduzenten, der in eigener Rede spricht, eine vulgäre Ausdrucksweise korrigiert und durch eine harmlose Formulierung ersetzt. Der folgende Gesprächsausschnitt enthält demgegenüber nun ein Beispiel dafür, wie ein Klatschproduzent in einem Zitat, also in der Wiedergabe fremder Rede, mittels einer Selbstkorrektur den Grad der Vulgarität seiner Ausdrucksweise nicht zu mindern, sondern zu steigern sucht:

```
<25>        <"High-Life":GR:32>

     01    H:    Ja du musst ma hören, wenn die mit dat
     02          kleene Kind da dran is.
     03          "Du alte Sau! Du alte haaaa"!
     04          Die Kleene sitzt da unten auf Wiese
     05          schreit rauf
→    06          "Ach halt die- eh leck mich am Arsch! Du alte
     07          Ziege"!
     08          Ja (-) das sollte ma einer von meinen Kindern
     09          sagen. Die würden nich mehr leben. <drohend>
     10          Die würd ich en Kopf kürzer machen.
     11          <leicht lachend>
     12    G:    Mhh <leise lachend>
     13    H:    Ja die Frau die is die echt nich mehr normal.
```

Die Interpretation der eskalierenden Selbstkorrektur in H's Zitat „Ach halt die- eh leck mich am Arsch!" führt zu einer letzten Bemerkung über die Bedeutung des Zitatformats in der Klatschkommunikation. Wie gezeigt wurde, fungiert das Zitatformat im Klatsch, da der Sprecher nicht der Autor der von ihm zitierten Äußerung ist, als ein Mittel der Lockerung von Zensurregeln und Ausdrucksrestriktionen. Dass H in ihrem Zitat durch eine Selbstkorrektur aus einem frechen „Halt die <Klappe>" ein drastisches „Leck mich am Arsch" macht, lässt nun aber den Verdacht entstehen, dass Klatschproduzenten den Freiraum, den sie bei der Wiedergabe fremder Rede genießen, nicht selten zu Übertreibungen benutzen. Dieser Verdacht kann natürlich, sofern das ursprüngliche Geschehen nicht zufällig in irgendeiner Form aufgezeichnet wurde, faktisch weder bestätigt noch widerlegt werden. Doch ganz unabhängig von dem faktischen Nachweis oder auch der individuellen Motivation des Klatschproduzenten lassen sich mehrere Gründe dafür geltend machen, *dass das Zitatformat in der Klatschkommunikation aus strukturellen Gründen ein Feld für Übertreibungen ist.*

- Die Darstellungen der Klatschproduzenten können von den Klatschrezipienten aufgrund des *Wissensgefälles*, das zwischen diesen beiden Handlungsfiguren besteht, in ihrer Richtigkeit zumeist nicht kontrolliert und damit nur schwer bezweifelt werden – was zumal dann gilt, wenn der Klatschproduzent durch Verwendung des Zitatformats anzeigt, dass er ein Wissen aus erster Hand über das fragliche Ereignis hat. In solchen Situationen aber, in denen ein Sprecher sich als einziger Interaktionsteilnehmer wähnt, der über einen bestimmten Sachverhalt ein privilegiertes Wissen hat, erscheinen ihm Abweichungen von der Wahrheit als eine verführerische, weil gefahrlose Möglichkeit. (Für eine Analyse einer solchen als „sicher" geglaubten, jedoch sogleich entdeckten Lüge cf. Bergmann 1992: 145 f.).
- Um die Mitteilungswürdigkeit ihres Klatschwissens unter Beweis zu stellen, tendieren Klatschproduzenten generell dazu, das Außergewöhnliche zu akzentuieren, Regelverletzungen zu skandalisieren. Für diesen Zweck ist das Zitatformat aber in hohem Maß geeignet, da einerseits die prosodische Re-Aktualisierung emotional-affektiver Ausdrucksformen eine Dramatisierung des ursprünglichen Ereignisses ermöglicht, und andererseits die Lockerung von Zensurregeln einer *skandalisierenden Rekonstruktion* Tür und Tor öffnet.
- Anhand der wiedergegebenen Transkriptionsausschnitte lässt sich leicht feststellen, dass den Klatschakteuren das Spielen mit verpönten Ausdrucksweisen und Redewendungen, die den guten Ton verletzen, ein besonderes *Vergnügen* bereitet. Auch hier gilt offensichtlich: dass die verbotenen Früchte die süßesten sind. Das Zitatformat gestattet den Klatschproduzenten, von diesen Früchten zu naschen; es bietet für dieses prickelnde, weil nicht ganz ungefährliche Vergnügen eine willkommene und sozial sanktionierte Gelegenheit.
- Wählt man als Bezugsebene für die Interpretation der Übertreibung die objektive Gegebenheit, die übertrieben wird, verstellt man sich, wie Charlotte von Reichenau (1936) gezeigt hat, die Möglichkeit, „Übertreibungen als soziologisches Phänomen" zu bestimmen. Die Übertreibung wäre nichts anderes als eine Unwahrheit, eine Lüge. Bezieht man aber die Übertreibung auf Denkvorgänge, Gefühle und Vorstellungen des Übertreibenden, wird erkennbar, dass sie eine wichtige Darstellungsfunktion erfüllen kann. Die Übertreibung kann dazu dienen, das gesteigerte Erlebnis einer extremen Situation, für das es keine adäquate Mitteilungsmöglichkeit gibt, zum Ausdruck zu bringen – etwa, wenn ein Kind den Hund, der ihm Schrecken eingejagt hat, sehr viel größer schildert, als er in Wirklichkeit war. Entsprechend ist in der Klatschkommunikation mit der Möglichkeit zu rechnen, dass der *Affekt der Entrüstung* (cf. hierzu den folgenden Abschnitt) in den Darstellungen der Klatschproduzenten seinen Ausdruck u. a. in Übertreibungen findet, wofür aber gerade das Zitatformat mit seinen erweiterten sprachlichen, prosodischen und mimisch-gestischen Ausdrucksmöglichkeiten ein ideales Medium bildet.

Diese Überlegungen führen nun aber, wenn man ihnen folgt, zur Feststellung eines paradoxen Sachverhalts: *Während Zitate einerseits in der Klatschkommunikation aus strukturellen Gründen ein Feld für Übertreibungen bilden, fungiert das Zitatformat andererseits gerade als Mittel der Authentizitätsmarkierung.* Damit manifestiert sich auch in der Prävalenz des Zitatformats jene paradoxe Struktur, welche in den vergangenen Abschnitten immer deutlicher als ein Grundzug der Klatschkommunikation zum Vorschein kam. *Im Klatsch geht es immer um die gleichzeitige Verletzung und Respektierung von Grenzen* – von Grenzen zwischen dem Privaten und dem Öffentlichen, zwischen dem Dezenten und dem Indezenten, zwischen der Moral und der Unmoral und – wie sich jetzt gezeigt hat – auch zwischen der Wahrheit und der Unwahrheit. Klatschakteure sind Grenzgänger, die bei ihren lustvollen Exkursionen in die Zonen des Ungehörigen die Grenze zwischen dem Reich der Tugend und dem Reich des Lasters nicht einfach ignorieren, sondern anerkennen und missachten zugleich – ja, anerkennen müssen, um sie missachten zu können. Gerade das verschafft dem Klatsch seine eigentümlich schillernde Qualität. Das Zitatformat, das als Mittel der Darstellung einer wahren Begebenheit zugleich die Möglichkeit der Fiktionalisierung – und damit auch: der Literarisierung – eröffnet, ist ein Rekonstruktionsmodus, der diese schillernde Qualität des Klatsches auf besondere Weise widerspiegelt und verstärkt.

Im Zitat wird ein soziales Geschehen in der Regel nicht dokumentarisch nachgespielt, sondern überzeichnet; die Klatschobjekte werden nicht realistisch imitiert, sondern in der Imitation stilisiert:

```
<26>        <"High-Life":GR:42>

            <Gespräch über ein Ehepaar und das Auf und Ab in
            ihrer Beziehung>

01    H:    Und dann kommt er wieder angebettelt.
02          Dann setzt er sich so. <ironisch>
03          "Ach Kätchen. Versuchs doch noch mal.
04          Ich besser mich doch auch so." <pathetisch>
05          Und dann läuft das Wasser aus de Augen wie
06          en Wasserkran.
07          Ach und dann is die Kätchen wieder so glücklich.
08          Ach dann (      ) alles wieder zufrieden.
09          Dann (gehn) se mal wieder (          )
10          und vier Wochen muss er wieder woanders gehen.
11    R:    Ja das is-
12    H:    Dat sind- das is doch alles nichts.
```

Die Übertreibung der Klatschproduzentin, die in diesem Gesprächsausschnitt deutlich ins Auge springt, ist keine Übertreibung, die die Rezipienten hinters Licht führen will. Die Übertreibung, die sich als solche zu erkennen gibt, will bestimmte Merkmale der Situation und der Personen, die als charakteristisch eingeschätzt werden, besonders hervorheben. Das aber heißt: Die Ereignisrekonstruktion im Klatsch – gerade auch im Zitat – wird bestimmt vom Formprinzip der Karikatur. Sie zielt immer darauf ab, durch die Überzeichnung von Eigenarten ein – zumeist nicht sehr schmeichelhaftes – karikaturistisches Portrait eines abwesenden Dritten zu entwerfen. (Dazu gleich mehr.)

Wie zu Beginn dieses Abschnitts erwähnt, ist das Zitatformat natürlich nicht die einzige Darstellungstechnik, die im Klatsch zur Ereignisrekonstruktion eingesetzt wird. Die in den Text aufgenommenen Gesprächsausschnitte haben gezeigt, dass Klatschinformationen auch in der schmucklosen Form von Kurznachrichten –

```
<24>

04    R:    und der Marki jeht jetz mit den- mit den-
05          mit der- mit der Brecht soll der da
06          rum(hantieren).
```

– weitergegeben werden können, wobei allerdings nicht zu entscheiden ist, ob diese Klatschnachrichten, hätte sie der Rezipient thematisiert, zu längeren Geschichten ausgebaut worden wären. Klatschwissen kann aber auch in rein narrativer Weise in Gestalt von Klatscherzählungen übermittelt werden, bei denen der Klatschproduzent darauf verzichtet, das Zitatformat als Darstellungsmittel einzusetzen. Die Möglichkeiten des Erzählers, dramatische Ereignisse, Ärgernisse, Überraschungen u. Ä. in der aktuellen Handlungssituation zu re-inszenieren, sind in diesem Fall jedoch beschränkt, was wiederum zur Folge haben kann, dass die Klatschgeschichte nicht den vom Sprecher erwünschten Effekt erzielt. Das ist der Hintergrund für die Beobachtung, dass in einigen Fällen eine Geschichte, die zunächst in rein narrativer Form präsentiert wurde, aber zu keiner (besonderen) Reaktion der Rezipienten geführt hat, vom Klatschproduzenten ein zweites Mal, nun aber – mit Zitaten versetzt – in einer dramatischeren Version dargeboten wird:

```
<27>        <"High-Life":GR:27>

01    R:    Da wa- da hab ich dat gesehen, wie die da
02          hausten, eh, (  ).
03          Der Hansi hat im- unten in son Küchenschrank
04          hat der Hansi geschlafen.
05          Das Tatsache.
06          Die ma- [Türen hat der ausgehangen, da lag ne]
07    H:            [(                                  )]
08    R:    [Decke drin, ne Ko]pfkissen.
09    H:    [(              )]
10    G:    Da wo der ma kurz- wo- als die schon im
11          Gefängnis war, [wo der da mit den Kindern.
12    R:                   [Nei:n
13    R:    Da früher=
14    G:    =(Ach) in der kleinen Siedlung?
```

```
15    R:    Ja in der kleinen Siedlung.
16          Da hab ich noch ja nich da gewohnt, (   )
17          Ich komm rein (-) mit de Conrads, dä
18          veke:hde doch da.
19          Ich denk "Wo liegt der denn?"
20          Da lach der unten im Küchenschrank.
21          Wa dä am Koxen?
22          Ich sach "Wat macht dä denn da?"
23          (          ) un Couch, lagen de Kinder
24          auf e Matratz.
25    ?:    Hm
26    R:    Dat is doch nie wa[t. Alles sone (Mischung)
27    ?:                      [Das och-
28    R:    und eh international. Sind Mondmenschen.
29    H:    Mondmenschen?
30    R:    Die wäschen sich och nett (        ).
```

R schildert hier die merkwürdigen Schlafgewohnheiten, die sie bei einer ihr bekannten Familie beobachtet hatte, zunächst in einer beschreibend-erzählenden Weise (01–08). In seiner Reaktion auf ihre Darstellung geht G jedoch nicht auf die Merkwürdigkeit des von ihr geschilderten Sachverhalts ein, sondern interessiert sich lediglich für eine Klärung des Zeitpunkts ihrer Beobachtung (Z. 10). Daraufhin rekonstruiert sie das Geschehen erneut (17–24), nun aber führt sie ihren Rezipienten das Überraschende ihrer Beobachtung deutlich durch eingeschobene Selbstzitate („Ich denk...", „Ich sach...") vor Augen. Auch wenn diesmal keine angemessene Reaktion erfolgt, macht diese eskalierende Wiederholung doch die wichtige dramaturgische Funktion deutlich, die dem Zitatformat als einem Element der Ereignisrekonstruktion im Klatsch zukommt.

Die in diesem Kapitel dargestellten Stilmittel der Klatschkommunikation lassen erkennen, dass zwischen Klatsch und Literatur ein innerer Zusammenhang besteht. Tatsächlich gibt es eine Reihe literaturwissenschaftlicher Arbeiten, die zwischen der kommunikativen Gattung Klatsch und der literarischen Gattung Roman eine direkte Linie ziehen. So schreibt etwa die Autorin Mary McCarthy (1962: 264 f.): „Selbst dann, wenn er am ernsthaftesten ist, ist der charakteristische Ton des Romans der Art, wie er dem Klatsch und dem Geschwätz eigen ist. [...] Die Stimme, die wir in ihren [Tolstois, Flauberts, Prousts, Dickens', Jane Austens] Erzählungen mithören, wenn wir für eine kurze Weile innehalten und unsere Vorurteile beiseitelassen, ist die Stimme eines Nachbarn/einer Nachbarin, der/die den neuesten Klatsch berichtet." Man kann diese These in zwei Richtungen weiterverfolgen.

Wolf-Dieter Stempel (1980) hat argumentiert, dass zwischen Alltagserzählung und literarischer Fiktion keine scharfe Trennlinie verläuft, was bedeutet: Fingierungsverfahren sind kein Privileg literarischer Gattungen, sondern kommen auch in konversationellen Erzählungen zum Einsatz. Die hier durchgeführte Analyse der Klatschkommunikation bestätigt diese Überlegung. Die hyperbolische Konstruktion, die karikaturhafte Überzeichnung, die Überlagerung von Stimmen im wörtlichen Zitat, die dramatische Reinszenierung in situ sowie das Ausschmücken und die „iteratio" unerhörter Neuigkeiten – all diese Verfahren, die als genuine Bestandteile der

Klatschkommunikation identifiziert wurden, können als literarisch-rhetorische Formelemente verstanden werden und sprechen dafür, *Klatsch als vor- oder proto-literarische Form der literarischen Erzählung zu betrachten.*

Anstatt nach literarischen Elementen im Klatsch kann man aber auch – Gerhard Kurz' (2002) „Klatsch als Literatur, Literatur als Klatsch" folgend – nach Klatschelementen in der Literatur fragen. Da sind zum einen natürlich die Themen, die im Klatsch verhandelt – und in der Literatur veredelt – werden. Klatsch kann sich, wie Christa Rotzoll (1982) bemerkt hat, „zu Weisheit steigern – und zu Weltliteratur. Zwei Provinzlerinnen waren ihren Männern untreu. Es kam – jeweils – auf, sprach sich herum. Ein Segen! Ohne das Getuschel eines früheren Jahrhunderts wären wir nie Effi Briest begegnet und nie Emma Bovary." Zu diesem Themenkomplex sind seit Patricia Spacks' (1985) grundlegender Untersuchung zahlreiche Studien erschienen, die sich im Detail mit den Texten einzelner Autoren und ihrer Beziehung zu Klatsch befassen, so etwa zu Fontanes Technik, das Gespräch – und besonders den Klatsch – als beherrschendes Medium der Wirklichkeitsmodellierung einzusetzen (Preisendanz 1984; Wengerzink 1997; Hess-Lüttich 2000; Fürstenberg 2011), zu Klatschelementen in Sheridans Komödie „The School for Scandal" (Hess-Lüttich 1984), zu Klatsch als versteckter, indirekter Form von Autorität in Jane Austens „Emma" (Finch & Brown 1990) oder zu Hubert Fichtes Klatschroman „Die zweite Schuld" (Weingart 2007). Zudem wurden in umfangreichen Monografien die Rolle und Darstellung von Klatsch in einzelnen nationalen Literaturen untersucht, so für die englische Romanliteratur des 19. Jahrhunderts (Gordon 1996), für die Romane ethnischer amerikanischer Autorinnen (Fritsch 2004) oder für die Karibische Literatur (Navas 2018). In all diesen Studien wird gezeigt, dass Klatsch einen prominenten Platz – wenn auch manchmal in getarnter Gestalt – in literarischen Texten einnimmt. Insofern ist Lionel Tiger & Robin Fox (1973: 229) zuzustimmen, die festgestellt haben, dass Klatsch „von den Soziologen ziemlich vernachlässigt und weitgehend den Autoren von Gesellschaftsromanen überlassen worden ist". Allerdings ist die Darstellung von Klatsch in der Literatur das Ergebnis eines künstlerischen Gestaltungswillens, der nicht das Ziel hat, Klatsch realistisch nachzubilden. Es bleibt der soziologischen Analyse überlassen, Klatsch in seiner trivialen Gegebenheit anzuerkennen und in seiner mündlichen, situativ-emergenten Prozessqualität zu rekonstruieren,

4.5 Moralische Entrüstung und soziale Typisierung im Klatsch

Im Klatsch geht es zwar um Ereignisse oder Sachverhalte, die die privaten Belange eines gemeinsamen Bekannten betreffen, doch Klatsch beschränkt sich prinzipiell nicht auf deren Rekonstruktion. Im Klatsch wird nicht nur von dem merkwürdigen oder regelverletzenden Verhalten einer anderen Person gesprochen, sondern immer auch über die Person selbst, über ihren Charakter und über das, was als typisch für sie gilt. Indem das Verhalten des Klatschobjekts, so interessant, so aufregend, so skurril es für sich sein mag, auf dessen ganze Person bezogen wird, erhält es den Status des

Exemplarischen oder auch des Rätselhaften, dessen Hintergründe spekulativ zu erkunden sind. Handlung und Person werden im Klatsch in eine enge Beziehung gesetzt. Was es an Neuigkeiten über das Klatschobjekt zu berichten gibt, wird von den Klatschakteuren durch den Rekurs auf ihr Vor-Wissen und ihr Vor-Urteil über den gemeinsamen Bekannten interpretativ aufgeschlüsselt und verortet. Ein Gespräch wird erst dadurch zu Klatsch, dass die Gesprächsteilnehmer über die bloße Rekonstruktion eines Ereignisses hinaus das partikulare Verhalten einer Person mit einer sozialen Typisierung dieser Person verknüpfen.

Neben der sozialen Typisierung des Klatschobjekts lässt sich noch eine zweite Interpretationskomponente identifizieren, die für die Logik der Klatschkommunikation von konstitutiver Bedeutung ist. Auch sie setzt an dem in der Ereignisrekonstruktion geschilderten Verhalten des Klatschobjekts an, bezieht dieses aber nicht auf eine personale Typisierung, sondern auf Werte und Regeln, die den Klatschakteuren als Bestandteile einer moralischen Ordnung gelten. Jeder Klatsch enthält immer auch Kommentare, Stellungnahmen und Bewertungen der Klatschakteure zu dem, was in der rekonstruktiven Darstellung über das Verhalten des Klatschobjekts bekannt wird. Dabei werden die als gültig unterstellten moralischen Regeln und Werte kaum explizit formuliert, sie dienen vielmehr als Hintergrundfolie für die Beurteilung des dargestellten Verhaltens.

Ereignisrekonstruktion, Typisierung und Moralisierung lassen sich zwar als drei Strukturkomponenten der Klatschkommunikation isolieren, doch es zeigt sich rasch, dass zwischen diesen Komponenten eine enge, nur analytisch aufzulösende Interdependenz besteht. Diese Interdependenz manifestiert sich etwa darin, dass die Ereignisrekonstruktion im Klatsch nicht „wertneutral" erfolgt, d.h. nicht allein die Fakten berichtet, sondern immer auch eine Evaluation dieser Fakten enthält. Die Klatschgeschichte ist von Beginn an durchsetzt mit mehr oder weniger deutlichen Hinweisen darauf, dass die Darstellung sich auf ein moralisches Urteil gründet. Klatschproduzenten können diese moralische Indizierung etwa dadurch erreichen, dass sie, wie in den folgenden Fällen –

```
        <21>        <Detail/Vereinfacht>

→   01    R:    Bei us wird dat jenauso schlimm (            ).
    04          Hättse jesehen. Die Schüren die war ma
    06          besoffen Paul...


        <27>

    01    R:    Da wa- da hab ich dat gesehen, wie die da
→   02          hausten, eh, (    ).
    03          Der Hansi hat...
```

– sehr früh einen evaluierenden Deskriptor („schlimm", „hausten") einsetzen, der unmissverständlich ihre Haltung zu dem Sachverhalt, der im Folgenden rekonstruiert wird, zum Ausdruck bringt. Eine etwas andere Technik der moralischen Indizierung besteht darin, dass der Klatschproduzent, wie in den folgenden Fällen –

```
<4>          <Detail/Vereinfacht>

24     G:    Seit wann sind die denn schon ausgezogen?
25           da aus der Oswaldstraße?
→  27    R:    Gercht! der Möbelwagen kam.
28           Mit solche Handschuhe haben die Männer...


<7>

01     R:    Und die Haberers ham sich jetzt tatsächlich
02           nen Hund angschafft.
→  03    G:    Ah du die spinnen doch. Nen Pudel...
```

– durch die Anredeform („Gercht!") als einer „Reflexäußerung von Empfindungen" (Wunderlich 1894: 41) oder durch abfällige Pauschalurteile („die spinnen doch") seiner moralischen Entrüstung Ausdruck verleiht, noch ehe er das monierte Verhalten selbst zur Darstellung bringt. Durch die frühzeitige Platzierung solcher moralischen Interpretationsmarkierungen erreicht der Klatschproduzent zunächst zweierlei: Zum einen wird auf diese Weise der Rezipient darüber informiert und darauf vorbereitet, dass die Geschichte, die er im Folgenden zu hören bekommt, ein Fehlverhalten, eine Normverletzung, eine Ungehörigkeit eines gemeinsamen Bekannten zum Gegenstand hat. Zum andern macht der Klatschproduzent aber auch deutlich, dass er die Sünden und Schattenseiten eines Dritten nicht um ihrer selbst willen – oder gar aus Schadenfreude – thematisiert, sondern dass der Weitergabe seines Wissens ein ehrbares Motiv: die Missbilligung devianten oder unvernünftigen Verhaltens und damit indirekt die Orientierung an gemeinsamen Normen und Werten, zugrunde liegt. Ereignisrekonstruktionen im Klatsch geben sich also von Beginn an als tendenziöse Darstellungen zu erkennen, in denen die Klatschproduzenten Partei ergreifen gegen das nicht-konforme Verhalten des Klatschobjekts und für eine als geteilt unterstellte moralische Ordnung.

Drastischer noch als zu Beginn ihrer Darstellungen bringen Klatschproduzenten ihre Missbilligung und moralische Empörung in der Regel im Anschluss an ihre Klatschgeschichten zum Ausdruck. In dieser nach-rekonstruktiven Interaktionsphase kann sich die Strukturkomponente der Moralisierung, die bereits der Ereignisrekonstruktion ihre spezifische indignierte Färbung verliehen hat, zum thematischen Fokus des Klatschgesprächs verselbstständigen. Hier kann das dargestellte Verhalten des Klatschobjekts kommentiert, dessen devianter Charakter hervorgehoben, der Motivhintergrund des Klatschobjekts ausgeleuchtet, das Klatschobjekt selbst typisiert und im Übrigen der Entrüstung und Empörung freier Lauf gelassen werden. Betrachtet man etwas genauer, wie die Klatschakteure in dieser Phase, die im Gegensatz zur Ereignisrekonstruktion selbst wieder stärker dialogisch verlaufen kann, das Klatschobjekt traktieren, so stößt man auf ein Spektrum von Missbilligungsformen. Einige dieser Formen sollen im Folgenden – geordnet nach der Stärke der in ihnen zum Ausdruck gebrachten Missbilligung – kurz beschrieben werden.

Relativ selten findet sich eine moderate Form der Missbilligung, die darin besteht, dass der Klatschproduzent das von ihm geschilderte Verhalten des Klatschobjekts durch eine unspezifische Bewertung pauschal, doch entschlossen als unangemessen oder unvernünftig abtut:

```
<26>

07   H:   Ach und dann is die Kätchen wieder so glücklich.
08        Ach dann (      ) alles wieder zufrieden.
09        Dann (gehn) se mal wieder (           )
10        und vier Wochen muss er wieder woanders gehen.
11   R:   Ja das is-
12   H:   Dat sind- das is doch alles nichts.
```

H kommentiert hier ihre Schilderung eines Ehepaares, bei dem es abwechselnd zu Trennung und Versöhnung kommt, mit einem einfachen „Das is doch alles nichts". Ganz offensichtlich vertraut sie darauf, dass ihre Rekonstruktion der ehelichen Beziehung für sich selbst spricht und ihre kritische Einschätzung keiner weiteren Begründung bedarf. Sie geht davon aus, dass auch ihre Rezipienten der (Lebens-)Regel zustimmen, wonach ein ständiges Hin und Her von Trennung und Versöhnung keine Grundlage für ein richtiges Eheleben bildet. Auch im folgenden Gesprächsausschnitt wird ein geschildertes Verhalten zunächst pauschal – cf. das anaphorische „dat" – missbilligt, die Kritik dann jedoch mit einer Erklärung ergänzt:

```
<28>      <"High-Life":GR:51/Vereinfacht>

          <H schildert, wie eine Frau vor ihrem Ehemann
          damit prahlt, dass andere Männer sich für sie
          interessieren.>

01   H:   Ja erstens mal das. Sabbelt die jedes bisschen
02        dem wieder. Und stellt sich noch hin-
03        "Ach ich hab heute en tollen Mann kennengelernt.
04        Aber Bernd, der sah schmuck aus!
05        Der sah so aus.
06        Der hat mir auf dem Deckel ein Liebessprüchlein
07        geschickt" <Zitat sehr affektiert>
08        Ja dat sind doch keine Sachen! <heftig>
09        Da macht die den nämlich mit eifersüchtig.
10        Und dann geht der nämlich auf die Barrikaden.
11        Möcht ich en Mann sehen, der das nich tut.
```

In diesem Gesprächsausschnitt setzt die Klatschproduzentin ihre Äußerung im unmittelbaren Anschluss an ein rekonstruierendes Zitat mit einem Kommentar fort, der aus einer unspezifischen Missbilligungsformel („dat sind doch keine Sachen!") und einer nachfolgenden Begründung besteht. Das Produktionsformat dieses Kommentars: <Missbilligungsformel> + <Begründung> ist in der Klatschkommunikation häufig anzutreffen, ist aber nicht für Klatsch spezifisch. Während Zustimmungen im Gespräch zumeist unbegründet erfolgen können, machen Verneinungen, Nicht-Zustimmungen, Ablehnungen, Missbilligungen in der Regel eine Begründung erforderlich und haben dementsprechend eine sequenzexpandierende Wirkung (cf. Pomerantz 2984: 70 ff). Wie Segment <28> zeigt, wird vom Klatschproduzenten in der Regel im Begründungsteil des Kommentars dargelegt, weshalb er das von ihm geschilderte Verhalten des Klatschobjekts für verwerflich hält und missbilligt – im vorliegenden Fall etwa, weil das geschilderte Verhalten der Frau zu Unfrieden in der Ehe führt. Auch hier bleibt zwar die allgemeine (Lebens-)Regel, auf welche sich die Begründung bezieht, unausgesprochen, doch wird sie in der Argumentation sichtbar gemacht und nicht einfach – wie in Segment <26> – als gültig unterstellt.

Eine andere, verbreitete Missbilligungstechnik besteht darin, dass die Klatschproduzenten sich selbst in die Situation des Klatschobjekts versetzen und darlegen, wie sie sich an dessen Stelle verhalten hätten:

```
      <29>        <"High-Life":GR:39>

                  <H legt dar, inwiefern Frau J selbst Schuld an
                  ihrer Ehemisere hat; alle Äußerungen hart, abfällig.>
      01   H:     Was is denn? Sie is doch selber schuld:
      02          Was is- was hat er denn schon gemacht!
      03          Er hat von der Krysmanski Krankengeld abgeholt,
      04          is drei Tage türmen gegangen, is nich nach
      05          Haus gekommen bis das Geld alle war.
      06          Dann is er eh kellnern gewesen.
      07          Da hat er sich ne eh en Liebchen angeschafft,
      08   R:     Hah[aha
      09   H:        [und is sein- seine Sachen gepackt, hat
      10          Fernsehen mitgenommen und is dahin gezogen.
      11          Ja da geht die Frau Jungblut hin, rennt hinter
      12          das Weibsstück her.
      13          Was will- was die von ihren Mann will!
      14          (Dass sie-) sie is damit verheiratet!
→     15          Mensch, dem- dem hätt ich den Rest noch
→     16          nachgeschmissen!
      17                        (1.5 sec)
      18          Ja!
      19          Reisende soll man nich aufhalten!
      20          Un- un- un- un- und wie er die dänn satt hatte,
      21          da kommt die Taxi vorgefahren und die Taxi setzt
      22          der dem seine Koffer wieder vor de Tür.
→     23          Die Koffer hätt ich genommen.
→     24          Die hätt ich nach Kusemuckel geschmissen!
→     25          Die hätt ich doch nich reingenommen!
      26   G:     Hm
      27          Dann steicht er nachts durchs Fenster bei ihr.
      28          Da hat se angeblich das Portemonnaie auf de
      29          Waschmaschine unterm Fenster hingelegt.
      30          Er klaut die hundert Mark daraus.
      31                        (2 sec)
→     32          Dat sind doch all keine Sa- son Kerl hätt
→     33          ich schon geviertelt!
      34                        (2 sec)
      35          (Ja)
```

Dieser Gesprächsausschnitt zeigt recht deutlich, wie eine Klatschproduzentin mehrmals im Anschluss an einzelne, von ihr rekonstruierte Ereignisabschnitte und Episoden die Erzählperspektive verlässt und dazu übergeht, das von ihr dargestellte Verhalten des Klatschobjekts zu bewerten. Das Muster, dem sie dabei folgt, ist jedesmal das gleiche: Sie proklamiert in exaltierter Sprache, dass sie sich – wäre sie in der geschilderten Situation gewesen – völlig anders als das Klatschobjekt verhalten hätte. Dieses Muster der Kontrastierung von eigener Verhaltensoption und tatsächlichem Verhalten eines anderen kann prinzipiell als Missbilligungstechnik eingesetzt werden (wobei die Stärke der Kontrastierung ein direktes Maß für die Stärke der Missbilligung ist). Denn was ein Sprecher – auch im konjunktivischen Modus – als seine Handlungspräferenz formuliert (und damit z. B. als vernünftig, moralisch etc. geltend macht), lässt dessen Gegenteil implizit als unerwünscht (unvernünftig, unmoralisch etc.) erscheinen.

Ablehnungsformeln („Das sind doch keine Sachen") und präferierte Handlungsalternativen („Dem hätt ich den Rest noch hinterhergeschmissen") erhalten ihren Missbilligungscharakter über das Prinzip der Negation: Das rekonstruierte Verhalten eines Klatschobjekts wird als nicht-akzeptables Verhalten gekennzeichnet. Demgegenüber können nun Klatschproduzenten ihre Missbilligung dadurch in gesteigerter Form zum Ausdruck bringen, dass sie für das von ihnen inkriminierte Verhalten bestimmte charakterliche Fehler, moralische Mängel oder andere Defizite des Klatschobjekts benennen und verantwortlich machen.

```
       <30>          <"High-Life":GR:50>

                     <Thema des Gesprächs ist erneut das Ehepaar J.>

       01    R:      Gerhacht! Die hätte bei dem-
       02                        (-)
       03             en [Leben wie en Fürstin.
       04    H:          [Die könnte den lenken! De[nn der Jungblut=
       05    R:                                     [Die könnte das.
       06    H:      =kann en Haushalt führen.
       07    G:      Hm
       08    R:      [Die könnte das.
       09    H:      [Der kann alles.
       10             Der kann dir eine Ge- eh eh Geburtstagsparty
       11             hinlegen. Schnittchen, Tellerchen, und
       12             alles. Der hat davon wat weg!
       13    R:      (        )
       14    H:      Der is Hausfrau. (      ) Mehr wie sie.
       15             Und selbst mehr, besser wie ich.
       16             Davon [abgesehen.
       17    G:            [Hm
       18    H:      Son Fieselmang geb ich mich sowieso nich
       19             mit ab. <verächtlich>
       20             Aber die könnte sich den (tricken).
       21    R:      Ja di[e-
       22    H:           [Die hätte ein Leben haben können.
    →  23    R:      Die is zu dumm dafür.
```

```
<31/13>        <"High-Life":GR:31>

    06    H:   Und Sonntach früh sitz ich auf de Toilette.
    07         Mit einmal hör ich da oben wieder
    08         "Ha- Hilfe Hilfe ich geh kaputt, ich kann
    09         nich mehr, ha ha" <hohe verstellte Stimme;
    10         nach Luft japsend>
    11         Stellt die sich da an weg- <grinsend>
→   12         Ich denk "Das darf nich wahr sein".=
→   13    R:   =Ja die hat ne Meise.
    14    H:   Die hat en Dach[schaden.
    15    G/P:             [<leise lachend>
→   16    H:   Die is hier oben nich ganz normal.
→   17         Der feh-elt ne Schraube.
    18         Und anschließend hat der Alte die dann....
```

In Segment <30> wird zunächst eine präferierte Handlungsalternative durchgespielt („Die hätte bei dem en Leben wie en Fürstin") und dann eine Erklärung dafür gegeben, weshalb das Klatschobjekt die von den Klatschakteuren so verführerisch dargestellte Möglichkeit nicht ergreift. „Z.23: Die is zu dumm dafür". Die Erklärung für das Rätsel, weshalb jemand eine für ihn so vorteilhafte Handlungsalternative übersieht oder ausschlägt, wird von den Klatschakteuren nicht in sozialen Handlungsumständen gesucht, sondern als psychische Disposition in die Person selbst verlegt. Damit erscheint das monierte Verhalten auch nicht als einmalige Entgleisung oder als zufälliger Fehltritt, es wird vielmehr auf ein wesenhaftes Persönlichkeitsdefizit des Klatschobjekts zurückgeführt. Dieses dem Klatschobjekt zugeschriebene Persönlichkeitsdefizit wird, wie Segment <31> zeigt, von den Klatschakteuren nicht selten mit drastischen, wenn nicht beleidigenden Formulierungen aufgegriffen und ist für sie ein fortwährender Anlass für Spott, Hohn und degradierende Äußerungen.

Für die Klatschakteure bildet das Persönlichkeitsdefizit des Klatschobjekts in der Regel eine eigene Wirklichkeit hinter dem monierten Verhalten, das eigentliche Wesen hinter seiner Erscheinung. Seine Existenz kann somit auch dann behauptet werden, wenn im Verhalten des Klatschobjekts selbst zu einer bestimmten Zeit nichts auf ein derartiges Defizit hinweist:

```
<32>           <"High-Life":GR:32>

    01    G:   Wie kommt das denn bei der Frau Schüren?
    02         Die war doch früher nich so.
    03    H:   Die is immer schon gewesen.=
→   04         =Bloß da is das nich zum Ausbruch gekommen.

<33/23>        <"High-Life":GR:34>

    15    R:   Wenn die getrunken hat is die-
    16         is [die so so so na so (lö[ksch)
    17    P:      [<leise lachend>
    18    H:                         [Dann kommt dat-
→   19         die nä anä dann kommt das wahrscheinlich ers
→   20         richtig zum Ausdruck die Beklopptheit. <ernst>
    21    R:   Hi(_____) ja das is Tat- deswegen will
    22         der Mann...
```

An dieser Stelle zeigt sich nun, wie sich im Klatsch die Strukturkomponente der Moralisierung, die sich in den verschiedenen Missbilligungsformen manifestiert, mit der Strukturkomponente der *sozialen Typisierung* verbindet. Denn von der Praxis, dem Klatschobjekt – getrennt von seinem Verhalten – ein Persönlichkeitsdefizit als typische Charaktereigenschaft zu attribuieren, ist es nur ein kleiner Schritt dazu, gleich die ganze Person unter diese Eigenschaft zu subsumieren, d. h. sozial zu typisieren. In seiner „kurzen Apologie des Klatsches" spricht Alexander Mitscherlich (1963: 328) davon, dass im Klatsch „das Vokabular der Vulgärcharakterologie [...] zu handlichen Vorurteilen aufbereitet [wird]: Ehrgeiz, Hinterlist, Feigheit und so weiter werden zu Ganzurteilen über einen Menschen, der so zur Zielscheibe wird." Ein Klatschobjekt ist dann z. B. nicht mehr bloß „bekloppt", sondern gehört zur Gruppe der „Bekloppten":

```
    <34/25>      <"High-Life":GR:32>

    13    H:     Ja die Frau die is die echt nich mehr normal.
    14           Und der Alte is och bescheuert.
    15    R:     In jedes, in dä Block bei uns, in jedes
→   16           Haus eine Bekloppte.
    17    P:     <leise lachend>
    18    R:     Is Tatsache.
    19    H:     Bei der die Plattfußindiane[r, di- die Schüren,
    20    R:                                [(ja             )
    21    R:     Plattfußindianer
    22   (P):    <leise lachend>
    23    H:     Nebenweiter na die Strauß is och-
    24    R:     De Bröllo.
    25    H:     Der Bröllo der hat och nich mehr alle
    26           Tassen im Schrank.
    27    R:     Und dann kommt die- die-
    28    H:     die Jaspers
    29    R:     die Jaspers und dann kommt die- die- die-
    30    H:     Krysmanski?
    31    R:     Krysmanski
    32    H:     Ja [(das is-)
    33    R:        [Und alle fünf in eine (        Block).
```

In diesem Gesprächsausschnitt lässt sich verfolgen, wie im Anschluss an eine Klatschgeschichte und mit Blick auf das Klatschobjekt der soziale Typus der „Bekloppten" eingeführt wird, und wie mit diesem Typus dann gleich noch weitere Personen aus der Nachbarschaft der Klatschakteure als Exemplare identifiziert und zur Gruppe der „Bekloppten" zusammengefasst werden. In der sozialen Typisierung werden die individuellen Unterschiede der Typisierten nivelliert, d. h. an den typisierten Personen ist im Moment nichts anderes relevant als das, was sie zu Exemplaren eines bestimmten sozialen Typus macht. Im Rahmen von Klatsch verschärft sich dieser Reduktionseffekt noch dadurch, dass hier die sozialen Typen, unter die das Klatschobjekt gerechnet wird, prinzipiell eine negative gesellschaftliche Wertschätzung implizieren. Die Typisierung des Klatschobjekts, die aus ihm einen „Bekloppten", einen „Chauvi", einen „Dünnbrettbohrer", einen „Spießer", einen „Arschkriecher", einen „Mondmenschen" u. Ä. macht, bildet damit eine nochmals zugespitzte

Ausdrucksform der Missbilligung. Das Klatschobjekt, dessen „moralische Identität" (cf. Katz 1975) mit dieser Typisierung auf den Punkt gebracht wird, wird mit Haut und Haar unter eine degradierende soziale Kategorie subsumiert – an ihm wird buchstäblich kein gutes Haar gelassen.

Die Einheit von Person und Handlung sieht Uwe Wesel (1985) als ein typisches Merkmal des vorstaatlichen Rechts, während im staatlichen Recht Handlung und Person getrennt sind, also Sanktionen für ein Vergehen sich nicht gleich gegen die ganze Person richten müssen. Ein Beispiel hierfür findet sich bei der Anthropologin Elizabeth Colson (1974: 53), die im Rahmen ihrer langzeitlichen Ethnografie bei den Tonga in Zambia festgestellt hat, dass dort diejenigen, die ein soziales Ereignis beobachten, „die Verhaltensstandards für bestimmte Rollen anwenden, um sich ein Urteil über die gesamte Person zu bilden; das ermöglicht es ihnen, zukünftiges Verhalten vorherzusagen". Eben dies ist auch die Interpretation von Uwe Wesel (1985: 321): „In kleinen Gemeinschaften bildet sich sehr schnell ein Konsens, der sich gegen den Betreffenden wendet, und zwar nicht so sehr im Hinblick auf einzelne Übertretungen, sondern als Urteil über seine ganze Person. Denn wichtiger als die einzelne Tat ist die Frage, was von ihm in Zukunft wieder droht." Wie die beobachtete Generalisierung und Typisierung des Klatschobjekts gezeigt hat, ist dieser totalisierende Blick nicht auf die Sanktionslogik in vorstaatlichen Gesellschaften beschränkt, sondern kennzeichnet auch Klatschkommunikation in der heutigen Zeit.

Klatsch bezieht sich nicht nur auf die missbilligende Beurteilung einer einzelnen Handlung, sondern auf die gesamte Person, auf ihr Ansehen, ihre Reputation, ihre Ehre. Da aber „Ehre" als Rechtsgut im geltenden Recht verankert ist, kann eine Klatschäußerung u. U. sehr rasch zu einer justiziablen Angelegenheit werden, weil sie möglicherweise den Tatbestand der üblen Nachrede, der Verleumdung bzw. der Beleidigung erfüllt. Allerdings hat die Justiz seit jeher mit diesen Äußerungsdelikten ihre Probleme. Dabei geht es im Kern um die Frage, ob man Ehrenrühriges über das Privat- und Intimleben einer Person äußern darf, sofern man dafür den Beweis erbringen kann, oder ob der Ehrenschutz – im Interesse des potentiellen Opfers einer Ehrverletzung – in so hohem Maß erweitert werden soll, dass jemand ein „Indiskretionsdelikt" selbst dann begeht, wenn er für seine ehrenrührigen Behauptungen einen Wahrheitsbeweis erbringen, also z. B. einen Zeugen benennen kann. Bemerkenswert ist, dass Hans Joachim Hirsch (1967: 35) sich mit einem soziologischen Argument gegen die Einführung eines sog. „Indiskretionsdelikts" wendet, wenn er schreibt, „dass das 'Gerede der Leute' – vorausgesetzt, dass es wahr ist – eine bedeutende soziale Aufgabe erfüllt. Es stellt eine der stärksten Garantien für die Gewährleistung der sozialen Ordnung und den sittlichen Zustand einer Gesellschaft dar, so dass wir es bei seiner Zulässigkeit mit einem wertbildenden und -erhaltenden Faktor hohen Ranges zu tun haben". Allerdings ist die Frage des Ehrenschutzes heute aktueller denn je, weil über die sozialen Medien indiskrete und diffamierende Informationen über eine Person – ob erfunden oder nicht – von einem anonymen Absender rasch an ein Millionenpublikum verbreitet werden können. Auch hier ist es die Einheit von

Handlung und Person, die den Klatsch so bedrohlich macht und immer wieder einmal ein Fall für die Justiz wird.

Moralisierung und Typisierung zusammen sorgen dafür, dass die Rede im Klatsch hart, heftig, apodiktisch, verdammend und intolerant erscheint. Klatsch ignoriert das Selbstbild und die Selbstpräsentation des Klatschobjekts; er lässt sich vom Schein und der Fassade, mit denen sich das Klatschobjekt umgibt, nicht täuschen; unnachsichtig und verletzend bis zur Invektive spießt er die im Privaten verborgenen Fehler und Mängel des Klatschobjekts auf. Die Akteure im Klatsch verweisen indigniert auf die dunklen Punkte im Leben anderer und setzen sich auf diese Weise selbst ins beste Licht. Dadurch aber wirkt ihre Rede, so sehr sie auch für ihre Empörung das Interesse an der Erhaltung einer moralischen Ordnung reklamieren können, nicht gerecht, sondern selbstgerecht. Diese Selbstgerechtigkeit hat ihren Preis: Klatschakteure müssen nicht nur damit leben, dass sie als geschwätzig gelten, sondern auch damit, dass sie im Ruf stehen, üble Nachrede zu führen und andere Leute zu verleumden, schlecht zu machen, anzuschwärzen, „in die Pfanne zu hauen". In diesen Wendungen schwingt mit, dass der Klatsch der anderen als Bedrohung empfunden wird.

Die vom Klatsch ausgehende Bedrohung für andere liegt – einfach ausgedrückt – darin, dass er das Ansehen, den Ruf, die Reputation, die Ehre der Person, die das Opfer des Klatsches ist, schädigen kann. Schlüsselt man diese Bedrohung genauer auf, so zeigt sich, dass dabei zwei verschiedenartige Mechanismen ineinandergreifen und sich ergänzen. *Der eine dieser Mechanismen arbeitet mit dem Mittel der Konkretion:* In der Rekonstruktion eines Ereignisses wird ein „verwerfliches" Verhalten aus dem Privatbereich einer Person zur Sprache gebracht, und dieses konkrete Datum allein ist geeignet, das von dieser Person präsentierte Bild ihrer selbst zu unterlaufen und zu demontieren (cf. Schiffauer 1987: 227 ff). Die Konkretheit der Klatschgeschichte über-individualisiert und ent-typisiert das Klatschobjekt; es wird – in Großaufnahme und ohne Weichzeichner – in seiner kruden Existenz gezeigt, fragmentarisiert, auf seine nackte Individualität reduziert und damit – zumindest tendenziell – seines Status, seiner Selbsttypisierung beraubt. *Klatsch ist die logische soziale Gegeneinrichtung zur Institution des „impression management"* (Goffman). Ja, der Augenblick, in dem Menschen damit beginnen, im Verkehr mit anderen ihr Verhalten zu kontrollieren, ihr Handeln auf die Beurteilung durch andere abzustellen, ein Bild von sich zu präsentieren und sich entsprechend ihrem idealen Selbst zu zeigen – dieser Moment ist die Geburtsstunde von Klatsch. Die Unvermeidlichkeit dieser Differenz – und damit die Unvermeidlichkeit von Klatsch – hat Georg Simmel (1968b: 259) sehr früh gesehen und daraus ein grundsätzliches Argument gemacht: Im Verkehr mit anderen ist alles, was wir „mit Worten oder etwa auf sonstige Weise mitteilen, auch das Subjektivste, Impulsivste, Vertrauteste, eine Auswahl aus jenem seelisch-wirklichen Ganzen, dessen nach Inhalt und Reihenfolge absolut genaue Verlautbarung jeden Menschen – wenn ein paradoxer Ausdruck erlaubt ist – ins Irrenhaus bringen würde. [...] [Wir zeigen] niemandem den ganz inkohärenten und unvernünftigen Verlauf unserer Seelenvorgänge, sondern immer nur einen durch Selektion und Anordnung stilisierten Ausschnitt aus diesen; und es ist überhaupt kein andrer Verkehr und keine andre

Gesellschaft denkbar, als die auf diesem teleologisch bestimmten Nichtwissen des einen um den andern beruht." Aus diesem Nichtwissen über den anderen speist sich der Klatsch. Klatsch ignoriert die Diskretionspflicht, die nach Simmel (1968b: 267) darin besteht, „auf die Kenntnis alles dessen, was der andere uns nicht freiwillig zeigt, zu verzichten", und richtet seine Aufmerksamkeit auf das, was in der Regel „taktvoll" und aus dem Respekt vor dem Selbst des anderen übergangen wird. Damit aber beschädigt der Klatschakteur auch sein eigenes Selbst. Helmuth Plessner (1924: 99) hat in seinen Überlegungen zur „Hygiene des Taktes" darauf hingewiesen, dass die distanzlose Aneignung der personalen Sphäre des anderen nicht zuletzt die eigene Selbstachtung des Eindringlings verletzt: „Die Weisheit des Taktes: Schonung des anderen um meiner selbst willen, Schonung meiner selbst um des anderen willen". Klatsch ist entsprechend dieser Devise, die nicht normativ missverstanden werden darf, in einem zweifachen Sinn schonungslos: Der vermeintlich entlarvende Klatsch mag vielleicht das Klatschopfer bloßstellen, doch auf jeden Fall entblößt er die Klatschakteure und zeigt sie in ihrer selbstgerechten Distanzlosigkeit.

Der andere Mechanismus der Rufschädigung arbeitet nun mit dem Mittel der Abstraktion:[37] Statt das konkrete Verhaltensdatum einer Verfehlung zu isolieren und als einmaligen Fauxpas zu bagatellisieren, wird es als Manifestation eines – das Klatschobjekt insgesamt kennzeichnenden – Charaktermusters interpretiert. Der Verhaltensfehler wird zum Charaktertypus überhöht, und in diesem Prozess der Verallgemeinerung wird das Klatschobjekt ent-individualisiert und über-typisiert. So wird die moralische Identität des Klatschobjekts zum einen durch das konkrete Verhaltensdatum de-komponiert, und zum andern durch die abstrahierende Typisierung in neuer Gestalt re-komponiert. Klatsch erfüllt damit perfekt die „Bedingungen für den Erfolg von Degradierungszeremonien" (Garfinkel 1956), die auch mit anderen Formen der Reputationsschädigung kombiniert werden können. (Für den Zusammenhang von Degradierungszeremonie, Hexereivorwurf, öffentlicher Gerichtsverhandlung und Klatsch cf. die Studie über den Stamm der Pedi im südafrikanischen Megwang-Bezirk von Basil Sansom 1972: 197 ff, 216 ff). Bedrohlich an diesem Vorgang ist vielleicht weniger, dass die singuläre Handlung einer Person generalisierend interpretiert wird, als vielmehr, dass sich ihr Ruf in der sozialen Gemeinschaft über die klatschspezifi-

---

37 Es ist kennzeichnend, dass Hegel (1970b: 579 f.) die Frage „Wer denkt abstrakt?" in seinem gleichnamigen, immer noch grandiosen Text mit der Geschichte einer moralischen Kommunikation beantwortet, in der auch Klatsch verarbeitet ist: „Alte, ihre Eier sind faul, sagt die Einkäuferin zur Hökersfrau. Was, entgegnet diese, meine Eier faul? Sie mag mir faul sein! Sie soll mir das von meinen Eiern sagen? Sie? Haben ihren Vater nicht die Läuse an der Landstraße aufgefressen, ist nicht ihre Mutter mit den Franzosen fortgelaufen und ihre Großmutter im Spital gestorben, – schaff sie sich für ihr Flitterhalstuch ein ganzes Hemd an; man weiß wohl, wo sie dies Halstuch und ihre Mützen her hat; wenn die Offiziere nicht wären, wär jetzt manche nicht so geputzt, und wenn die gnädigen Frauen mehr auf ihre Haushaltung sähen, säße manche im Stockhause, – flick sie sich nur die Löcher in den Strümpfen! – Kurz, sie läßt keinen guten Faden an ihr. Sie denkt abstrakt und subsumiert sie nach Halstuch, Mütze, Hemd usf. wie nach den Fingern und anderen Partien, auch nach [dem] Vater und der ganzen Sippschaft, ganz allein unter das Verbrechen, daß sie die Eier faul gefunden hat."

sche soziale Typisierung verfestigt und so einen wesentlichen Einfluss auf die Interpretationen all ihrer zukünftigen Handlungen ausübt. Vor diesem Hintergrund wird verständlich, weshalb Klatschinformationen für die Klatschakteure selbst dann, wenn sie Neuigkeiten enthalten, oft nicht überraschend sind – bestätigen sie doch nur den Ruf, den das Klatschobjekt bei ihnen bereits „genießt".

Hält man sich noch einmal die zitierten Gesprächsausschnitte vor Augen, so muss zunächst als Rätsel erscheinen, weshalb die Klatschakteure mit einer solchen Heftigkeit und Schroffheit ihrer moralischen Entrüstung Ausdruck verleihen und das von ihnen monierte Verhalten des Klatschobjekts missbilligen. Weshalb diese Vehemenz, wo doch die Verfehlung sich in der Privatsphäre des Klatschobjekts abgespielt hat und die Klatschakteure eigentlich gar nichts angeht? Weshalb diese Intoleranz, da es doch „nur" um das Gebot der Sauberkeit und andere, eher nebensächlich scheinende Fragen des Anstands, der Schicklichkeit, des guten Geschmacks, der guten Sitten und der moralischen Konventionen geht? Weshalb diese brüske Reaktion auf ein Verhalten, das oft nicht einmal einen Normverstoß impliziert, sondern von den Klatschakteuren lediglich als unvernünftig oder unpassend wahrgenommen wird – wie etwa die Tatsache, dass Haberers sich einen Pudel angeschafft haben? Weshalb die Entrüstung über Regelverletzungen, von denen die Klatschakteure in keiner Weise direkt betroffen sind?

Man kann die Frage, ob im Klatsch nicht mit Kanonen auf Spatzen geschossen wird, zunächst mit dem Hinweis auf das von Sven Ranulf (1938) aufgestellte soziologische Theorem der „moral indignation" beantworten. Einer Soziologie des abweichenden Verhaltens stellt sich ja generell das Problem, weshalb auch diejenigen Mitglieder einer Gesellschaft mit Ablehnung und Feindseligkeit auf deviante Akte reagieren, die durch diese Normverletzung keinen direkten Schaden erleiden. Erklärt wird dies soziologisch üblicherweise damit, dass die Gesellschaftsmitglieder die moralischen Normen internalisiert haben und deshalb auch solche devianten Handlungen, von denen sie nicht unmittelbar betroffen sind, als Angriff auf die Gültigkeit dieser Normen wahrnehmen und mit entsprechenden Reaktionen beantworten. „Die Form dieser Vergeltungsmaßnahmen", schreibt Robert Merton (1995: 344) im Anschluss an Ranulf, „lässt sich am besten als 'moralische Entrüstung' beschreiben, ein uneigennütziger Angriff auf diejenigen, die von den Gruppennormen abweichen, selbst wenn diese Abweichungen die Ausübung der eigenen Rollen nicht beeinträchtigen, da keine direkte Beziehung zu den Abweichlern besteht. Gäbe es diesen Fundus der moralischen Entrüstung nicht, wären die Mechanismen der sozialen Kontrolle in ihrer Wirksamkeit eng begrenzt. Sie wären beschränkt allein auf das Handeln derjenigen, die durch das nicht-konforme und abweichende Verhalten *direkt* nachteilige Folgen hätten." Aus dieser Perspektive betrachtet ist Klatsch nichts anderes als eine indirekte Form der sozialen Kontrolle. Die moralische Indignation, die den Ton der Rede im Klatsch so charakteristisch einfärbt, wird interpretiert als Empörung der Klatschakteure über einen Normverstoß, der sie zwar nicht unmittelbar betrifft, der aber internalisierte Normen verletzt und die moralische Ordnung missachtet. Klatsch ist damit im Wesentlichen zu erklären aus seiner Funktion, die Geltung

moralischer Normen zu bestätigen und (prospektive) Abweichler durch Rufschädigung zu kontrollieren und abzuschrecken – auf diese theoretische Erklärung lässt sich
jedenfalls der überwiegende Teil der soziologischen und ethnologischen Literatur
über Klatsch reduzieren. (Cf. dazu ausführlicher Kap. 5.1)

Für diese funktionalistische These scheint zunächst die geschilderte Beobachtung
zu sprechen, dass Klatschakteure in der Tat die Verfehlungen des Klatschobjekts
empört missbilligen und in der sozialen Typisierung des Missetäters kein gutes Haar
an ihm lassen. Doch bei näherer Betrachtung der Gesprächsaufzeichnungen stößt
man auf eine Reihe von Details, die erhebliche Zweifel daran entstehen lassen, ob es
sinnvoll und angemessen ist, das Phänomen „Klatsch" einfach unter das theoretische
Konzept der sozialen Kontrolle zu subsumieren. So wäre etwa zu fragen: weshalb
denn Klatsch, wenn er sich doch gegen Bedrohungen der moralischen Ordnung
richtet, selbst eine moralisch diskreditierte Praxis ist? Oder: wie sich die vermeintliche
normerhaltende Funktion von Klatsch vereinbaren lässt mit der Tatsache, dass den
Klatschakteuren die kommunikative Rekonstruktion eines normverletzenden Verhaltens ein solches Vergnügen bereitet? Substanzieller als diese zweifelnden Fragen
können zwei andere Beobachtungen verdeutlichen, dass die funktionale Erklärung,
die Klatsch mit sozialer Kontrolle gleichsetzt, ihrem Gegenstand in wesentlichen
Punkten nicht gerecht wird.

Erstens, bei der Analyse von Klatschgesprächen ist immer wieder die verblüffende
Beobachtung zu machen, dass die Klatschakteure für das Klatschobjekt, das eben
noch Gegenstand ihrer Kritik und ihrer Empörung war, plötzlich Sympathie und
Verständnis äußern:

```
     <35/33>        <"High-Life":GR:34>

     15    R:    Wenn die getrunken hat is die-
     16          is [die so so so na so (lö[ksch)
     17    P:       [<leise lachend>          [
     18    H:                                 [Dann kommt dat-
     19          die nä anä dann kommt das wahrscheinlich ers
 ┌►  20          richtig zum Ausdruck die Beklopptheit. <ernst>
 │   21    R:    Hi (_____) ja das is Tat- deswegen will
 │   22          der Mann-
 │   23          die hat ja auch für jeden Mist gesacht "ich
 │   24          muss nach die Studenten" oder "ich hab Versammlung"
 │   25          wenn die jaa keen Ver[sammlung hat.
 └►  26    H:                          [Nee die hat so nichts
     27          vom Leben.
     28          Er geht eh eh eh außer vielleicht samstachs.
     29          Aber er geht jede Woche raus. Nach Wolters.
     30          Geht sich einen trinken.
     31          Unneh sie sitzt ja auch immer [zu Hause.
     32    P:                                  [Hm
     33    G:    Hm
     34    H:    Die kommt ja auch nirgendwo hin.
     35          Klar eh sie aber [(    ) der is- der is och
     36    R:                     [(    )
     37    H:    nich besser. <abfällig>
     38          Anfangs wie die da oben eingezogen sind, Paul,
     39          da war er so...
```

```
<36>          <"Ganz Umgänglich":AK:EM 20>

              <Sonja hat gerade eine Geschichte über das aus-
              beuterische Verhalten ihres Chefs beendet.>
01    S:      Ja also die=die=die-
02                             (1.5 sec)
03            die Schowis=
04            =(            )s is unglaublich weisch
05            un die- (-) also: sobald de dene irgendwo n
06            klein Finger gibsch packn se zu

                             .
                             .
                             .
14    S:      ...andererseits wenn ich morgens komm no hat
15            er mir an Tee gmacht
16                             (-)
17    S:      Do macht er sein Kaffee und no stellt er
18            n Tee auf derweil.
                             .
                             .
                             .
28    S:      Find ich dann au angenehm also ich mein gut-
```

In Segment <35:20> konstatiert H zunächst (zum wiederholten Mal) „die Beklopptheit" von Frau S und bringt fast unmittelbar anschließend ihr Bedauern und Verständnis für deren unglückliche Ehesituation zum Ausdruck („Nee die hat so nichts vom Leben"). In <36:03> ordnet S ihren Chef zunächst dem sozialen Typus der „Schowis" (=Chauvinisten) zu, nur um wenig später anerkennend auf seine nette Gewohnheit zu verweisen, für sie am Morgen Tee zuzubereiten. Beide Gesprächsausschnitte machen deutlich, dass die Verurteilung des Klatschobjekts, die im Gestus der Entrüstung und in der sozialen Typisierung noch hart und degradierend ausfällt, von den Klatschakteuren an anderer Stelle abgemildert, wenn nicht grundsätzlich revidiert wird. Auch die Strukturkomponente der Missbilligung manifestiert sich also im Klatsch nicht in reiner Form, sondern ist von jener Widersprüchlichkeit gekennzeichnet, welche bereits im Fall anderer Klatschelemente beobachtet wurde. Eingefangen wurde diese Antinomie in dem frühen Versuch von Valdemar Vedel (1901), die Neigung zum moralischen Rigorismus in mittelalterlichen Städten zu erklären: „Im Stadtklatsch ist auch ein soziales Element der Sympathie vorhanden. Es stimmt zwar, dass es sich dabei oft um die sehr primitive Spielart dessen handelt, was man 'missgünstige Sympathie' genannt hat. Die hämische Freude am Leid anderer und der neidische Verdruss über das Glück anderer ist jedoch ein kultureller Fortschritt gegenüber der gefühllosen Eigenliebe, der das Wohl und Wehe anderer völlig gleichgültig ist" (zitiert nach Ranulf 1938: 47).

Einen Hinweis auf den Hintergrund dieser verdammend-verständnisvollen Qualität von Klatsch liefert John Berger (1982: 17) in der folgenden Passage seiner literarischen Ethnografie über das Leben in einem französischen Dorf:

Das meiste von dem, was sich während eines Tages ereignet, wird schon von jemandem eingehend erzählt, bevor der Tag zu Ende ist. Die Geschichten sind Tatsachenberichte, die auf Beobachtungen oder auf einer Erzählung aus erster Hand beruhen. Diese Kombination aus schärfster Beobachtung, aus dem täglichen genauen Erzählen der Ereignisse und Begebenheiten des Tages und aus lebenslanger gegenseitiger Vertrautheit ist es, aus der sich der sogenannte Dorfklatsch zusammensetzt.

Manchmal enthält die Geschichte implizit ein moralisches Urteil, aber dieses Urteil – gerecht oder ungerecht – bleibt ein Detail: die Geschichte *als ein Ganzes* wird mit einer gewissen Toleranz erzählt, denn sie betrifft ja jemanden, mit dem der Geschichtenerzähler und der Hörer weiter zusammenleben werden.

Im Gegensatz zu John Bergers Beobachtung wird zwar in dem hier analysierten Datenmaterial das moralische Urteil über das Klatschobjekt oftmals explizit formuliert. (Das verweist darauf, dass es eine Variationsbreite der Realisierung von Klatsch gibt, die vom gehässig-denunziatorischen bis zum freundlich-wohlwollenden Klatsch reicht.) Doch in welche Form auch immer die Klatschakteure ihr moralisches Urteil kleiden, sie müssen darauf Rücksicht nehmen, dass sie selbst zu dem Klatschobjekt in einer Bekanntschaftsbeziehung stehen. D. h., jeder Klatschakteur ist mit der Situation konfrontiert, dass die Person, die heute als Klatschobjekt fungiert, morgen sein Interaktions-, ja sein Klatschpartner sein kann. Diese Situation aber verbietet es den Klatschakteuren, über dem Klatschobjekt den Stab zu brechen, es in Grund und Boden zu verdammen.

Ein Klatschakteur, der heute an dem Klatschopfer kein gutes Haar lässt und morgen mit ihm beim freundlichen Plausch gesehen wird, gefährdet durch ein solch inkonsistentes Verhalten seine Identität und büßt seine Glaubwürdigkeit ein. *So lässt zwar die besondere personelle Konstellation der Klatschtriade das private Fehlverhalten eines Bekannten überhaupt erst sozial relevant werden, zugleich aber verhindert sie gerade, dass dieser Bekannte im Klatsch gnadenlos moralisch verurteilt wird.* Klatschakteure sind, wenn man überhaupt juridische Kategorien verwenden will, nie bloß Ankläger und Richter, sondern immer auch Verteidiger und Entlastungszeugen des Klatschobjekts. Die Gleichzeitigkeit von Verurteilung und Toleranz, von Missbilligung und Verständnis, von Empörung und Mitleid ist ein konstitutives Strukturmerkmal von Klatsch. Deshalb ist die Funktionsthese, im Klatsch finde durch die gemeinsame Verurteilung eines Missetäters eine Bestätigung kollektiv geteilter Werte und Normen statt, bereits von ihrer sachlichen Voraussetzung her einäugig und damit in ihrer Gültigkeit zweifelhaft.

Zweitens, wenn man sein Augenmerk bei der Analyse des Datenmaterials auf die Frage richtet, welche Vergehen von den Klatschproduzenten moniert werden, stößt man auf einen Sachverhalt, der die Erklärung, wonach Klatsch als eine Ausdrucksform der „moralischen Indignation" über die Verletzung internalisierter Normen zu bestimmen sei, bereits von ihrem Ansatz her als verfehlt erscheinen lässt. Statt nämlich in der Erklärung davon auszugehen, dass eine „Verfehlung" vorliegt, über die sich dann die Klatschakteure moralisch empören, erscheint es weitaus angemessener, die

Erklärungsrichtung umzukehren und „die Verfehlung" als ein Resultat der moralischen und selektiven Interpretationsleistungen der Klatschakteure zu bestimmen.

Prägnant zeigt sich dies in dem oben zitierten Gesprächssegment <29>. In ihm schildert H Ereignisse, die zeigen sollen, dass Frau J selbst Schuld an ihrer Ehemisere hat. Auffallend an der Darstellung von H ist nun, dass sich ihre Empörung primär gegen Frau J richtet, wogegen sie mit Herrn J, der doch ein Verhältnis mit einer anderen Frau begonnen, die eheliche Gemeinschaft verlassen, einen Diebstahl begangen und sich auch sonst wenig rücksichtsvoll gegenüber seiner Frau verhalten hat, merkwürdig schonend umgeht. (Cf. etwa den harmlos-wohlwollenden Ausdruck „Liebchen" in <29:07>.) Nicht dass sie Herrn J's Verhalten gutheißen würde, doch ihre Missbilligung richtet sich in erster Linie nicht gegen seine Verfehlungen, sondern gegen das Verhalten von Frau J, die sich trotz aller Vorfälle bislang nicht von ihrem Mann getrennt hat. – Einen ganz ähnlichen Fall von selektiver Empörung beschreibt der Anthropologe Arnold L. Epstein (1969) in seiner kurzen Fallstudie über die Verbreitungsweise einer Klatschgeschichte in einer afrikanischen Stadt in der Copperbelt-Region. Eine verheiratete Frau hatte eine außereheliche Beziehung mit einem anderen Mann begonnen, und diese Geschichte verbreitete sich nun innerhalb verschiedener Klatschzirkel. Obwohl auch in dieser Region eheliche Treue als eine allgemeine Norm gilt, richtete sich, wie Epstein beobachten konnte, die moralische Empörung im Klatsch nicht etwa gegen das ehebrecherische Verhältnis, sondern dagegen, dass die Frau einen Mann geheiratet hatte, dessen sozialer Rang im Prestigesystem der Copperbelt-Gesellschaft niedriger war als ihr eigener. Diese Beobachtung beschränkt sich allerdings auf den Klatsch im Freundeskreis und in der Verwandtschaft der Frau; der Klatsch im sozialen Umfeld des gehörnten Ehemannes war Epstein nicht zugänglich.

Diese beiden Fälle lassen deutlich erkennen, dass die Klatschakteure nicht direkt auf eine Normverletzung reagieren, sondern diese immer erst vor dem Hintergrund ihrer eigenen sozialen Position und Interessen lokalisieren, interpretieren und so zu einer für sie relevanten „Verfehlung" umformen. D. h., im Klatsch geht es nicht um die Missachtung und Erhaltung von sozialen Normen und moralischen Prinzipien in ihrer Allgemeinheit, sondern darum, ausgehend von der eigenen Situation das situative Verhalten anderer Gruppenmitglieder mit dem Wissen über gruppenspezifische Verhaltensregeln zu deuten, und umgekehrt: die Art der Geltung von sozialen Regeln in konkreten Einzelfällen zu spezifizieren. So betrachtet, ist Klatsch eine Einrichtung zur Interpretation und Anwendung von sozialen Regeln (cf. Haviland 1977: Kap. 8) und kann mit Thomas Pavel (1978: 147) als „rudimentärer hermeneutischer Akt" verstanden werden. Klatsch dient den Akteuren dazu, ihr Verständnis von Regeln des Zusammenlebens intersubjektiv zu überprüfen und Bestätigung für ihre Weise der Regelinterpretation zu finden (cf. Sabini & Silver 1982: 100 ff).

Dass die Klatschakteure in diesem Prozess der Regelinterpretation und Regelanwendung Partei sind, dass sie immer *pro domo* sprechen, zeigt sich in den Klatschgesprächen recht unverhüllt. Im Verborgenen dagegen bleibt zumeist, dass erst diese Regelaktualisierung und die zum Ausdruck gebrachte moralische Entrüstung das rekonstruierte Verhalten des Klatschobjekts zu jener „Verfehlung" machen, auf wel che die Klatschakteure bloß zu reagieren scheinen. „Der Arme als soziologische Kategorie entsteht nicht durch ein bestimmtes Maß von Mangel und Entbehrung, sondern dadurch, dass er Unterstützung erhält oder sie nach sozialen Normen erhalten sollte", schreibt Georg Simmel (1968a: 371 f.), und parallel dazu formuliert Vološinov (1975: 145) in seiner Kritik an dem sprachwissenschaftlichen Dualismus zwischen dem Innen und dem Außen: „Nicht das Erlebnis organisiert den Ausdruck, sondern umgekehrt, der Ausdruck organisiert das Erlebnis, gibt ihm zum ersten Mal Form und bestimmt seine Richtung". Wendet man diese Überlegungen auf den Klatsch an, dann ist – soziologisch gesehen – nicht die Verfehlung des Klatschobjekts zuerst gegeben, und darauf folgt das Gefühl der moralischen Entrüstung, das dann im Klatsch als Missbilligung zum Ausdruck gebracht wird – diese Reihe ist vielmehr umzukehren: es ist der Ausdruck der Missbilligung, der dem Gefühl der Empörung seine Form und Richtung gibt und der aus dem Verhalten des Klatschobjekts eine Verfehlung werden lässt. Skandalisierung, Karikierung und all die anderen Formelemente, die in diesem Kapitel beschrieben wurden, sind demnach für die Gattung „Klatsch" von konstitutiver Bedeutung. Sie machen aus einer privaten Handlung eine öffentlich relevante Verfehlung und legitimieren auf diese Weise die Indiskretion, die dem Klatsch so wesentlich ist wie die Ereignisrekonstruktion und die Moralisierung.

4.6 Exkurs über den Klatsch und seine moralischen Verwandten

Die bisherige Analyse hat ergeben, dass sich die Kommunikation im Klatsch durch eine rekonstruktive und eine moralische Komponente auszeichnet: Ereignisse werden rekonstruiert, und das Verhalten der darin agierenden Personen wird moralisch bewertet und kommentiert. In den Aufzeichnungen von Alltagsgesprächen ist allerdings zu beobachten, dass in Äußerungen über Dritte keineswegs immer beide Komponenten gegeben sind. Das Fehlen dieser Komponenten ist aber kein Defizit, das zu Verständigungsproblemen oder Reparaturen führen würde. Vielmehr wird über andere – abwesende – Personen auch in einer nicht-moralischen Weise gesprochen, und es finden sich moralisch-wertende Äußerungen ohne rekonstruktive Anteile.

Legt man die triadische Beziehungsstruktur der Klatschkommunikation zugrunde, dann grenzt das Spektrum der mit Klatsch verwandten moralischen Aktivitäten auf der einen Seite an Handlungen, in denen Sprecher ohne Gesprächspartner ihre moralische Entrüstung monologisch artikulieren, auf der anderen Seite an moralische Interaktion in dyadischen Konstellationen. In beiden Bereichen haben sich gattungsmäßig verfestigte Formen der Moralisierung gebildet. So kann ein Sprecher, ohne sich an einen Adressaten zu richten, die solitären Moralisierungsformen des Schimpfens oder Fluchens praktizieren, die Hermann Bausinger noch 1986 als einen „vernachlässigten Kommunikationsakt" bezeichnete und die – folgt man Goffmans (1981a) Analyse unadressierter Exklamationen („response cries") – gar nicht so solitär sind. Moralisierung in dyadischen Konstellationen kann auf vielfältige Weise geschehen, etwa mittels Andeutungen und Umschreibungen oder mittels der Formate der Beschuldigung, des Vorwurfs oder der Beleidigung. Bei diesen Praktiken ist der Adressat der moralischen Entrüstung mit dem Adressaten der Äußerung identisch und Dritte sind nicht erforderlich – und zumeist auch nicht erwünscht (cf. zu Vorwurfsaktivitäten die große Studie von Susanne Günthner 2000, und zur Beleidigung die Untersuchung von Simon Meier 2007). Die Formate beider Gruppen zählen zur Gattungsfamilie der moralischen Kommunikation, doch da ihnen eine triadische Struktur fehlt, sind sie zwar mit der Gattung Klatsch „blutsverwandt", aber es sind Verwandte zweiten oder dritten Grades.

Im Folgenden geht es um verschiedene Formate moralischer Kommunikation mit einer triadischen Beziehungsstruktur. Deren Identifizierung wird von der prinzipiellen Schwierigkeit begleitet, dass die alltagssprachlichen Bezeichnungen für kommunikative Handlungen und Gattungen zumeist vage sind, regional unterschiedliche Bedeutungen haben, sich überschneiden oder gar ganz fehlen. Versuche, diese Ethnokategorien taxonomisch zu gliedern, enden oft in künstlichen und willkürlich erscheinenden Ordnungen. Deshalb nehmen die folgenden Überlegungen ihren Ausgang nicht von einer Ethnokategorie, sondern von spezifischen Konstellationen der triadischen Moralkommunikation.

Der Dritte als Zuschauer – Moralischer Wettstreit. „Wenn Zwei sich streiten... – beobachtet der Dritte". Mit diesem abgewandelten Sprichwort lässt sich recht gut die besondere Gattung der moralischen Kommunikation beschreiben, bei der zwei Kontrahenten vor ihren „peers" einen ritualisierten Wettstreit um Anerkennung, Charakter und Status in Gestalt einer Kaskade sich steigernder Beleidigungen und Bedrohungen austragen. Aus der Literatur geht hervor, dass dieses Muster eines moralischen, zwischen Spaß und Ernst changierenden Wettstreits eine weltweit beobachtbare, vor allem von Männern – und insbesondere von männlichen Jugendlichen – geübte Praxis ist. Bekannt wurde diese Praxis vor allem als Ritual von afroamerikanischen Ghettobewohnern, das in der anthropologischen und soziolinguistischen Literatur unter Bezeichnungen wie „dozens" (Dollard 1939), „playing the dozens" (Abrahams 1962) oder – in New York geläufiger – „sounding" (Labov 1972) untersucht wurde. Das Format dieser verbalen Duelle wurde von schwarzen Jugendlichen in gereimter, rhythmisierter Form und im „schmutzigen" Modus (also mit vielen obszönen Ausdrücken) weiterentwickelt und fand Eingang in die Rap-Musik. Auch für andere ethnische Gruppen, etwa für türkische Jugendliche (Dundes, Leach & Özkök 1972; Tertilt 1996: 198 ff „Beleidigungsduelle") wurde dieses Format des verbal vor Publikum ausgetragenen moralischen Wettstreits beschrieben. Die unter deutschen Jugendlichen verbreitete Praxis des „Dissen" ist aus dieser Tradition hervorgegangen (Deppermann & Schmidt 2001). Dem Publikum als dem dritten Akteur kommt bei diesem moralischen Wettstreit eine entscheidende Rolle zu: Mit seinen Reaktionen gibt es zu erkennen, wie es die Schlagfertigkeit, Standhaftigkeit, Kreativität – und allgemein die Performanz – der beiden Kontrahenten bewertet.

Der gemeinte Dritte – Frotzeln. Eine triadische Beziehungsstruktur ergibt sich in der Kommunikation auch dort, wo in der Äußerung eines Sprechers der adressierte und der intendierte Rezipient auseinandertreten, wo also eine Äußerung zwar an

Rezipient B gerichtet wurde, doch für den ebenfalls anwesenden Rezipienten C gemeint war. In der Tradition der Ethnografie des Sprechens beschreibt Lawrence Fisher (1976) diese subtile kommunikative Technik am Beispiel einer Dorfgemeinschaft auf Barbados. Die Technik, die von den Barbadiern als „dropping remarks" bezeichnet und fast nur von Frauen praktiziert wird, besteht darin, eine Äußerung mit mehreren Bedeutungen auszustatten oder vage zu formulieren, dabei jedoch die Verschleierung so transparent zu gestalten, dass der intendierte Rezipient die indirekt an ihn gerichtete Botschaft erkennt. Charakteristisch für diese auch „signifying" (Morgan 1997: 407 ff) genannte Sprechhandlung ist also, dass der gemeinte Dritte „lateral" adressiert wird, wie Herbert Clark & Thomas Carlson (1982: 336) diese verdeckte Adressierung im Gegensatz zur direkten „linearen" Adressierung bezeichnen. Durch diese Technik, für die es auch die Ethnokategorie „loud-talking" (Kernan 1971) gibt, ist es möglich, einer dritten anwesenden Person über Bande eine verdeckte Kritik oder Drohung zukommen zu lassen. Susanne Günthner (2013/1999) hat die Technik, über laterale Adressierung einem gemeinten Dritten eine moralische Botschaft zuzuspielen, als Praxis des „Frotzelns" identifiziert und herausgearbeitet, dass die Frotzelaktivität einen ernsten Kern hat, aber zumeist humorvoll eingekleidet ist. Damit wird dem Frotzelobjekt ermöglicht, gesichtswahrend auf die verdeckte Provokation zu reagieren oder die implizite moralische Vorhaltung zunächst zu ignorieren - und bei anderer Gelegenheit darauf zurückzukommen. Sollte das Frotzelobjekt C aber beleidigt oder angegriffen reagieren, kann sich der Frotzelnde immer durch den Hinweis aus der Affäre ziehen, er habe doch gar nichts zu C gesagt.[38]

Der exponierte Dritte – Derblecken. Gattungen der alltäglichen Kommunikation können auf vielfache Weise moduliert werden, z. B. eine einfache Begrüßung, aus der durch Personal, Uniformierung, Körperformierung, Musik, räumliche Arrangements, Accessoires und Dramaturgie die große Zeremonie der Begrüßung eines hohen Staatsgasts wird. Eine vergleichbare Transformation der beiden eben skizzierten moralischen Gattungen kann man in dem bayrischen Brauch des „Derbleckens" beobachten. Dabei werden von einem Redner vor Publikum prominente Personen des öffentlichen Lebens, die selbst im Publikum sitzen, kritisch, aber mehr oder weniger scherzhaft verspottet und – hier ist die Alltagssprache reichhaltig – durch den Kakao gezogen, veräppelt, verhöhnt, aufgezogen (cf. Burger 1986). Die Konstellation aus Redner – Prominenter – Publikum bildet eine Trias, wobei die Aufmerksamkeit des Publikums gesplittet ist. Sie gilt zum einen dem Redner und seiner Spottkunst, zum

---

38 Frotzeln wird häufig mit „teasing" gleichgesetzt, das etwa dem deutschen Hänseln, Necken oder Sticheln entspricht. Aus der umfangreichen, doch ziemlich heterogenen Literatur (cf. Pawluk 1989) ergibt sich, dass „teasing" große Ähnlichkeiten mit Frotzeln hat, etwa was das Spiel mit Mehrdeutigkeiten oder die Ambivalenz von Spaß und Ernst betrifft. Doch „teasing" ist auch in dyadischer Kommunikation möglich, was sich etwa in dem Sprichwort „Was sich liebt, das neckt sich" zeigt. Zwar kann „teasing" auch vor Dritten stattfinden, diese werden dann aber nicht lateral adressiert, sondern übernehmen die Rolle des Publikums – vergleichbar mit der Rolle des Publikums bei verbalen Duellen. Aufgrund seiner triadischen Struktur ist „Frotzeln" deshalb nicht mit „teasing" gleichzusetzen.

andern aber dem exponierten Prominenten, denn für ihn gilt die Regel, dass er seine Verspottung mit Humor zu tragen hat. Wie bei den Beleidigungsduellen der Jugendlichen geht es auch hier um einen Charaktertest, den nur besteht, wer Haltung bewahrt. Reagiert der Derbleckte auf den Spott beleidigt oder aggressiv, führt das nur zu umso größerer Erheiterung beim Publikum. Seit das Politiker-Derblecken auf dem Münchner Nockherberg im Fernsehen übertragen wird, sind die Kameras in solchen Situationen ganz auf den Politiker gerichtet, so dass alle Zuschauer die Reaktionen des so Exponierten bis in kleinste Gesichtszuckungen hinein beobachten können. Beim Klatsch ist das Opfer abwesend, beim Derblecken zwar anwesend, doch ist es gegenüber den moralischen Provokationen des Derbleckers wehrlos und zur Untätigkeit verpflichtet. Die Qual, die das Opfer der spöttischen Ausführungen zu ertragen hat, wird vermutlich nur übertroffen durch die Schmach, beim Derblecken gar nicht berücksichtigt worden zu sein. Im Übrigen hat die künstlerische Transformation von Klatsch eine lange Geschichte, wie etwa Jeanice Brooks (2016) zeigt, die in ihrer Studie rekonstruiert, welche Rolle Versifizierung, Gesang und Musik – insbesondere in Gestalt der „contrafacta" – für die Verbreitung von lokalem Klatsch im Frankreich des 16. Jahrhunderts spielten.

Der semi-präsente Dritte – Lästern. Eine weitere, aufgrund ihrer triadischen Struktur dem Klatsch vergleichbare Form der moralischen Kommunikation ist das Lästern. Allerdings ist die Bedeutung dieses Alltagsbegriffs so weit und diffus, dass er zuweilen gar mit Klatsch identisch gesetzt wird und es fragwürdig erscheinen mag, das Lästern als eigene kommunikative Form zu beschreiben. Im Kern bedeutet Lästern, über andere in ihrer Abwesenheit, also hinter ihrem Rücken, spöttische oder abfällige Bemerkungen zu machen. Zu einer Einschränkung dieser zu allgemeinen Bestimmung gelangt man, wenn man sich eine prototypische Konstellation vergegenwärtigt, in der es nicht selten zu regelrechten Lästerexzessen kommt: das gemeinsame Fernsehen (Holly 1993). Im geschützten Privatraum wird vor dem Fernsehen nicht nur über Politiker, Schauspieler und Sportler gelästert, sondern auch über unbekannte Studiogäste, die einfallslose Werbung oder die schmalzige Filmmusik. Aus dieser Beschreibung lässt sich herauskristallisieren, was das Charakteristische an Lästern ist: Lästerkommunikation besteht aus zumeist kurzen, narratiosnfreien, evaluativen, oft ironischen oder hyperbolischen Kommentaren über gegenwärtig wahrnehmbare Personen und Ereignisse, die sich außer Hörweite der Lästerer befinden. Lästern wird „getriggert"; die Dritten, die der Anlass und der Gegenstand der boshaften Kommentare sind, sind auf dem Bildschirm semi-präsent, d. h., sie sind da und nicht da. Und da das Geschehen im Fernsehen sich weiterentwickelt, bleibt es zumeist bei moralisierenden „one liners", auf die keiner der Anwesenden reagiert. In Face-to-Face-Situationen kann es zwar, wie die Arbeiten von Daniel Schubert (2009) und Diana Walther (2016) über Lästern bei Jugendlichen zeigen, zu längeren Passagen des Lästerns kommen, aber auch hier sind die Lästerobjekte semi-präsent, wie etwa die Lehrerin, die eben in der Klasse unterrichtet hatte und über deren Schuhe die Schüler und Schülerinnen nun lästern. Auch die weiter oben (Kap. 4.1) beschriebenen „loafing groups" sind hier zu nennen, die die Ereignisse, Personen oder Objekte

(Autos) in ihrer Umwelt im Hinblick auf die Möglichkeit für boshafte Kommentare scannen. Lästern kann man auch über unbekannte Dritte, doch wenn über Bekannte, Kollegen oder Freunde gelästert wird, können Lästern und Klatsch bruchlos ineinander übergehen.

Der Dritte als Spielverderber – He-said-she-said. Für Klatsch ist zwar konstitutiv, dass das Klatschobjekt selbst nicht bei der Klatschkommunikation anwesend ist. Doch natürlich ist es immer möglich, dass der Klatsch dem Klatschobjekt hintertragen wird. Die Grenzen des je aktuellen Gesprächs zu seiner sozialen Umwelt sind, wie Wolfgang Schneider (2012) zurecht bemerkt, „porös", da unsicher ist, ob einer der Gesprächsteilnehmer sich „parasitär" zu der aktuellen Interaktion verhält und Abwesende über den Inhalt des Gesprächs informiert. Auf diese Weise kann der Klatsch direkt oder indirekt auch das Klatschopfer erreichen. Nicht dass über es geklatscht wurde, wird das Opfer interessieren (denn jeder vernünftige Mensch weiß, dass die Freunde und Kollegen hinter seinem Rücken über ihn reden – so wie auch er selbst es tut), sondern was geredet und wer was gesagt hat. Wer erfährt, dass hinter seinem Rücken über ihn gesprochen wurde, wird diese Information in der Regel etwas missmutig, aber achselzuckend zur Kenntnis nehmen. Im Gegensatz zu Erwachsenen haben Kinder in dieser Situation weit weniger Hemmungen, mit den ihnen hintertragenen Informationen den vermeintlichen Urheber des boshaften Geredes zu konfrontieren. Marjorie Goodwin (1990: Kap. 8) hat in sorgfältigen Studien über Muster der sprachlichen Interaktion von schwarzen amerikanischen Jugendlichen gezeigt, dass diejenigen, denen hintertragen wurde, dass hinter ihrem Rücken unfreundlich über sie geredet wurde, nicht selten denjenigen, den sie für den Klatsch verantwortlich halten, zur Rede stellen. Sie verlassen die Rolle des duldsamen Klatschopfers und agieren als Spielverderber, indem sie die stillschweigende Übereinkunft boykottieren, dass das Spiel des Klatsches von jedem Beteiligten ein gewisses Maß an Unaufrichtigkeit und Schäbigkeit erfordert. Goodwin rekonstruiert die Empörung der Klatschopfer darüber, dass hinter ihrem Rücken über sie geredet wurde. Doch neben dem Vertrauensbruch und der Gefährdung von Freundschaft geht es für sie vor allem auch um den Wahrheitsgehalt der Klatschinformation. Zu den Übertreibungen, die dem Klatsch eigen sind, kommt hinzu, dass sich die Klatschinformation auf dem Weg vom ursprünglichen Klatsch zum Klatschopfer häufig wesentlich verändert hat. So ist es kein Wunder, dass in der Konfrontation zwischen dem Klatschopfer und dem Klatschurheber unterschiedliche Versionen eines Sachverhalts aufeinanderprallen. Es entwickelt sich ein Gattungshybrid, eine Art Klatsch-Streit, den Goodwin als eigenes Interaktionsformat identifiziert und als „He-said-she-said" bezeichnet hat.

Der Dritte als Instanz – Petzen. Eine Verwandtschaft zu Klatsch besteht auch zu einer anderen, bereits unter kleinen Kindern verbreiteten Gattung der „moralischen Kommunikation": zum Petzen oder Anschwärzen. In der Regel droht der Petzer seinen Spiel- oder Schulkameraden, sein Wissen über die Verfehlung eines anderen Kindes an eine Autoritätsperson weiterzugeben. Vielleicht tut er dies auch hinter dem Rücken des Delinquenten. Interessanterweise sind Klatsch und Petzen, obwohl ja beide auf die Missbilligung eines Fehlverhaltens aus sind, selbst dispräferierte Akte („snitches get stitches"). Im Deutschen ist diese Dispräferenz deutlich erkennbar an dem negativ konnotierten Begriff der Denunziation. Wie Ela Hornung (2010: 84 f.) in ihrer Studie über Denunziation erläutert, zeigt sich in den von ihr untersuchten Akten der NS-Militärjustiz, dass „in manchen Fällen [...] die Grenzen zwischen 'Klatsch' (wurde von Seiten der Justiz meist weiblich konnotiert und weniger ernst genommen), Gerüchteverbreiten und Denunziation verwaschen [schienen]. Dabei wurde anfangs harmloser Tratsch oder ein Gerücht weitererzählt, was sich zu Denunziationsketten auswachsen konnte". Man wird „Petzen" nicht als „Denunziation" bezeichnen wollen, doch wenn ein Kind ein anderes Kind aus seiner Gruppe bei der Kindererzieherin wegen der Missachtung einer Regel anschwärzt, fehlt dem Petzen im Unterschied zum Klatsch nicht nur der Unterhaltungscharakter, sondern, was schwerer wiegt, es verhält sich aus Sicht der anderen Kinder illoyal und stellt sich – wie ein Denunziant – außerhalb ihres Beziehungsnetzwerks. In einer Studie über einen Fall, bei dem ein 11-jähriges Mädchen ihre Klassenkameradinnen bei der Lehrerin wegen Mobbing angeschwärzt hat, zeigen Ann-Carita Evaldsson & Johanna Svahn (2012), zu welchen Disputen, Schuldzuweisungen, Rechtfertigungen, Ausgrenzungen und Strafaktionen ein solcher Akt führen kann. Deutlich wird bei diesem Fall auch die tiefe Differenz zwischen der in der Kinderwelt gültigen moralischen Ordnung und der moralischen Ordnung der Erwachsenenwelt. Diese Differenz hatte „die Petze" nicht gesehen oder bewusst ignoriert; sie hat – ebenso wie es im Klatsch der Fall ist – eine Regel verletzt, indem sie eine andere Regel befolgte, hier aber mit dramatischen Folgen.

4.7 Die Beendigung von Klatsch als interaktives Problem

Es gehört zu unserem Alltagswissen über Klatsch, dass er auf viele Leute eine magische Anziehungskraft ausübt und diejenigen, die sich ihm widmen, in seinen Bann schlägt. Wir wissen zwar, dass sich das moralisch anrüchige Interesse für Klatsch in der Regel anderen sozialen Obligationen und Aktivitäten unterzuordnen hat, doch die Erfahrung zeigt, dass der Klatsch gerade umgekehrt die Aufmerksamkeit der Akteure oft in einem solchen Maß absorbiert, dass sie darüber die Zeit, ihre Umgebung und ihre Arbeit vergessen. Obwohl die Klatschakteure als Hüter von Moral und Ordnung auftreten, steckt im Klatsch selbst ein anomischer Zug: Er wirft Ordnungen über den Haufen, missachtet soziale Grenzen und verführt die Akteure zur Vernachlässigung ihrer gesellschaftlichen Pflichten. Für die Außenstehenden ist Klatsch ein Malum, für die Klatschakteure selbst ein Faszinosum – das meint der Alltagsbegriff der Klatschsucht.

Wie kommt es, dass man – in Klatsch vertieft – so leicht die Zeit vergisst? Dass man beim Klatsch kein Ende findet? Dass oft genug erst ein äußeres Zeichen – ein Telefonanruf, der Blick auf die Uhr, die Schläge der Kirchenglocke – die Akteure aus der Klatschwelt wieder in die Geschäftswelt des Alltags zurückholt? In seiner Erzählung „Unterhaltungen deutscher Ausgewanderten" lässt Goethe (1911: 100) einen alten

Geistlichen ein Loblied auf den Klatsch singen, in dem dieser auch auf die Frage eingeht, worin die Faszinationskraft dieses kommunikativen Genres begründet liegt:

> Ich habe selten bei einer Lektüre, bei irgendeiner Darstellung einer interessanten Materie, die Geist und Herz beleben sollten, einen Zirkel so aufmerksam und die Seelenkräfte so tätig gesehen, als wenn irgend etwas Neues, und zwar eben etwas, das einen Mitbürger oder eine Mitbürgerin heruntersetzt, vorgetragen wurde. Fragen Sie sich selbst, und fragen Sie viele andere: Was gibt einer Begebenheit den Reiz? Nicht ihre Wichtigkeit, nicht der Einfluß, den sie hat, sondern die Neuheit. Nur das Neue scheint gewöhnlich wichtig, weil es ohne Zusammenhang Verwunderung erregt und unsere Einbildungskraft einen Augenblick in Bewegung setzt, unser Gefühl nur leicht berührt und unsern Verstand völlig in Ruhe läßt. Jeder Mensch kann ohne die mindeste Rückkehr auf sich selbst an allem, was neu ist, lebhaften Anteil nehmen; ja, da eine Folge von Neuigkeiten immer von einem Gegenstande zum andern fortreißt, so kann der großen Menschenmasse nichts willkommener sein als ein solcher Anlaß zu ewiger Zerstreuung und eine solche Gelegenheit, Tücke und Schadenfreude auf eine bequeme und immer sich erneuernde Weise auszulassen.

Es trifft zwar einen richtigen Punkt, *Klatschsucht als eine Form der Neuigkeitssucht* zu erklären, doch wird mit dieser Interpretation gerade die Frage ausgeblendet, weshalb ein so starkes Verlangen spezifisch nach Klatsch – und nicht nach irgendeiner anderen Neuigkeit – besteht. Positiv gewendet führt dieser Einwand dazu, die Beendigung – ebenso wie die Eröffnung – von Klatsch als ein strukturelles Problem der Klatschkommunikation selbst zu konzipieren, um dann der Frage nachzugehen, ob die Tatsache, dass die Klatschakteure zu keinem Ende kommen, nicht auch in der spezifischen Organisationsstruktur von Klatsch begründet liegt.

Zunächst eine konzeptionelle Klärung. Im Mittelpunkt stand bisher die beziehungs- und sequenzanalytische Bestimmung von Klatsch. Dabei wurde zwar bereits deutlich, dass dem eigentlichen Klatsch eine Sondierungsphase vorausgeht, dass es regelmäßig zu einer Retardierung des Klatschgesprächs durch Einschubsequenzen kommt und dass durch Kommentare, Bewertungen, affektive Reaktionen und soziale Typisierungen nach einer Klatscherzählung der Klatsch beträchtlich in die Länge gezogen werden kann. Doch der Fokus der Analyse blieb dabei auf der Rekonstruktion einer Klatschepisode und den Möglichkeiten ihrer Expansion durch Vor- und Nachsequenzen. Dass diese Fokussierung eine Beschränkung bedeutet, zeigte sich im Verlauf der Analyse u. a. darin, dass das verfügbare Datenmaterial einer Art Rasterfahndung unterworfen wurde, um eine möglichst große Zahl von Exemplaren der Gattung Klatsch als Datenbasis zusammenzutragen. Gattungen wurden bei diesem Screening zu insularen Objekten – mit der Folge, dass das Geschehen, das sich zwischen dem Auftreten dieser kommunikativen Einheiten abspielte, als eine Art Rauschen wahrgenommen und ignoriert wurde. Doch keine kommunikative Gattung wird aus dem Nichts realisiert, einer Klatschgeschichte geht immer etwas voraus und folgt immer etwas nach. So autonom kommunikative Gattungen in ihrer je spezifischen Formstruktur auch immer sein mögen, sie treten in realen Interaktionsabläufen zumeist nicht isoliert, sondern in bestimmten wiederkehrenden Konstellationen auf und bilden so zusammen eine Art Gattungsverbund. Solche „Aggregationen" von Gattungen sind bislang kaum untersucht, ihre Ablauforganisation und Sinnstruktur noch selten beschrieben worden. Es gibt aber gute Gründe für die Vermutung, dass sich Muster der Serialisierung von Gattungen beobachten lassen, die in ihrer spezifischen Verlaufsform charakteristisch sind für einzelne kommunikative Milieus oder kommunikative Veranstaltungen.

Man betrachte etwa die gesellige Interaktion auf einer „Party": Sofern nicht eine Klatschgeschichte die andere jagt, ist das Geschehen bestimmt von der raschen Abfolge verschiedenartiger kommunikativer Episoden, z. B.: Eine Geschichte wird erzählt, die zu einem längeren, in Ansätzen belehrenden Kommentar führt und in einer Argumentation mündet; die Argumentation wird nach kurzer Zeit durch einen Witz unterbrochen, auf den allgemeines Gelächter folgt; darauf zersplittert sich das Gespräch und vereinigt sich wieder, als es zwischen einem Ehepaar zu einer kurzen Frotzelei kommt; nach diesem Zwischenfall wird das Gespräch mehr und mehr zu einem Meinungsaustausch über geschäftliche Dinge, dessen Fortsetzung dann aber kulinarischen Interessen geopfert wird usw. usw. Das Bild, das diese Darstellung entwirft, mag chaotisch erscheinen. Doch zu vermuten ist, dass dieser scheinbar ungeordneten Abfolge von kommunikativen Akten ein gewisses Maß an Ryhthmus und Gleichförmigkeiten eigen ist. In diesem Sinn lässt sich eine Party verstehen als wiederkehrende, milieu- oder gruppenspezifische Aktualisierung einer Aggregation kommunikativer Formen. Zu der spezifischen Form von Geselligkeit auf Parties hatte in den 1950er Jahren David Riesman mit seinem „Sociability-Project" geforscht (cf. Riesman & Watson 1964), in dessen Verlauf sich aber herausstellte, dass Klatsch als Partyverhalten eine eher untergeordnete Rolle spielte. Die Projektmitarbeiter hatten beobachtet, dass Klatsch von den Gastgebern als ein Verhalten eingeschätzt wurde, das mit ihren Vorstellungen von einer „guten" Party nicht vereinbar war und deshalb von ihnen durch verschiedene intervenierende Maßnahmen unterbunden wurde (Riesman, Potter & Watson 1960a: 330). Das Team um Riesman hatte aber auch beobachtet, dass sich der Stil der Organisation von Parties in dieser Zeit änderte: Die kontrollierten Parties galten zunehmend als gestelzt, es kam vermehrt zu „after-party-parties", was letztlich dazu führte, dass Gastgeber sich immer weniger für das Gelingen der Party verantwortlich fühlten, sich beim Arrangieren und Inszenieren immer mehr zurücknahmen, auf die kommunikative Selbstorganisation der Party vertrauten und damit tendenziell unsichtbar wurden (Riesman, Potter & Watson 1960b: „The vanishing host"). Wie sich an diesem Beispiel zeigt, kann die zeitliche Aggregation kommunikativer Formen ganz unterschiedlich organisiert werden. Sie kann auf der einen Seite – wie etwa bei einem Gottesdienst – einem rituellen Regime unterliegen, das die Art und Abfolge der einzelnen kommunikativen Aktivitäten streng festlegt, sie kann auf der anderen Seite aber auch verhältnismäßig ungebunden und von situativen Umständen, Personenkonstellationen, Stimmungen etc. abhängig sein, so dass die kommunikative Abfolgeordnung mehr oder weniger kontingent ist.

Ein einfaches Prinzip der Serialisierung von Gattungen findet sich etwa beim Klatsch oder beim Erzählen von Witzen. Im Klatsch folgt in den allermeisten Fällen nach der Rekonstruktion und der moralischen Kommentierung eines ersten Ereignisses eine zweite Geschichte, die vom gleichen oder einem anderen Klatschobjekt handeln kann. In der Regel setzt sich dies über die zweite, dritte, vierte etc. Episode hinaus fort (cf. „Durchhecheln"), so dass auf diese Weise eine Serie von Klatschrekonstruktionen entsteht, die sich – unter günstigen Bedingungen (Kaffeeklatsch!) – über Stunden erstrecken kann. Diese *Serialität von Geschichten* ist ein für Klatsch typisches, wenngleich kein auf Klatsch beschränktes Phänomen. Bereits Moritz Lazarus (1878: 251 f.) hatte in seinem Entwurf „Über Gespräche" die Beobachtung notiert: „Wenn eine Thatsache erzählt wird, <...> knüpfen sich an diese Thatsache für jede Person die Erinnerungen an die Vorfälle, welche mit der erzählten Begebenheit eine Aehnlichkeit haben. Das ist der natürliche Verlauf des Gesprächs. <...> Eine kleine Geschichte wird erzählt etwa in zwanzig verschiedenen Kreisen, wo je fünf Personen zusammen sind; in jedem Falle wird auf dieselbe Geschichte von allen Personen eine gleiche oder ähnliche Geschichte, die sie erlebt haben, reproduciert und mitgetheilt werden." Die Serialisierung von Geschichten ist in der soziologischen Gesprächsanalyse seit ihren Anfängen ein Studienobjekt (Sacks 1992d; Ryave 1978), das in späteren Arbeiten etwa dort untersucht wurde, wo es in institutionellen Kontexten zu einer Aneinanderreihung von Geschichten kommt, etwa bei Treffen der Anonymen Alkoholiker (cf. Arminen 2004). Michael Moerman (1973) hat das Argument entwickelt, dass das juristische Muster des Präzedenzfalles seiner Struktur nach bereits in der Abfolge von Geschichten in alltäglichen Unterhaltungen zu finden ist – ein Argument, das sich direkt beziehen lässt auf die Funktion derartiger Serien von Erzählungen für die soziale Typisierung im Klatsch.

Dass Geschichten – Witze sind hierfür ein illustrativer Sonderfall – nicht isoliert, sondern in Serien auftreten, ist also ein allgemeines Prinzip von Alltagsgesprächen. Fritz Mauthner (1982: 149) hat für diesen Sachverhalt einen treffenden Vergleich gefunden: Ihm scheint der „Massengebrauch der Sprache als Schwatzvergnügen (sowohl mündlich als beim Lesen) viel Ähnlichkeit zu haben mit dem Dominospiel, wo doch auch die ganze Geistesarbeit darin besteht, an das Wertzeichen des Gegners sein Steinchen von gleichem Wert anzusetzen, solange man es aushält. Ganz wie in einer sogenannten Konversation." Dieses allgemeine Serialitätsprinzip von Alltagsgesprächen wird nun aber aus einer Reihe von Gründen zu einem spezifischen Strukturmerkmal von Klatschgesprächen.

Zunächst ist daran zu erinnern, dass Klatsch als eine sozial geächtete Praxis gilt und deshalb die Teilnehmer an einem Gespräch in der Regel gezwungen sind, bei der Initiierung von Klatsch bestimmte Vorkehrungen zu treffen und Absicherungen vorzunehmen, um sich nicht selbst zu diskreditieren. Das aber ist, wie gezeigt wurde, immer mit einem bestimmten interaktiven Aufwand verbunden. Ist nun ein Klatschgespräch erfolgreich in Gang gesetzt worden, so ist ein solcher Sicherungsaufwand nicht mehr – zumindest nicht mehr in diesem Maß – erforderlich; das moralisch kontaminierte Klatschwissen kann dann in einer verhältnismäßig ungeschützten Form weitergegeben werden. Dies ermöglicht den Klatschakteuren, rasch von Geschichte zu Geschichte, von Klatschobjekt zu Klatschobjekt zu springen. D. h., ein Gespräch, das durch ein moralisches „keying" (Goffman) als Klatschgespräch eingerahmt und intersubjektiv ratifiziert wurde, ist bereits von seinen strukturellen

Voraussetzungen her ein kommunikativer Kontext, der zur seriellen Übermittlung von Neuigkeiten und Geschichten, die in anderen Kontexten diskret zurückgehalten werden müssen, einlädt.

Die moralische Problematik des Klatsches übt aber noch auf viel direktere Weise einen Zwang auf die Klatschakteure zur Serienproduktion von Klatschgeschichten aus. Die Klatschakteure stehen zueinander in einer Art Tauschbeziehung, in der der Klatschproduzent sein Wissen über die knappe Ressource „Intimes" preisgibt, dadurch aber den Klatschrezipienten implizit zu einer entsprechenden Gegenleistung verpflichtet. A erzählt eine Geschichte über X und erwartet, dass er dafür von B etwas über Y erfährt. Natürlich kann dieser Austausch von Klatschinformationen nicht Zug um Zug abgewickelt und und im Sinn einer interaktiven Moralökonomie „abgerechnet" werden. Doch wenn sich im Verlauf eines Gesprächs – oder auch erst über mehrere Klatschgespräche hinweg – herausstellt, dass einer der Gesprächsteilnehmer nur nimmt, ohne auch zu geben, kann es dazu kommen, dass die anderen über ihn einen Informationsboykott verhängen (cf. Hodges & Smith 1954: 112f.)

Dabei spielt aber noch etwas anderes als nur die Verpflichtung zum Informationsaustausch eine Rolle. Wer beim Klatsch nur zuhört, aber selbst nichts beiträgt, setzt sich leicht dem Verdacht aus, vom unmoralischen Tun der anderen profitieren, dabei aber selbst eine weiße Weste behalten zu wollen. Sowohl die Tauschverpflichtung wie der Zwang zur Komplizenschaft drängen also die Akteure zur aktiven Beteiligung am Klatschgeschehen und stimulieren auf diese Weise die Serienproduktion von Klatschgeschichten.

Im Prinzip sind alle gemeinsamen Bekannten der Klatschakteure – mit Ausnahme derjenigen, die mit einem von ihnen in einer intimen sozialen Beziehung stehen – potentielle Klatschobjekte. Dieses Reservoir an Verwandten, Freunden, Nachbarn, Berufskollegen, Vereinskameraden und lokaler Prominenz ist zwar seiner Zahl nach begrenzt, unerschöpflich ist jedoch, was über jeden einzelnen von ihnen im Klatsch als mitteilungs-, interpretations- und spekulationswürdig erscheint. Selbst bereits Bekanntes erhält im Licht jüngster Ereignisse eine neue Relevanz. Es scheint, als könne die Flut an Einzelinformationen, Rekonstruktionen, Extrapolationen und Spekulationen durch die soziale Typisierung des Klatschobjekts gebändigt und zu einer bildhaften Gestalt geformt werden. Doch die soziale Typisierung bringt die Klatschlawine nicht zum Halten: Sie evoziert selbst nur neue Geschichten als Illustration oder Beleg für den behaupteten Charaktertypus des Klatschobjekts. Oder sie führt dazu, dass alte Geschichten erneut erzählt werden und erneut für Vergnügen sorgen, wie Ronald Blythe (1969: 197) in seinem berühmten Portrait eines englischen Dorfes in Suffolk über einen der Einwohner berichtet: „[Er] klatscht eigentlich nicht im trivialen Sinn des Wortes, er erzählt Geschichten. Einige dieser Klatschgeschichten werden viele Male wiedererzählt und die Leute beginnen bereits beim ersten Satz zu lachen, obwohl sie die ganze Geschichte in- und auswendig kennen." *Im Gegensatz zu anderen kommunikativen Gattungen scheint Klatsch keinen internen Beendigungsmechanismus zu kennen; sein Ende bildet daher zumeist eine Unterbrechung oder einfach Erschöpfung.*

Wer verhindern will, zum Klatschobjekt gemacht zu werden, für den gibt es nur einen sicheren Platz: Er muss, da nur über Abwesende geklatscht wird, selbst als Akteur am Klatsch teilnehmen. „Jede Frau, die ihre Nachbarinnen in ein angeregtes Gespräch vertieft beobachtet, nimmt an, dass sie selbst der Gegenstand des Gesprächs ist. Deshalb gesellt sie sich zu der Gruppe, um zu verhindern, dass über sie geklatscht wird", berichtet David Gilmore (1978: 91; 1980: 173, 196 f.) in seiner Studie über eine spanische Landgemeinde. Was als Klatschsucht erscheint, kann demnach eine Gegenmaßnahme gegen Klatsch sein. Die Sorge, selbst zum Objekt von Klatsch zu werden, kann die Leute zum Klatsch zusammenführen – und natürlich auch beim Klatsch zusammenhalten. Denn auch das ist eine Alltagserfahrung, dass der, der eine Klatschrunde verlässt und damit zum Abwesenden wird, im nächsten Augenblick der Gegenstand dieses Klatschgesprächs ist. (Cf. Abb. 4.) Wenn es so schwer ist, beim Klatsch ein Ende zu finden, dann auch deshalb, weil jeder der Klatschakteure sich scheut, (als erster) die Klatschrunde zu verlassen.

Abb. 4: „Ye Song of Ye Gossips" (Zeichnung von H. Pyle, 1885)

5 Zu einer Theorie des klatschhaften Handelns

Die folgenden Überlegungen zu einer Theorie des klatschhaften Handelns bilden nicht den Schwerpunkt und schon gar nicht den Höhepunkt der vorliegenden Arbeit. Das zu betonen, scheint deshalb angebracht, weil diese Überlegungen leicht den fatalen Effekt haben können, die vorangegangene analytische Beschreibung der inneren Struktur und Organisation von Klatsch in ihrer Bedeutung zu einer Vorstudie für das, was eigentlich zählt: die Theorie zu entwerten. Aus dieser Bemerkung spricht kein antitheoretischer Affekt, sondern die Überzeugung, dass sich in der Soziologie, sofern sie sich als Wirklichkeitswissenschaft versteht und aufstellen möchte, theoretische Aussagen auf Erfahrungszusammenhänge beziehen müssen. „Ich denke, wir stimmen darin überein, dass unsere Aufgabe darin besteht, die Gesellschaft zu untersuchen", konstatierte Erving Goffman (1983: 17) in seiner (wegen Krankheit dann nicht gehaltenen) Ansprache als Präsident der American Sociological Association und fuhr fort: „Auf die Frage, warum und zu welchem Zweck, würde ich antworten: weil sie da ist. [...] Ich für meinen Teil glaube, dass es an uns ist, das menschliche Sozialleben auf naturalistische Weise – sub specie aeternitatis – zu untersuchen. Aus der Perspektive der physikalischen und biologischen Wissenschaften ist das soziale Leben der Menschen nur ein kleiner unregelmäßiger Schorf im Gesicht der Natur, der sich nicht besonders gut für eine gründliche systematische Analyse eignet. Und so ist es in der Tat. Aber das ist nun mal unser Gegenstand."

Goffman hat ja in all seinen Arbeiten vorgeführt, wie man soziologische Analysen nah am Phänomen und mit einem genauen Blick für Details durchführen und daraus theoretisch anspruchsvolle Aussagen entwickeln kann. Leider hat sich die Soziologie den Zugang zur sozialen Wirklichkeit und ihren Konstruktionsprinzipien häufig durch Theorien mit einem globalen Erklärungsanspruch, durch terminologischen „overkill" und durch Flucht in die Abstraktion eher verstellt als eröffnet. „Theorien sind gewöhnlich Übereilungen eines ungeduldigen Verstandes, der die Phänomene gern los sein möchte," lautet ein Aphorismus Goethes, und tatsächlich sind soziologische Theorien oft erstaunlich blutleer, sie leben in und aus einem Netz von Begriffen und können die Buntheit und Tiefe der relevanten empirischen Einzelstudien nur unterkomplex erfassen.[39]

Umgekehrt wird den Mikroanalysen einzelner sozialer Phänomene immer wieder ein geheimer Positivismus unterstellt und ein Theoriedefizit vorgeworfen, weil sie die Resultate ihrer Untersuchungen nicht in der Sprache eines verfügbaren Theorieprogramms formulieren. Tatsächlich vermeidet es etwa die Konversationsanalyse, ihre

---

39 So demonstriert etwa André Kieserling (1999) in seiner vorzüglichen Studie über die Interaktion unter Anwesenden, dass die Systemtheorie auch „einfache Sozialsysteme" (Luhmann) zu ihrem Gegenstand machen kann. Doch dieser Gegenstand selbst bleibt in der umfangreichen Monografie zumeist im Ungefähren und angewiesen auf die Imagination plausibler Beispiele. Auch für die Systemtheorie gilt, dass sie nicht sieht, was sie nicht sieht – nicht sehen kann oder nicht sehen will.

https://doi.org/10.1515/9783110758092-007

Untersuchungen in gegenstandsferne theoretische Konzepte zu gießen oder Theoriedebatten zu bedienen, die rasch selbstläufig werden. Sie vertraut stattdessen darauf, dass ihre Analysen für sich selbst sprechen und die empirische Fruchtbarkeit des Ansatzes deutlich machen. In dieser Situation sind theoretische Reflexionen – von innen wie von außen – über den Theoriestatus und die Methodologie der Konversationsanalyse hilfreich für ihre Selbstvergewisserung wie für ihre Anschlussfähigkeit innerhalb der wissenschaftlichen Disziplinen (cf. Hausendorf 1992; Schneider 2000; Knoblauch 2017). Zu erwarten ist, dass der Bedarf nach integrierenden Theoriekonzepten in dem Maß steigt, in dem sich die Analysen in die feinsten Verästelungen des sozialen Lebens vorarbeiten. Zu hoffen ist, dass durch die Kumulation von kaum mehr überschaubaren empirischen Einzelstudien ein dichtes Netzwerk an Erkenntnissen entsteht, die so gehaltvoll sind, dass sich bei ihrer theoretischen Reformulierung die Begriffe nicht vor ihren Gegenstand schieben. In eben diesem Sinn werden in den folgenden Abschnitten Gegenstand und Resultat der vorliegenden Untersuchung aus einer theoretischen Perspektive diskutiert.

Von wenigen Ausnahmen abgesehen wird die anthropologische und soziologische Literatur über Klatsch beherrscht von dem Bemühen, das Phänomen „Klatsch" in einen theoretischen Erklärungszusammenhang einzufügen, zumeist ohne dass die theoretischen Interpretationen auf einer empirischen Analyse der Klatschkommunikation aufruhen würden. Die dabei vertretenen Positionen lassen sich zu drei theoretischen Ansätzen zusammenfassen – zu Ansätzen, die bei aller Verschiedenheit und wechselseitigen Kritik einen Zug gemeinsam haben: sie argumentieren – offen oder verdeckt – durchwegs funktionalistisch. Die folgende Diskussion dieser Ansätze setzt auf einer gesamtgesellschaftlichen Erklärungsebene ein, behandelt dann eine gruppensoziologische Zugangsweise und greift zum Schluss einen eher sozialpsychologischen Erklärungsansatz auf.

5.1 Klatsch als Mittel der sozialen Kontrolle

Die These, dass Klatsch ein effektives Mittel der sozialen Kontrolle ist, ist fast so alt wie die Soziologie selbst. Sie wird in der 1901 publizierten Monografie „Social Control" von Edward Ross vertreten, in der dieses Konzept zum ersten Mal systematisch entwickelt wurde. Ross (1901:89 ff) verweist auf Klatsch dort, wo er zeigt, welch zentrale Rolle die „öffentliche Meinung" für die Herstellung und Erhaltung von sozialer Ordnung spielt. Der von Ross gelegten Spur folgend haben später andere Autoren auf die gleiche Weise Klatsch als Medium der sozialen Kontrolle identifiziert (etwa Roucek 1954: 321 ff). Am ausführlichsten wird Klatsch in Frederick Lumleys (1925) Untersuchung „Means of social control" behandelt, die dem Klatsch ein eigenes Kapitel widmet und ihn in eine Reihe etwa mit Propaganda, Satire, Gelächter, Beschimpfungen oder Drohungen stellt. Heute ist die Feststellung, dass Klatsch bei allen Primärgruppen als ein wichtiges Kontrollmittel fungiert, fast schon ein soziologischer

Gemeinplatz. Kaum einer kann ihr mehr etwas Besonderes abgewinnen; allenfalls führt sie in soziologischen Einführungsbüchern – so etwa bei Peter Berger (1971: 83 f.) oder Arnold Rose (1965: 114 f.) – das Rentnerdasein eines „interessanten" Beispiels.

Generelle Übereinstimmung herrscht darüber, dass Klatsch ein typisches *informelles* Kontrollmittel ist und seine verhaltensregulierende, Konformität erzwingende Funktion vor allem in kleinen, stabilen, moralisch homogen strukturierten Gruppen oder Gesellschaften entfaltet. Mit dieser Auffassung ist zumeist die These verknüpft, dass im Prozess der gesellschaftlichen Modernisierung – der Bevölkerungszunahme, der Urbanisierung, der Pluralisierung von Werten und moralischen Standards – prinzipiell auch die informellen sozialen Kontrollen in ihrer Bedeutung zurückgedrängt und großteils durch die Institutionalisierung *formeller* sozialer Kontrollen ersetzt werden. In Bezug auf Klatsch heißt es etwa bei William Ogburn & Meyer Nimkoff (1944: 267) dezidiert: „In einer großen Gemeinschaft, wie etwa einer modernen Stadt, werden Kontakte mehr und mehr unpersönlich, und es ist möglich, in die Anonymität zu flüchten. Klatsch ist unter diesen Umständen ein weniger wirkungsvolles Instrument, und sein Platz wird von der Polizei und den Gerichten eingenommen." So plausibel diese These vom Funktionsverlust von Klatsch als Mittel der sozialen Kontrolle zunächst erscheinen mag, sie ist empirisch eher fraglich. So konnte etwa M.P. Baumgartner (1984) bei Mittelschichtangehörigen in einer nordamerikanischen Vorstadt eine deutliche Präferenz für informelle, nicht-konfrontative Formen der Lösung von Konflikten und der Reaktion auf Regelverletzungen feststellen.

Betrachtet man die These, dass Klatsch in einfachen Gesellschaften als Mittel der sozialen Kontrolle fungiert, etwas genauer, so ergeben sich rasch erhebliche Zweifel an ihrer Gültigkeit. Zum einen hat die Rechtsethnologie selbst überzeugend demonstriert, dass in vorstaatlichen, schriftlosen Gesellschaften keineswegs allein die informelle Kontrolle die soziale Ordnung gewährleistet, vielmehr kennen auch diese Gesellschaft eine bewusste Rechtsschöpfung mit festen Verfahrensregeln und differenzierten Sanktionskatalogen. (Dazu gleich mehr.) Zudem hat bereits Malinowski (o. J.: 72–75) in „Sitte und Verbrechen bei den Naturvölkern" an einem Fallbeispiel – dem Suizid eines jungen Mannes, der die Gesetze der Exogamie übertreten hatte – gezeigt, dass der Klatsch der anderen Stammesangehörigen über dieses Vergehen keine Sanktionierung bewirkte, sondern erst die öffentliche Beschimpfung des Verbrechens vonseiten der Gegenpartei die Selbstbestrafung des Delinquenten nach sich zog. Schließlich ist darauf zu verweisen, dass ja auch in unseren modernen, verrechtlichten Gesellschaften der Klatsch nicht verschwunden ist, sondern im Büro, in der Nachbarschaft, im Freundeskreis unvermindert blüht und gedeiht. Die soziologische Redeweise, die Klatsch unbesehen zu einem Mittel der sozialen Kontrolle erklärt, erscheint angesichts dieser Hinweise zumindest differenzierungsbedürftig. Zu fragen ist also: Inwiefern ist Klatsch – um Friedrich Tenbrucks (1962: 225) Definition von sozialer Kontrolle zu zitieren – einer jener „Einflüsse, mittels derer eine Gruppe ihre Mitglieder – und im Grenzfall die Gesellschaft ihre Gruppen und deren Angehörige – auf eine gemeinsame Ordnung festzulegen und abweichendes Verhalten zu verhindern vermag"?

Klatsch, so die erste Antwort, fungiert als soziale Kontrolle für die Klatschenden selbst, insofern diese sich in kritischer und missbilligender Weise auf das abweichende Verhalten eines anderen beziehen und damit implizit die Geltung geteilter Normen und Werte bestätigen. Diese Vorstellung von Klatsch als sozialer Kontrolle steht ganz in der Tradition von Emile Durkheim (1977: 144), der argumentiert hatte: „Das Verbrechen bringt das Gewissen aller ehrbaren Leute zusammen und verdichtet es. Man braucht nur zu sehen, wie es, besonders in einer kleinen Stadt, zugeht, wenn sich ein Moralskandal ereignet hat. Man bleibt in der Stadt stehen, man besucht sich, man trifft sich an bestimmten Orten, um über das Ereignis zu reden, und man empört sich gemeinsam. Aus allen diesen einander ähnlichen Eindrücken, die ausgetauscht werden, aus all dem Zorn, der ausgedrückt wird, entsteht ein mehr oder weniger bestimmter Einheitszorn, der der Zorn eines jeden ist, ohne der Zorn eines einzelnen zu sein; der öffentliche Zorn." Das Problem, das sich ergibt, wenn man diese Theorie der Strafe auf Klatsch anwendet, liegt darin, dass Klatsch darin auf eine ablehnend-kritische Reaktion reduziert wird. Die hier durchgeführten Materialanalysen wie auch eine Reihe von ethnografischen Berichten zeigen aber eindeutig, dass Klatsch, gerade was die Komponente der Missbilligung des Klatschobjekts betrifft, seiner Struktur nach mehrschichtig, ja widersprüchlich ist: Sympathie für den Delinquenten zeigt, grobe Regelverletzungen übergeht, kleinere Fehler aufspießt. Dazu kommt, dass die Klatschenden ja selbst gegen eine Norm – gegen die offizielle Ächtung von Klatsch – verstoßen und ihr Verhalten deshalb nicht einfach als ein normkonformes und die Normen bestätigendes Verhalten interpretiert werden kann.

Klatsch, so die zweite Antwort, fungiert dadurch als Mittel der sozialen Kontrolle, dass er auf das Klatschopfer sozialen Druck ausübt, sein missbilligtes Verhalten entsprechend den Erwartungen seiner Umgebung, und allgemein: entsprechend dem Kodex an moralischen Normen und Werten zu ändern. Diese Funktionszuschreibung krankt allerdings daran, dass sie sich primär gar nicht mehr auf Klatsch selbst, sondern auf die durch Klatsch ausgelösten Reaktionen gegenüber dem Klatschobjekt bezieht. Da das Klatschobjekt aus der Klatschkommunikation ausgeschlossen ist, kann ihm ja lange Zeit verborgen bleiben, dass die anderen hinter seinem Rücken über es reden. Erst wenn ihm der Klatsch hintertragen wird, oder wenn die anderen ihm gegenüber offen oder verdeckt ihre Missbilligung zum Ausdruck bringen, weiß bzw. ahnt es, dass es das Objekt von Klatsch war. Doch, ob Klatsch dem Klatschopfer direkt von einem der Klatschakteure hintertragen wird, ist fraglich, sie würden dadurch ja eingestehen, dass sie über das Klatschopfer hinter seinem Rücken geredet haben. Joseph Roucek (1954: 321) meint zwar: „Wenn es ein Klatschgesetz gäbe, würde es wahrscheinlich lauten: ein Stück Klatsch wird, wenn er nur lang genug zirkuliert, sein Ziel finden, indem es – wie verdeckt auch immer – die Ohren der Person erreicht, über die geredet wurde". Doch zumindest in der Welt der Erwachsenen ist es eher unwahrscheinlich, dass Klatsch dem Klatschopfer auf direktem Weg weitererzählt wird – wenn überhaupt, dann eher von weiteren Akteuren, die über Umwege von dem

Klatsch gehört haben und das Klatschopfer darüber „informieren". Wie auch immer: Nicht der Klatsch selbst übt Druck auf das „Opfer" aus, sondern die sanktionierenden Reaktionen, zu denen er führt – Reaktionen, die aber ihrer kommunikativen Form nach nicht mehr als Klatsch zu bezeichnen sind. Klatsch ist also nur als eine Art Durchlaufstation Teil eines größeren Prozesses der sozialen Kontrolle, dessen Zirkelstruktur sich folgendermaßen veranschaulichen lässt (cf. Abb. 5).

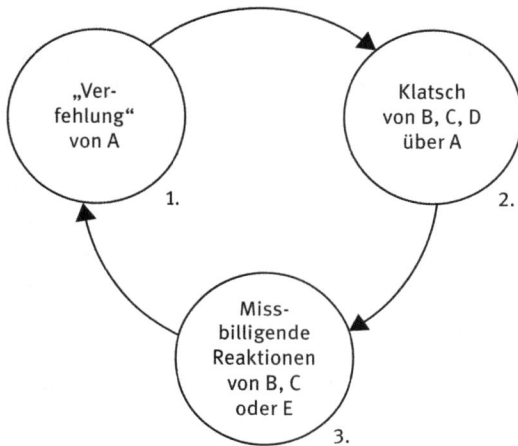

Abb. 5: Klatsch als soziale Kontrolle

Obwohl die Missbilligungsreaktionen, die durch Klatsch ausgelöst werden, ihrer kommunikativen Form nach keinen Klatsch mehr darstellen, ist es für ein Verständnis von Klatsch wichtig, die Anschlusskommunikation in den Blick zu nehmen und zu verfolgen, in welche Handlungsketten Klatsch eingefügt ist und welche kommunikativen Aggregationen den weiteren Kontext von Klatsch bilden. Dabei ist zu bedenken, was Sally E. Merry (1981: 186 ff) am Beispiel einer ethnisch gemischten Wohnsiedlung in einer nordamerikanischen Großstadt beobachtet hat: Dort kann Klatsch u. a. deshalb nicht als Mittel der sozialen Kontrolle fungieren, weil moralische Urteile von Personen außerhalb des eigenen engen Netzwerks ignoriert werden und keine informellen Gruppen für den Vollzug von Sanktionen existieren. Auch Hylan Lewis (1955: 193) differenziert in seiner Ethnografie einer englischen Arbeiterstadt zwischen zwei Kategorien von Bewohnern: den „respectables", deren großes Anliegen die Erhaltung ihres Rufes ist, und den „non-respectables", deren Verhalten von Klatsch nicht beeinflusst wird. Dagegen steht kleineren, homogenen Gemeinschaften neben Klatsch noch eine Vielfalt anderer, mehr oder weniger gravierender Sanktionsmaßnahmen zur Verfügung. Diese können – wie der Klatsch selbst – indirekter Art sein, aus Andeutungen und Anspielungen im Gespräch oder aus der Vermeidung von Kontakten bestehen, so dass es gar nicht erst zur direkten Konfrontation kommt. Hänseln, spitze Bemerkungen und die Abkühlung der sozialen Anteilnahme lassen den Missetäter bereits deutlich spüren, dass er sich etwas hat zuschulden kommen lassen (Lancaster 1974: 627). In dem piemontesischen Dorf „Losa" sind es, wie Frederick G. Bailey (1971b: 286–290; 1973) in seiner Ethnografie beschreibt, neben Klatsch vor allem Gerücht, Skandalisierung und offene Kritik, mittels derer ein Abweichler wieder auf Linie gebracht werden soll.

Einige Autoren (Th.V. Smith 1937: 26) sind der Frage nachgegangen, in welcher Sequenz die verschiedenen Techniken der sozialen Sanktionierung und moralischen Rufschädigung aufeinanderfolgen. In ihrer Ethnografie einer Eskimo-Familie beschreibt Jean Briggs (1970: 218–223), wie über Wochen hinweg der Missmut gegenüber einem Clan-Mitglied, dessen Verhalten als egoistisch und illoyal wahrgenommen wurde, sich vom Klatsch über subtile Andeutungen und spitze Bemerkungen bis zu Vorwürfen und Ausgrenzungen steigerte. Charles Hart & Arnold Pilling (1960: 36f.) zeigen in ihrer Studie über den Stamm der Tiwi im nördlichen Australien, dass die von den älteren Frauen dem Haushaltsvorstand per Klatsch übermittelten Informationen über Seitensprünge der jüngeren Frauen dazu führten, dass während der Nacht unter freiem Himmel lautstarke Beschuldigungs- und Verteidigungsduelle ausgetragen wurden, die zwischen den voneinander getrennt, jeweils um ein Feuer lagernden Camps hin- und herwogten. In zwei südamerikanischen Dörfern hat Peter Rivière (1970: 249) beobachtet, dass aus Klatsch der Vorwurf der Hexerei hervorgehen kann: „Gossip always precedes open accusation" – ein Befund, zu dem auch Henry Selby (1974: 124) in dem ganz anderen kulturellen Kontext der Zapotec Indianer in Mexiko kam. Er stellte fest, dass Klatsch eine wichtige Rolle im Prozess der Etikettierung von Hexen spielt: „Wie kommt es überhaupt dazu, dass eine Person letztendlich als Hexe etikettiert wird? Ganz einfach, durch den sozialen Prozess des Klatschens." Diese Beispiele machen deutlich, dass Klatsch eine massive Reaktion auf eine Regelverletzung vorbereiten und insofern von dem Missetäter – sofern er denn davon erfährt – als Warnung verstanden werden kann.

Eine weitere Eskalationsstufe erreicht die soziale Kontrolle dann, wenn Akteure mit den Informationen, die sie über ihre Klatschnetzwerke erhalten haben, gegenüber dem Klatschobjekt aktiv werden und es öffentlich missbilligen und ob seiner vermeintlichen Verfehlung rügen. An dieser Stelle haben sich in Europa Traditionen entwickelt, deren Gemeinsamkeit darin besteht, dass diese Sanktionspraktiken dem Abweichler keinen – oder nur geringen – materiellen Schaden zufügen, ihn aber über bestimmte symbolische Handlungen in der Gemeinschaft als Regelbrecher identifizieren, brandmarken und seine Reputation schädigen. Es handelt sich dabei um jahrhundertelang praktizierte Vergeltungs- oder Rügebräuche (Scharfe 1966), die in der Volkskunde als Charivari, Katzenmusik oder „rough music" bekannt sind (cf. G. Phillips 1860; Meuli 1953; K.-S. Kramer 1974: 70–82). Inhaltlich geht es immer darum, dass die moralische oder sittliche Verfehlung eines Einzelnen durch die soziale Gemeinschaft missbilligt wird und der Betroffene diese Missbilligung über eine Reihe symbolischer Akte auf drastische Weise erfährt. (Die auch heute noch bekannte Redewendung „jemandem aufs Dach steigen" hat hier ihren Ursprung.) Emrys Lloyd Peters (1972) hat in einer Fallstudie gezeigt, wie in einer englischen Kleinstadt einer

Gruppe junger Männer über Klatsch Informationen über Abweichler – z.B. einen Ehebruch – zugespielt werden und diese dann mit Billigung der sozialen Gemeinschaft von der Gruppe zu Opfern von oft derben Streichen gemacht werden. Die jungen Männer verhelfen also dem Volkswillen, der nie offen artikuliert wurde, zur Geltung, werden dafür von der Gemeinschaft exkulpiert und als nicht-verantwortlich für ihr Turn behandelt. Auch wenn die Tradition der Rügebräuche in modernen Gesellschaften weitgehend ausgestorben ist, finden sich heute noch Relikte davon etwa in den feindlichen Aktionen gegen Fremde durch einzelne junge Männer, die in der Überzeugung handeln, damit den kollektiven Wunsch der Dorfbewohner zu realisieren (cf. Bergmann & Leggewie 1993: 30 ff).

Klatsch ist Teil einer Kette von Maßnahmen der sozialen Kontrolle, an deren Ende nicht selten die Einschaltung der Polizei und der offiziellen Rechtsorgane steht. Dabei können die Übergänge fließend sein, weshalb Sally E. Merry (1984: 295) argumentiert, dass formelle und informelle soziale Kontrolle – in einfachen wie modernen Gesellschaften – keine getrennten Prozesse sind und gerade in ihrem Ineinandergreifen untersucht werden sollten. Beispielhaft geschieht dies in der Studie von Andrew Arno (1980), der auf der Fiji Insel Yanuyanu verschiedene Sprechereignisse identifiziert hat, deren sequenzielle Anordnung den Klatsch zu einem System der vorgerichtlichen Entscheidungsfindung („gossip as adjudication") machen. In diesem System baut sich über die Jahre ein kollektives Gedächtnis über Präzedenzfälle und deren Beurteilung aus, was John Roberts (1964: 441) zu der These geführt hat, dass Klatsch eine besondere Methode des „informational storage and retrieval" sei.

Die dritte Argumentationslinie, die Klatsch mit sozialer Kontrolle verbindet, bezieht sich darauf, dass Klatsch präventiv – als bloße Sanktionsdrohung – für ein normkonformes Verhalten sorgt. Auch Joseph Roucek (1954: 321), der die Kontrollfunktion von Klatsch zunächst noch daran festgemacht hatte, dass dem Klatschopfer hintergetragen wird, was die Leute hinter seinem Rücken über es reden, zieht dieses Argument heran: „Selbst, wenn [diese Weitergabe] nie passieren würde, fungiert das Wissen über unsere Mitmenschen und deren Vorlieben für Klatsch immer als Warnung, sorgfältig darauf zu achten, nicht von deren Standards abzuweichen." Es muss also faktisch gar nicht zum Klatsch kommen, es genügt bereits die ängstliche Erwartung, dass die Leute über einen klatschen könnten, um ein nicht-konformes Verhalten zu verhindern. Die Angst davor, in Verruf zu geraten (cf. dazu die große rechtsethnologische Studie von Gerhard Lutz 1954), das eigene Ansehen zu beflecken, die Ehre zu verlieren – diese Angst ist in ihrer konkreten Form oft nichts anderes als die Angst vor Klatsch: „Wir haben einmal einen Freund in Peihotien gefragt, auf was die Redewendung *'having face'* eigentlich hinausläuft", berichtet Margery Wolf (1972: 40) in ihrer Ethnografie über ein taiwanesisches Dorf und fährt fort: „Er antwortete: Wenn niemand über eine Familie redet, kann man sagen, 'it has face'". (Zu den Konzepten „Gesicht" und „Gesichtsverlust" cf. David Ho 1976). Klatsch scheint demnach vor allem in jenen Kulturen als Mittel der sozialen Kontrolle zu fungieren, die Ruth Benedict – in idealtypisierender Kontrastierung zu den „guilt cultures" – als „shame cultures" bezeichnet und folgendermaßen erläutert hat: „Reine Schmach-

Kulturen (*shame cultures*) gründen sich auf externe Sanktionen für fehlerhaftes Verhalten, nicht aber – wie reine Schuld-Kulturen (*guilt cultures*) – auf ein internalisiertes Sündenbewusstsein. Schmach ist eine Reaktion auf die Kritik anderer Leute. [...] Sie erfordert ein Publikum oder zumindest ein imaginiertes Publikum. Nicht so Schuld. In einer Nation, in der Ehre so viel bedeutet wie: entsprechend dem Bild zu leben, das man von sich selbst hat, kann ein Mensch unter seiner Schuld leiden, obwohl kein anderer von seiner Verfehlung weiß" (Benedict 1946: 223). Der Zusammenhang zwischen Klatsch und Benedicts Konzept der „shame culture" liegt auf der Hand – „gossip is an important part of shame control" (Levy 1973: 240) – und doch muss berücksichtigt werden, dass auch hier nicht die Klatschkommunikation selbst der verhaltensbestimmende Faktor ist, sondern die Angst vor Klatsch, oder genauer: die Angst vor Reputationsverlust durch Klatsch.

Diese Angst kann in hohem Maß verhaltenssteuernd sein. David Gilmore (1978: 94) berichtet, dass „viele junge Ehepaare [in dem spanischen Dorf] ihre Entscheidungen über die Familienplanung nicht auf eigene Präferenzen gründen, sondern auf das, ʻwas die Leute sagen werdenʼ". Heppenstall (1971: 156) hat in seiner Studie einer österreichischen Gemeinde beobachtet, dass Frauen aus den umliegenden Bauernhöfen aus Angst davor, in den Ruf der Klatschhaftigkeit zu geraten, nur selten einkaufen gehen und generell ihre Besuche im Dorf oder bei den Nachbarn immer mit einem erkennbaren Zweck verbinden. „Aktivitäten wie Kirchgänge, Besuche bei Verwandten, Milchholen usw. können einen ausreichenden Schutz für den Austausch von Information bieten. Das Einkaufen dagegen gewährleistet kaum eine ausreichende Deckung, da der Informationsaustausch in der Öffentlichkeit – vor einem unbekannten Publikum – stattfinden würde und daher gefährlich wäre". Ethel Albert (1972: 87 f.) ist in ihrer Feldforschung die große Angst der Burundi vor dem verleumderischen Reden anderer aufgefallen. Und Stanley Brandes (1973: 762) hat in seiner Studie über interpersonale Beziehungen in einem spanischen Bergdorf paradoxerweise die genau gegenteilige Wirkung der Angst vor Klatsch bemerkt. Er stellte fest, dass die Menschen von Navanogal „eine beinahe paranoide Angst vor Geheimnis und Privatheit zeigen". Dorfbewohner, die für sich selbst bleiben, nicht zu den sonntäglichen Männertreffen in der Dorfbar kommen und nicht auf der Straße beim Klatsch mit anderen beobachtet werden, gelten als „gefährlich" – „wie der vermeintlich zahme Stier, dessen Haltung unklar ist und dessen Handlungen daher unberechenbar sind".

Ob die Angst vor dem Klatsch der anderen begründet ist, ob die im Klatsch ausgetauschten Informationen wahr sind oder ob durch den Klatsch tatsächlich die Reputation des Klatschobjekts Schaden nimmt, ist für die Wirkungsweise dieser Angst weitgehend belanglos. Denn, wie William Thomas (1923: 49) – auf den das sog. Thomas-Theorem zurückgeht – schreibt: „Gossip [...] is a mode of defining the situation in a given case." Dass die Angst davor, zum Gegenstand von Klatsch zu werden, einen eigenen, von der Klatschkommunikation weitgehend unabhängigen Komplex bildet, zeigt nichts deutlicher als ein Phänomen, das eine kleine Untersuchung für sich wert wäre: der Zusammenhang von Klatsch und Paranoia. Für die meisten Patienten, die das Krankheitsbild des sensitiven Beziehungswahns zeigen, ist charakteristisch, dass sie fortwährend Klage darüber führen, andere würden sie beobachten und über sie reden.[40] Der frühe Hinweis von Georg Lomer (1913: 175), dem in seiner Praxis aufgefallen war, „dass gewisse Psychosen durch das Element des (halluzinierten) Klatsches ganz und gar beherrscht werden. Man denke an die Verfolgungsvorstellungen des Paranoikers", wird in vielen der Fallberichte in den klassischen Lehrbüchern zu diesen psychiatrischen Krankheitsbildern bestätigt (cf. Kretschmer 1950; Conrad 1966). Immer wieder werden in den Falldarstellungen zum Beziehungswahn die Klagen der Paranoiker über das Verklatscht-Werden notiert. Ein lautes Lachen oder ein Flüstern in seiner Umgebung, eine zufällig aufgeschnappte Bemerkung, eine Gruppe von Leuten, die beieinanderstehen und andere unscheinbar-nichtige Ereignisse sind einem Paranoiker Beweis genug für seine Überzeugung, dass die Leute hinter seinem Rücken über ihn reden und abträgliche Dinge über ihn verbreiten. Was immer sich in der Welt auch ereignet, beziehen diese Kranken auf sich. Doch so krankhaft die Wahrnehmung der paranoiden Kranken auch erscheinen mag: jeder, der erfährt, dass andere über ihn reden, beginnt zu sinnieren und gerät in die Gefühlslage des Ausgeschlossenseins, die der Paranoiker totalisiert (Lemert 1972). Der Paranoiker ist gleichsam das Negativ des Klatschmauls: während dieses ständig über die Sünden anderer redet, meint jener, die anderen würden ständig über seine Sünden reden.

Die Feststellung, dass nicht die Klatschpraxis selbst, sondern die Antizipation von Klatsch nicht-konformes Verhalten verhindern kann, macht nun aber auf einen Schlag sichtbar, worin das zentrale Problem der eingangs formulierten These liegt. *Die These, Klatsch sei ein Mittel der sozialen Kontrolle, ist nämlich im Grunde nichts anderes als eine wissenschaftliche Umformulierung und Verdopplung des Alltagswissens, dass Klatsch den Ruf des Klatschobjekts schädigen, aber durch normkonformes Verhalten unterbunden werden kann.* Die These liefert damit aber keine desinteressierte Beschreibung eines sozialen Sachverhalts, sie ist vielmehr selbst ein wesentlicher Bestandteil dessen, was sie scheinbar objektiv zu erfassen scheint. Überspitzt könnte man demnach sagen, dass die These, wonach Klatsch als ein Mittel der sozialen Kontrolle fungiert, so lange eine gewisse Gültigkeit hat, solange die Leute im Alltag an sie glauben und sich in ihrem Handeln an ihr orientieren. Hier sind dringend genauere historische Untersuchungen in der Art von Elwin Hofman (2014) erforderlich, die rekonstruieren, wie sich im Zug der zunehmenden Formalisierung und Verrechtlichung der sozialen Kontrolle die Angst vor Klatsch und der damit einhergehenden Reputationsschädigung verändert hat.

---

40 Auf den Zusammenhang von Klatsch und Paranoia spielt auch Roland Barthes (1978: 183) an: „Mögliche Affinität zwischen der Paranoia und der Verfremdung durch das Raster der Erzählung. [...], wenn ich von jemandem 'er' sage, dann habe ich immer so etwas wie einen Totschlag durch die Sprache im Auge, deren zuweilen prunkvolle, feierliche Szene der *Klatsch* ist."

5.2 Klatsch als Mechanismus der Erhaltung sozialer Gruppen

Die These, dass Klatsch, da er die Geltung moralischer Normen verstärkt, als ein Mittel der sozialen Kontrolle fungiert, bildet den Ausgangspunkt für einen Erklärungsansatz, der den Hauptakzent auf die gruppenstabilisierende Funktion von Klatsch legt. Dieser Erklärungsansatz ist eng mit dem Namen des Sozial- und Rechtsanthropologen Max Gluckman verbunden, der mit seinem 1963 publizierten Aufsatz „Gossip and scandal" über einen langen Zeitraum hinweg die anthropologische Diskussion über Klatsch beherrschte. Das Argument, das Gluckman in diesem Aufsatz entwickelt und bei dem er sich u. a. auf die Arbeiten von Herskovits & Herskovits (1947; 185, 267) oder James West (1945:99–107) stützt, lautet im Kern, dass Klatsch keineswegs ein leeres und nichtiges Geschwätz ist, wie im Alltag angenommen wird, sondern im Gegenteil wichtige soziale Funktionen für den Erhalt einer sozialen Gruppe erfüllt. Bereits diese Formulierung macht einen grundsätzlichen Mangel in Gluckmans Argumentation deutlich. Vor dem Hintergrund seiner positiven Funktionsbestimmung von Klatsch als einem Mechanismus der Gruppenstabilisierung nimmt er die negative Einschätzung, die Klatsch im Alltag erfährt, nur als irrige Gegenmeinung wahr. Statt die soziale Geringschätzung von Klatsch als ein empirisches Merkmal von Klatsch zur Kenntnis zu nehmen und bei seiner Erklärung zu berücksichtigen, behandelt er sie wie eine wissenschaftliche Aussage über Klatsch, die es zu widerlegen gilt. Es ist deshalb auch kein Zufall, dass in Gluckmans Erklärung die gesellschaftliche Ächtung von Klatsch von keinerlei Bedeutung ist und einfach übergangen wird.

Betrachtet man Gluckmans Argumentation genauer – eine luzide Darstellung seiner Argumentation findet man etwa bei Ulf Hannerz (1980: 186 ff) – so zeigt sich, dass sie aus einer Reihe von Teilstücken besteht. Die These, dass Klatsch der Abgrenzung und dem Erhalt von sozialen Gruppen dient, wird vor allem mit den folgenden Überlegungen begründet:

Erstens, im Klatsch wird durch die Missbilligung von Verfehlungen nicht ein Kodex allgemeiner Regeln, sondern die Geltung gruppenspezifischer moralischer Normen und Werte verstärkt. Klatsch in einem Dorf etwa hat den Effekt, die Dorfbewohner zur Konformität mit den im Dorf gültigen Moral- und Wertvorstellungen zu bringen. Diese Orientierung hin auf den gruppenspezifischen Kodex von Regeln und Werten (cf. auch Loudon 1961: 347; Williams 1956: 143) bedeutet aber implizit, dass die Klatschakteure sich und das Klatschobjekt auf ihre gemeinsame Mitgliedschaft in einer sozialen Gruppe verpflichten und damit die Gruppe als eine verbindliche soziale Einheit anerkennen und stärken.

Zweitens, wesentlich für Klatsch ist, dass er sich auf diejenigen beschränkt, die Mitglieder in einer sozialen Gruppe sind, d. h., Nicht-Mitglieder sind aus der Klatschkommunikation in der Regel ausgeschlossen. Das Recht, kritische Dinge über andere Gruppenmitglieder zu sagen, kommt nur denen zu, die selbst Mitglieder dieser Gruppe sind. „The right to gossip about certain people is a privilege which is only extended to a person when he or she is accepted as a member of a group or set. It is a hallmark of membership" (Gluckman 1963: 313). Dadurch aber, dass die Mitglieder im

Klatsch fortwährend übereinander sprechen, sorgen sie dafür, dass die Gruppe als ein soziales System erneuert und gestärkt wird. Das haben auf anschauliche Weise Samuel Heilman (1976: 158–160) für eine jüdische Gemeinschaft und John Campbell (1964: 314) für eine griechische Berggemeinde gezeigt. Mit der Mitgliedschaft in einer Gruppe ist deshalb auch, so Gluckman, „die Pflicht zum Klatsch" verbunden.

Und *drittens*, im Klatsch werden Aggressionen gegen andere so zum Ausdruck gebracht und Konflikte zwischen Einzelpersonen und Cliquen so ausgetragen, dass dadurch der Anschein des guten Einvernehmens in der Gruppe gewahrt und die Integration der Gruppe nicht durch offenen Streit gefährdet wird. Auch in anderen Arbeiten wird Klatsch in Zusammenhang mit Aggression gebracht, so etwa bei David Aberle (1967: 135 ff), der Klatsch als verdeckte Aggression interpretiert. Asen Balikci (1968: 198) hat bei dem Stamm der Vunta Kutchin Indianer im Yukon Territorium ein hohes Maß an Feindseligkeiten – vor allem unter dem Einfluss von Alkohol – beobachtet und argumentiert, dass Klatsch, weil es keine ritualisierten Formen für die Austragung von Konflikten gibt, als Ventil für aggressive Tendenzen weit verbreitet ist. Rebecca Stirling (1956) führt neben der Aggressionsabfuhr noch ein großes Arsenal weiterer psychologischer Funktionen an, die Klatsch erfüllen soll, u. a. Projektion, emotionale Katharsis, Erhöhung des Selbstwertgefühls und – auf der Linie von Gluckman – die Stärkung der Gruppensolidarität. Und Bruce Cox (1970) diskutiert am Beispiel der Hopi, wie Klatsch in der Auseinandersetzung zwischen zwei politischen Lagern eingesetzt werden kann, um die gegnerische Fraktion zu diskreditieren.

Während Gluckman einerseits argumentiert, dass Klatsch die Identität und Kohäsion einer sozialen Gruppe stärkt, betont er andererseits, dass Klatsch diese Funktion nur in solchen Gruppen erfüllt, deren Mitglieder bereits durch ein Gefühl der Zusammengehörigkeit zu einer Gruppe integriert sind. Auf diese wichtige Voraussetzung weisen auch Elias & Scotson (1965: 100) hin, wenn sie schreiben: „Dem Klatsch eine integrierende Funktion zuzuschreiben, könnte leicht den Eindruck erwecken, als wäre der Klatsch die Ursache und die Integration die Wirkung. Man kommt der Sache wohl näher, wenn man sagt, dass die besser integrierte Gruppe wahrscheinlich freier klatscht als die weniger gut integrierte Gruppe." Wenn eine soziale Gruppe zerfällt und deren Mitglieder die gruppenspezifischen Wert- und Zielvorstellungen nicht mehr als verpflichtend anerkennen, verkehrt sich die Funktion von Klatsch in ihr Gegenteil: er beschleunigt dann den Prozess der Desintegration. All diese Überlegungen führen Gluckman schließlich dazu, für den Zusammenhang von Klatsch und sozialer Gruppe ein „Gesetz" zu formulieren, das besagt: „Je exklusiver eine soziale Gruppe ist, desto mehr werden sich ihre Mitglieder mit Klatsch und Skandalgeschichten übereinander beschäftigen." Zur Begründung seiner These verweist er u. a. auf die Ethnografie von Elizabeth Colson (1953a: 229) über die Makah Indianer: Sie hält die psychologische Sichtweise, wonach das fortwährende Gezänk und Geklatsche der Makah als gruppeninterne Aggression erklärt werden kann, für zu einfach und postuliert ihrerseits: „Die Makah kritisieren einander auf der Grundlage von Werten, die innerhalb der Gruppe das Verhalten der Gruppenmitglieder regeln. Die ständige Kritik, der Klatsch und das Geläster sind eine Bekräftigung dieser Werte, die heute auf keine andere

Weise zum Ausdruck gebracht werden können. Würden die Makah den Klatsch und das Geläster unterdrücken, würden diese Werte verschwinden und mit ihnen viel von dem Gefühl, dass die Makah ein eigenständiges Volk sind." (Für eine fundamentale methodologische Kritik an Colson's Ethnografie cf. Peter Wilson 1974.)

Beispiele für Gruppen mit einem hohen Grad an Exklusivität sind etwa: professionelle Gruppen (Rechtsanwälte, Mediziner etc.), Gruppen, die sich selbst einen hohen sozialen Status zuweisen und bestrebt sind, Emporkömmlinge fernzuhalten, sowie Gruppen, die durch räumliche Isolation, aufgrund ihres Minoritätsstatus oder aufgrund eines anderen Unterscheidungskriteriums zur Exklusivität gezwungen sind. Nach Gluckman ist es die primäre Funktion von Klatsch in diesen Gruppen, durch die indirekte Missbilligung von Fehlverhalten die Geltung von gruppenspezifischen Wertvorstellungen und Moralgesetzen zu demonstrieren und so die Identität und Integration der Gruppe zu festigen. Etliche Studien haben für verschiedene Gruppen mit einem hohen Ausmaß an Exklusivität untersucht, wie dort Klatsch gepflegt und gehandhabt wird, so etwa Frederick Bailey (1977: 114–124, 203 f.) über Klatsch in der Universität und in Universitätsgremien, Samuel Heilman (1973: 151–192) über Klatsch in einer jüdischen Gemeinde in Nordamerika oder Jules Henry (1963: 149–159) über Klatsch in amerikanischen Teenagegruppen. Auch in abgeschlossenen sozialen Gruppen in der Fremde spielt Klatsch eine nicht unwichtige Rolle, cf. die Studie von Ditte Koster (1977) über Klatsch in der Enge einer kolonialen Situation (einer heterogenen Siedlergruppe im Norden Kanadas), wo es im Klatsch vor allem um die Gründe geht, weshalb jemand im unwirtlichen Hohen Norden gelandet ist; und Ralph E.S. Tanners (1964) Studie über Konflikte und Klatsch in kleinen europäischen Gemeinschaften in Tanganyika.

Auch wenn sich viele dieser ethnografischen Studien bei der Interpretation von Klatsch die Argumentation von Gluckman zu eigen machen, sind die Schwächen seines Erklärungsansatzes nicht zu übersehen. Ein für funktionalistische Erklärungen typischer Kategorienfehler unterläuft ihm immer dort, wo er seine Bestimmung der latenten Funktion von Klatsch den Klatschakteuren stillschweigend als Handlungsziel unterschiebt: So etwa, wenn er den Mitgliedern einer Gruppe als Klatschmotiv unterstellt, durch die Vermeidung eines offenen Streits einer Gefährdung der Gruppenintegration vorzubeugen. Haben Gruppenmitglieder aber wirklich den Bestand ihrer Gruppe im Auge, wenn sie einer offenen Auseinandersetzung aus dem Weg gehen und stattdessen hinter dem Rücken des Kontrahenten über ihn klatschen? Macht man die Handelnden nicht zu kleinen Funktionalisten, wenn man ihnen, weil Klatsch eine positive Funktion für die Gruppenerhaltung erfüllt, die „Pflicht zum Klatsch" auferlegt? Man mag das Problem, das mit diesen Fragen angerissen ist und das mit dem Umstand zu tun hat, dass die Bestimmung latenter Funktionen von sozialen Prozessen sich empirisch kaum erhärten lässt, als nicht sonderlich gravierend einschätzen. Schwerer wiegt ein anderer Mangel, der Gluckmans Klatschinterpretation kennzeichnet.

Gluckman steht so im Bann seiner These von der gruppenerhaltenden Funktion von Klatsch, dass ihn Einzelheiten der Klatschkommunikation nur wenig interessieren, – er weiß immer schon mehr über Klatsch, als er eigentlich wissen kann. Er ignoriert, dass sich im Verhalten der Klatschakteure eine gebrochene Beziehung zu moralischen Regeln und Wertvorstellungen widerspiegelt und jedenfalls von einer simplen, unzweideutigen Bestätigung geltender Normen keine Rede sein kann. Er übersieht, dass Klatsch, da in ihm Wissen über die privaten Dinge anderer weitergegeben wird, eine moralisch geächtete Praxis ist und prinzipiell sein muss; stattdessen lässt er sich angesichts seiner Funktionsthese dazu hinreißen, eine „school for scandal" zu fordern. Er übergeht nicht nur die spezifische Form und innere Organisation von Klatsch, sondern unterscheidet auch nicht zwischen Klatsch und den durch Klatsch ausgelösten Missbilligungsreaktionen gegenüber dem Klatschobjekt. Zusammenfassend kann man sagen, dass man in Gluckmans Arbeit nur wenig über Klatsch selbst erfährt, dafür in immer neuen Variationen mit der These von der gruppenerhaltenden Funktion von Klatsch konfrontiert wird. Diese Funktionszuschreibung resultiert erkennbar nicht aus einer Analyse des sozialen Phänomens „Klatsch"; sie bildet vielmehr eine Fortschreibung der These Durkheims, dass das Verbrechen, da es kollektive Empörung und Bestrafung durch die soziale Gemeinschaft hervorruft, eine wichtige Rolle dabei spielt, die Geltung des Gesetzes zu verstärken und im gesellschaftlichen Bewusstsein zu verankern.

Zweifellos hat Gluckman darin recht, Klatsch und soziale Gruppe in eine enge Beziehung zueinander zu setzen. Doch welcher Art diese Beziehung ist, wird durch den funktionalistischen Erklärungsansatz eher verdunkelt als aufgehellt. Dies wurde offensichtlich auch von anderen mit der „Manchester School" assoziierten Anthropologen gesehen, deren zentrale Figur Max Gluckman war (cf. Werbner 1984, sowie die Kritik an Gluckmans Stil im Umgang mit Kritikern bei Boissevain 1974: 21 f.). Jedenfalls entstanden hier einige Studien (z. B. Bott 1971: 75 f.), die – in einigen Fällen bereits vor der Publikation von Gluckmans „Gossip and scandal"-Aufsatz 1963 – damit begannen, den Zusammenhang von Klatsch und sozialer Gruppe nicht mehr ausschließlich unter funktionalen Gesichtspunkten, sondern vom Ansatz der Netzwerkanalyse her zu denken (cf. Epstein 1969; Mitchell 1973). Mit dem Netzwerkansatz (cf. Schenk 1983) rückte anstelle der sozialen Funktion die Transaktion, anstelle der Gruppe das handelnde Individuum in den Mittelpunkt des Interesses. (Zur Differenz zwischen funktionaler und transaktionaler Betrachtungsweise cf. Streck 1985).

5.3 Klatsch als Technik des Informationsmanagements

Hatte Gluckman die allgemeine These von der sozialen Kontrollfunktion von Klatsch eingeengt auf die Rolle, die Klatsch für die Erhaltung sozialer Gruppen spielt, so schränkten die Kritiker Gluckmans in ihrem Erklärungsansatz die Bedeutung von Klatsch fast ganz auf das handelnde Individuum ein. „It is the individual and not the community that gossips", postuliert Robert Paine (1967: 280 f.) in einem Aufsatz, der in kritischer Absetzung von Gluckman eine alternative Hypothese zur Erklärung von Klatsch entwickelte und der zu einer kurzen, aber heftigen Diskussion zwischen ihm und Gluckman führte (cf. Gluckman 1968 und Paine 1968). Dieser alternative Erklärungsansatz geht von der Überlegung aus, dass Klatsch zunächst einmal als ein Muster der informellen Kommunikation zu bestimmen ist, bei der es primär um den Austausch von Informationen geht. Diese Informationen sind für die Kommunikationsteilnehmer deshalb von Relevanz, weil sie Personen und Ereignisse in jener sozialen Gemeinschaft betreffen, welcher sie selbst angehören. Als Mitglieder dieser sozialen Gemeinschaft sind die Klatschakteure aber selbst Partei, was bedeutet, dass der Austausch von Klatschinformationen wesentlich von den Interessen der Beteiligten bestimmt wird. Mehr noch: Klatsch selbst kann als eine Einrichtung zur Durchsetzung und Verteidigung individueller Interessen betrachtet werden.

Es wird erkennbar, dass Klatsch in diesem Erklärungsrahmen als eine Form des strategischen Handelns konzipiert wird, dessen primärer Zweck es ist, die jeweiligen Interessen, die die Klatschakteure verfolgen, zur Geltung zu bringen. Paine (1970) hat für diesen interessenorientierten Umgang mit Informationen im Klatsch in Anlehnung an Erving Goffmans Konzept des „impression management" den Begriff des „information management" geprägt. Die Interessen, die das Verhalten der Kommunikationsteilnehmer im Klatsch bestimmen, gehen im Wesentlichen in drei Richtungen: Das vordringliche Interesse eines jeden Klatschakteurs ist es, Informationen über das Geschehen in seiner sozialen Umgebung zu erhalten; dementsprechend ist er bestrebt, den Informationsfluss, der ihn mit Nachrichten und Neuigkeiten über relevante Ereignisse versorgt, in Gang zu halten. Klatschakteure sind andererseits aber auch daran interessiert, bestimmte Informationen, die nach ihrem Wissen für andere von Interesse sind, weiterzugeben. Sie versuchen damit nicht nur, Einfluss darauf zu nehmen, dass ihre Interpretation eines sozialen Sachverhalts bei der Verbreitung einer Information sich durchsetzt, sondern sie kalkulieren auch entsprechend dem Prinzip des *do ut des*, dass ihre Informationsgabe kurz- oder langfristig einen noch größeren Informationsgewinn abwerfen wird. Und schließlich verfolgen Klatschakteure immer auch das Ziel, die Wert- und Moralvorstellungen, auf die sie sich implizit oder explizit mit ihren Klatschinformationen beziehen, zur Durchsetzung ihrer eigenen Interessen auszunutzen und durch entsprechende Interpretationen ihren Interessen anzupassen. Wenn Klatschakteure sich auf moralische Normen und Regeln berufen, dann nicht mit der Absicht, die soziale Gemeinschaft zu festigen, sondern mit dem Interesse, den eigenen Status zu erhöhen.

Die beiden Erklärungsansätze, die Klatsch als Mittel der sozialen Kontrolle bzw. als Mechanismus der Erhaltung sozialer Gruppen konzipieren, lassen aufgrund ihrer starken theoretischen Prämissen und aufgrund der zirkelhaften Struktur ihrer Erklärungsschemata kaum einen Spielraum für neue, aus empirischen Studien gewonnene Erkenntnisse über Klatsch. Dagegen betont Paine (1967: 283) für den transaktionalen Erklärungsansatz, dass über den elementaren konzeptionellen Rahmen hinaus zu Beginn einer Untersuchung von Klatsch keine Annahmen über die Verteilung, die Stärke und den Charakter sozialer Gruppierungen in einer Gemeinschaft gemacht werden sollten. „Diese Merkmale sollten aufgrund der gesammelten Daten über die Richtungen der Kommunikation und den Fluss von (verschiedenartigen) Informationen in einer sozialen Gemeinschaft konstruiert werden." Tatsächlich ist der Erklärungsansatz, der den Informationsaspekt von Klatsch in den Vordergrund rückt, erheblich offener gegenüber der Empirie als die anderen beiden Ansätze. Das zeigt sich deutlich an einer Reihe von Studien, die auf empirischem Weg einzelne Aspekte des Informationsmanagements im Klatsch herausgearbeitet haben. John Szwed (1966) hat für eine Gemeinde in Neufundland verfolgt, wie das Trinkverhalten der Gemeindemitglieder etwa bei Versammlungen durch das Informationsmanagement per Klatsch kontrolliert wird. Welche zentrale Rolle Klatsch bei der Brautschau in einer süditalienischen Stadt spielt, hat Tullio Tentori (1976: 279) in seiner Studie über Matera beschrieben. Über eine Frau des Dorfes schreibt er: „Die Klatschgeschichten, die in der Nachbarschaft zirkulierten oder von einer Nachbarschaft zur anderen getragen wurden, waren für diese Frau eine wertvolle Informationsquelle, die ihr eine Bestandsaufnahme all jener Mädchen ermöglichte, die für ihren Sohn oder Bruder oder Verwandten eine gute Partie wären." In verschiedenen Arbeiten findet sich auch die interessante Idee, Klatsch als einen „laufenden Kommentar" zu den Ereignissen des Tages zu betrachten, so bei Frederick Gearing (1970: 114), der schreibt: „In kleinen Gemeinschaften kommt die gesamte Gemeinschaft einem dritten Beteiligten bei den meisten Interaktionen nahe; sie führt im wahrsten Sinne des Wortes einen laufenden täglichen Kommentar. [...] Dieser Kommentar ist mit dem Chor im klassischen griechischen Drama verglichen worden". Auf ähnliche Weise beschreibt Sydel Silverman (1975: 38) ihre Beobachtungen in einem italienischen Bergdorf: „Das Gespräch der Frauen hat eher die Form eines laufenden Kommentars. Die Art der Präsentation ist eher indirekt, und der Austausch beginnt oft so, als würde er ein früheres Gespräch fortsetzen." Zwar geht es im Klatsch immer auch um den Austausch von Neuigkeiten und Informationen, doch wie hier deutlich wird, geht es darüber hinaus auch darum, diese Informationen zu verstehen, sie einzuordnen und zu bewerten. Deshalb ist Klatsch zu Recht als „Alltagshermeneutik" beschrieben worden (Tovares 2006), die den Akteuren auch die Überprüfung der eigenen Wahrnehmung und Beurteilung ermöglicht.

Die Konzeption eines Untersuchungsansatzes auf der Grundlage der Idee, dass Klatsch als ein interessengebundener Austausch von Informationen über andere bestimmt werden kann, war von Beginn an ausdrücklich gegen die funktionalistische Erklärung von Klatsch gerichtet, wie sie vor allem von Gluckman vorgetragen worden war. Diese Gegnerschaft, die von beiden Seiten auch als eine solche wahrgenommen und gepflegt wurde, erweist sich jedoch bei näherer Betrachtung als ein Pseudokonflikt. Auf einen einfachen Nenner gebracht, kann man sagen, dass die beiden scheinbar so gegensätzlichen Erklärungsansätze insofern komplementär zueinander sind, als der eine die eher latenten Funktionen von Klatsch für den Gruppenerhalt und der andere die eher manifesten Funktionen von Klatsch für die Interessen des einzelnen Klatschakteurs zu erfassen sucht. Die beiden Erklärungen von Klatsch bewegen sich auf zwei verschiedenen Ebenen – die eine auf der Ebene von Gruppen und Institutionen, die andere auf der Ebene individueller Prozesse. Sie argumentieren demnach gar nicht über ein und denselben sozialen Sachverhalt und geraten so auch nicht in ihren inhaltlichen Aussagen, sondern nur in ihren Ansprüchen im Hinblick auf die Reichweite ihrer Erklärungsansätze in Konflikt miteinander. Faktisch ergänzen sich sogar die jeweiligen inhaltlichen Aussagen wechselseitig.

Ein weiterer Grund, weshalb die Ansätze von Gluckman und Paine einen Pseudokonflikt austragen, liegt darin, dass auch die Erklärung von Klatsch als einer Technik des Informationsmanagements entgegen dem, was sie von sich aus sein will, im Prinzip funktionalistisch argumentiert. Klatsch wird in dieser Erklärung zu einer Technik instrumentalisiert, die es den Interagierenden ermöglicht, Informationen zu akquirieren, zu distribuieren und auf diese Weise ihre individuellen Interessen durchzusetzen. So beschreibt Unni Wikan (1980: 57) in ihrer Ethnografie eines Armenviertels in Kairo, dass Frauen bei der gemeinsamen Hausarbeit über andere Frauen klatschen und diese Situation jeder Frau die Möglichkeit gibt, „sich selbst als moralisch überlegene und völlig untadelige Person zu präsentieren". Klatsch fungiert also oft als Technik der sozialen Distinktion (Hughes, Tremblay, Rapoport & Leighton 1960: 302), was auf die verbreitete soziale Praxis des Vergleichens verweist, die in der Sozialpsychologie oft beschrieben und immer wieder auch für die Erklärung von Klatsch herangezogen wurde. Jerry Suls (1977) bezeichnet Klatsch direkt als „social comparison", für Fine & Rosnow (1978: 163) ist Klatsch ein Mittel, um auf indirektem und ungefährlichem Weg Vergleichsinformationen einzuholen. Dieser Argumentation folgen auch Brickman & Bulman (1976: 154), die sich aber fragen, weshalb die Akteure bereit sind, die ungenauen und manchmal auch ärgerlichen Informationen im Klatsch zu akzeptieren, anstatt auf zuverlässigere Quellen zu vertrauen. Ganz offensichtlich ist der Drang, sich mit anderen zu vergleichen, für die Wahrnehmung und Stabilisierung der eigenen Identität von einiger Bedeutung, was sogar George Herbert Mead (1934: 205 f.) zu einer Bemerkung über Klatsch veranlasst hat: „Es gibt ein Verlangen, ein ständiges Verlangen, das eigene Selbst in einer Art Überlegenheit über die Menschen um uns herum zu verwirklichen. [...] Es gibt eine gewisse Freude an den Missgeschicken anderer Menschen, besonders an denen, die sich um ihre Persönlichkeit ranken. Sie findet ihren Ausdruck in dem, was wir als Klatsch bezeichnen." Und auch wenn Max Weber (1972: 23) nicht explizit auf Klatsch Bezug nimmt, so setzt auch er den kontinuierlichen sozialen Vergleich voraus, wenn er bemerkt, dass „erst die Entstehung bewußter Gegensätze gegen Dritte [...] für die an der Sprachgemeinsamkeit Beteiligten eine gleichartige Situation, Gemeinschaftsgefühl und Vergesellschaftungen" stiften [kann]". Der Vergleich mit anderen scheint ein konstitutives Merkmal des sozialen Lebens zu sein, und Klatsch ist ein prävalentes Format, in dem diese Praxis Gestalt annimmt.

5.4 Exkurs über Klatsch in Organisationen – am Beispiel der Universität

Die Idee, Klatsch als Technik des Informationsmanagements zu konzipieren, bei dem die Klatschakteure Informationen über sich und andere kontrollieren, bewerten, in

Umlauf bringen, zurückhalten, beschönigen, diskreditieren und damit eigene Handlungsziele verfolgen, ist auch in der Organisationssoziologie aufgegriffen worden – allerdings mit einiger Verzögerung. Zwar wurde bereits in der berühmten Hawthorne-Studie in den 1930er Jahren erkannt, welch große Bedeutung Bindungen, Loyalitäten und die Kommunikation der Angestellten untereinander, kurz: die informelle Organisation für ein Unternehmen hat. Und Niklas Luhmann (1976 [1964]: 283 ff) hatte in seiner halb-ethnografischen Organisationssoziologie ausführlich Cliquenbildung, informelle Netze, indirekte Kommunikation u. Ä. beschrieben. Doch „Klatsch am Arbeitsplatz" blieb in den folgenden Jahrzehnten ein weitgehend unbeachtetes – und vielleicht auch zu heikles – Thema. Einige, insbesondere psychologische Arbeiten haben zwar früh dem „grapevine", also dem Flurfunk in Organisationen nachgespürt (Sutton & Porter 1968; Hellweg 1987). Doch erst in den 1990er Jahre begann die Arbeits- und Organisationssoziologie und -psychologie langsam sich für Klatsch in Organisationen zu interessieren: Für Mike Noon & Rick Delbridge (1993), deren Übersichtsartikel wesentlich die Diskussion in Gang brachte, ist Klatsch ein „intrinsisches" Element von Organisationen. Stephen Fuchs (1995) argumentiert, dass in unterschiedlichen sozialen Netzwerken in Organisationen unterschiedliche Klatschtypen (Informationsklatsch vs. Moralklatsch) zirkulieren. In ihrer Interviewstudie über Angestellte in der Erwachsenenbildung in England, die mit Budgetkürzungen und Restrukturierungen konfrontiert sind, gelangen Melanie Tebbutt & Mick Marchington (1997) zu dem Ergebnis, dass Klatsch in dieser Situation das kollektive Bewusstsein der Betroffenen schwächt und die fatalistische Stimmung und das Gefühl der Ausweglosigkeit verstärkt. Rafael Wittek & Rudi Wielers (1998) führten eine quantitative, auf Fragebogendaten beruhende Studie in Schulklassen und verschiedenen Arbeitskontexten (u. a. in einer Computerfirma, einer Bank und einem Krankenhaus) durch und kamen u. a. zu dem Ergebnis, dass nicht gemeinsame Freunde, sondern gemeinsame Feinde das häufigste Klatschthema sind, und dass sich vor allem in streng hierarchisch organisierten Arbeitskontexten starke informelle Netzwerke bilden.

Mittlerweile ist Klatsch als wichtiges Thema in der Arbeits- und Organisationssoziologie etabliert. Das wird eindrucksvoll durch die Monografie von Kathryn Waddington (2012) bezeugt, aber auch durch zahlreiche Einzelstudien, z. B. über die Rolle von Klatsch in Krankenhäusern (Aghbolagh & Ardabili 2016), in formalen Versammlungen von Schullehrern (Hallett, Harger & Eder 2009) oder über die Bedeutung von Klatsch für die Insassen eines israelischen Frauengefängnisses (Einat & Chen 2012). In diesen Arbeiten geht es zumeist um die Frage, ob Klatsch positive oder negative Auswirkungen auf die Leistungen des Organisationspersonals hat. Und bis heute wird diese Frage zumeist mit einem „Sowohl-als-Auch" beantwortet (Hafen 2004: 235). Klatsch kann die Arbeitsmoral untergraben und ist ein klassisches Beispiel für das, was in der Managementtheorie „Counterproductive Work Behaviors (CWB)" genannt wird (cf. Furnham & Taylor 2004: 83 ff). Klatsch kann aber auch den Zusammenhalt der Mitglieder einer Abteilung stärken, insbesondere in Situationen, in denen es zu einem Konflikt mit den Vorgesetzten kommt (Kniffin & Wilson 2010). Klatsch kann im Sinne einer „organizational politics" strategisch eingesetzt werden, um Entscidungen zu beeinflussen und Intrigen zu spinnen (Grünberger 1978), den eigenen Status zu erhöhen (McAndrew, Bell & Garcia 2007) oder die Reputation – und damit die weitere Karriere – eines Konkurrenten zu schädigen (zu „bullying" cf. Crothers, Lipinski & Minutolo 2009), Klatsch kann aber auch in emotional belastenden Arbeitsfeldern den kollegialen Rückhalt fördern und Burnout vorbeugen (cf. Georganta, Panagopoulou & Montgomery 2014).

Im Folgenden soll am Beispiel der Universität auf der Grundlage eigener Beobachtungen genauer beleuchtet werden, ob in dieser Organisation, deren Funktion es ist, wissenschaftliche Ausbildung und Forschung zu gewährleisten, Klatsch überhaupt eine Rolle spielt, wo und in welcher Form er in diesem Kontext auftritt und welche Funktionen er erfüllt.

Wer in der akademischen Lebenswelt bestehen und darin gar Karriere machen möchte, wird unvermeidlich Schiffbruch erleiden, wenn er dabei nicht einige elementare Regeln dieser besonderen Organisation beachtet. Diese Grundregeln werden zumeist identifiziert als die kodifizierten Verfahrensregeln, die den Kanon eines Faches ausmachen und die in Vorlesungen, Methodenbüchern, Theorieseminaren, Forschungskolloquien etc. vermittelt werden. Und im öffentlichen akademischen Diskurs wie in der Außendarstellung wissenschaftlicher Akteure wird in der Regel die Überzeugung vertreten, dass im akademischen Betrieb allein diejenigen reüssieren, die diese Verfahrensregeln in ihrem Fach mit der größten Kompetenz, Virtuosität und Kreativität beherrschen.

Doch jeder, der in einer akademischen Institution über einige Jahre hinweg tätig war, wird bei ehrlicher Selbstbefragung konzedieren müssen, dass dieses Bild eine idealisierende (Selbst-)Täuschung der Wissenschaft ist. Wie bei jeder Organisation, so gibt es auch an der Universität neben dem offiziellen Katalog an explizit formulierten Regeln eine Vielzahl von impliziten Regeln, die, auch wenn sie ungeschrieben sind, nicht nur das Leben, sondern auch das Überleben und Fortkommen in der akademischen Lebenswelt bestimmen. Allerdings lassen sich diese informellen Regeln nur schwer untersuchen: Da sie weder gelehrt noch reflektiert, sondern einfach nur praktiziert werden, lassen sie sich kaum thematisieren und schon gar nicht per Interview abfragen. Und da sie zudem der Selbstwahrnehmung und dem Image der Wissenschaft als einer objektiven, transparenten und personenunabhängigen Einrichtung widersprechen, wirken sie im Verborgenen und entziehen sich so der direkten Beobachtung.

Die langjährige Tätigkeit des Autors an verschiedenen Universitäten und Instituten in verschiedenen Funktionsrollen – als Assistent, Professor, Dekan, Kommissionsmitglied, Kommissionsvorsitzender, Antragsteller, Prüfer, Gutachter, geschäftsführender Direktor u.a.m. – hat es möglich gemacht, Einblicke in die „erdabgewandte" Seite des akademischen Lebens zu gewinnen. Die einfache Feststellung, zu der diese – unfreiwillige – Langzeitbeobachtung nötigt, lautet: An der Universität wird unter dem Organisationspersonal viel, heftig und bisweilen sogar maßlos geklatscht. Diese Feststellung ist nicht darin begründet, dass Wissenschaftler eben auch nur Menschen sind, und deshalb wie in anderen Organisationen so auch an den Universitäten ausgiebig geklatscht, getratscht und hämisch über die Kollegen hergezogen wird. Im Folgenden wird vielmehr die These vertreten, dass die Universitäten ein geradezu prädestinierter Ort für Klatsch sind. Klatsch ist in der akademischen Lebenswelt kein zufälliges Nebenprodukt, er ist auch nicht einfach das Resultat menschlicher Schwächen oder auf die Klatschsucht der Menschen zurückzuführen. Klatsch entsteht vielmehr aus dem Geist und der Praxis von Wissenschaft selbst.

Die „Wissenschaft", wie sie in den Logik- und Methodenbüchern zu finden ist, ist eine Sache, die „Wissenschaft", wie sie sich praktisch in den Labors, Vorlesungssälen, Seminarräumen, Bibliotheken, Studierzimmern und Universitätsfluren abspielt, eine andere. Gerade die Laborstudien, die beeinflusst von der Ethnomethodologie im Zug der neueren Wissenschaftssoziologie entstanden sind (Latour & Woolgar 1986; Lynch 1985), haben zum Vorschein gebracht, auf welche Weise der wissenschaftliche Diskurs von „trans-epistemischen" Faktoren (Knorr Cetina 1981) durchzogen und bestimmt wird. Luhmann (1992: 217) bezeichnet zwar den wissenschaftlichen Diskurs – durchaus unironisch – als „Wahrheitskommunikation", doch wenn Wissenschaftler ihrer Arbeit nachgehen, geschieht dies zu keinem Zeitpunkt in der „Astralgestalt" purer wissenschaftlicher Rationalität. Daran hat auch der Klatsch seinen Anteil.

Ein Beispiel (cf. Mader 1980): Im Jahr 1906 ließ sich der Phänomenologe und Soziologe Max Scheler von Jena nach München umhabilitieren und begann bald darauf an der dortigen Universität mit seiner Vorlesungstätigkeit. Aufgrund ständiger Streitigkeiten lebte er von seiner Ehefrau Amélie getrennt. Er begann ein Verhältnis zu Anna Bohl, und auf einer gemeinsamen Urlaubsreise nach Italien gab er sie in einer Pension als seine Frau aus. Das sprach sich bis nach München herum. Zudem wurde bekannt, dass Scheler sich von einem Studenten Geld geliehen hatte und Anna Bohl Geldbeträge zukommen ließ. Wohl um den „liderlichen Lebenswandel" des Ethikers und Katholiken Scheler anzuprangern, wurden diese „privaten Verwicklungen" in der Münchner Presse ausgebreitet. Scheler hatte inzwischen die um 17 Jahre jüngere Studentin Märit Furtwängler kennengelernt (die kurze Zeit später seine zweite Frau werden sollte). Deren Mutter, die gegen diese Verbindung war, drängte ihn, gegen die Zeitung Klage zu führen. Es kam zu einem Prozess, den Scheler verlor. An dieser Stelle der Geschichte kommt die Wissenschaft ins Spiel: Die Universität München nämlich entzog Scheler daraufhin im Frühjahr 1910 die *venia legendi*, womit er den Status eines Privatdozenten verlor. Scheler sah sich gezwungen, nach Göttingen, dann Berlin überzusiedeln, wo er nicht etwa auf eine verbeamtete Professorenstelle kam, sondern Privatvorlesungen hielt und von Lektoratstätigkeiten und Honoraren aus Veröffentlichungen lebte.

Natürlich ist das Gerede innerhalb wie außerhalb der Universitäten über den Lebenswandel und die privaten Verhältnisse von Professoren noch kein genuines Merkmal von Wissenschaftsklatsch ist. Geklatscht wird in allen Organisationen, und so auch in den „heiligen Hallen" der Wissenschaft. Worin aber besteht dann der innere Zusammenhang zwischen der Wissenschaft und dem Klatsch?

Da ist zunächst die paradoxe Struktur der wissenschaftlichen Kommunikation zu nennen. Wissenschaft kultiviert den systematischen Zweifel, sie fordert die rücksichtslose Aufdeckung von Irrtümern und Widersprüchlichkeiten, und sie prämiert den Konflikt in Gestalt von Diskussion und Kontroverse. Eine solche auf Nachprüfung, Kritik und Widerlegung eingestellte Kommunikation ist im Alltag völlig undenkbar: sie würde in kürzester Zeit zum Zusammenbruch von Verständigung führen. Auch in der Wissenschaft kann sich eine derart eigentümliche Diskursform nur deshalb etablieren, weil alle Beteiligten stillschweigend bestimmte Maximen beachten. Die Kommunikation findet statt unter dem Diktat der Versachlichung, sie muss entpersönlichen und entmoralisieren: gesprochen wird im *pluralis modestiae*, Kritik darf nicht *ad personam* erfolgen. Ein anderes Symptom der wissenschaftlichen Diskursform ist die von Thomas Steinfeld (1991) beschriebenen Hypertrophie der akademischen Höflichkeit, die ihren Niederschlag u. a. in der Euphemisierung des wissenschaftlichen Stils findet, die von Pierre Bourdieu (1988) so plastisch im „homo academicus" nachgezeichnet wurde. Die Verschriftlichung der Kommunikation und die Textkonventionen der Wissenschaftsprosa tun ein Übriges, um sicherzustellen, dass niemand persönlich wird und dass niemand persönlich gemeint ist. Der wissenschaftliche Diskurs hat mit der Individualität derer, die ihn führen, idealiter gar nichts mehr zu tun; er schottet sich von seinen Betreibern ab, die sich damit ohne unmittelbare Gefahr für ihre persönliche Identität an diesem konfliktreichen und riskanten Geschäft beteiligen können.

Aber dieses Versachlichungs- und Neutralisierungsdiktat des wissenschaftlichen Stils hat seine Kehrseite: Wissenschaftler sind ja nicht die ätherischen Wesen, zu denen sie durch die Teilnahme am wissenschaftlichen Diskurs der Idee nach werden. Sie sind vielmehr bei jedem persönlichen Auftritt wie in jedem ihrer Texte als Individuen mit ihren Eigenarten und Besonderheiten wahrnehmbar (wie Clifford Geertz' 1988 stilistische Analyse der anthropologischen Klassiker eindrucksvoll belegt). Und kein Beteiligter, mag er die wissenschaftlichen Diskursregeln noch so sehr verinnerlicht haben, kann diese Eindrücke restlos ausfiltern. Wohin also dann mit all dem, was sich Wissenschaftler an Urteilen über die Kollegen oder Kontrahenten verbieten müssen, weil es als bloße Meinung, als persönlicher Angriff, als Ressentiment, als Antipathie abgetan werden könnte? Erst im Klatsch mit anderen Kollegen können diese aufgestauten Regungen zugelassen und artikuliert werden, was natürlich nicht auf der Vorderbühne geschehen kann. Unterhalb des wissenschaftlichen Diskurses wird ein ganz anderer Diskurs geführt, ein Subdiskurs, der den sozialen Müll des Gelehrtendaseins entsorgt und auf diese Weise die hehre Geisteswelt der Wissenschaftler überhaupt erst ermöglicht. Wenn die heiligen Hallen der Wissenschaft blitzen und glänzen, dann nur, weil die schmutzige Wäsche an einem anderen Ort aufbewahrt und gewaschen wird.

Eine weitere Paradoxie des Wissenschaftsbetriebs sorgt dafür, dass dieser Subdiskurs immer wieder mit neuen Themen versorgt wird. Wissenschaftler sind in ihrem Beruf mit der widersprüchlichen Aufgabe konfrontiert, schöpferische Intuition und Originalität auszubalancieren mit Traditionsbindung und Konformität (Plessner 1974: 138 ff). Ihrem Bestreben, das noch nicht Dagewesene zu erforschen und neues Terrain zu betreten, steht die Pflicht gegenüber, diese Arbeit in die Kontinuität einer Forschungstradition einzuordnen. Es gehört zu den unformulierten Spielregeln des akademischen Betriebs, nicht nur zu verkünden, man habe Neues erdacht oder erspäht, sondern auch darüber Auskunft zu geben, auf welcher Riesen Schultern man dabei gestanden hat (Merton 1965). So ist der ideale Wissenschaftler eigentlich ein methodisch disziplinierter Exzentriker. Er kann sich mit Themen befassen, die im Alltag tabuisiert sind, er kann dort seinen Zweifeln nachgehen, wo der Commonsense keinerlei Fragen zulässt, er kann dort exzessive Forschung betreiben, wo der Anstand Zurückhaltung gebietet – solange dies erkennbar im Rahmen des wissenschaftlichen Diskurses geschieht. Wer allerdings als Wissenschaftler seine lizenzierten Verrücktheiten nicht mehr im Kanon einer Fachdisziplin verankert (und beispielsweise nur mehr sich selbst zitiert), wird bald in den Ruf eines monomanischen Spinners geraten – und damit natürlich ein willkommenes Opfer von Klatsch werden.

Wer andererseits in der Wissenschaft einen großen Methodenaufwand betreibt und dennoch nur einigermaßen triviale Einsichten generiert, wird als Wissenschaftler kaum ernst genommen werden und stattdessen rasch als Dünnbrettbohrer, *busy-body* u. Ä. in Verruf geraten – auch das ein Thema, mit dem sich der Wissenschaftsklatsch oft beschäftigt. Der häufigste Fall in diesem Zusammenhang ist jedoch der, dass der Wissenschaftler die ihm zugestandenen Verrücktheiten habitualisiert und seinen exzentrischen Sozialcharakter auch außerhalb der Wissenschaft lebt und kultiviert. Hierher gehören die zahlreichen Geschichten, die unter Wissenschaftlern über die zwanghafte Sammelleidenschaft oder die botanischen Marotten, die narzisstische Gesangsmanie oder den Spartrieb, die notorische Rechthaberei oder den Reisefanatismus eines akademischen Kollegen erzählt werden. Zusammengetragen ergäben diese Geschichten eine beeindruckende akademische Charaktergalerie (Weiß 1988), die zudem erkennen ließe, dass das Stereotyp des verrückten Professors nicht nur einen realen Hintergrund hat, sondern im Klatsch der Kollegen selbst gepflegt wird.

Wenn Wissenschaftler über ihre Kollegen lästern, so verweist das schließlich noch auf ein weiteres Strukturmerkmal wissenschaftlicher Arbeit. Die Tätigkeit von Wissenschaftlern ist trotz aller Team-Ideologie und interdisziplinärer Vernetzung in hohem Maß vereinsamend, entsagungsreich und allein aufgrund der jahrelang antrainierten Selbstdisziplin gewährleistet. Einen Großteil ihrer Lebenszeit widmen sie der Erforschung eines Gegenstands, der oft so speziell ist, dass die Relevanz dieser Arbeit einer nicht-wissenschaftlichen Öffentlichkeit kaum mehr vermittelt werden kann. Und das Verhältnis zu den wenigen Kollegen, die auf ihrem jeweiligen Spezialgebiet kompetent sind, ist oft genug durch Konkurrenzgefühle gekennzeichnet. In dieser Situation kommen auch die engagiertesten Wissenschaftler – zumal dann, wenn sie in ihrer akademischen Karriere als Professoren an einem gewissen Endpunkt angelangt sind – in die Versuchung, außerhalb ihrer beruflichen Tätigkeit nach Anerkennung und Erfüllung zu suchen: Sie finden sich in dem klassischen Konflikt zwischen der Norm zurückgezogener akademischer Gelehrtenexistenz und lustvoller Teilhabe am Leben. Wie die Lösung dieses Konflikts zwischen Vergeistigung und Sinnenfreude, zwischen akademischer Weltfremdheit und alltäglicher Reputationssucht verlaufen kann, und welche Komik und welche Tragik in diesem Konflikt steckt, wird in den

Universitätsromanen von David Lodge (1975) und John Williams (2013 [1965]) eindrucksvoll entfaltet.

Der Wissenschaftsklatsch ist als Zunftphänomen in seiner Entstehung eng an Orte und Gelegenheiten der akademischen Lebenswelt gebunden. Prinzipiell findet der Subdiskurs des Klatsches natürlich nicht auf der Vorderbühne des akademischen Lebens statt, aber auch nicht auf der Hinterbühne, die als Probe-, Umkleide- und Besprechungsraum in erster Linie zur Vor- und Nachbereitung des offiziellen Geschehens dient. Geklatscht wird vielmehr auf der Unterbühne (Bailey 1977: 114 ff), da hier alle Beteiligten voneinander wissen, dass sie sich einem ungehörigen Tun widmen. In seinem periodischen Verlauf folgt der Klatsch weitgehend den Ereignissen des akademischen Jahres. Es beginnt mit dem Klatsch am Semesterbeginn, wo die alten Kollegen durchgehechelt und über die neuen Kollegen erste moralische Dossiers angelegt werden. Daraus entwickelt sich der kontinuierlich plätschernde Instituts- und Fakultätsklatsch, der teils innerhalb der Statusgruppen als stratifizierter Klatsch (Fuchs 1995), teils quer zu ihnen – und damit in aller Regel sehr viel kontrollierter – verläuft. Angereichert wird der Informationsfluss auf dem akademischen Marktplatz durch Konferenzklatsch, Publikationsklatsch, Verwaltungsklatsch sowie Gremienklatsch, dessen fraktionierende Kraft nach innen gemeinschaftsbildend und nach außen abgrenzend und distanzschaffend wirkt.

Eine besondere Bedeutung kommt in der akademischen Lebenswelt dem Berufungsklatsch bei der Besetzung neuer Professorenstellen zu. Gerade für Berufungsangelegenheiten gilt ja Helmuth Plessners (1974: 136 f.) nüchterne Erkenntnis: „Jedem Gutachten lässt sich ein Gegengutachten konfrontieren, ergo entscheidet letztlich Irrationales." Und weil dies so ist, sind Informationen über die personalen Qualitäten von Kandidaten von unschätzbarem Wert – Informationen, die nur über Wissenschaftsklatsch zu erhalten sind (Caplow & McGee 1961: 106 f.). Die Literaturlisten, Publikationen und Vorträge der Kandidaten sind für deren Beurteilung schon wichtig, schließlich lässt sich nur mit ihnen ihre Wahl oder Nichtwahl offiziell begründen. Doch für sich allein sind diese Dokumente immer auch ein Teil der Selbstinszenierung und des „impression management" (Goffman) der Kandidaten und geben keine hinreichende Auskunft darüber, ob dies Kollegen sind, mit denen sich einigermaßen friedlich zusammenleben ließe. So ist all das, was informell – auch durch Klatsch – über die Bewerber zu erfahren ist, hilfreich und entscheidungsrelevant, auch wenn die so gewonnenen Informationen offiziell gar nicht verwendet werden können.

* * *

Betrachtet man die in diesem Kapitel diskutierten Erklärungsansätze noch einmal im Rückblick, wird man erkennen, dass jeder dieser Ansätze ein anderes soziales Element in den Mittelpunkt rückt und funktional auf Klatsch bezieht: Der erste ist ausgerichtet auf die „Moral", der zweite auf die „Gruppe" und der dritte auf die „Information". Das mag nun insofern überraschen (oder gerade nicht überraschen), als ja auch die vorangegangene Materialanalyse ergeben hat, dass in der Klatschkommunikation die Moral (in Form der moralischen Entrüstung und sozialen Typisierung), die Gruppenbeziehung (in der Struktur der Klatschtriade) sowie die Information (als Klatschneuigkeit) eine konstitutive Rolle spielen. Heißt das nun, dass die detaillierte Materialanalyse nur bestätigt, was vorher bereits in der wissenschaftlichen Literatur bekannt war? – Einmal abgesehen davon, dass keiner dieser drei Erklärungsansätze den entscheidenden Punkt auch nur ansatzweise berücksichtigt, dass das Klatschwissen ein moralisch kontaminiertes Wissen ist und Klatsch als eine sozial geächtete Praxis gilt – der entscheidende Fehler dieser Erklärungsansätze liegt darin, dass jeder für sich eines dieser sozialen Elemente isoliert und zur alleinigen funktionalen Bezugsgröße von Klatsch verabsolutiert. Klatsch erhält aber seine Dynamik und seinen widersprüchlichen Charakter gerade dadurch, dass diese verschiedenen sozialen Elemente in der Klatschkommunikation gleichzeitig vorhanden sind, ineinanderspielen, sich gegenseitig in die Quere kommen und neutralisieren. Klatsch beruht auf einer paradoxen Grundstruktur, für welche diese funktionalistischen Erklärungsansätze weder konzeptionell noch methodologisch ein Sensorium haben.

5.5 Klatsch als Sozialform der diskreten Indiskretion

Klatsch wird durch ein Strukturmerkmal gekennzeichnet, das nach dem Muster einer Puppe in der Puppe in Erscheinung tritt: Es charakterisiert nicht nur das Klatschgespräch insgesamt, sondern zeigt sich auch bei kleineren Gesprächseinheiten, es manifestiert sich in Sequenzen und einzelnen Äußerungen und reproduziert sich letztlich gar in der Minimalform einer Selbstkorrektur. Dieses Strukturmerkmal ist seine schillernd-widersprüchliche Qualität: Klatsch wird öffentlich geächtet und zugleich lustvoll privat praktiziert; Klatsch ist präzis und detailliert und bleibt doch auch vage und andeutend; authentische Darstellungen verwandeln sich im Klatsch unversehens in Übertreibungen; Indezentes vermischt sich mit dezenter Zurückhaltung; Entrüstung über Fehlverhalten paart sich mit Ergötzen, Empörung mit Mitleid, Missbilligung mit Verständnis; moralisch kontaminiertes Wissen wird in unschuldiger Verpackung präsentiert; selbstzweckhafte Geselligkeit mischt sich mit berechnender Verunglimpfung; schamhaftes Sich-Zieren und Kokettieren wechseln ab mit schamloser Direktheit; Klatsch gleicht einem moralischen Balanceakt, einer Grenzüberschreitung, die im nächsten Schritt wieder annulliert wird. – Diese schillernd-widersprüchliche Qualität ist so charakteristisch für Klatsch, dass man hierfür strukturelle, in der Anlage von Klatsch verborgene Gründe vermuten muss. Welcher Art sind diese Gründe?

Im Alltag ist es, worauf Georg Simmel (1968b: 267) hingewiesen hat, unvermeidlich, „daß jeder vom andren etwas mehr weiß, als dieser ihm willentlich offenbart, und vielleicht solches, dessen Erkanntwerden durch den andren, wenn jener es wüßte, ihm unerwünscht wäre." Im Fall eines Fremden dringt dieses indiskrete Wissen, das man bereits erwirbt, wenn man sorgfältig auf den Tonfall, die Versprecher, die Mimik und auf alles, was immer ein anderer unwillentlich von sich offenbart, achtet, nicht sehr tief in die fremde Privatsphäre ein. Über Freunde und Bekannte jedoch eignet man sich, auch ohne es zu wollen, ein Wissen an, das oft recht intime Dinge betrifft – Dinge, die, wenn sie allgemein publik werden würden, für den Betreffenden unangenehme, wenn nicht gefährliche Folgen haben können.

Man kann sich die Situation desjenigen, der in den Besitz eines solch indiskreten Wissens gelangt, durch ein Gedankenexperiment vergegenwärtigen. Einmal angenommen, jemand hat Informationen über eine etwas merkwürdige oder peinliche Angelegenheit eines Freundes erhalten, z. B.: Er sieht, wie Petra, die z. Zt. arbeitslos ist, vom Einkauf aus einer teuren Boutique kommt. Oder: Peter erzählt ihm, dass er vergangene Woche zwei Bücher aus der Bibliothek hat „mitgehen" lassen. In welche Situation kommt derjenige, der diese Informationen über seine Freunde erhält? Welche Handlungsalternativen stehen ihm offen?

Auf den ersten Blick scheint es ja so zu sein, dass das Wissen um die persönlichen Angelegenheiten eines anderen gerade bei einem Freund in guten Händen liegt. Schließlich bedeutet Freundschaft auch Vertrauen, und private Dinge weiterzuerzählen wäre ein Vertrauensbruch, ein Akt der Indiskretion und kann u. U. die Freundschaftsbeziehung in Frage stellen. Nun hat aber bereits Friedrich Nietzsche (1968: 182) mit der ihm eigenen psychologischen Nüchternheit festgestellt: „Es wird wenige geben, welche, wenn sie um Stoff zur Unterhaltung verlegen sind, nicht die geheimeren Angelegenheiten ihrer Freunde preisgeben." Dies führt zu der soziologischen Frage, ob sich nicht für diese Beobachtung anstelle der bloßen Tautologie, dass die Menschen eben schwatzhaft seien, eine andere, strukturelle Erklärung finden lässt.

Als Antwort auf diese Frage soll hier die *These aufgestellt werden, dass so, wie im Geheimnis strukturell die Möglichkeit des Verrats angelegt ist, so ist dem Wissen über Privates strukturell die Tendenz zum Klatsch eigen*. Die Argumentation Georg Simmels (1968b: 274 ff; Bergmann 2018) zum Geheimnis modifizierend und ergänzend, lässt sich diese These folgendermaßen begründen: Wenn jemand etwas über die persönlichen Angelegenheiten von Peter/Petra erfahren hat, dann bleibt seiner Umgebung in der Regel zunächst nicht nur verborgen, was er über Peter/Petra weiß, sondern auch, *dass* er Informationen über Peters/Petras Privatleben hat. Nur er selbst weiß also, dass er etwas weiß, und dies ist ihrer Struktur nach eine instabile Situation, die ihn aus verschiedenen Gründen zur Preisgabe seines Wissens führen kann.

Um zunächst kurz auf einen eher strukturell-psychologischen Grund einzugehen: Das Wissen um persönliche Angelegenheiten anderer kann den Träger des Wissens dazu verführen, es im Klatsch weiterzugeben, weil es als geheimes Wissen sozial inaktiviert bleibt. Nur wenn das Wissen weitergetragen, das Geheimnis ausgeplaudert wird, kann der Wissende die Tatsache, dass er etwas weiß, für sich ummünzen in soziale Werte wie etwa gesellschaftliche Anerkennung, Prestige und Gefragtsein. Solange nur er selbst um sein Wissen weiß, mag er sich den anderen, die nicht wissen, überlegen fühlen, aber der Zustand des bloßen Wissens ermöglicht ihm noch nicht jene Erfahrung der „Superiorität, die im Geheimnis sozusagen in latenter Form liegend, sich erst im Augenblick der Enthüllung für das Gefühl voll aktualisiert" (Simmel 1968b: 275). Vor allem der Klatsch über Prominente und Vorgesetzte hat hier sein besonderes Motiv, darf doch der Klatschproduzent damit rechnen, dass etwas von dem Ruhm des Klatschobjekts, als dessen Vertrauter er sich mit seiner Klatschinformation zu erkennen gibt, auf ihn abfärbt.

Neben diesem psychologischen Grund, der durch andere zu ergänzen wäre – Medini & Rosenberg (1976) setzen Klatsch in Beziehung zu Isolation, Selbstwertgefühl, Neid oder Voyeurismus – lassen sich auch mehrere soziologische Gründe dafür nennen, dass im Wissen um das Privatleben anderer strukturell die Tendenz zum Klatsch angelegt ist. Zwei dieser Gründe sollen kurz dargestellt werden. Zum einen ist auf das universelle Phänomen zu verweisen, dass es eine deutlich wahrnehmbare Tendenz gibt, abwesende Dritte im Gegensatz zu den jeweils anwesenden Gesprächspartnern unverhüllt zu kritisieren, herabzusetzen, zu beschuldigen und zum Sündenbock zu machen. Es ist ein allgemeines Organisationsprinzip von alltäglichen Unterhaltungen, dass die Gesprächspartner sich wechselseitig ihre Achtung bezeugen, d. h. sowohl positive Höflichkeitssignale senden (Interesse bekunden, Affiliation zeigen etc.) als auch „negative Höflichkeit" – Zumutungen, Verlangen und allgemein „face threatening acts" – vermeiden (Brown & Levinson 1978; Stempel 1984: 160 ff). Außerdem werden alltägliche Unterhaltungen bestimmt von der Präferenz, wenn möglich Übereinstimmung mit den Interaktionspartnern zu erzielen (- zur „preference for agreement in conversation" cf. Pomerantz 1984). Diese Organisationsprinzipien sind jedoch in ihrem Geltungsbereich auf die in der Face-to-Face-Situation Anwesenden beschränkt. Fehlt der interaktive Schutz dieses Organisationsprinzips, so schwindet auch schlagartig die Hemmung der Gesprächsteilnehmer, abträgliche Dinge über andere Personen von sich zu geben. In dem bekannten Gebot „De mortuis nil nisi bene", mit welchem dem lästerlichen Reden über eine besonders schutzlose Gruppe von „Abwesenden" ein Riegel vorgeschoben werden soll, kann man ein deutliches Indiz dafür sehen, dass Abwesenden generell mit weit weniger Rücksicht und Vorsicht begegnet wird als Anwesenden. Die Alltagserfahrung, dass derjenige, der eine Gesprächsrunde verlässt (und sei's nur für kurze Zeit), oft unmittelbar nach seinem Abgang zum Klatschobjekt gemacht wird, verweist auf den gleichen Sachverhalt. Dass dieses Organisationsprinzip, das die Anwesenden vor wechselseitiger Kritik schützt, dafür aber die Abwesenden zur Kritik freigibt, die Bereitschaft zum Klatsch wesentlich fördert, liegt auf der Hand.

Entscheidend für die spezifische Gestalt von Klatsch ist nun aber der zweite soziologische Grund, der dafür verantwortlich zu machen ist, dass dem indiskreten Wissen über Privates strukturell die Tendenz zum Klatsch eigen ist. Freundschafts- und Bekanntschaftsbeziehungen implizieren (in unterschiedlicher Stärke) wechselseitiges Vertrauen, was auch bedeutet, den jeweils anderen „ins Vertrauen zu ziehen", ihm bestimmte Dinge „anzuvertrauen". Hat also Peter Informationen über die persönlichen Angelegenheiten seines Freundes Paul, so hat Petra, wenn sie mit den beiden befreundet ist, bis zu einem gewissen Grad einen Anspruch darauf, diese Informationen mitgeteilt zu bekommen. Ihr diese Informationen vorzuenthalten, würde ja bedeuten, ihr kein Vertrauen zu schenken.

An dieser Stelle *tut sich nun die zutiefst widersprüchliche, ja paradoxe Loyalitätsstruktur von Freundschafts- und Bekanntschaftsbeziehungen auf, die als Hauptenergiequelle für die schillernde Gestalt wie für den überdauernden Erfolg der kommunikativen Gattung „Klatsch" gelten kann.* Jemand, der Informationen über die persönlichen Angelegenheiten eines Freundes hat, ist einerseits diesem Freund gegenüber zur Diskretion verpflichtet, und in der Regel wird er diese Verpflichtung auch insofern beachten, als er seine Informationen nicht beliebig streuen oder an eine diffuse Öffentlichkeit weiterleiten wird. Andererseits aber ist derjenige, der dieses diskrete Wissen hat, auch seinen anderen Freunden gegenüber zur Loyalität verpflichtet, was in der Regel auch bedeutet, ihnen nicht Informationen, die für sie von Interesse sind, zu verschweigen und vorzuenthalten (cf. Colson 1953b: 205 ff und Blumenthal 1932: 128 ff über „cross-cutting ties"). *Genau an diesem Punkt, an dem Loyalitäten sich kreuzen und in Konflikt miteinander geraten, genau in dieser widersprüchlichen Situation hat sich die kommunikative Gattung „Klatsch" herausgebildet und etabliert.* Indem der Klatschproduzent sein Wissen über das Klatschobjekt weitergibt, begeht er einen Akt der Indiskretion; indem er aber darauf verzichtet, sein Wissen wahllos zu verbreiten, es stattdessen gezielt (cf. *discernere*) an spezifische Klatschrezipienten, und das heißt: an gemeinsame Freunde und Bekannte weitererzählt, verhält er sich wieder rücksichtsvoll, schonend, mit einem Wort: diskret. Klatsch – so lautet die zentrale These, zu dem die hier vorgelegte Studie gelangt – *Klatsch ist die Sozialform der diskreten Indiskretion.* Klatsch bildet die institutionalisierte Lösung eines strukturellen Widerspruchs, und sie bezieht von dort her ihre paradoxe Grundstruktur, ihre Dynamik und ihre schillernde Gestalt. Klatsch verstößt gegen das Diskretionsgebot und respektiert es doch auch gleichzeitig. Diese Verbindung wurde bereits, wenn auch psychologisch verkürzt, von Otto Kühne (1958: 578) erkannt, der in seinem Lehrbuch „Allgemeine Soziologie", das noch ganz in der Tradition von Leopold von Wiese steht und heute so gut wie vergessen ist, schrieb: „Einen dem indiskreten Verhalten verwandten sozialen Ausleseprozess stellt das 'Klatschen' dar. Bei ihm wird im Allgemeinen eine – meist versteckte – unfreundliche Distanz-Haltung (also mit negativem Auslesecharakter) gegenüber dem 'Verklatschten' eingenommen, welche zugleich eine vertrauliche Annäherung an denjenigen herbeiführen soll, dem der Klatsch zugetragen wird. Dabei kann natürlich dem äußeren Verhalten des Klatschenden der Mantel des 'Diskreten' umgehängt werden, die indiskrete Grundhaltung bleibt aber hiervon unberührt." Beim Klatsch wird zwar ein Geheimnis verraten, aber nur insofern, als ein gemeinsamer Freund in das Geheimnis eingeweiht und damit ein neues Geheimnis begründet wird.

In der Bestimmung von Klatsch als Sozialform der diskreten Indiskretion sind die sozialen Elemente der Moral, der Gruppe und der Information, die in den oben diskutierten Erklärungsansätzen auseinanderfielen, vereint. Aus der paradoxen Grundstruktur des Klatsches lässt sich nun besser verstehen, weshalb sich Klatsch – wie in den ethnografischen Studien übereinstimmend berichtet wird – mit einer so rasanten Geschwindigkeit verbreitet. Sobald der Klatschrezipient die als vertraulich markierten Informationen über das Klatschobjekt erhalten hat, kann er natürlich selbst zum

Klatschproduzenten avancieren. Dabei steht er allerdings vor einem Dilemma: Verbreitet er die Informationen rasch, können sie – da sie ja zunehmend öffentlich werden – auch schnell ihren Neuigkeitscharakter einbüßen. Bleibt er dagegen auf seinen Informationen wie auf einem Schatz sitzen, kann es ihm passieren, dass die Informationen, da sie ohne ihn durch andere verbreitet werden, bald keinerlei Marktwert mehr haben. Dazu kommt nun als weiterer Punkt, dass die Zurückhaltung interessanter Informationen von denjenigen, die aufgrund ihrer Freundschaftsbeziehung einen Anspruch darauf anmelden können, als Ausdruck mangelnden Vertrauens interpretiert und mit entsprechenden Reaktionen quittiert werden kann.

Aus diesen Überlegungen ergibt sich, dass indiskrete Informationen eine – wie man sagen könnte – geringe Halbwertszeit haben. Dies aber führt einerseits zur Bildung von *Klatschketten*, in denen indiskrete Informationen rasch weitergereicht werden, und andererseits zu dem bekannten Phänomen des *Durchhechelns*, das darin besteht, dass in einem Gespräch eine große Anzahl von Freunden und Bekannten in kürzester Zeit auf mögliche klatschträchtige Informationen hin durchgegangen werden. Funktionieren diese Verbreitungsmechanismen von Klatsch, so kann es dazu kommen, dass eine private Information – z.B., dass eine Frau schwanger ist – ohne offiziell verbreitet worden zu sein, innerhalb kurzer Zeit bei den meisten Freunden und Verwandten bekannt ist und damit das bildet, was man ein „öffentliches Geheimnis" nennt. Auch in diesem Ausdruck offenbart sich noch einmal die paradoxe Struktur des Klatsches als der Sozialform der diskreten Indiskretion.

Im Übrigen ist jetzt auch erkennbar, dass die Diskrepanz zwischen der öffentlichen Ächtung und der privaten Praktizierung von Klatsch in einem direkten Zusammenhang mit dessen paradoxer Grundstruktur steht. Ohne die Ächtung von Klatsch und Indiskretion bestünde ja für jemanden, der Informationen über persönliche Angelegenheiten anderer hat, keinerlei Veranlassung, irgendwelche Rücksichten bei der Verbreitung seines Wissens walten zu lassen. Erst die Ächtung von Klatsch und Indiskretion führt zur Einschaltung des sozialen Beziehungsnetzes aus Freunden und Bekannten als dem angemessenen-weil-eingeschränkten Informationsvertriebssystem. Durch die gesellschaftliche Ächtung von Klatsch und Indiskretion wird das soziale Beziehungsnetz der Klatschakteure aktiviert und – funktionalistisch gesprochen – verstärkt. Mehr noch: Indem zwei Personen miteinander klatschen und somit gemeinsam etwas Ungehöriges tun, und auch indem sie miteinander ihre indiskreten Informationen und ihre Empörung über gemeinsam bekannte Dritte teilen, produzieren und reproduzieren sie zwischen sich eine soziale Beziehung mit einem hohen Intimitätsgrad. Damit ist Klatsch als Sozialform der diskreten Indiskretion ein Vergemeinschaftungsmechanismus ersten Ranges, oder in Malinowskis (1974: 352) Worten: „Beim rein geselligen Beisammensein und beim Klatsch verwenden wir Sprache genau so, wie es die Wilden tun, und unser Gespräch wird zu der [...] 'phatischen Kommunion', die dazu dient, Bande der persönlichen Gemeinsamkeit zwischen Menschen herzustellen."

5.6 Moral und Klatsch in der mediatisierten Gesellschaft

Malinowskis Betonung der Gemeinsamkeit stiftenden Funktion von Klatsch trifft zwar einen richtigen Punkt, doch Klatsch ist, wie gezeigt wurde, keineswegs nur der harmlose „Austausch von Wörtern", sondern erfüllt als – geächtete – Sanktionspraxis gleichzeitig immer auch moralische Funktionen. Vor diesem Hintergrund wird deutlich, dass Malinowskis Parallelisierung zwischen „uns" und den „Wilden" (abgesehen von der heute inakzeptablen Sprache) in mehrfacher Hinsicht problematisch ist.

Zum einen ist zu bedenken, dass sich einfache Stammesgesellschaften von modernen Gesellschaften nicht nur durch den Inhalt der moralischen Verhaltenspostulate unterscheiden, sondern vor allem und insbesondere auch dadurch, dass sie von einer *erweiterten Vorstellung von moralischer Verantwortung* bestimmt werden. Exemplarisch kann hier Evans-Pritchard (1978: 101) genannt werden, der bei den Azande im nördlichen Zentralafrika beobachtet hat, dass dort fast jedes Ereignis, das für jemanden schädlich ist, auf die böse Gesinnung eines anderen zurückgeführt wird. „Was für einen Azande schlecht ist, ist moralisch schlecht, das heißt, es geht auf einen bösen Menschen zurück. Jedes Unglück ruft die Vorstellung von Verletzung und den Wunsch nach Vergeltung hervor. Denn jeder Verlust wird von den Azande als von Hexen verschuldet angesehen. Für sie ist der Tod, egal aus welchem Grund, Mord und schreit nach Rache." In modernen Gesellschaften können Unglücksereignisse, Krankheiten oder Tod auf kausale Ursachen zurückgeführt und ohne moralische Zuschreibung erklärt werden. Segmentäre Gesellschaften dagegen werden von einer erweiterten Moralvorstellung bestimmt und daraus folgt direkt ein höheres Maß an Moralisierung – und an Klatsch. Dass Ethnologen wie Paul Radin (1957) bei „primitiven" Völkern eine besondere Klatschhaftigkeit beobachtet haben wollen, hat genau darin seinen Grund.

Zum anderen ist Malinowskis Parallelisierung zwischen „uns" und den „Wilden" mit Bezug auf Klatsch deshalb falsch, weil sich der Status von Moral als einer gesellschaftlichen Ordnungskraft grundlegend gewandelt hat (cf. Bergmann & Luckmann 2013c: 33 ff). Lange Zeit wurde die Soziologie bestimmt von der Vorstellung, dass Gesellschaft und Moral aufs engste miteinander verkoppelt sind und Moral als Mechanismus der gesellschaftlichen Integration die Möglichkeit und Perpetuierung von sozialer Ordnung gewährleistet. Eine Gesellschaft ohne eine verpflichtende Moral war ernsthaft nicht vorstellbar. Doch diese Grundannahme ist für die heutigen, (post-) modernen Gesellschaften nicht mehr haltbar. Bereits in einer Publikation aus dem Jahr 1947 hatte Theodor Geiger die These entwickelt, dass *moderne Gesellschaften durch eine weitgehende Zerstörung einer allgemein verpflichtenden Moral gekennzeichnet sind*. Entscheidend ist, dass Geiger diese These keineswegs kulturkritisch meint; er klagt nicht über den Verlust der Tugend, sondern sieht in dem Zurücktreten der Moral gerade eine notwendige Bedingung für das Überleben komplex organisierter Gesellschaften. „Wenn es [...] nicht zu völliger Anarchie kommt, so ist das nicht moralischen Kräften, sondern im Gegenteil der sinkenden Bedeutung des Moralischen in einer mehr und mehr institutionalisierten Gesellschaft zu danken" (Geiger 1964:

307). Begründet ist dieser Funktionsverlust der Moral darin, dass in hochdifferenzierten Gesellschaften die individuellen Gewissensmoralen sich autonomisieren und ebenso auseinandertreten wie einzelne Gruppen- und Sondermoralen. Da dieses Auseinanderfallen verschiedener Moralanschauungen – Geiger spricht hier von „Moral-Schisma" – zur Desintegration der Gesellschaft führen muss, ist Moral nicht länger als sozialer Regulator brauchbar. Das soziale Leben kann nicht mehr durch Moral, sondern muss durch andere Ordnungsgefüge und -mechanismen geregelt werden. Deshalb ist zu erwarten, *dass sich die Bedeutung des Moralischen als des zentralen Mechanismus der sozialen Integration in einer komplexen Gesellschaft ständig abschwächen wird*. Insgesamt zeichnen sich gegenwärtige Gesellschaften durch eine große Konkurrenz von Weltsichten, Glaubenssystemen und Moralen aus. Deshalb kann, wer heute mit moralischem Anspruch auftritt, sich nicht mehr auf ein vermeintlich von allen Mitgliedern der Gesellschaft geteiltes System von Normen und Werten berufen. Die Moral hat ihre „natürliche Selbstverständlichkeit" verloren. Während Moral früher die als selbstverständlich hingenommene und in Anspruch genommene Grundlage für soziale Urteile und Handlungsentscheidungen war, bildet sie in modernen Gesellschaften ein riskantes Objekt, das mit großer Vorsicht behandelt werden muss. Zugespitzt könnte man sagen: War Moral früher die Lösung, so ist sie heute für die Handelnden häufig das Problem.

Stimmt die These vom notwendigen Funktionsverlust der Moral in (post-)modernen Gesellschaften, ist zu erwarten, dass auch die kommunikativen Formen, in denen Moral verhandelt wird und lebt, Wandlungen durchlaufen. In dem Forschungsprojekt „Kommunikative Konstruktion von Moral" wurden in den 1990er Jahren zahlreiche Studien zu verschiedenen Formen der moralischen Kommunikation – u.a. zu Sprichwörtern, Beschwerdeerzählungen, Entrüstungs-, Vorwurfs- und Frotzelpraktiken, Stereotypenkommunikation, Belehrungen, Moralpredigten, zum „Wort zum Sonntag", zu moralischen Praktiken in Höreranrufen, in der Sexualberatung oder in Ökologiegruppen – durchgeführt (cf. Bergmann & Luckmann 2013a; 2013b). In diesen Studien zeigte sich durchgehend, dass die Moral in der Kommunikation entschärft in Erscheinung trat, d.h., *moralische Kommunikation wurde abgekühlt und nicht mehr mit dem Eifer und der Unbedingtheit früherer Zeiten praktiziert*. Moralische Kommunikation erschien ihrem Stil nach insgesamt indirekter und obliquer, moralisiert wurde weniger absolut, die Geltungsansprüche der Moral wurden zurückgenommen und relativiert. Die Teilnehmer beim Moralisieren ließen sich Rückzugsmöglichkeiten offen oder markierten ihre moralischen Stellungnahmen als verhandelbar. Sie „entgifteten" ihre moralischen Urteile mittels Ironie und Humor, was ihren Äußerungen einen paradoxen Charakter verlieh, da der Akt des Moralisierens durch Elemente einer Art Moralisierungsdistanz partiell sich selbst dementierte. Wer ungeschützt moralisierte, musste darauf gefasst sein, nach seinem moralischen Bezugsrahmen gefragt zu werden. Ja, wer moralisierte, exponierte sich, verabsolutierte seine moralischen Standards und lief damit Gefahr, selbst zum Ziel von moralischer Kommunikation zu werden.

Diese paradoxe Qualität der moralischen Kommunikation in (post-)modernen Gesellschaften lässt sich verstehen als das Resultat von Präventionsmaßnahmen, die verhindern sollen, dass gegensätzliche und rigoros vertretene Moralanschauungen unversöhnlich aufeinandertreffen und sozialen Unfrieden stiften. Deshalb wird moralische Kommunikation gedämpft und ohne moralische Unbedingtheit betrieben. Dadurch aber wird sie tendenziell zu einem folgenlosen Spiel, das nur halb ernsthaft betrieben wird und aus dem sich kaum ernsthaften Konsequenzen ergeben. Das gilt nicht zuletzt auch für Klatsch. Klatsch ist ja, weil er einen ausgeschlossenen Dritten zum Objekt hat, für sich bereits eine indirekte Form des Moralisierens. Dazu kommt, dass die Kombination aus Diskretion und Indiskretion Möglichkeitsräume für das Spiel mit Urteilen und Dementis, mit Verletzung und Wiedergutmachung, mit forscher Attacke und scheinheiliger Empathie eröffnet. Bei aller ernsthaften moralischen Kritik am abwesenden Klatschobjekt hatte Klatsch schon immer auch einen *Unterhaltungswert* für die Akteure, und es ist gut vorstellbar, dass diese Funktion von Klatsch mehr und mehr in den Vordergrund tritt. Klatsch wird dann zu einem *folgenlosen Empörungs- und Belustigungsspiel*, bei dem das Klatschopfer und seine Schwächen zwar Zielscheibe von Häme, Hohn und Gelächter ist, aber die Schmähung und der Spott dienen nicht mehr dazu, das Klatschopfer durch Reputationsverlust und über Anschlusskommunikation auf den Pfad der Tugend zurückzuführen. Auch als strategisches Mittel der Personalpolitik verliert Klatsch dann seine Bedeutung.

Für die These einer Entschärfung der Moral im Klatsch spricht die Beobachtung, dass in den 1980er Jahren die kollektive öffentliche Ächtung von Klatsch zunehmend schwächer wurde und weitgehend zu verschwinden schien. Klatsch galt nicht mehr wie selbstverständlich als eine verpönte Praxis, von der man sich distanziert, sondern wurde weithin als ein „Alltagstherapeutikum" entdeckt und unverhohlen als eine Art von Volks-Psychotherapie gefeiert. Unter Überschriften wie „Klatsch: Balsam für die Seele" (E. Wolf 1984) oder „Was ist noch schöner als Klatsch?" (Schönfeldt 1983) setzten kleine Ratgeberartikel oder Glossen in Familienjournalen und anderen Zeitschriften öffentlich zu einer Lobpreisung des Klatsches an. Es scheint so, als wäre der moralische Diskurs, der seit jeher die öffentliche Rede über den Klatsch beherrscht hat, in dieser Zeit auf dem besten Weg, sich in einen medizinisch-psychologischen Diskurs über Klatsch zu verwandeln. Doch dieser *Prozess der therapeutischen Nobilitierung* ist, insofern er auf eine öffentliche Rehabilitation des Klatsches hinausläuft, von einem Paradoxon gekennzeichnet: Er muss gerade dann scheitern, wenn er erfolgreich ist. Mit der Aufhebung seiner gesellschaftlichen Ächtung bräuchte ja der Klatsch keine Verheimlichung mehr, indiskretes Wissen müsste nicht mehr diskret kommuniziert werden, es gäbe kein Tuscheln mehr, kein Die-Köpfe-Zusammenstecken, kein verschwörerisches „Nur zu Dir!". D.h.: Die gesellschaftliche Ehrenrettung des Klatsches würde zwangsläufig auch dessen gemeinschaftsbildende Funktion zum Verschwinden bringen, also gerade jenes Merkmal, auf welches sich die therapeutische Nobilitierung gründet. Die Vergemeinschaftungsfunktion von Klatsch ist ohne dessen gesellschaftliche Ächtung nicht zu haben; *nur als etwas Böses kann Klatsch Gutes tun.*

Malinowskis Parallelisierung zwischen „uns" und den „Wilden" mit Bezug auf Klatsch ist heute aber noch aus einem anderen Grund obsolet. Moderne Gesellschaften sind keine Anwesenheitsgesellschaften mehr, in denen potentiell jeder jeden kennt, sondern mediatisierte Gesellschaften, deren Mitglieder tagtäglich Begegnungen mit vielen Unbekannten haben, die oft gar nicht physisch präsent sind, sondern durch technische Medien miteinander kommunizieren. Insofern Klatsch ein Zunftphänomen ist und zwischen Akteuren ausgetauscht wird, die sich wechselseitig kennen, muss die Mediatisierung der Gesellschaft noch keine Bedeutung haben für die Praktiken der Klatschkommunikation. Doch Robert Park (1915: 597 ff) hatte bereits früh die Überlegung angestellt, ob nicht „die Zeitung die Funktion erfüllt, die in früheren Zeiten der Dorfklatsch hatte". Ein wichtiges Thema für die *Massenmedien* sind die Personen des öffentlichen Lebens, die durch ihre mediale Präsenz zu „Prominenten" werden, deren Privatleben wiederum für die Medien wie für die Medienrezipienten von Interesse ist. Es entwickelt sich eine eigene Spezies von Medienakteuren (Klatsch- oder Gesellschaftsreporter, Paparazzi), die auf die Berichterstattung über Filmstars, Musiker, Adelige, Sportler und andere Gruppen von Prominenten spezialisiert sind. Und es kommt zu eigenen Medienformaten (Boulevardzeitungen, Skandalblätter, Talkshows), in denen Neuigkeiten über das Leben Prominenter und deren spöttische oder glorifizierende Kommentierung im Mittelpunkt stehen. Doch im Gegensatz zu früheren Zeiten, in denen das Leben von Prominenten durch Klatsch in den Medien ruiniert werden konnte, ist der Prominentenklatsch heute – auch durch juristische Fesseln – weitgehend entschärft und erfüllt in erster Linie eine Unterhaltungsfunktion. (Cf. den Exkurs über Prominentenklatsch in Kap. 3.3)

Neu beim Prominentenklatsch ist nicht nur, dass zwischen Klatschproduzent, Klatschrezipient (=Medienkonsument) und Klatschobjekt keine wechselseitige Bekanntschaft besteht. Neu ist auch, dass die Grenze zwischen dem, was als privat gilt, und dem, was öffentlich zum Thema gemacht wird, verschwimmt. Bereits 1846 hatte Sören Kierkegaard (1954: 104–107) am Beispiel des Pressewesens diesen Effekt deutlich erkannt, die entgrenzende, nivellierende Wirkung heftig kritisiert hat und als allgemeines Kennzeichen von Geschwätz charakterisiert: „Was heißt schwatzen? Es ist die Aufhebung des leidenschaftlichen Entweder-Oder zwischen Reden und Schweigen. Allein der, welcher wesentlich schweigen kann, vermag wesentlich zu reden. [...] Je weniger Idealität und je mehr Äußerlichkeit, umso mehr wird das Gespräch zu einem unbedeutenden Herzählen und Referieren von Personennamen, von 'völlig zuverlässigen' Privatnachrichten über das, was der und jener namentlich Genannte gesagt habe usw. [...] Durch dies Schwatzen wird nun die Unterscheidung zwischen dem Privaten und dem Öffentlichen aufgehoben in einer privat-öffentlichen Geschwätzigkeit." Diese *Verwischung der Grenze zwischen dem Privaten und dem Öffentlichen ist* in den vergangenen Jahrzehnten vor allem durch das Aufkommen des Internet und der sozialen Medien virulent geworden. Denn einerseits wird das, was in früheren Zeiten als „privat" gegen die Umwelt abgeschirmt wurde, heute millionenfach in Blogs öffentlich gepostet. Andererseits muss, wer heute im Internet unterwegs ist, darauf gefasst sein, dass seine Privatheit in Gestalt seiner „persönlichen Daten" oder seiner Benutzerspuren von zahlreichen Diensten abgegriffen wird.[41]

Welche Folgen haben die neuen elektronischen Medien und der mediatisierte Alltag für die Klatschkommunikation? Zu dieser Frage gibt es erst seit einigen Jahren eine Reihe von medienwissenschaftlichen und soziologischen Untersuchungen, die durchgängig noch explorativer Art sind und insgesamt zu keinem einheitlichen Ergebnis kommen (exemplarisch genannt seien: Ricks 2013; Gabriels & de Backer 2016; Bishop 2019). Einige der Studien verweisen darauf, dass eine große Gruppe von „Usern" *das Internet analog zu den früheren asynchronen Medien als einfache Informationsquelle benutzen.* So porträtiert Stine Lomborg (2013: 129) in ihrer Studie „Social media, social genres" eine Nutzerin, die verschiedenen Hollywood-Prominenten auf Twitter folgt, wodurch sie sich erspart, Neuigkeiten und Klatsch aus anderen Quellen, wie wöchentlichen Boulevardzeitungen, zusammensuchen zu müssen, und wodurch sie auf einfache Weise immer auf dem Laufenden bleiben kann. Eine andere Untersuchung von Erin A. Meyers (2013) kommt allerdings zu dem Ergebnis, dass Blogs mit Prominentenklatsch einen Raum öffnen, in dem die Benutzer die Medienindustrie und ihre Definitionsmacht kritisieren können, wobei in diesen Blogs eher konservative Vorstellungen von Geschlecht, Sexualität und Rasse dominieren. Auf ähnliche Weise zeigt auch Maria Eronen (2015) durch eine rhetorische Analyse der subjektiven Aussagen zu Prominenten in Online-Kommentaren, dass darin eine intime Nähe zu den Prominenten konstruiert, zugleich aber auch durch Spott und Moralisierung eine Distanz zu den prominenten Medienobjekten hergestellt wurde.

Doch welche Rolle spielt Klatsch für diejenigen, die die *synchrone Funktion der neuen Medien* benutzen, um auf diesem digitalen Weg mit anderen – Freunden wie Fremden – zu kommunizieren? Aus den vorliegenden Untersuchungen, von denen viele medienethnografisch angelegt sind, ergibt sich im Hinblick auf Klatsch, dass die sozialen Medien das Spektrum an relationalen Praktiken erweitern, mittels derer die Benutzer soziale Beziehungen aufbauen, pflegen und transformieren (Miller 2012), dabei aber die Differenz zwischen direkter und vermittelter Kommunikation nicht unnötig überbetont werden sollte (Schultz 2001). Dementsprechend gilt, dass der digitale Klatsch eine Ergänzung zu Klatsch in persönlichen Gesprächen bildet, aber in seiner Eigenqualität von den „Usern" auch metakommunikativ reflektiert wird (Jones, Schieffelin & Smith 2011). Die sprachlichen und rhetorischen Merkmale des Face-to-Face-Klatsches bleiben auch in Online-Umgebungen erhalten – so Annie Hiatt (2011) in ihrer Untersuchung über Klatsch bei Facebook und Sarah Jane Blithe (2014) in ihrer Untersuchung der Klatschkommunikation von virtuellen Mitarbeitern einer Organisation. Zu einem ähnlichen Ergebnis gelangt auch Eike Krabbenhöft (2014) in ihrer Studie über Klatschen und Plaudern in SMS. *Merkmale von Klatsch in unmittelbarer*

---

41 Cf. zu diesen beiden Aspekten die Studien in dem Sammelband von Hinda Mandell & Gina M. Chen (2016), die sich sowohl mit dem Thema „When privates go public" als auch mit dem Problem der „Digital surveillance" befassen.

Interaktion werden analog auf Klatsch in der technisch vermittelten Kommunikation übertragen, wie etwa Anna Tuschling (2009: 143) in ihrer Arbeit über Klatsch im Chat beobachtet hat: Im Gruppenchat wird „das Ein- und Ausloggen als metaphorische Anzeige von An- und Abwesenheit einzelner Gesprächsteilnehmer zum Auslöser von Klatschepisoden."

Allerdings ist zu beobachten, dass die besonderen technischen Merkmale der sozialen Medien auch zu genuinen Formen von Klatsch in der digitalen Kommunikation führen können. Zu denken ist dabei zum einen an die Möglichkeit der *anonymen Teilnahme an Kommunikation*, wodurch potentielle Klatschakteure in die Lage versetzt werden, unerkannt als Klatschrezipienten an Klatsch zu partizipieren („lurking"). Daniel Miller (2012) berichtet, dass Facebook auf Trinidad „fasbook" oder „Macobook" genannt wird, wobei die Dialektausdrücke „fas" und „maco" für übertriebene Neugier und für das Herumschnüffeln in den Angelegenheiten anderer stehen. Ernsthaftere Folgen hat die Möglichkeit der anonymen Beteiligung sicher dort, wo ein User unerkannt oder unter einem falschen Namen als Klatschproduzent agiert und Informationen über einen vermeintlichen Fehltritt eines Dritten postet (Nycyk 2015). Die Geschwindigkeit der Informationsverbreitung und die hohe Intensität der Vernetzung im Internet können dann zu einer nachhaltigen Schädigung des Ansehens des Klatschopfers führen, und zwar selbst dann, wenn sich die gepostete Information als falsch herausstellt (cf. Solove 2017).

Die „affordances" der elektronischen Kommunikation bieten dem digitalen Klatsch noch eine weitere Entwicklungsmöglichkeit, die ihn vom Face-to-Face-Klatsch unterscheidet.[42] Klatsch ist, wie in der empirischen Analyse gezeigt wurde, fortwährend mit der epistemischen Problematik der Skepsis gegenüber ihrem Wahrheitsgehalt konfrontiert. Während in der unmittelbaren Kommunikation der Nachweis der Wahrhaftigkeit einer Darstellung auf sprachliche Mittel angewiesen ist (etwa auf das Mittel des Zitats oder auf das „ich tat gerade x, als y"-Format), kann in der elektronischen Kommunikation ein *bildliches Dokument* diese Funktion erfüllen. An die Stelle einer persuasiven Figur, die auf sprachlich-diskursivem Weg den Rezipienten von der Richtigkeit einer Aussage überzeugen soll, *genügt jetzt das Zeigen eines Bildes*, das für sich sprechen soll (cf. Meyer & Meier zu Verl 2017). Bilder haben einerseits einen hohen Evidenzcharakter, die Rezipienten werden nicht überzeugt, sondern durch das Gezeigte überwältigt. Andererseits stimulieren Bilder, gerade weil sie sprach- und zeitlos sind, Auslegung und Interpretation, Fantasie und Spekulation – also Kräfte, die dem Klatsch neue Impulse verschaffen und ihn am Laufen halten. Bilder sind damit als Belege wie als Stimulans ein passgenaues Medium für den digitalen Klatsch und es zeigen sich erste Ansätze, dass sich „visual gossip" (Johansen, Pedersen & Tjørnhøj-Thomsen 2018) als neue digitale Praxis entwickelt.

---

42 Zum Konzept der „affordances", das ein latentes Handlungspotential oder -angebot von Objekten bezeichnet, und zur Bedeutung dieses Konzepts für die Analyse von Mensch-Maschine und Mensch-Medien-Interaktion cf. den Übersichtsartikel von Nicole Zillien (2019).

Der Klatsch in den elektronischen Medien findet sein Futter nicht nur in der lebendigen Alltagswelt, sondern gerade auch im digitalen Kosmos des Internet selbst. Hier hat sich das, was Erving Goffman (1969) noch in Verhaltensbegriffen für den Alltag als „presentation of self" bezeichnet hat, multipliziert und intensiviert, vor allem aber technisiert. Die Idee der Selbstoptimierung mag zunächst ein individualpsychologisch begründetes Streben nach Verbesserung der eigenen Fähigkeiten und Leistungen sein, doch schon immer war darin auch das potentielle Publikum präsent, für das das Selbst optimal in Szene gesetzt wird. Das Internet ist nicht nur voll von Ratschlägen für Programme und Techniken der Selbstoptimierung, hier werden auch die privaten Resultate dieser Perfektionierungspraktiken in Form von Bildern („Selfies"), Leistungskurven oder Erfahrungsberichten öffentlich ausgestellt. Doch hinter jeder Inszenierung des Selbst lauert das nicht-inszenierte Selbst – und damit der Klatsch, der von dieser Differenz lebt. Und man kann beobachten, dass sich wie im Alltag so auch in den elektronischen Medien der Klatsch und das Lästern rasch als Gegenmittel gegen die inszenierte Selbstüberhöhung und die digitale Kosmetisierung einstellen.

Weil in ihnen die Grenze zwischen dem Privaten und dem Öffentlichen porös wird, haben die sozialen Medien und das Internet eine hohe Affinität zu Klatsch. Doch in welchem Modus findet dieser Klatsch statt? Ist die moralische Kommunikation auch im digitalen Klatsch primär Unterhaltung und Empörungsspiel und nur sekundär verbunden mit der Androhung von Achtungsentzug? Oder lebt der digitale Klatsch in seiner traditionellen Gestalt auf, fällt harte moralische Urteile über Dritte und kennt keine Zweifel an der Richtigkeit seiner Verdikte?

Diese Frage ist nicht eindeutig zu beantworten, weil in der heutigen Gesellschaft der Status der Moral hochgradig ambivalent geworden ist. Neben dem moralischen Relativismus, der in den 1990er Jahren in den Studien zur kommunikativen Konstruktion von Moral beobachtet wurde, ist ein moralischer Rigorismus wiedererstanden, der vermutlich immer schon in einzelnen sozialen Milieus überlebt hat, sich aber nun lautstark öffentlich zur Geltung bringt. Ob diese beiden moralischen Habitusmuster sich auf einzelne soziale Gruppen oder Milieus verteilen, ist eine offene Frage. Durch globale Krisen unterschiedlicher Art ist jedenfalls die Frage, wie wir leben wollen – oder müssen – immer aktueller geworden, wodurch jeder einzelne in seiner Lebenspraxis zu neuen Entscheidungen und moralischen Begründungen gezwungen wird, die sich durch Ironisierung und Moralisierungsdistanz nicht einfach verharmlosen lassen. Anzunehmen ist, dass diese beiden moralischen Habitusmuster in den einzelnen Subjekten koexistieren und situativ und in Abhängigkeit von der jeweiligen interaktiven Konstellation mal als moralisches Engagement und mal als moralische Indifferenz aktiv werden. Stimmt diese Überlegung, müssten wir alle lernen, mit derartigen moralischen Inkonsistenzen, die fortwährend unseren Alltag durchziehen, zu leben.

Im Hinblick auf Klatsch bedeutet das: Das Repertoire der moralischen Kommunikation über abwesende Dritte wird breiter. Es darf unversöhnlich und verletzend, aber auch nachsichtig und ironisch geklatscht werden. In welchem Modus geklatscht werden soll, muss im Einzelfall von den Akteuren ausgehandelt werden. Damit wird Klatsch, der immer schon der intersubjektiven Abstimmung bedurfte, für die Akteure noch einmal eine Stufe komplizierter. Man kann davon ausgehen, dass auch das den Klatsch nicht zum Verschwinden bringen wird.

Verzeichnis der Transkriptionssymbole

[	Beginn einer Überlappung, d. h. gleichzeitiges Sprechen von zwei Parteien
]	Ende einer Überlappung
=	Schneller Anschluss einer nachfolgenden Äußerung, oder auch schnelles Sprechen innerhalb einer Äußerung
(0.8)	Pause; Dauer in Sekunden
(-)	Kurzes Absetzen; kurze Pause (ca. ¼ Sek.)
ja:::	Dehnung eines Vokals; die Anzahl der Doppelpunkte entspricht der Länge der Dehnung
°ja°	Leise
°°ja°°	Sehr leise
nein	Betont
NEIN	Laut
. ;	Stark bzw. schwach fallende Intonationskurve
? ,	Stark bzw. schwach steigende Intonationskurve
vi-	Abbruch eines Wortes oder einer Äußerung
.hh hh	Hörbares Einatmen bzw. Ausatmen
<u>aber</u>	Äußerung ist mit Lachen unterlegt
(ach)	Unsichere Transkription
( )	Sprecher unbekannt bzw. Inhalt der Äußerung unverständlich; Länge der Klammer entspricht der Dauer der unverständlichen Äußerung
<*lachen*>	Umschreibung von para-linguistischen, mimisch-gestischen und gesprächsexternen Ereignissen bzw. Informationen zur Situation und zum Kontext des Gesprächs
:	Auslassung im Transkript

Die Personennamen sowie die Orts- und Zeitangaben, die in den Transkripten auftauchen, sind durchweg Pseudonyme bzw. Deckangaben

https://doi.org/10.1515/9783110758092-008

Literaturverzeichnis

Fremdsprachige Zitate im Text wie in den Anmerkungen wurden, wenn keine vorliegenden deutschen Übersetzungen aufgeführt sind, vom Autor ins Deutsche übertragen. In einigen Fällen wurden die deutschen Übersetzungen stillschweigend nach dem Original korrigiert.

Aberle, D.F. (1967). The psychosocial analysis of a Hopi life-history, in: R. Hunt (ed.). *Personalities and cultures: Readings in psychological anthropology.* Garden City, N.Y.: Natural and History Press, 79 – 138.

Abrahams, R.D. (1962). Playing the dozens, in: *The Journal of American Folklore*, 75, 209 – 220.

Abrahams, R.D. (1970). A performance-centered approach to gossip, in: *Man (N.S.)*, 5, 290 – 301.

Adams, R.M. (1977). *Bad mouth: Fugitive papers on the dark side.* Berkeley: University of California Press.

Aebischer, V. (1979). Chit-chat: Women in interaction, in: *OBST* (=Osnabrücker Beiträge zur Sprachtheorie), No.9, 96 – 108.

Aghbolagh, M.B. & F.S. Ardabili (2016). An overview of the social functions of gossip in the hospital, in: *Management Issues in Healthcare System*, 2, 27 – 33.

Albert, E.M. (1972). Culture patterning of speech behavior in Burundi, in: J.J. Gumperz & D Hymes (eds.), *Directions in sociolinguistics: The ethnography of communication.* New York: Oxford University Press, 72 – 105.

Albrecht, G. (1972). Zur Stellung historischer Forschungsmethoden und nichtreaktiver Methoden im System der empirischen Sozialforschung, in P.C. Ludz (Hrsg.). *Soziologie und Sozialgeschichte (Sonderheft 16 der Kölner Zeitschrift für Soziologie und Sozialpsychologie).* Opladen: Westdeutscher Verlag, 242 – 293.

Allen, D.E. & R.F. Guy (1974). *Conversation analysis: The sociology of talk.* The Hague: Mouton.

Allport, G.W. & L. Postman (1947). *The psychology of rumor.* New York: Henry Holt and Company.

Almirol, E.B. (1981). Chasing the elusive butterfly: Gossip and the pursuit of reputation, in: *Ethnicity*, 8, 293 – 304.

Althans, B. (1985). „Halte dich fern von den klatschenden Weibern…": Zur Phänomenologie des Klatsches, in: *Feministische Studien*, 2, 46 – 53.

Aman, R. (ed.) (1987). *The best of „Maledicta": The International Journal of verbal aggression.* Philadelphia: Running Press.

Andreas-Friedrich, R. (1954). *So benimmt sich die junge Dame, 2.* Aufl. Heidelberg: Kemper.

anon. (1806). Milalimatik oder die Kunst nicht zu klatschen, in: *Journal des Luxus und der Moden*, 20, 370 – 382.

Arewa, E.O. & A. Dundes (1964). Proverbs and the ethnography of speaking folklore, in: *American Anthropologist*, 66, 70 – 85.

Aristoteles (2017). *Nikomachische Ethik* (Übersetzung: G. Krapinger). Stuttgart: Reclam; engl.: (2009). *The Nicomachean ethics* (Übersetzung: D. Ross). Oxford: Oxford University Press.

Arminen, I. (2004). Second stories: The salience of interpersonal communication for mutual help in Alcoholics Anonymous, in: *Journal of Pragmatics*, 36, 319 – 347.

Arno, A. (1980). Fijian gossip as adjudication: A communication model of informal social control, in: *Journal of Anthropological Research*, 36, 343 – 360.

Aswad, B.C. (1967). Key and peripheral roles of noble women in a Middle Eastern Plains village, in: *Anthropological Quarterly*, 40, 139 – 152.

Auer, J.C.P. (1979). Referenzierungssequenzen in Konversationen: Das Beispiel 'Ortsangaben', in: *Linguistische Berichte*, 62, 93 – 106.

Ayaß, R. (2020). Doing waiting. An ethnomethodological analysis, in: *Journal of Contemporary Ethnography*, 49:4, 419 – 455.

https://doi.org/10.1515/9783110758092-009

Back, K.W. & D. Polisar. (1983). Salons und Kaffeehäuser, in: F. Neidhardt (Hrsg.), Gruppensoziologie (Sonderheft 25 der *Kölner Zeitschrift für Soziologie und Sozialpsychologie*). Opladen: Westdeutscher Verlag, 276–286.

Bailey, F.G. (1971a). Gifts and poison, in: F.G. Bailey (ed.). *Gifts and poison: The politics of reputation*. New York: Schocken Books, 1–25.

Bailey, F.G. (1971b). The management of reputations in the process of change, in: F.G. Bailey (ed.). *Gifts and poison: The politics of reputation*. New York: Schocken Books, 281–301.

Bailey, F.G. (1973). Losa, in: F.G. Bailey (ed.). *Debate and compromise: The politics of innovation*. Totowa, NJ: Rowman and Littlefield, 164–199.

Bailey, F.G. (1977). *Morality and expediency: The folklore of academic politics*. Chicago: Aldine.

Baker, CH. (1975). „This is just a first approximation, but...", in: *Papers from the eleventh regional meeting of the Chicago Linguistic Society*. Chicago: The Chicago Linguistic Society, 37–47.

Balikci, A. (1968). Bad friends, in: *Human Organization*, 27, 191–199.

Barthes, R. (1978). *Über mich selbst*. München: Hanser (orig. 1975).

Bateson, G. (1951). Information and codification: A philosophical approach, in: J. Ruesch & G. Bateson, *Communication: The social matrix of psychiatry*. New York: Norton, 168–211.

Bauman, R. (ed.) (1992). *Folklore, cultural performances, and popular entertainments: A communication-centered handbook*. New York/Oxford: Oxford University Press.

Bauman, R. & J. Sherzer (eds.) (1974). *Explorations in the ethnography of speaking*. London: Cambridge University Press.

Bauman, R. & J. Sherzer (1975). The ethnography of speaking, in: *Annual Review of Anthropology*, 4, 96–119.

Baumgartner, M.P. (1984). Social control in suburbia, in: D. Black (ed.), *Toward a general theory of social control, vol.2*. Orlando, Fl.: Academic Press, 79–103.

Bausinger, H. (1958). Strukturen des alltäglichen Erzählens, in: *Fabula*, 1:3, 239–254.

Bausinger, H. (1980). *Formen der 'Volkspoesie'*. Berlin: Erich Schmidt (orig. 1968).

Bausinger, H. (1986). Schimpfen: Anmerkungen zu einem vernachlässigten Kommunikationsakt, in: B. Narr & H. Wittje (Hrsg.), *Spracherwerb und Mehrsprachigkeit. Festschrift für Els Oksaar zum 60. Geburtstag*. Tübingen: Gunter Narr, 353–362.

Beach, W.A. & D.G. Dunning (1982). Pre-indexing and conversational organisation, in: *Quarterly Journal of Speech*, 68, 170–185.

Bell, C. (2006). *Middle class families: Social and geographical mobility*. London: Routledge & Kegan Paul (orig. 1968).

Ben-Amos, D. (ed.) (1976). *Folklore genres*. Austin: University of Texas Press.

Benard, Ch. & E. Schlaffer (1981). Männerdiskurs und Frauentratsch: Zum Doppelstandard in der Soziologie. Ein Beitrag zur Methodeninnovation, in: *Soziale Welt*, 32, 119–136.

Benedict, R. (1946). *The chrysanthemum and the sword: Patterns of Japanese culture*. Boston: Houghton Mifflin.

Benjamin, W. (1977). Der Erzähler: Betrachtungen zum Werk Nikolai Lesskows, in: W. Benjamin, *Gesammelte Schriften, Bd.II.2*. Frankfurt/M.: Suhrkamp, 438–465 (orig. 1936).

Benjamin, W. (1980). Der destruktive Charakter, in: W. Benjamin, *Gesammelte Schriften, Bd.IV.1*. Frankfurt/M.: Suhrkamp, 396–398 (orig. 1931).

Bennett, L. (1983). *Dangerous wives and sacred sisters: Social and symbolic roles of high-caste women in Nepal*. New York: Columbia University Press.

Berger, J. (1982). *SauErde: Geschichten vom Lande*. Frankfurt/M.: Ullstein Verlag (orig. 1979).

Berger, P.L. (1971). *Einladung zur Soziologie: Eine humanistische Perspektive*. München: List Verlag (orig. 1963).

Berger, P. & Th. Luckmann (1970). *Die gesellschaftliche Konstruktion der Wirklichkeit*. Frankfurt/M.: S. Fischer (orig. 1966).

Bergmann, J.R. (1980). *Interaktion und Exploration: Eine konversationsanalytische Studie zur sozialen Organisation der Eröffnungsphase von psychiatrischen Aufnahmegesprächen.* Dissertation, Universität Konstanz.

Bergmann, J.R. (1981). Frage und Frageparaphrase: Aspekte der redezuginternen und sequenziellen Organisation eines Äußerungsformats, in: P. Winkler (Hrsg.), *Methoden der Analyse von Face-to-Face-Situationen.* Stuttgart: Metzler, 128–142.

Bergmann, J.R. (1985). Flüchtigkeit und methodische Fixierung sozialer Wirklichkeit: Aufzeichnungen als Daten der interpretativen Soziologie, in: W. Bonß & H. Hartmann (Hrsg.), *Entzauberte Wissenschaft* (Sonderheft 3 der *Soziale Welt*). Göttingen: Schwartz, 299–320.

Bergmann, J.R, (1987/88) *Ethnomethodologie und Konversationsanalyse.* Studienbrief mit 3 Kurseinheiten. FernUniversität GHS Hagen, Hagen.

Bergmann, J.R. (1990). On the local sensitivity of conversation, in: I. Markova & K. Foppa (eds.), *The dynamics of dialogue.* Hertfordshire: Harvester, 201–226.

Bergmann, J.R. (1993). Alarmiertes Verstehen: Kommunikation in Feuerwehrnotrufen, in: Th. Jung & S. Müller-Doohm (Hrsg.), *Wirklichkeit im Deutungsprozeß. Verstehen und Methoden in den Kultur- und Sozialwissenschaften.* Frankfurt/M.: Suhrkamp, 283–328.

Bergmann, J.R. (1992). Veiled morality: Notes on discretion in psychiatry, in: P. Drew & J. Heritage (eds.), *Talk at work.* Cambridge: Cambridge University Press, 137–162.

Bergmann, J.R. (2010). Ethnomethodologische Konversationsanalyse, in: L. Hoffmann (Hrsg.), *Sprachwissenschaft: Ein Reader* (3. erweiterte Auflage). Berlin: de Gruyter, 258–274.

Bergmann, J.R. (2018). Geheimnis, in: H.-P. Müller & T. Reitz (Hrsg.), *Simmel-Handbuch: Begriffe, Hauptwerke, Aktualität.* Berlin: Suhrkamp, 212–218.

Bergmann, J.R. & C. Leggewie (1983). Die Täter sind unter uns. Beobachtungen aus der Mitte Deutschlands, in: *Kursbuch*, Nr. 113 „Deutsche Jugend", 7–37.

Bergmann, J.R. & Th. Luckmann (1995). Reconstructive genres of everyday communication, in: U. Quasthoff (ed.), *Aspects of oral communication.* Berlin: de Gruyter, *289–304.*

Bergmann, J.R. & Th. Luckmann (Hrsg.) (2013a). *Kommunikative Konstruktion von Moral, Bd.1: Struktur und Dynamik der Formen moralischer Kommunikation.* Mannheim: Verlag für Gesprächsforschung (orig. 1999).

Bergmann, J.R. & Th. Luckmann (Hrsg.) (2013b). *Kommunikative Konstruktion von Moral, Bd.2: Von der Moral zu den Moralen.* Mannheim: Verlag für Gesprächsforschung (orig. 1999).

Bergmann, J.R. & Th. Luckmann (2013c). Moral und Kommunikation, in: J.R. Bergmann & Th. Luckmann (Hrsg.), *Kommunikative Konstruktion von Moral, Bd.1: Struktur und Dynamik der Formen moralischer Kommunikation.* Mannheim: Verlag für Gesprächsforschung, 13–36 (orig. 1999).

Bergmann, J.R. & P. Drew (2018). Introduction – Jefferson's „wild side" of conversation analysis, in: G. Jefferson, *Repairing the broken surface of talk: Managing problems in speaking, hearing, and understanding in conversation* (edited by J.R. Bergmann & P. Drew). New York: Oxford University Press, 1–26.

Bergmann, J.R. & Ch. Meyer (2021). Reflexivity, Indexicality, Accountability: Zur theoretisch-programmatischen Grundlegung der Ethnomethodologie, in: J.R. Bergmann & Ch. Meyer (Hrsg.), *Ethnomethodologie reloaded: Neue Werkinterpretationen und Theoriebeiträge zu Harold Garfinkels Programm.* Bielefeld: transcript, 35–51.

Besnier, N. (1989). Information withholding as a manipulative and collusive strategy in Nukulaelae gossip, in: *Language in Society,* 18, 315–341.

Birkner, K., P. Auer, A. Bauer & H. Kotthoff (2020). *Einführung in die Konversationsanalyse.* Berlin: de Gruyter.

Bishop, S. (2019). Managing visibility on YouTube through algorithmic gossip, in: *New Media & Society,* 1–18.

Bittner, E. (1967). The police on Skid-row: A study of peace-keeping, in: *American Sociological Review*, 32, 699–715.

Bleek, W. (1976). Witchcraft, gossip and death: A social drama, in: *Man (N.S.)*, 11, 526–541.

Blithe, S.J. (2014). Creating the water cooler: Virtual workers' discursive practices of gossip, in: *Qualitative Research Reports in Communication*, 15:1, 59–65.

Bloch, E. (1962). Der Klatsch, in: E. Bloch, *Erbschaft dieser Zeit*. Frankfurt/M.: Suhrkamp, 25–26 (orig. 1935).

Blumenthal, A. (193 2). *Small-town stuff*. Chicago: Chicago University Press.

Blumenthal, A. (1937), The nature of gossip, in: *Sociology and Social Research*, 22, 31–37.

Blythe, R. (1969). *Akenfield. Portrait of an English village*. London: Allen Lane/The Penguin Press.

Bogatyrev, P.G. & R. Jakobson (2011). Die Folklore als eine besondere Form des Schaffens, in: R. Jakobson, *Slavic Epic Studies, Vol.IV*. Berlin/Boston (de Gruyter Mouton), 1–15 (orig. 1929)

Boissevain, J. (1972). Some notes on the position of women in Maltese society, in: *Nord Nytt*, 3, 195–213.

Boissevain, J. (1974). *Friends of friends: Networks, manipulators and coalitions*. Oxford Basil Blackwell.

Bok, S. (1984). Gossip, in: S. Bok, *Secrets: On the ethics of concealment and revelation*. New York: Pantheon, 89–101.

Borker, R. (1980). Anthropology: Social and cultural perspectives, in: S. McConnell-Ginet et al. (eds.), *Women and language in literature and society*. New York: Praeger, 26–44.

Bott, E. (1971). *Family and social network: Roles, norms, and external relationships in ordinary urban families*, London: Tavistock Publication (orig. 1957).

Bourdieu, P. (1988). *Homo academicus*. Frankfurt/M.: Suhrkamp (orig. 1984).

Brandes, S.H. (1973). Social structure and interpersonal relations in Navanogal (Spain), in: *American Anthropologist*, 75, 750–765.

Brenneis, D. (1984). Grog and gossip in Bhatgaon: Style and substance in Fiji Indian conversation, in: *American Ethnologist*, 11, 487–506.

Breslin, J. (2013). Naughty seeds of sensationalism: Gossip and celebrity in 19th-century reporting, in: D. Sachsman & D. Bulla (eds.), *Sensationalism: Murder, mayhem, mudslinging, scandals, and disasters in 19th-century reporting*. New Brunswick/London: Transaction Publishers, 115–126.

Brickman, Ph. & R.J. Bulman (1976). Pleasure and pain in social comparison, in: J.M. Suls & R.L. Miller (eds.), *Social comparison processes: Theoretical and empirical perspectives*. Washington, D.C.: Hemisphere Publishing Corp, 149–186.

Briggs, J.L. (1970). *Never in anger: Portrait of an Eskimo family*. Cambridge, Mass.: Harvard University Press.

Brockhaus' Konversations-Lexikon (1894). Band. 2. Leipzig: Brockhaus Verlag.

Brooks, J. (2016). Gossiping to music in sixteenth-century France, in: *Renaissance Studies*, 30:1, 17–38.

Brown, P. & S. Levinson (1978). Universals in language usage: Politeness phenomena, in: E.N. Goody (ed.), *Questions and politeness: Strategies in social interaction. Cambridge*: Cambridge University Press, 56–310.

Burger, H. (1986). Walter Sedlmayrs Salvator-Reden, München: Süddeutscher Verlag.

Button, G. (1987). Moving out of closings, in: G. Button & J.R.E. Lee (eds.), *Talk and social organisation*. Clevedon, Avon: Multilingual Matters, 101–151.

Butterworth, E. (2016). *The unbridled tongue: Babble and gossip in Renaissance France*. Oxford: Oxford University Press.

Campbell, J.K. (1964). *Honour, family and patronage: A study of institutions and moral values in a Greek mountain community*. Oxford: Oxford University Press.

Campe, J.H. (1807). *Wörterbuch der deutschen Sprache, 5 Bde*. Braunschweig: Olms.

Caplow, T. & R.J. McGee (1961). *The academic marketplace.* New York: Science Editions (orig. 1958).

Carmel, S. (2011). Social access in the workplace: Are ethnographers gossips? in: *Work, Employment and Society,* 25:3, 551–560.

Caruth, E.G. (1985). Secret bearer or secret barer? Countertransference and the gossiping therapist, in: *Contemporary Psychoanalysis,* 21, 548–562.

Casa, G. della (1979). Vom täglichen Gespräch, in: C. Schmölders (Hrsg.), *Die Kunst des Gesprächs: Texte zur Geschichte der europäischen Konversationstheorie.* München: Deutscher Taschenbuch Verlag, 124–127.

Cicourel, A.V. (1970). *Methode und Messung in der Soziologie.* Frankfurt/M.: Suhrkamp (orig. 1964).

Clark, H.H. & T.B. Carlson (1982). Hearers and speech acts, in: *Language,* 58:2, 332–373.

Cohen, Y.A. (1971). Four categories of interpersonal relationships in the family and community in a Jamaican village, in: M.M. Horowitz (ed.), *Peoples and cultures of the Caribbean.* Garden City, N.Y.: Natural History Press, 412–435.

Colson, E. (1953a). *The Makah Indians: A study of an Indian tribe in modern American society.* Manchester: Manchester University Press.

Colson, E. (1953b). The social control and vengeance in Plateau Tonga society, in: *Africa,* 23, 199–212.

Colson, E. (1974). *Tradition and contract: The problem of order.* Chicago: Aldine.

Conrad, K. (1966). *Die beginnende Schizophrenie: Versuch einer Gestaltanalyse des Wahns.* Stuttgart: Thieme.

Cooley, Ch.H. (1962) *Social organization: A study of the larger mind.* New York: Schocken (orig. 1909).

Coser, L.A. (1974). Domestic servants: The obsolescence of an occupational role, in: L.A. Coser, *Greedy institutions: Patterns of undivided commitment.* New York: The Free Press, 67–88.

Coulter, J. (1989). *Mind in action.* Atlantic Highlands, NJ: Humanities Press.

Cowan, A. (2011). Seeing is believing: Urban gossip and the balcony in early modern Venice, in: *Gender & History,* 23:3, 721–738.

Cox, B.A. (1970). What is Hopi gossip about? Information management and Hopi factions, in: *Man (N.S.),* 5, 88–98.

Cronin, C. (1977). Illusion and reality in Sicily, in: A. Schlegel (ed.), *Sexual stratification: A cross-cultural view.* New York: Columbia University Press, 67–93.

Crothers, L., J. Lipinski & M.C. Minutolo (2009). Cliques, rumors, and gossip by the water cooler: Female bullying in the workplace, in: *The Psychologist-Manager Journal,* 12, 97–110.

Cuff, E.C. & D.W. Francis (1978). Some features of 'invited stories' about marriage breakdown, in: *International Journal of the Sociology of Language,* 18, 111–133.

Cutileiro, J. (1971). *A Portuguese rural society.* Oxford: Clarendon.

Darmon, D. (2019). Researching the mechanisms of gossip in organizations: From fly on the wall to fly in the soup, in: *The Qualitative Report,* 23:7, 1736–1751.

Della Casa, G. (1979). Vom täglichen Gespräch, in: C. Schmölders (Hrsg.), *Die Kunst des Gesprächs: Texte zur Geschichte der europäischen Konversationstheorie.* München: Deutscher Taschenbuch Verlag, 124–127 (orig. 1558).

Deppermann, A. & A. Schmidt (2001). 'Dissen': Eine interaktive Praktik zur Verhandlung von Charakter und Status in Peer-Groups männlicher Jugendlicher, in: *Osnabrücker Beiträge zur Sprachtheorie,* 62, 79–98.

Devons, E. & M. Gluckman (1964). Conclusion: Modes and consequences of limiting a field of study, in: M. Gluckman (ed.), *Closed systems and open minds.* Chicago: Aldine, 158–261.

Diderot, D. & J.B. de Rond D'Alembert (1754). Conversation, entretien, in: Diderot, D. & J.B. de Rond D'Alembert, *Encyclopédie ou dictionnaire raisonné des sciences, des arts et des métiers, tome 4.* Paris: Briasson u. a., 165–166.

Dieck, A. (1950). Der Weltuntergang am 17. März 1949 in Südhannover: Ein Beitrag zur Erforschung von Gerüchten, in: *Neues Archiv für Niedersachsen*, 4:20 (N.F.), 704–720.

Dietrich, H. (1965). *Menschen miteinander: Ein Brevier des taktvollen und guten Benehmens*. Berlin: Deutsche Buch-Gemeinschaft.

Dollard, J. (1939). The dozens: Dialectic of insult, in: *American Imago. A Psychoanalytic Journal for the Arts and Sciences*, 1:1, 3–25.

Douglas, S.J. & A. McDonnell (2019). *Celebrity: A history of fame*. New York: New York University Press.

Drew, P. (2012). Wissensasymmetrien in (alltags-)sprachlichen Interaktionen, in: . R. Ayaß & C. Meyer (Hrsg.), *Sozialität in Slow Motion. Theoretische und empirische Perspektiven*. Wiesbaden: Springer VS, 151–180.

Du Boulay, J. (1974). Gossip, friendship, and quarrels, in: J. du Boulay, *Portrait of a Greek mountain village*. Oxford: Oxford University Press, 201–229.

Dundes, A., J.W. Leach & B. Özkök (1972). The strategy of Turkish boys' verbal dueling rhymes, in: J.J. Gumperz & D. Hymes (eds.), *Directions in sociolinguistics: The ethnography of communication*. New York: Holt, Rinehart & Winston, 130–160.

Durkheim, E. (1961). *Die Regeln der soziologischen Methode*. Neuwied: Luchterhand (orig. 1895).

Durkheim, E. (1977). *Über die Teilung der sozialen Arbeit*. Frankfurt/M.: Suhrkamp (orig. 1893).

Edmondson, R. (1984). *Rhetoric in sociology*. London: Macmillan.

Edmonson, M.S. (1967). Play: Games, gossip, and humor, in: M. Nash (ed.). *Handbook of Middle American Indians*. Austin: University of Texas Press, 191–206.

Ehlich, K. (Hrsg.) (1980). *Erzählen im Alltag*. Frankfurt/M.: Suhrkamp.

Einat, T. & G. Chen (2012). Gossip in a maximum security female prison: An exploratory study, in: *Women & Criminal Justice*, 22:2, 108–134.

Elias, N. & J.L. Scotson (1965). Observations on gossip, in: N. Elias & J.L. Scotson, *The established and the outsiders: A sociological enquiry into community problems*. London: Frank Cass, 89–105.

Elwert-Kretschmer, K. (1984). *Zwischen Tratsch und Anpassung: Der Prozeß der Feldforschung in einem malaiischen Dorf* (Working Paper No. 53). Universität Bielefeld, Fakultät für Soziologie, Forschungsschwerpunkt Entwicklungssoziologie.

Embree, J.F. (1939). *Suye Mura: A Japanese village*. Chicago: University of Chicago Press.

Engisch, K. (1957). Beleidigende Äußerungen über dritte Personen im engsten Kreise, in: *Goltdammer's Archiv*, 326–337.

Epstein, A.L. (1969). Gossip, norms and social network, in: J.C. Mitchell (ed.), *Social networks in urban situations*. Manchester: Manchester University Press, 117–127.

Eronen, M. (2015). *Rhetoric of self-expressions in online celebrity gossip*. Dissertation, University of Vaasa, Department of Communication Studies.

Evaldsson, A.-C. & J. Svahn (2012). School bullying and the micro-politics of girls' gossip disputes, in: S. Danby & M. Theobald (eds.), *Disputes in everyday life: Social and moral orders of children and young people*. Bingley: Emerald Group, 297–323.

Evans-Pritchard, E.E. (1970). Zande conversation pieces, in: J. Pouillon & P. Maranda (eds.). *Échanges et communications. Mélanges offerts à Claude Lévi-Strauss à l'occasion de son 60ème anniversaire*, vol. 1. The Hague/Paris: Mouton, 29–49.

Evans-Pritchard, E.E. (ed.) (1974). *Man and woman among the Azande*. London: Faber & Faber.

Evans-Pritchard, E.E. (1978). *Hexerei, Orakel und Magie bei den Zande*. Frankfurt/M.: Suhrkamp (orig. 1937).

Faris, J.C. (1966). The dynamics of verbal exchange: A Newfoundland example, in: *Anthropologica*, 8, 235–248.

Farrer, J. (2002). „Idle talk": Neighborhood gossip as a medium of social communication in reform era Shanghai, in: T. Gold, D. Guthrie & D. Wank (eds.), *Social connections in China:*

Institutions, culture, and the changing nature of 'guanxi'. Cambridge: Cambridge University Press, 197–218.

Felton, G.S. (1966). Psychosocial implications of the coffee-break, in: *Journal of Human Relations*, 14, 434–449.

Finch, C. & P. Brown (1990). Gossip and the free indirect style in 'Emma', in: *Representations*, 31, 1–18.

Fine, G.A. (1977). Social components of children's gossip, in: *Journal of Communication*, 27, 181–185.

Fine, G.A. (1985). Rumors and gossiping, in: T.A. van Dijk (ed.), *Handbook of discourse analysis, vol.3: Discourse and dialogue.* London: Academic Press, 223–237.

Fine, G.A. & R.L. Rosnow (1978). Gossip, gossipers, gossiping, in: *Personality and Social Psychology Bulletin*, 4, 161–168.

Fisher, L.E. (1976). 'Dropping remarks' and the Barbadian audience, in: *American Ethnologist*, 3:2, 227–242.

Frankenberg, R. (1957). *Village on the border: A social study of religion, politics and football in a North Wales community.* London: Cohen and West.

Frankenberg, R. (1966). *Communities in Britain: Social life in town and country.* Harmondsworth: Penguin.

Friedl, E. (1967). The position of women: Appearance and reality, in: *Anthropological Quarterly*, 40 (1967), S. 97–108.

Fritsch, E. (2004). *Reading Gossip: Funktionen von Klatsch in Romanen ethnischer amerikanischer Autorinnen.* Trier: Wissenschaftlicher Verlag WVT.

Fuchs, E. (1906). *Die Frau in der Karikatur.* München: Albert Langen.

Fuchs, S. (1995). The stratified order of gossip. Informal communication in organizations and science, in: *Soziale Systeme*, 1:1, 47–72.

Furnham, A. & J. Taylor (2004). *The dark side of behaviour at work: Understanding and avoiding employees leaving, thieving and deceiving.* New York: Palgrave Macmillan.

Fürstenberg, J. (2011). *Die Klatschgespräche in Theodor Fontanes Gesellschaftsromanen. Eine Analyse von 'L'Adultera' und 'Effie Briest'.* Hamburg: Igel Verlag Literatur & Wissenschaft.

Gabriels, K. & C.J.S. de Backer (2016). Virtual gossip: How gossip regulates moral life in virtual worlds, in: *Computers in Human Behavior*, 63, 683–693.

Gallaher, A., Jr. (1961). *Plainville fifteen years later.* New York: Columbia University Press.

Gallas, W. (1941). Tatstrafe und Täterstrafe, insbesondere im Kriegsstrafrecht, in: *Zeitschrift für die gesamte Strafrechtswissenschaft*, 60:1, 374–417.

Gans, H.J. (1967). *The Levittowners: Ways of life and politics in a new suburban community.* New York: Columbia University Press.

Garfinkel, H. (1956). Conditions of successful degradation ceremonies. in: *American Journal of Sociology*, 61, 420–424.

Garfinkel, H. (1967a). What is ethnomethodology? in: H. Garfinkel, *Studies in ethnomethodology.* Englewood Cliffs, N.J.: Prentice Hall, 1–34.

Garfinkel, H. (1967b). Passing and the managed achievement of sex status in an „intersexed" person, part 1, in: H. Garfinkel, *Studies in ethnomethodology.* Englewood Cliffs, N.J.: Prentice Hall, 116–185.

Garfinkel, H., M. Lynch & E. Livingston (1981). The work of a discovering science construed with materials from the optically discovered pulsar, in: *Philosophy of* the Social Sciences, 11, 131–158

Gearing, F.O. (1970). *The face of the Fox.* Chicago: Aldine.

Geertz, C. (1988). *Works and lives: The anthropologist as author.* Stanford, CA: Stanford University Press.

Geiger, Th. (1964). *Vorstudien zu einer Soziologie des Rechts.* Neuwied: Luchterhand (orig. 1947).

Gelles, E. (1989). Gossip: An eighteenth-century case, in: *Journal of Social History*, 22:4, 667–683.

Georganta, K., E. Panagopoulou & A. Montgomery (2014). Talking behind their backs: Negative gossip and burnout in hospitals, in: *Burnout Research,* 1, 76–81.

Gerhards, J. (1986). Die Vergesellschaftung des Künstlers in der Moderne am Beispiel des literarischen Kaffeehauses, in: *Sociologica Internationalis*, 24, 73–93.

Giardini, F. & R. Wittek (eds.) (2019). *The Oxford handbook of gossip and reputation.* New York: Oxford University Press.

Giedion-Welcker, C. (1966). Einführung zu James Joyce: Ulysses, in: J. Joyce, Ulysses. München: Deutscher Taschenbuch Verlag, 817–840.

Gilmore, D. (1978). Varieties of gossip in a Spanish rural community, in: *Ethnology*, 17, 89–99.

Gilmore, D. (1980). *The people of the Plain: Class and community in lower Andalusia.* New York: Columbia University Press.

Ginzburg, C. (1980). Spurensicherung: Der Jäger entziffert die Fährte, Sherlock Holmes nimmt die Lupe, Freud liest Morelli – die Wissenschaft auf der Suche nach sich selbst, in: *Freibeuter*, Nr. 3, 7–19; Nr. 4, 11–36.

Gladwin, Th. & S.B. Sarason (1953). *Truk: Man in paradise.* New York: Wenner-Gren Foundation for Anthropological Research.

Gluckman, M. (1963). Gossip and scandal, in: *Current Anthropology*, 4, 307–316.

Gluckman, M. (1968). Psychological, sociological and anthropological explanations of witchcraft and gossip: A clarification, in: *Man (N.S.)*, 3, 20–34.

Goethe, J.W.v. (1911). Unterhaltungen deutscher Ausgewanderten, in: J.W.v.Goethe, *Sämtliche Werke, Bd.9.* München: Georg Müller Verlag, 86–186 (orig. 1795).

Goffman, E. (1967). *Stigma: Über Techniken der Bewältigung beschädigter Identität.* Frankfurt/M.: Suhrkamp (orig. 1964).

Goffman, E. (1969). *Wir alle spielen Theater: Die Selbstdarstellung im Alltag.* München: Piper (orig. 1959).

Goffman, E. (1971). *Verhalten in sozialen Situationen: Strukturen und Regeln der Interaktion im öffentlichen Raum.* Gütersloh: Bertelsmann (orig. 1963).

Goffman, E. (1980). *Rahmen-Analyse: Ein Versuch über die Organisation von Alltagserfahrungen.* Frankfurt/M.: Suhrkamp (orig. 1974).

Goffman, E. (1981a). Response cries, in: E. Goffman, *Forms of talk.* Oxford: Oxford University Press, 78–123 (orig. 1978).

Goffman, E. (1981b). Footing, in: E. Goffman, *Forms of talk.* Oxford: Oxford University Press, 124–159 (orig. 1979).

Goffman, E. (1983). The interaction order (American Sociological Association, 1982 Presidential Address), in: *American Sociological Review*, 48, 1–17.

Goffman, E. (1983). Felicity's condition, in: *American Journal of Sociology*, 89, 1–53.

Gold, R. (1952). Janitors versus tenants: A status-income dilemma, in: *American Journal of Sociology*, 57, 486–493.

Goodwin, M.H. (1990). *He-said-she-said. Talk as social organization among black children.* Bloomington & Indianapolis: Indiana University Press.

Gordon, J.B. (1996). *Gossip and subversion in nineteenth-century British fiction: Echo's economies.* London: Macmillian.

Graevenitz, G.v. (2004). 'Verdichtung'. Das Kulturmodell der „Zeitschrift für Völkerpsychologie und Sprachwissenschaft", in: A. Assmann & U. Gaier & G. Trommsdorff (Hrsg.), *Positionen der Kulturanthropologie.* Frankfurt/M.: Suhrkamp, 148–171.

Gregor, Th. (1977). *Mehinaku: The drama of daily life in a Brazilian Indian village.* Chicago: University of Chicago Press.

Grimm, J. & W. (1873). *Deutsches Wörterbuch.* Leipzig: Hirzel.

Grünberger, H. (1978). *Formale Organisation und soziales System: Soziologische Orte des Sprechhandelns von Mitgliedern – Die subcutane Gewalt des Klatsches*. Ms., Frankfurt/M.

Gülich, E. (2012). Erinnern – Erzählen – Interpretieren in Gesprächen mit Anfallskranken, in: R. Ayaß & C. Meyer (Hrsg.), *Sozialität in Slow Motion: Theoretische und empirische Perspektiven*. Wiesbaden: Springer VS, 615–642.

Gülich, E, K. Lindemann & M. Schöndienst (2010). Interaktive Formulierung von Angsterlebnissen im Arzt-Patient-Gespräch. Eine Einzelfallstudie, in: U. Dausendschön-Gay, C. Domke & S. Ohlhus (Hrsg.), *Wissen in (Inter-)Aktion: Verfahren der Wissensgenerierung in unterschiedlichen Praxisfeldern*. Berlin: de Gruyter, 135–160.

Gülich, E. & U. Quasthoff (1985). Narrative analysis, in: T.A. van Dijk (ed.), Handbook *of discourse analysis, vol.2: Dimensions of discourse*. London: Academic Press, 169–197.

Günthner, S. (2000). *Vorwurfsaktivitäten in der Alltagsinteraktion. Grammatische, prosodische, rhetorisch-stilistische und interaktive Verfahren bei der Konstitution kommunikativer Muster und Gattungen*. Tübingen: Niemeyer.

Günthner, S. (2013). Frotzelaktivitäten in Alltagsinteraktionen, in: J. Bergmann & Th. Luckmann (Hrsg.), *Kommunikative Konstruktion von Moral, Bd.1: Struktur und Dynamik der Formen moralischer Kommunikation*. Mannheim: Verlag für Gesprächsforschung, 300–322 (orig. 1999).

Günthner, S. & H. Knoblauch (1994). „Forms are the food of faith": Gattungen als Muster kommunikativen Handelns, in: *Kölner Zeitschrift für Soziologie und Sozialpsychologie*, 46:4, 693–723.

Günthner, S. & K. König (2016). Kommunikative Gattungen in der Interaktion: Kulturelle und grammatische Praktiken im Gebrauch, in: A. Deppermann, H. Feilke & A. Linke (Hrsg.), Sprachliche *und kommunikative Praktiken: Jahrbuch 2015 des Instituts für deutsche Sprache*. Berlin: de Gruyter, 177–203.

Gusfield, J. (1976). The literary rhetoric of science: Comedy and pathos in drinking driver research, in: *American Sociological Review*, 41, 16–34.

Habermas, J. (1990). *Strukturwandel der Öffentlichkeit: Untersuchungen zu einer Kategorie der bürgerlichen Gesellschaft*. Frankfurt/M.: Suhrkamp (orig. 1962).

Hafen, S. (2004). Organizational gossip: A revolving door of regulation and resistance, in: *Southern Communication Journal*, 69:3, 223–240,

Hahn, A. (2001). Inszenierung von Unabsichtlichkeit, in: E. Fischer-Lichte (Hrsg.), *Theatralität und die Krisen der Repräsentation*. Stuttgart/Weimar: Metzler, 177–197.

Hallett, T., B. Harger & D. Eder (2009). Gossip at work: Unsanctioned evaluative talk in formal school meetings, in: *Journal of Contemporary Ethnography*, 38, 584–618.

Handelman, D. (1973). Gossip in encounters: The transmission of information in a bounded social setting, in: *Man (N.S.)*, 8, 210–227.

Hannerz, U. (1967). Gossip, networks and culture in a Black American ghetto, in: *Ethnos*, 32, 35–60.

Hannerz, U. (1980). *Exploring the city: Inquiries toward an urban anthropology*. New York: Columbia University Press.

Harbert, R. (1954). *Bitte so! Anstandsbüchlein: für junge Damen und solche,* die *es werden wollen (5. Aufl.)*. Recklinghausen: Paulus.

Harding, S. (1975). Women and words in a Spanish village, in: R. Reiter (ed.). *Towards an anthropology of women*. New York: Monthly Review Press, 283–308.

Harrington, M. (1964). Co-operation and collusion in a group of young housewives, in: *Sociological Review* 12:3, 255–282.

Harris, C. [= W. Lancaster] (1974). *Hennage: A social system in miniature*. New York: Holt, Rinehart & Winston.

Hart, C.W. & A.R. Pilling (1960). *The Tiwi of North Australia*. New York: Holt.

Hausendorf, H. (1992). Das Gespräch als selbstreferentielles System. Ein Beitrag zum empirischen Konstruktivismus der ethnomethodologischen Konversationsanalyse, in: *Zeitschrift für Soziologie*, 21:2, 83–95.

Hausendorf, H. (2007). Die Prozessualität des Gesprächs als Dreh- und Angelpunkt der linguistischen Gesprächsforschung, in: H. Hausendorf (Hrsg.), *Gespräch als Prozess: Linguistische Aspekte der Zeitlichkeit verbaler Interaktion*. Tübingen: Narr, 11–32.

Haviland, J.B. (1977). *Gossip, reputation, and knowledge in Zinacantan*. Chicago: University of Chicago Press.

Hegel, G.W.F. (1970a). Enzyklopädie der philosophischen Wissenschaften im Grundrisse (1830), Dritter Teil, in: G.W.F. Hegel, *Werke in zwanzig Bänden, Bd.10*. Frankfurt/M.: Suhrkamp (orig. 1817).

Hegel, G.W.F. (1970b). Wer denkt abstrakt? in: G.W.F. Hegel, *Werke in zwanzig Bänden, Bd.2*. Frankfurt/M.: Suhrkamp, 575–581 (orig. 1807)

Heilman, S.C. (1976). *Synagogue life: A study in symbolic interaction*. Chicago: University of Chicago Press.

Heller, A. (1978). *Das Alltagsleben: Versuch einer Erklärung der individuellen Reproduktion*. Frankfurt/M.: Suhrkamp.

Hellweg, S.A. (1987). Organizational grapevines, in: B. Dervin & M.J. Voigt (eds.), *Progress in communication sciences, vol.8*. Norwood, N.J.: Ablex, 213–230.

Hempfer, K.W. (1973). *Gattungstheorie: Information und Synthese*. München: Fink.

Henry, J. (1963). *Culture against man*. New York: Random House.

Heppenstall, M.A. (1971). Reputation, criticism and information in an Austrian village, in: F.G. Bailey (ed.). *Gifts and poison: The politics of reputation*. New York: Oxford University Press, 139–166.

Heritage, J. (1984). A change-of-state token and aspects of its sequential placement, in: J.M. Atkinson & J. Heritage (eds.), *Structures of social action: Studies in conversation analysis*. Cambridge, UK: Cambridge University Press, 299–345.

Heritage, J. & M.-L. Sorjonen (1994). Constituting and maintaining activities across sequence: 'And'-prefacing as a feature of question design, in: *Language in Society*, 23, 1–29.

Herskovits, M.J. & F.S. Herskovits (1947). *Trinidad village*. New York: Octagon Books.

Hess-Lüttich, E.W.B. (1984). Klatsch als Kunstform. Lust und Lüsternheit des Lästerns, in: E.W.B. Hess-Lüttich, *Kommunikation als ästhetisches Problem*. Tübingen: Narr, 91–96.

Hess-Lüttich, E.W.B. (2000). „Die bösen Zungen…". Zur Rhetorik der diskreten Indiskretion in Fontanes L'Adultera", in: W. Faulstich (Hrsg.), Das Böse heute: Formen und Funktionen. München: Fink, 113–127.

Hester, S. & P. Eglin (eds.) (1997). *Culture in action. Studies in membership categorization analysis*. Washington, DC: University Press of America.

Hewitt, J.P. & R. Stokes (1976). Disclaimers, in: *American Sociological* Review, 40, 1–11.

Hiatt, A. (2011). *„Have you heard?" – An examination of the characteristics and rhetorical functions of gossip on Facebook*. Dissertation, University of Colorado at Boulder, Department of Communication.

Hirsch, H.J. (1967). *Ehre und Beleidigung: Grundfragen des strafrechtlichen Ehrenschutzes*. Karlsruhe: C.F.Müller.

Hirschauer, S. (1989). Die interaktive Konstruktion von Geschlechtszugehörigkeit, in: *Zeitschrift für Soziologie*, 18:2, 100–118.

Hirschauer, S. (2001). Ethnografisches Schreiben und die Schweigsamkeit des Sozialen: Zu einer Methodologie der Beschreibung, in: *Zeitschrift für Soziologie*, 30:6, 429–451.

Hirschauer, S., B. Heimerl, A. Hoffmann & P. Hofmann (2013). *Soziologie der Schwangerschaft: Explorationen pränataler Sozialität*. Stuttgart: Lucius & Lucius.

Hirzel, R. (1963). *Der Dialog: Ein literarhistorischer Versuch*. Hildesheim: Georg Olms.

Hitzler, S. & D. Böhringer (2011). „Conversation is simply something to begin with“: Methodologische Herausforderungen durch Videodaten in der qualitativen Sozialforschung am Beispiel der Konversationsanalyse, in: *Zeitschrift für Soziologie*, 50:2, 79 – 95.

Ho, D.Y. (1976). On the concept of face, in: *American Journal of Sociology*, 81, 867 – 884.

Hodges, M. W. & C.S. Smith (1954). *Neighbourhood and community: An enquiry into social relationships on housing estates in Liverpool and Sheffield.* Liverpool: University of Liverpool Department of Social Science.

Hofman, E. (2014). An obligation of conscience: Gossip as social control in an eighteenth-century Flemish town, in: *European Review of History: Revue européenne d'histoire*, 21:5, 653 – 670.

Holly, W. (1993). Fernsehen in der Gruppe – gruppenbezogene Sprachhandlungsmuster von Fernsehrezipienten, in: W. Holly & U. Püschel (Hrsg.), *Medienrezeption als Aneignung.* Opladen: Westdeutscher Verlag, 137 – 150.

Holly, W. (2002). Fernsehkommunikation und Anschlusskommunikation: Fernsehbegleitendes Sprechen über Talkshows, in: J. Tenscher & C. Schicha (Hrsg.), *Talk auf allen Kanälen: Angebote, Akteure und Nutzer von Fernsehgesprächssendungen.* Wiesbaden: Westdeutscher Verlag, 353 – 370.

Holly, W., U. Püschel & J. Bergmann (2001. *Der sprechende Zuschauer. Wie wir uns Fernsehen kommunikativ aneignen.* Wiesbaden: Westdeutscher Verlag.

Holmes, S. & S. Redmond (2010). Editorial: A journal in 'Celebrity Studies', in: *Celebrity Studies*, 1:1, 1 – 10.

Hornung, E. (2010). *Denunziation als soziale Praxis. Fälle aus der NS-Militärjustiz.* Wien/Köln/Weimar: Böhlau.

Hotchkiss, J.C. (1967). Children and conduct in a Ladino community of Chiapas, Mexico, in: *American Anthropologist*, 69, 711 – 718.

Humboldt, W.v. (1973). Über den Dualis, in: W. v. Humboldt, *Schriften zur Sprache.* Stuttgart: Reclam, 21 – 29 (orig. 1827).

Hughes, C.C., M.-A. Tremblay, R.N. Rapoport & A.H. Leighton (1960). *People of Cove and Woodlot: Communities from the viewpoint of social psychiatry, vol.2.* New York: Basic Books.

Hymes, D. (1964). Introduction: Toward ethnographies of communication, in: J.J. Gumperz & D. Hymes (eds.), The ethnography of communication (Special Issue of *American Anthropologist*), 66:6, 1 – 34.

Hymes, D. (1972). Models of the interaction of language and social life, in: J.J. Gumperz & D. Hymes (eds.), *Directions in sociolinguistics: The ethnography of communication.* New York: Macmillan, 35 – 71.

Hymes, D. (1974). Ways of speaking, in: R. Bauman & J. Sherzer (eds.), *Explorations in the ethnography of speaking.* London: Cambridge University Press, 433 – 451; dt.: Über Sprechweisen, in: D. Hymes, *Soziolinguistik: Zur Ethnographie der Kommunikation* (hg. v. F. Coulmas). Frankfurt/M.: Suhrkamp, 166 – 192.

Jablow, J. (1972). Carl Withers (James West) 1900 – 1970, in: *American Anthropologist*, 74, 764 – 769.

Jayyusi, L. (1984). *Categorization and moral order.* Boston: Routledge and Kegan Paul.

Jefferson, G. (1972). Side sequences, in: D. Sudnow (ed.). *Studies in social interaction.* New York: Free Press, 294 – 338.

Jefferson, G. (1978). Sequential aspects of storytelling in conversation, in: J. Schenkein (ed.), *Studies in the organization of conversational interaction.* New York: Academic Press, 219 – 248.

Jefferson, G. & J. Schenkein (1977). Some sequential negotiations in conversation: Unexpanded and expanded versions of projected action sequences, in: *Sociology*, 11, 87 – 103.

Jesus Sirach (1979). Unterricht über den Mund, in: C. Schmölders (Hrsg.). *Die Kunst des Gesprächs: Texte zur Geschichte der europäischen Konversationstheorie.* München: Deutscher Taschenbuch Verlag, 91 – 95.

Jhering, R.v. (1898). *Der Zweck im Recht, Bd.2 (3. Aufl.).* Leipzig: Breitkopf & Härtel (orig. 1877).

Johansen, K.B.H., B.M. Pedersen & T. Tjørnhøj-Thomsen (2018). Visual gossiping: Non-consensual 'nude' sharing among young people in Denmark, in: *Culture, Health & Sexuality*. DOI: 10.1080/13691058.2018.1534140.

Jolles, A. (1939). *Einfache Formen: Legende, Sage, Mythe, Rätsel, Spruch, Kasus, Memorabile, Märchen, Witz*. Tübingen: Niemeyer.

Jones, D. (1980). Gossip: Notes on women's oral culture, in: C. Kramarae (ed.), *The voices and words of women and men*. Oxford: Pergamon Press, 193–198.

Jones, G.M., B.B. Schieffelin & R.E. Smith (2011). When friends who talk together stalk together: Online gossip as metacommunication, in: C. Thurlow & K. Mroczek (eds.), *Digital discourse: Language in the new media*. New York: Oxford University Press, 26–47.

Joyce, J. (1966). *Ulysses*. München: Deutscher Taschenbuch Verlag (orig. 1922).

Kaberry, Ph. (1957). Malinowski's contribution to fieldwork methods and the writing of ethnography, in: R. Firth (ed.), *Man and culture*. London: Routledge and Kegan Paul, 71–91.

Kapferer, J.-N. (1997). *Gerüchte: Das älteste Massenmedium der Welt*. Berlin: Aufbau Taschenbuch Verlag (orig. 1987).

Katz, J. (1975). Essences as moral identities: Verifiability and responsibility in imputations of deviance and charisma, in: *American Journal of Sociology*, 80, 1369–1390.

Keim, I. (2001). Klatsch und Tratsch als lustvolles Gruppenerlebnis. Eine ethnographisch-soziolinguistische Studie, in: Z. Iványi & A. Kertész (Hrsg.), *Gesprächsforschung. Tendenzen und Perspektiven*. Frankfurt/M.: Peter Lang, 131–153.

Keppler, A. (1987). Der Verlauf von Klatschgesprächen, in: *Zeitschrift für Soziologie*, 16, 288–302.

Keppler, A. (1989). Schritt für Schritt: Das Verfahren alltäglicher Belehrungen, in: *Soziale Welt*, 40:4, 538–556.

Keppler, A. (1994). *Tischgespräche. Über Formen kommunikativer Vergemeinschaftung am Beispiel der Konversation in Familien*. Frankfurt/M.: Suhrkamp.

Kernan, C.M. (1971). Loud-talking, in: C.M. Kernan, *Language behavior in a black urban community*. Monographs of the Language Behavior Research Laboratory, Nr. 2). Berkeley: University of California, 96–102.

Kerr, H. & C. Walker (eds.) (2016). *'Fama' and her sisters: Gossip and rumour in early modern Europe*. Turnhout, Bl.: Brepols.

Kierkegaard, S. (1954). *Eine literarische Anzeige (T. Gyllembourg. „Zwei Zeitalter", 1845)*. Düsseldorf: Eugen Diederichs (orig. 1846).

Kieserling, A. (1999). *Kommunikation unter Anwesenden: Studien über Interaktionssystem*. Frankfurt/M.: Suhrkamp.

Kinservik, M.J. (2007). *Sex, scandal, and celebrity in late eighteenth-century England*. New York/Basingstoke: Palgrave Macmillan.

Kirchschlager, S. (2013). *„Natrlich is=es vorsondiert": Eine konversationsanalytische Studie zu Vorgesprächen in Organisationen*. Stuttgart: Lucius & Lucius.

Klein, J. (1965). *Samples from English cultures*, London: Routledge and Kegan Paul.

Kluckhohn, C. (1967). *Navaho witchcraft*. Boston: Beacon Press (orig. 1944).

Kniffin, K.M. & D.S. Wilson (2010). Evolutionary perspectives on workplace gossip: Why and how gossip can serve groups, in: *Group & Organization Management*, 35:2, 150–176.

Knigge, A.v. (1966). *Über den Umgang mit Menschen*. Berlin: Verlag Lebendiges Wissen (orig. 1788).

Knoblauch, H. (2017). *Die kommunikative Konstruktion der Wirklichkeit*. Wiesbaden: Springer VS.

Knorr Cetina, K. (1981). *The manufacture of knowledge: An essay on the constructivist and contextual nature of science*. Oxford: Pergamon Press.

Köhnke, K.Ch. (1984). Von der Völkerpsychologie zur Soziologie: Unbekannte Texte des jungen Georg Simmel, in: H.-J. Dahme & O. Rammstedt (Hrsg.). *Georg Simmel und die Moderne: Neue Interpretationen und Materialien*. Frankfurt/M.: Suhrkamp, 388–429.

Koster, D. (1977). „Why is *he* here?" White gossip, in: R. Paine (ed.), *The white Arctic: Anthropological essays on tutelage and ethnicity.* Toronto: Newfoundland Social and Economic Papers No.7, 144–165.

Krabbenhöft, E. (2014). „Hast du eigentlich was neues von Jb gehört?" Klatschen und Plaudern in SMS, in: K. König & N. Bahlo (Hrsg.), *SMS, WhatsApp & Co.: Gattungsanalytische, kontrastive und variationslinguistische Perspektiven zur Analyse mobiler Kommunikation.* Münster: Monsenstein und Vannerdat, 17–39.

Kramer, F. (1977). *Verkehrte Welten: Zur imaginären Ethnographie des 19. Jahrhunderts.* Frankfurt/M.: Syndikat.

Kramer, K.-S. (1974). *Grundriß einer rechtlichen Volkskunde.* Göttingen: Schwartz.

Kretschmer, E. (1950). *Der sensitive Beziehungswahn: Ein Beitrag zur Paranoiafrage und zur psychiatrischen Charakterlehre.* Berlin: Springer (orig. 1918)

Krüger, H. (1967). Kleine Soziologie des Klatsches, in: *Streit-Zeit-Schrift*, VI:1, 33–35.

Kruse, L. (1980). *Privatheit als Problem und Gegenstand der Psychologie.* Bern: Huber.

Kühne, O. (1958). *Allgemeine Soziologie: Lebenswissenschaftlicher Aufriß ihrer Grundprobleme. Bd.1 Die Lehre vom Sozialen Verhalten und von den Sozialen Prozessen.* Berlin: Duncker & Humblot.

Kuper, L. (1953). Blueprint for living together, in L. Kuper, *Living in towns.* London: Cresset Press, 1–202.

Kurz, G. (2002). Klatsch als Literatur, Literatur als Klatsch, in: W. Braungart (Hrsg.), *Kitsch: Faszination und Herausforderung des Banalen und Trivialen.* Tübingen: Max Niemeyer, 71–82.

Labov, W. (1972). Rules for ritual insults, in: D. Sudnow (ed.). *Studies in social interaction.* New York: Free Press, 120–169.

Labov, W. & J. Waletzky (1973). Erzählanalyse: Mündliche Versionen persönlicher Erfahrung, in: J. Ihwe (Hrsg.), *Literaturwissenschaft und Linguistik, Bd.2.* Frankfurt/M.: Athenäum Fischer, 78–126 (orig. 1967).

Lamphere, L. (1971). The Navaho cultural system: An analysis of concepts of cooperation and autonomy and their relation to gossip and witchcraft, in: K. Basso & M. Opler (eds.), *Apachean culture history and ethnology.* Tucson: University of Arizona Press, 91–114.

Lamphere, L. (1975). Women and domestic power: Political and economic strategies in domestic groups, in: D. Raphael (ed.). *Being female: Reproduction, power and change.* The Hague/Paris: Mouton, 117–130.

Lancaster, W. (1974). Anthropology and gossip: Correspondence, in: *Man (N.S.)*, 9, 626–627.

Lanz, H. (1936). Metaphysics of gossip, in: *International Journal of Ethics*, 46, 492–499.

Laslett, P. (1956). The face to face society, in: P. Laslett (ed.), *Philosophy, politics and society.* Oxford: Blackwell, 157–184.

Latour, B. & S. Woolgar (1979). *Laboratory life. The construction of scientific facts.* Princeton, NJ: Princeton University Press (orig. 1979).

Lazarus, M. (1878). Über Gespräche, in: M. Lazarus, *Ideale Fragen.* Berlin: Wintersche Verlagshandlung, 233–265.

Lazarus, M. & H. Steinthal (1860). Einleitende Gedanken über Völkerpsychologie als Einladung zu einer Zeitschrift für Völkerpsychologie und Sprachwissenschaft, in: *Zeitschrift für Völkerpsychologie und Sprachwissenschaft*, 1, 1–73.

Lee, J. (1984). Innocent victims and evil-doers, in: *Women's Studies International Forum*, 7, 69–73.

Leeds-Hurwitz, W. (1984). On the relationship of the „ethnography of speaking" to the „ethnography of communication", in: *Paper in Linguistics*, 17:1, 7–32.

Lemert, E. (1972). Paranoia und die Dynamik der Ausschließung, in: F. Basaglia & F. Basaglia Ongaro (Hrsg.), *Die abweichende Mehrheit: Die Ideologie der totalen sozialen Kontrolle.* Frankfurt: Suhrkamp (orig. 1967).

Lerner, G. & C. Kitzinger (2007). Introduction: Person-reference in conversation analytic research, in: *Discourse Studies*, 9:4, 427–432.

LeRoy Ladurie, E. (1983). *Montaillou: Ein Dorf vor dem Inquisitor 1294 bis 1324*. Frankfurt/M.: Ullstein (orig. 1975).

Lessing, D. (1978). *Das goldene Notizbuch. Roman*. Frankfurt/M: Fischer (orig. 1962).

Lessinger, E.-M. (2019). *Medienklatsch. Eine hermeneutische Begriffsanalyse massenmedialer Klatschkommunikation*. Wiesbaden: Springer VS.

Levin, J. & A. Arluke (1985). An exploratory analysis of sex differences in gossip, in: *Sex Roles*, 12, 281–286.

Levin, J. & A. Arluke (1987). *Gossip: The inside scoop*. New York: Springer

Levinson, S.C. (1983). Conversational structure, in: S.C. Levinson, *Pragmatics*. Cambridge: Cambridge University Press, 284–370; dt. (1990). *Pragmatik*. Tübingen: Max Niemeyer, 283–367

Levy, R.I. (1973). *Tahitians: Mind and experience in the Society Islands*. Chicago: University of Chicago Press.

Lewis, H. (1955). *Blackways of Kent*. Chapel Hill: University of North Carolina Press.

Lichtenberg, G. Ch. (1983). Sudelbücher (1765–1799), in: G. Ch. Lichtenberg. *Schriften und Briefe, Bd.1*. Frankfurt/M.: Insel, 63–526.

Lodge, D. (1975). *Changing places: A tale of two campuses*. London: Secker & Warburg.

Lomborg, S. (2014). *Social media, social genres: Making sense of the ordinary*. New York/London: Routledge.

Lomer, G. (1913). Über den Klatsch, in: *Psychiatrisch-neurologische Wochenschrift*, 15 (5. Juli 1913), 171–175.

Lopate, C. (1978). Jackie! in: G. Tuchman, A.K. Daniels & J. Benet (eds.), *Hearth and home: Images of women in the mass media*. New York: Oxford University Press, 130–140.

Loudon, J. (1961). Kinship and crisis in South Wales, in: *British Journal of Sociology*, 12, 333–350.

Luckmann, Th. (1981). Zum hermeneutischen Problem der Handlungswissenschaften, in: M. Fuhrmann, H.R. Jauß & W. Pannenberg (Hrsg.), *Text und Applikation (Poetik und Hermeneutik, Bd.IX)*. München: Fink, 513–523.

Luckmann, Th. (1986). Grundformen der gesellschaftlichen Vermittlung des Wissens: Kommunikative Gattungen, in: F. Neidhardt, R.M. Lepsius & J. Weiß (Hrsg.). *Kultur und Gesellschaft (Sonderheft* 27 der *Kölner Zeitschrift für Soziologie und Sozialpsychologie)*. Opladen: Westdeutscher Verlag, 191–211.

Luckmann, Th. (1988). Kommunikative Gattungen im kommunikativen Haushalt einer Gesellschaft, in: G. Smolka-Koerdt & P.M. Spangenberg & D. Tillmann-Bartylla (Hrsg.), *Der Ursprung der Literatur*. München: Fink, 279–288.

Luhmann, N. (1976). *Funktionen und Folgen formaler Organisation*. Berlin: Duncker & Humblot (orig. 1964).

Lumley, F.E. (1925). Gossip, in: F.E. Lumley, *Means of social control*. New York: The Century Co, 211–236.

Lutz, G. (1954). *Sitte und Infamie: Untersuchungen zur rechtlichen Volkskunde am Phänomen des Verrufs*. Dissertation, Universität Würzburg.

Lynch, M. (1985). *Art and artifact in laboratory science: A study of shop work and shop talk in a research laboratory*. London: Routledge & Kegan Paul.

Mader, W. (1980). *Max Scheler in Selbstzeugnissen und Bilddokumenten*. Reinbek: Rowohlt.

Malinowski, B. (1974). Das Problem der Bedeutung in primitiven Sprachen, in: C.K. Ogden & I.A. Richards, *Die Bedeutung der Bedeutung*. Frankfurt/M.: Suhrkamp, 323–384 (orig. 1923).

Malinowski, B. (1979a). *Argonauten des westlichen Pazifik. Ein Bericht über Unternehmungen und Abenteuer der Eingeborenen in den Inselwelten von Melanesisch-Neuguinea*. Frankfurt/M.: Syndikat (orig. 1922).

Malinowski, B. (1979b). *Das Geschlechtsleben der Wilden in Nordwest-Melanesien: Liebe, Ehe und Familienleben bei den Eingeborenen der Trobriand-Inseln, Britisch-Neuguinea.* Frankfurt/M.: Syndikat (orig.1929).

Malinowski, B. (o. J.). *Sitte und Verbrechen bei den Naturvölkern.* Bern: Francke (orig. 1926).

Mandell, H. & G.M. Chen (eds.) (2016). *Scandal in a digital age.* New York: Palgrave Macmillan.

Mandt, I. (2020). *Das Genre der Kaffeehausliteratur im 20. und 21. Jahrhundert: Eine literatur- und kulturwissenschaftliche Studie zu einem urbanen europäischen Schreibort und dessen Atmosphäre.* Bielefeld: transcript.

Mann, Leon (1969). Queue culture: The waiting line as a social system, in: *American Journal of Sociology,* 75:3, 340–354.

Marquard, O. (1973). Beitrag zur Philosophie der Geschichte des Abschieds von der Philosophie der Geschichte, in: R. Koselleck & W.-D. Stempel (Hrsg.), *Geschichte – Ereignis und Erzählung (Poetik und Hermeneutik, Bd. V).* München: Fink, 241–250.

Marquard, O. (1981). Die Frage nach der Frage, auf die die Hermeneutik die Antwort ist, in: O. Marquard, *Abschied vom Prinzipiellen.* Stuttgart: Reclam, 117–146.

Martens, W. (1968). *Die Botschaft der Tugend: Die Aufklärung im Spiegel der deutschen Moralischen Wochenschriften.* Stuttgart: Metzler.

Mauss, M. (1978). Die Gabe, in: M. Mauss, *Soziologie und Anthropologie, Bd.II.* Frankfurt/M.: Ullstein, 9–144 (orig. 1925).

Mauthner, F. (1982). *Beiträge zu einer Kritik der Sprache, Bd.1.* Frankfurt/M.: Ullstein (orig. 1906).

Maynard, D.W. (1980). Placement of topic changes in conversation, in: *Semiotica,* 30:3–4, 263–290.

McAndrew, F.T., E.K. Bell & C.M. Garcia (2007). Who do we tell and whom do we tell on? Gossip as a strategy for status enhancement, in: *Journal of Applied Social Psychology,* 37:7, 1562–1577.

McCarthy, M. (1962). The fact of fiction, in: M. McCarthy, *In the contrary: Articles of beliefs.* New York: Noonday Press, 249–270.

McDonnell, A. (2014). *Reading celebrity gossip magazines.* Cambridge: Polity Press.

Mead, G.H. (1934). *Mind, self and society. From the standpoint of a social behaviorist.* Chicago: The University of Chicago Press.

Mead, M., (1958). *Mann und Weib: Das Verhältnis der Geschlechter in einer sich wandelnden Welt.* Reinbek: Rowohlt (orig. 1949).

Meckel, M., K. Kamps, P. Rössler & W. Gephart (1999). *Medien-Mythos: Die Inszenierung von Prominenz und Schicksal am Beispiel von Diana Spencer.* Wiesbaden: Westdeutscher Verlag.

Medini, G. & E.H. Rosenberg (1976). Gossip and psychotherapy, in: *American Journal of Psychotherapy,* 30, 452–462.

Meier, S. (2007). *Beleidigungen: Eine Untersuchung über Ehre und Ehrverletzung in der Alltagskommunikation.* Aachen: Shaker Verlag.

Merry, S. E. (1981) *Urban danger: Life in a neighborhood of strangers.* Philadelphia: Temple University Press.

Merry, S. E. (1984). Rethinking gossip and scandal, in: D. Black (ed.), *Toward a general theory of social control, vol.I.* Orlando, Fla.: Academic Press, *271–302.*

Merten, K. (2009). Zur Theorie des Gerüchts, in: *Publizistik,* 54, 15–42.

Merton, R.K. (1965). *On the shoulders of giants.* New York: The Free Press.

Merton, R.K. (1995). Weiterentwicklungen der Theorie von Bezugsgruppen und Sozialstruktur, in : R.K. Merton, *Soziologische Theorie und soziale Struktur.* Berlin: de Gruyter, 269–366 (orig. 1957).

Mettetal, G. (1983). Fantasy, gossip, and self-disclosure: Children's conversations with friends, in: R.N. Bostrom (ed.), *Communication Yearbook, vol.7.* Beverly Hills, CA: International Communication Association, 717–736.

Meuli, K. (1953). Charivari, in: H. Kusch (Hrsg.), *Festschrift Franz Dornseiff*. Leipzig: Bibliographisches Institut, 231–243.

Meyer, C. & C. Meier zu Verl (2017). Epistemische Regime der neuen Medien: Eine kultursoziologische Perspektive auf digitale Bildkommunikation, in: *Navigationen – Zeitschrift für Medien- und Kulturwissenschaften*, 17:1, 77–94.

Meyers, E.A. (2010). *Dishing dirt in the digital age: Celebrity gossip blogs and participatory media culture*. New York: Peter Lang.

Miller, D. (2012). *Das wilde Netzwerk: Ein ethnologischer Blick auf Facebook*. Frankfurt/M.: Suhrkamp (orig. 2011).

Mitchell, J.C. (1973). Networks, norms and institutions, in: J. Boissevain & J.C. Mitchell (eds.), *Network analysis: Studies in human interaction*. The Hague: Mouton, 15–35.

Mitscherlich, A. (1963). Kurze Apologie des Klatsches, in: A. Mitscherlich, *Auf dem Weg zur vaterlosen Gesellschaft*. München: Piper, 327–329.

Moerman, M. (1973). The use of precedent in natural conversation: A study in practical legal reasoning, in: *Semiotica*, 9, 193–218.

Morgan, M. (1997). Conversational signifying: Grammar and indirectness among African American women, in: E. Ochs & E.A. Schegloff & S.A. Thompson (eds.). *Interaction and grammar*. Cambridge: Cambridge University Press, 405–434.

Müller, H. (1981). *Dienstbare Geister: Leben und Arbeitswelt städtischer Dienstboten (Schriften des Museums für Deutsche Volkskunde. Bd. 6)*. Berlin: Reimer.

Müller-Staats, D. (1983). *Klagen über Dienstboten: Eine Untersuchung zum Verhältnis von Herrschaften und Dienstboten; mit besonderer Berücksichtigung Hamburgs im 19. Jahrhundert*. Dissertation, Universität Hamburg.

Murphy, M.D. (1985). Rumors of identity: Gossip and rapport in ethnographic research, in: *Human Organization*, 44, 132–137.

Murphy, Y. & R.F. Murphy. (1974). *Women of the forest*. New York: Columbia University Press.

Naish, J. (1978). Désirade: A negative case, in: P. Caplan & J.M. Bujra (eds.), *Women united, women divided: Cross-cultural perspectives on female solidarity*. London: Tavistock, 238–258.

Nathe, P.A. (1976). Prickly Pear coffee house: The hangout, in: *Urban Life*, 5, 75–104.

Navas, A.R. (2018). *Idle talk, deadly talk: The uses of gossip in Caribbean literature*. Charlottesville/London: University of Virginia Press.

Nelson, C. (1974). Public and private politics: Women in the Middle Eastern world, in: *American Ethnologist*, 1, 551–563.

Neubauer, H.-J. (1998). *Fama: Eine Geschichte des Gerüchts*. Berlin: Berlin Verlag.

Nietzsche, F. (1968). Menschliches, Allzumenschliches: Ein Buch für freie Geister, in: F. Nietzsche, *Studienausgabe in vier Bänden, Bd.2*. Frankfurt/M.: Fischer.

Noon, M. & R. Delbridge (1993). News from behind my hand: Gossip in organizations, in: *Organization Studies*, 43:1, 23–36.

Nycyk, M. (2015). The power gossip and rumour have in shaping online identity and reputation: A critical discourse analysis, in: *The Qualitative Report*, 20:2, 18–32.

Oevermann, U. (1983). Zur Sache. Die Bedeutung von Adornos methodologischem Selbstverständnis für die Begründung einer materialen soziologischen Strukturanalyse, in: L.v. Friedeburg & J. Habermas (Hrsg.), *Adorno-Konferenz 1983*. Frankfurt/M.: Suhrkamp, 234–289.

Oevermann, U. et al. (1979). Die Methodologie einer 'objektiven Hermeneutik' und ihre allgemeine forschungslogische Bedeutung in den Sozialwissenschaften, in: H.-G. Soeffner (Hrsg.), *Interpretative Verfahren in den Sozial- und Textwissenschaften*. Stuttgart: Metzler, 352–434.

Ogburn, W.F. & M.F. Nimkoff (1944). *Sociology*. Washington, D.C.: Houghton Mifflin.

Olinick, S.L. (1980). The gossiping psychoanalyst, in: *International Review of Psychoanalysis*, 7, 439–445.

O'Neill, J. (1981). The literary production of natural and social science inquiry: Issues and applications in the social organization of science, in: *Canadian Journal of Sociology*, 6, 105–120.

Paine, R. (1967). What is gossip about? An alternative hypothesis, in: *Man (N.S.)*, 2, 278–285.

Paine, R. (1968). Gossip and transaction, in: *Man (N.S.)*, 3, 305–308.

Paine, R. (1970). Informal communication and information management, in: *Canadian Revue of Sociology and Anthropology*, 7, 172–188.

Park, R.E. (1915). The city: Suggestions for the investigation of human behavior in the city environment, in: *American Journal of Sociology*, 20, 577–612.

Parsons, E.C. (1936). Town gossip, in: E.C. Parsons, *Mitla: Town of the souls and other Zapoteco-speaking Pueblos of Oaxaca, Mexico*. Chicago: University of Chicago Press, 386–478.

Pavel, T.G. (1978). Literary criticism and methodology, in: *Dispositio*, 3, 145–156.

Pawluk, C.J. (1989). Social construction of teasing, in: *Journal for the Theory of Social Behaviour*, 19:2, 145–167.

Peters, E.L. (1972). Aspects of the control of moral ambiguities: A comparative analysis of two culturally disparate modes of social control, in: M. Gluckman (ed.), *The allocation of responsibility*. Manchester: Manchester University Press, 109–162.

Phillips, G. (1860). Über den Ursprung der Katzenmusiken: Eine canonistisch-mythologische Abhandlung, in: G. Phillips, *Vermischte Schriften, Bd.3*. Wien: Braumüller, 26–92.

Phillips, S. E. (2007). *Transforming talk: The problem with gossip in late Medieval England*. University Park: The Pennsylvania State University.

Platt, J. (1983). The development of the 'participant observation' method in sociology: Origin myth and history, in: *Journal of the History of the Behavioral Sciences*, 19, 379–393.

Plessner, H. (1924). *Grenzen der Gemeinschaft: Eine Kritik des sozialen Radikalismus*. Bonn: Bouvier.

Plessner, H. (1974). Zur Soziologie der modernen Forschung und ihrer Organisation in der deutschen Universität, in: H. Plessner, *Diesseits der Utopie. Ausgewählte Beiträge zur Kultursoziologie*. Frankfurt/M.: Suhrkamp, 121–142 (orig. 1924).

Pomerantz, A. (1980). Telling my side: „Limited access" as a „fishing" device, in: *Sociological Inquiry*, 50, 186–198.

Pomerantz, A. (1984). Agreeing and disagreeing with assessments: Some features of preferred/dispreferred turn shapes, in: J.M. Atkinson & J. Heritage (eds.), *Structures of social action: Studies in conversation analysis*. Cambridge: Cambridge University Press, 57–101.

Pontzen, A. (2020). „Der Lauscher an der Wand hört..." – Zu Scham und Schändlichkeit des Ohrenzeugen, in: S. Börnchen & C. Liebrand (Hrsg.), *Lauschen und Überhören: Literarische und mediale Aspekte auditiver Offenheit*. Leiden u. a. (Brill/Fink), 37–58.

Popitz, H. (1968). *Über die Präventivwirkung des Nichtwissens*. Tübingen: Mohr.

Preisendanz, W. (1984). Zur Ästhetizität des Gesprächs bei Fontane, in: K. Stierle & R. Warning (Hrsg.), *Das Gespräch (Poetik und Hermeneutik, Bd.XI)*. München: Fink, 473–487.

Quasthoff, U. (1981). Zuhöreraktivitäten beim konversationellen Erzählen, in: P. Schröder & H. Steger (Hrsg.), *Dialogforschung: Jahrbuch 1980 des Instituts für Deutsche Sprache*. Düsseldorf: Schwann, 287–313.

Radin, P. (1957). *Primitive man as philosopher*. New York: Dover (orig: 1927).

Ranulf, S. (1938). *Moral indignation and middle class psychology: A sociological study*. Copenhagen: Levin & Munksgaard.

Reichenau, Ch.v. (1936). Die Übertreibung, in: *Reine und angewandte Soziologie (Festschrift für Ferdinand Tönnies)*. Leipzig: Buske, 202–217.

Ricks, V. (2013). Gossip in the digital age, in: B. Beasley & M. Haney (eds.), *Social media and the value of truth*. Lanham, Maryland: Lexington Books.

Riegelhaupt, J.F. (1967). Saloio women: An analysis of informal and formal political and economic roles of Portuguese peasant women, in: *Anthropological Quarterly*, 40, 109–126.

Riemann, G. (1977). *Stigma, formelle soziale Kontrolle, das Leben mit den anderen: Eine empirische Untersuchung zu drei Gegenstandsbereichen des Alltagswissens von Obdachlosen.* Diplomarbeit, Universität Bielefeld.

Riesman, D., J. Potter & J. Watson (1960a). Sociability, permissiveness, and equality, in: *Psychiatry*, 23:4, 323–340.

Riesman, D., J. Potter & J. Watson (1960b). The vanishing host, in: *Human Organization*, 19:3, 17–27.

Riesman, D. & J. Watson (1964). The sociability project: A chronicle of frustration and achievement, in: P.E. Hammond (ed.), *Sociologists at work*. New York: Doubleday, 235–321.

Rivière, P. (1970). Factions and exclusions in two South American village systems, in: M. Douglas (ed.), *Witchcraft confessions and accusations*. London: Tavistock Publications, 245–255.

Roberts, J.M. (1964). The self-management of cultures, in: W.H. Goodenough (ed.). *Explorations in cultural anthropology*. New York: McGraw-Hill Book Comp, 433–454.

Rogers, S.C. (1975). Female forms of power and the myth of male dominance: A model of female/male interaction in peasant society, in: *American Ethnologist*, 2, 727–756.

Rohr, R. (1979). Auf Abruf bereit: Lokaljournalisten bei der Arbeit, in: H.M. Kepplinger (Hrsg.), *Angepaßte Außenseiter: Wie Journalisten denken und wie sie arbeiten*. Freiburg: K. Alber, 76–96.

Rojek, C. (2015). *Presumed intimacy: Para-social relationships in media, society and celebrity culture*. Cambridge: Polity Press.

Rose, A.M. (1965). *Sociology: The study of human relations*. New York: Knopf (orig. 1956).

Rosnow, R.L. (1977). Gossip and marketplace psychology, in: *Journal of Communication*, 27, 158–163.

Rosnow, R.L. & G.A. Fine (1976). *Rumor and gossip: The social psychology of hearsay*. New York: Elsevier.

Ross, E.A. (1901). *Social control: A survey of the foundations of order*. New York: Maxmillan.

Rotzoll, C. (1982). Klatsch: Ein Kulturgut, in: *Frankfurter Allgemeine Zeitung*, 21. August.

Roucek, J.S. (1956). *Social control*. New York: Van Nostrand (orig. 1947).

Roy, D.F. (1959). „Banana time": Job satisfaction and informal interaction, in: *Human Organization*, 18:4, 158–168.

Rubinstein, J. (1973). *City police*. New York: Farrar, Straus & Giroux.

Ryave, A.L. (1978). On the achievement of a series of stories, in: J. Schenkein (ed.), *Studies in the organization of conversational interaction*. New York: Academic Press, 113–132.

Ryle, G. (1969). *Der Begriff des Geistes*. Stuttgart: Reclam (orig. 1949).

Rysman, A. (1977). How the „gossip" became a woman, in: *Journal of Communication*, 27, 176–180.

Sabini, J. & M. Silver (1982). A plea for gossip, in: J. Sabini & M. Silver, *Moralities of everyday life*. Oxford: Oxford University Press, 89–106.

Sacks, H. (1963). Sociological description, in: *Berkeley Journal of Sociology*, 8, 1–16.

Sacks, H. (1971). Das Erzählen von Geschichten innerhalb von Unterhaltungen, in: R. Kjolseth & F. Sack (Hrsg.), *Zur Soziologie der Sprache (Sonderheft 15 der Kölner Zeitschrift für Soziologie und Sozialpsychologie)*. Opladen: Westdeutscher Verlag, 307–314.

Sacks, H. (1972). On the analyzability of stories by children, in: J.J. Gumperz & D. Hymes (eds.), *Directions in sociolinguistics: The ethnography of communication*. New York: Basil Blackwell, 325–345.

Sacks, H. (1974). An analysis of the course of a joke's telling in conversation, in: R. Bauman & J. Sherzer (eds.), *Explorations in the ethnography of speaking*. London: Cambridge University Press, 337–353.

Sacks, H, (1992a). Lecture 8: Pre-sequences (1967), in: H. Sacks, *Lectures in conversation, vol.1* (edited by G. Jefferson). Oxford: Blackwell, 685 – 692.

Sacks, H. (1992b). Lecture 7: Cover topics; collaborative sentences; tying rules; relational-pair identifications (1966), in: H. Sacks, *Lectures in conversation, vol.1* (edited by G. Jefferson). Oxford: Blackwell, 320 – 327.

Sacks, H. (1992c). Lecture 1: Doing 'being ordinary' (1970), in: H. Sacks, *Lectures on conversation, vol.2* (edited by G. Jefferson). Oxford: Blackwell, 215 – 221.

Sacks, H. (1992d). Lecture 1: Second stories; „Mm hm"; story prefaces; 'local news'; tellability (1968), in: H. Sacks, *Lectures on conversation, vol.2* (edited by G. Jefferson). Oxford: Blackwell, 3 – 16.

Sacks, H. & E.A. Schegloff (1979). Two preferences in the organization of reference to persons in conversation and their interaction, in: G. Psathas (ed.), *Everyday language: Studies in ethnomethodology.* New York: Irvington Publishers, 15 – 21.

Sansom, B. (1972). When witches are not named, in: M. Gluckman (ed.), *The allocation of responsibility.* Manchester: Manchester University Press, 193 – 226.

Schäfer-Elmayer, N. & D. (1969). *Der neue Elmayer: Gutes Benehmen immer gefragt.* Wien: Paul Zsolnay.

Scharfe, M. (1966). Rügebräuche, in: H. Bausinger (Hrsg.), *Dörfliche Fasnacht zwischen Neckar und Bodensee.* Tübingen: Tübinger Vereinigung für Volkskunde, 196 – 266.

Schegloff, E.A. (1968). Sequencing in conversational openings, in: *American Anthropologist, 70,* 1075 – 1095.

Schegloff, E.A. (1972). Notes on a conversational practice: Formulating place, in: D. Sudnow (ed.), *Studies in social interaction.* New York: Free Press, 75 – 119.

Schegloff, E.A. (1979). Identification and recognition in telephone conversation openings, in: G. Psathas (ed.). *Everyday language: Studies in ethnomethodology.* New York: Irvington Publishers, 23 – 78.

Schegloff, E.A. (2007). A tutorial on membership categorization, in: *Journal of Pragmatics, 39,* 462 – 482.

Schegloff, E.A. & H. Sacks (1973). Opening up closings, in: *Semiotica, 8,* 289 – 327.

Scheler, M. (1919). Das Ressentiment im Aufbau der Moralen, in: M. Scheler, *Vom Umsturz der Werte, Bd.1, 2. Aufl.* Leipzig: Der Neue Geist, 43 – 236 (orig. 1915).

Schely-Newman, E. (2004) Mock intimacy. Strategies of engagement in Israeli gossip columns, in: *Discourse Studies,* 6:4, 471 – 488.

Schenk, M. (1983). Das Konzept des sozialen Netzwerks, in: F. Neidhardt (Hrsg.), *Gruppensoziologie (Sonderheft 25 der Kölner Zeitschrift für Soziologie und Sozialpsychologie).* Opladen: Westdeutscher Verlag, 88 – 104.

Schenkein, J.N. (1978). Identity negotiations in conversation, in: J.N. Schenkein (ed.), *Studies in the organization of conversational interaction.* New York: Academic Press, 57 – 78.

Schickel, R. (1985). *Intimate strangers: The culture of celebrity.* Garden City, NY: Doubleday.

Schiffauer, W. (1987). *Die Bauern von Subay: Das Leben in einem türkischen Dorf.* Stuttgart: Klett-Cotta.

Schiffrin, D. (1980). Meta-talk: Organizational and evaluative brackets in discourse, in: *Sociological Inquiry,* 50, 199 – 236.

Schivelbusch, W. (1980). *Das Paradies, der Geschmack und die Vernunft: Eine Geschichte der Genußmittel.* München: Hanser.

Schleiermacher, F.E.D. (1927). Versuch einer Theorie des geselligen Betragens, in: F.E.D. Schleiermacher, *Auswahl in vier Bänden, Bd.II.* Leipzig: Meiner, 1 – 31 (orig. 1799).

Schmeiser, M. (2007). Akademischer Klatsch: Über Anerkennungsmangel und Ressourcenknappheit in der Wissenschaft, die verfahrensmäßige Unterbestimmtheit der Universität als Institution, schwache Kollegialitätsverpflichtungen und die üble Nachrede der Kollegen, in: C. Arni (Hrsg.),

Der Eigensinn des Materials. Erkundungen sozialer Wirklichkeiten. Festschrift für Claudia Honegger zum 60. Geburtstag. Frankfurt/M.: Stroemfeld, 263–283.

Schmitt, R. (2008). *Small talk, Klatsch und aggressive Spiele: Ein Transkriptband zum kommunikativen Geschehen in einem Kiosk.* Mannheim: Verlag für Gesprächsforschung.

Schmölders, C. (Hrsg.) (1979). *Die Kunst des Gesprächs: Texte zur Geschichte der europäischen Konversationstheorie.* München: Deutscher Taschenbuch Verlag.

Schneider, W. (2000). The sequential production of social acts in conversation, in: *Human Studies,* 23, 123–144.

Schneider, W. (2012). Klatsch als Parasit der Interaktion und die Moral der Ehre, in: R. Ayaß & C. Meyer (Hrsg.), *Sozialität in Slow Motion. Theoretische und empirische Perspektiven.* Wiesbaden: Springer VS, 595–613.

Schönfeldt, S.G. (1983). Was ist noch schöner als Klatsch? in: *ZEIT-Magazin,* Nr. 39, 23. September.

Schott, R. (1968). Das Geschichtsbewußtsein schriftloser Völker, in: *Archiv für Begriffsgeschichte,* 12, 166–205.

Schütz, A. (1971). Begriffs- und Theoriebildung in den Sozialwissenschaften, in: A. Schütz, *Gesammelte Aufsätze, Bd.1.* Den Haag: Martinus Nijhoff, 55–76 (orig. 1954).

Schütz, A. (1972). Der gut informierte Bürger: Ein Versuch über die soziale Verteilung des Wissens, in: A. Schütz, *Gesammelte Aufsätze, Bd. 2.* Den Haag: Martinus Nijhoff, 85–101 (orig. 1946).

Schütz, A. & Th. Luckmann (1979). *Strukturen der Lebenswelt, Bd.1.* Frankfurt/M.: Suhrkamp.

Schütz, A. & Th. Luckmann (1984). *Strukturen der Lebenswelt, Bd.2.* Frankfurt/M.: Suhrkamp.

Schütze, F. (1977). Exkurs über Klatschkommunikation in der Ortsgesellschaft, *in: F. Schütze, Die Technik des narrativen Interviews in Interaktionsfeldstudien – dargestellt an einem Projekt zur Erforschung von kommunalen Machtstrukturen.* Universität Bielefeld, Fakultät für Soziologie, Arbeitsberichte und Forschungsmaterialien Nr. 1, 19–22.

Schubert, D. (2009). *Lästern: Eine kommunikative Gattung des Alltags.* Frankfurt/M.: Peter Lang.

Schultz, T. (2001). Mediatisierte Verständigung, in: *Zeitschrift für Soziologie,* 30:2, 85–102.

Schulte, R. (1978). Dienstmädchen im herrschaftlichen Haushalt: Zur Genese ihrer Sozialpsychologie, in: *Zeitschrift für bayerische Landesgeschichte,* 41, 879–920.

Schuster, I.M.G. (1979). *New women of Lusaka.* Palo Alto, CA: Stanford University Press.

Schwartz, Barry (1975). *Queuing and waiting: Studies in the social organization of access and delay.* Chicago/London: University of Chicago Press.

Selby, H.A. (1974). *Zapotec deviance: The convergence of folk and modern sociology.* Austin: University of Texas Press.

Shibutani, T. (1966). *Improvised news: A sociological study of rumor.* Indianapolis: Bobbs-Merrill.

Shorter, E. (1997). Rezension zu M. Tebbutt (1995). Women's talk? A social history of „gossip" in working-class neighbourhoods, 1880–1960, in: *The American Historical Review,* 102:3, 819–820.

Shuy, Roger W. (2013). *The language of bribery cases.* New York: Oxford University Press.

Sidnell, J. & T. Stivers (2012). *The handbook of conversation analysis.* Chichester, West Sussex: Wiley-Blackwell.

Silverman, S. (1975). *Three bells of civilization: The life of an Italian hill town.* New York: Columbia University Press.

Simmel, G. (1968a). *Soziologie: Untersuchungen über die Formen der Vergesellschaftung,* 5. Aufl. Berlin: Duncker & Humblot (orig. 1908).

Simmel, G. (1968b). Das Geheimnis und die geheime Gesellschaft, in: G. Simmel, *Soziologie: Untersuchungen über die Formen der Vergesellschaftung.* Berlin: Duncker & Humblot, 256–304.

Simmel, G. (1968c). Exkurs über den schriftlichen Verkehr, in: G. Simmel, *Soziologie: Untersuchungen über die Formen der Vergesellschaftung.* Berlin: Duncker & Humblot, 287–288.

Simmel, G. (1992). Zur Psychologie und Soziologie der Lüge, in: G. Simmel, *Aufsätze und Abhandlungen 1894–1900* (GSG 5, hgg. von H.-J. Dahme & D.P. Frisby). Frankfurt/M.: Suhrkamp, 406–419 (orig. 1899).

Skinner, B.F. (2000). *Walden two*. Indianapolis/Cambridge: Hackett Publishing Company (orig. 1948).

Smith, Th.V. (1937). Custom, gossip, legislation, in: *Social Forces*, 16, 24–34.

Soeffner, H.-G. (1982). Statt einer Einleitung: Prämissen einer sozialwissenschaftlichen Hermeneutik, in: H.-G. Soeffner (Hrsg.), *Beiträge zu einer empirischen Sprachsoziologie*, Tübingen: Narr, 9–48.

Solove, D.J. (2007). *The future of reputation: Gossip, rumor, and privacy on the internet*. New Haven/London: Yale University Press.

Spacks, P.M. (1985). *Gossip*. New York: Knopf.

Srinivas, M.N. (1976). *The remembered village*. Berkeley: University of California Press.

Steinfeld, T. (1991). *Der grobe Ton. Kleine Logik des gelehrten Anstands*. Frankfurt/M.: Hain.

Stempel, W.-D. (1980). Alltagsfiktion, in: K. Ehlich (Hrsg.), *Erzählen im Alltag*. Frankfurt/M.: Suhrkamp, 385–402.

Stempel, W.-D. (1984). Bemerkungen zur Kommunikation im Alltagsgespräch, in: K. Stierle & R. Warning (Hrsg.), *Das Gespräch (Poetik und Hermeneutik. Bd. XI)*. München: Fink, 151–169.

Sternberg, M. (1982). Proteus in quotation-land: Mimesis and the forms of reported discourse, in: *Poetics Today*, 3, 107–156.

Sternheimer, K. (2013). Enduring dilemmas of female celebrity, in: *Contexts*, 10:3, 44–49.

Stevanovic, M. (2011). *Participants' deontic rights and action formation: The case of declarative requests for action*. InLiSt Nr. 52.

Stevanovic, M. & A. Peräkylä (2012). Deontic authority in interaction: The right to announce, propose and decide, in: *Research on Language and Social Interaction*, 45:3, 297–321.

Stirling, R.B. (1956). Some psychological mechanisms operative in gossip, in: *Social Forces*, 34, 262–267.

Stok, W. (1929). *Geheimnis, Lüge und Mißverständnis: Eine beziehungswissenschaftliche Untersuchung (Beiträge zur Beziehungslehre. Bd.II)*. München: Duncker & Humblot.

Streck, B. (1985). Netzwerk: Der transaktionale Einspruch gegen das Paradigma der struktural-funktionalistischen Ethnologie, in: *Anthropos*, 80, 569–586.

Streeck, J. (1994). Leichte Muse im Gespräch: Über die Unterhaltungskunst älterer Frauen in der Filsbach, in: W. Kallmeyer (Hrsg.), *Kommunikation in der Stadt, Bd.1.Exemplarische Analysen des Sprachverhaltens in Mannheim*. Berlin: de Gruyter, 578–610.

Sudnow, D. (1973). *Organisiertes Sterben: Eine soziologische Untersuchung*. Frankfurt/M.: S. Fischer (orig. 1967).

Suls, J.M. (1977). Gossip as social comparison, in: *Journal of Communication*, 27, 164–168.

Sulzberger, C.F. (1953). Why it is hard to keep secrets, in: *Psychoanalysis*, 2, 37–43.

Sutton, H. & L.W. Porter (1968). A study of the grapevine in a governmental organization, in: *Personnel Psychology*, 21, 223–230.

Szwed, J. (1966), Gossip, drinking and social control: Consensus and communication in a Newfoundland parish, in: *Ethnology*, 5, 434–441.

Tanner, R.E.S. (1964). Conflict within small European communities in Tanganyika, in: *Human Organization*, 23, 319–327.

Tebbutt, M. (1995). *Women's talk? A social history of „gossip" in working-class neighbourhoods, 1880–1960*. Brookfield, Vt.: Scolar.

Tebbutt, M. & M. Marchington (1997) „Look Before You Speak": Gossip and the insecure workplace, in: *Work, Employment and Society*, 11:4, 713–735.

Tenbruck, F. (1962). Soziale Kontrolle, in: *Staatslexikon der Görres-Gesellschaft, Bd.7*. Freiburg: K. Alber, 226–231.

Tentori, T. (1976). Social class and family in a Southern Italian town: Matera, in: J.G. Peristiany (ed.), *Mediterranean family structures*. Cambridge: Cambridge University Press, 273–285.

Terasaki, A.K. (2004). Pre-announcement sequences in conversation, in: G.H. Lerner (ed.), *Conversation analysis: Studies from the first generation*. Amsterdam/Philadelphia: John Benjamins, 171–223.

Tertilt, H. (1996). *Turkish Power Boys: Ethnographie einer Jugendbande*. Frankfurt/M.: Suhrkamp.

Theobald, M. & S. Danby, (2017). Co-producing cultural knowledge: Children telling tales in the school playground, in: A. Bateman & A. Church (eds.), *Children's knowledge-in-interaction: Studies in conversation analysis*. Singapore: Springer, 111–125.

Theophrast (1754). Die Charactere des Theophrast, in: *Die Charactere des Theophrast und de la Bruyere*. Nürnberg: Stein und Raspe, 23–86.

Thiele-Dohrmann, K. (1975). *Unter dem Siegel der Verschwiegenheit: Die Psychologie des Klatsches*. Düsseldorf: E. Kabel.

Thomas, W.I. (1923). *The unadjusted girl*. Boston: Little, Brown, & Company.

Thomas, W.I. & F. Znaniecki (1919a). *The Polish peasant in Europe and America, vol.1*. Boston: Richard G. Badger.

Thomas, W.I. & F. Znaniecki (1919b). *The Polish peasant in Europe and America, vol.2*. Boston: Richard G. Badger.

Thomasius, Ch. (1979). Von der Klugheit. sich in täglicher Konversation wohl aufzuführen, in: C. Schmölders (Hrsg.), *Die Kunst des Gesprächs: Texte zur Geschichte der europäischen Konversationstheorie*. München: Deutscher Taschenbuch Verlag, 183–186 (orig. 1710).

Tiger, L. & R. Fox (1973). *Das Herrentier: Steinzeitjäger im Spätkapitalismus*. München: Deutscher Taschenbuch Verlag (orig. 1971).

Tolmie, P., S. Benford & M. Rouncefield (2013). Playing in Irish music sessions, in: P. Tolmie & M. Rouncefield (ed.), *Ethnomethodology at play*. Farnham, Surrey: Ashgate, 227–256.

Tolstoi, L.N. (1966). *Anna Karenina*. Frankfurt/M.: Insel Verlag (orig. 1873–76).

Toohey, P. (2020). *Hold on: The life, science and art of waiting*. New York: Oxford University Press.

Tovares, A.V. (2006.) Public medium, private talk: Gossip about a TV show as 'quotidian hermeneutics', in: *Text & Talk*, 26:4+5, 463–491.

Tracy, K. (1984). Staying on topic: An explication of conversational relevance, in: *Discourse Processes*, 7:4, 447–464.

Treiber, H. (1986). Obertanen: Gesellschaftsklatsch – ein Zugang zur geschlossenen Gesellschaft der Prestige-Oberschicht, in: *Journal für Sozialforschung*, 26, 140–159.

Trublet, N. (1979). Gedanken über die Konversation, in: C. Schmölders (Hrsg.), *Die Kunst des Gesprächs: Texte zur Geschichte der europäischen Konversationstheorie*. München: Deutscher Taschenbuch Verlag, 194–198 (orig. 1735).

Turner, G. (2013). *Understanding celebrity*. London: Sage (orig. 2004).

Turner, R. (1968). *Talk and troubles: Contact problems of former mental patients*. Dissertation, University of California, Berkeley.

Turner, R. (1970). Words, utterances and activities, in: J. Douglas (ed.), *Understanding everyday life: Toward the reconstruction of sociological knowledge*. Chicago: Aldine, 169–187.

Turner, R.H. & L.M. Killian (1987). *Collective behavior*. Englewood Cliffs, NJ: Prentice Hall.

Tuschling, A. (2009). *Klatsch im Chat: Freuds Theorie des Dritten im Zeitalter elektronischer Kommunikation*. Bielefeld: transcript.

Vedel, V. (1901). *By og Borger i Middelalderen*. Copenhagen: Nordiske Forlag.

Viebig, C. (1907). *Das tägliche Brot. Roman in zwei Bänden*. Berlin: E. Fleischel & Co. (orig.1900).

Vollmer, H. (2013). *The sociology of disruption, disaster and social change. Punctuated cooperation*. Cambridge: Cambridge University Press.

Vološinov, V.N. (1975). *Marxismus und Sprachphilosophie: Grundlegende Probleme der soziologischen Methode in der Sprachwissenschaft*. Frankfurt/M.: Ullstein (orig. 1929).

Vossler, K. (1923). Die Grenzen der Sprachsoziologie, in: K. Vossler, *Gesammelte Aufsätze zur Sprachphilosophie*. München: Hueber, 210–260.

Waddington, K. (2012). *Gossip and organizations*. New York/London: Routledge.

Wagner-Kyora, G. (2012). Väter der Gerüchte: Angst und Massenkommunikation in Halle und Magdeburg im Herbst 1989, in: *Journal of Modern European History*, 10:3, 363–390.

Wahrig (Brockhaus-Wahrig). (1980). *Deutsches Wörterbuch in 6 Bänden*. Wiesbaden/Stuttgart: Brockhaus/Deutsche Verlagsanstalt.

Waliullah, A.-M. (1982). Potiches ou moulins á paroles: Réflexions sur le bavardage – Qui bavarde? De quoi? Pourquoi?, in: *Langage et Société*, 21, 93–99.

Walser, K. (1985). Prostitutionsverdacht und Geschlechterforschung: Das Beispiel der Dienstmädchen um 1900, in: *Geschichte und Gesellschaft*, 11, 99–111.

Walther, D. (2016). Lästern über Mitschüler/innen und Lehrer/innen: Zur sprachlichen Ausprägung und kommunikativen Funktion des Sprachhandlungsmusters Lästern im Kontext Schule, in: C. Spiegel & D. Gysin (Hrsg.), *Jugendsprache in Schule, Medien und Alltag*. Frankfurt/M.: Peter Lang, 225–238.

Weber, M. (1968). Die 'Objektivität' sozialwissenschaftlicher und sozialpolitischer Erkenntnis, in: M. Weber, *Methodologische Schriften*. Frankfurt/M.: S. Fischer, 1–64 (orig. 1904).

Weber, M. (1972). *Wirtschaft und Gesellschaft: Grundriss der verstehenden Soziologie* (5. rev. Aufl.). Tübingen: J.C.B. Mohr (orig. 1921/22).

Weigle, M. (1978). Women as verbal artists: Reclaiming the sisters of Enheduanna, in: *Frontiers*, III:3, 1–9.

Weingart, B. (2007). Zwischen Institutionskritik und Shoptalk: Hubert Fichtes Klatschroman „Die zweite Schuld", in: J.-F. Bandel & R. Gillett (Hrsg.), *Hubert Fichte: Texte und Kontexte*. Hamburg: Männerschwarm Verlag, 225–251.

Weiß, W. (1988). *Der angloamerikanische Universitätsroman. Eine historische Skizze*. Darmstadt: Wissenschaftliche Buchgesellschaft.

Wengerzink, M. (1997). *Klatsch als Kommunikationsphänomen in Literatur und Presse. Ein Vergleich von Fontanes Gesellschaftsromanen und der deutschen Unterhaltungspresse*. Frankfurt/M.: Peter Lang.

Wenglinsky, M. (1973). Errands, in: A. Birenbaum & E. Sagarin (eds.), *People in places*. New York: Praeger, 83–100.

Werbner, R.P. (1984). The Manchester School in South-Central Africa, in: *Annual Review of Anthropology*, 13, 157–185.

Wesel, U. (1985). *Frühformen des Rechts in vorstaatlichen Gesellschaften*. Frankfurt/M.: Suhrkamp.

West, J. (1945). *Plainville, U.S.A.* New York: Columbia University Press.

Whiting, B.B. (1950). *Paiute sorcery*. New York: Viking Fund Publications in Anthropology.

Whyte, William H. (1956). *The organization man*. New York: Simon and Schuster.

Wieder, L. (1988). From resource to topic: Some aims of conversation analysis, in: *Communication Yearbook*, 11, 444–454.

Williams, J. (2013). *Stoner. Roman*. München: Deutscher Taschenbuch Verlag (orig. 1965).

Wiese, L.v. (1955). *System der allgemeinen Soziologie als Lehre von den sozialen Prozessen und den sozialen Gebilden der Menschen (Beziehungslehre)*. Berlin: Duncker & Humblot (orig. 1924/28).

Wikan, U. (1980). *Life among the poor in Cairo*. London: Tavistock Publications (orig. 1976).

Williams, W.M. (1956). *The sociology of an English village: Gosforth*. London: Routledge and Kegan Paul.

Wilson, P.J. (1973). *Crab antics: The social anthropology of English-speaking negro societies of the Caribbean*. New Haven: Yale University Press.

Wilson, P.J. (1974). Filcher of good names: An enquiry into anthropology and gossip, in: *Man (N.S.)*, 9, 93–102.

Wittgenstein, L. (1967). *Philosophische Untersuchungen.* Frankfurt/M.: Suhrkamp (orig. 1958).

Wolf, E. (1984). Klatsch – Balsam für die Seele, in: *Journal für die Frau,* Nr. 16, 131–132.

Wolf, M. (1972). *Women and the family in rural Taiwan.* Stanford, CA: Stanford University Press.

Wolff, S. (2012). Die Kunst, eine Erfahrung zu machen, in: R. Ayaß & C. Meyer (Hrsg.), *Sozialität in Slow Motion. Theoretische und empirische Perspektiven.* Wiesbaden: Springer VS, 181–199.

Wolter, I. (o.J.). *Benimm-Brevier für junge Menschen.* Wiesbaden: Falken-Verlag.

Wowk, M. (1984). Blame allocation, sex and gender in a murder interrogation, in: *Women's Studies International Forum,* 7, 75–82.

Wunderlich, H. (1894). *Unsere Umgangssprache in der Eigenart ihrer Satzfügung.* Weimar: E. Felber.

Wylie, L. (1969). *Dorf in der Vaucluse: Der Alltag einer französischen Gemeinde.* Frankfurt/M.: S. Fischer (orig. 1957).

Yerkovich, S.M. (1977). Gossiping as a way of speaking, in: *Journal of Communication,* 27, 192–196.

Zeitlin, S.J. (1979). Pop lore: The aesthetic principles in celebrity gossip, in: *Journal of American Culture,* 2, 186–192.

Zillien, N. (2019). Affordanz, in: K. Liggieri & O. Müller (Hrsg.), *Mensch-Maschine-Interaktion: Handbuch zu Geschichte, Kultur, Ethik.* Berlin: Metzler, 226–228.

Zillig, W. (Hrsg.) (2004). *Gutes Benehmen. Anstandsbücher von Knigge bis heute.* Berlin: Directmedia.

Zimmerman, D. & M. Pollner (1970). The everyday world as a phenomenon, in: J. Douglas (ed.), *Understanding everyday life: Toward the reconstruction of sociological knowledge.* Chicago: Aldine, 80–103.

Zinzendorf, N.L. Graf. (1979). Gedanken vom Reden und Gebrauch der Worte, in: C. Schmölders (Hrsg.), *Die Kunst des Gesprächs: Texte zur Geschichte der europäischen Konversationstheorie.* München: Deutscher Taschenbuch Verlag, 187–193 (orig. 1723).

Zorbaugh, H.W. (1929). *The golden coast and the slum: A sociological study of Chicago's near north side.* Chicago: University of Chicago Press.

Index

https://doi.org/10.1515/9783110758092-010